TRAITÉ

DES DROITS DE LODS

ET VENTES,

Selon le Droit Commun du Royaume.

TOME PREMIER.

TRAITÉ

DES DROITS DE LODS ET VENTES,

SELON LE DROIT COMMUN DU ROYAUME,

Tant des Pays de Coutume que des Pays de Droit Écrit;

OUVRAGE

Où l'on traite de l'Origine des Droits de Lods & du Relief; du Quint, Requint, Mi-lods, &c. relativement aux différentes especes de Ventes & Contrats, Partages, Licitations, Echanges, Supplément de prix, Transactions, Mutations & Baux; des choses sujettes aux Lods & Ventes; des Ventilations & estimations; enfin du dol & de la fraude qu'on peut pratiquer contre la perception des Lods & Ventes, ou l'exercice des Retraits, & des Amendes pour Ventes recélées.

DÉDIÉ à Monseigneur le Marquis DE CASTRIES.

Par M^r. BENOÎT-LÉON MOLIERES-FONMAUR, Avocat au Parlement de Toulouse.

TOME PREMIER.

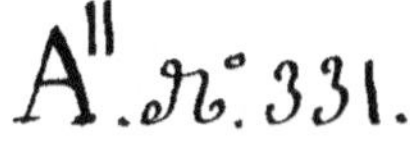

A LYON,

Chez les *FRERES PERISSE*, Imprimeurs-Libraires, rue Merciere.

1783.

AVEC APPROBATION ET PRIVILEGE.

✣✤✣

Nous souffignées BARBE-SUSANNE DEDON DUCLAUX, veuve du Sieur BENOÎT-LÉON MOLIERES DE FONMAUR, & MARIE-ANNE-CLAIRE-FRANÇOISE DE FONMAUR, fa fille unique, feule héritiere dudit Sieur DE FONMAUR, vendons & tranf-portons aux Sieurs FRERES PERISSE, Libraires à Lyon, la propriété pleine & entiere, & le Privilege de l'Ouvrage intitulé : *Traité des Droits de Lods & Ventes, felon le Droit Commun du Royaume, &c.* pour en jouir comme en a joui l'Auteur, l'imprimer & réimprimer, vendre & faire vendre, quand & par qui bon leur femblera, à la charge des autres conditions arrêtées entre nous. A Niffan, le 12 Juillet 1782.

Signé, DEDON DUCLAUX DE FONMAUR, & MARIE-ANNE DE FONMAUR.

Regîtré fur le Regître de la Chambre Syndicale de Lyon, le 17 *Août* 1782.

PERISSE DU LUC, Syndic.

A très-haut & très-puiſſant Seigneur CHARLES-
EUGENE-GABRIEL DE LACROIX DE
CASTRIES, Marquis de Caſtries, Comte de
Charlus, Baron de Montjouant & de Lezignan,
Seigneur de Saigne, Taurés, Sainte-Sauve, Murat,
la Rabbe, & autres lieux ; Comte d'Alais, premier
Baron des Etats du Languedoc, Gouverneur de
Montpellier, & des Ville & Port de Cette, &
Forts en dépendans ; Lieutenant-Général des Ar-
mées du Roi & des Provinces de Lyonnois & de
Forez, Chevalier Commandeur des Ordres du Roi,
Meſtre - de - Camp Général de la Cavalerie légere
de France & étrangere, Commandant-Général de
la Gendarmerie de France.

MONSEIGNEUR,

*LES Arts aimables de la paix ſont pour vous un
délaſſement des travaux de la guerre ; & vous aſſociez
à toutes les vertus civiles & militaires les connoiſſances
qu'on peut puiſer dans un ſiecle éclairé. Ce Traité de
Lods & Ventes ne pouvoit donc paroître ſous des
auſpices plus heureux. Je n'oſe pourtant eſpérer,
MONSEIGNEUR, qu'il puiſſe avoir place parmi*

a ij

*les lectures de toute espece qui remplissent vos loisirs ;
mais je suis sûr de votre suffrage, s'il peut contribuer
au repos & au bonheur de la société, & à fixer un
des droits les plus importans des Seigneurs sur leurs
Censitaires & sur leurs Vassaux : puissiez-vous aussi
l'agréer comme un témoignage du zele & du profond
respect avec lesquels je suis,*

MONSEIGNEUR,

Votre très-humble & très-
obéissant serviteur,
FONMAUR.

PRÉFACE.

Nous n'avons, jufqu'à ce jour, aucun traité complet des lods & ventes, c'eft-à-dire, de la plus variée, la plus étendue, la plus ufuelle, & prefque la plus difficile des matieres feigneuriales, même la plus importante ; parce que le droit de lods eft le plus confidérable des profits féodaux, & prefque des droits cenfuels. Aurai - je trop préfumé de mes forces en m'impofant cette tâche ? C'eft au Public à me juger.

Le droit de lods eft une des principales branches de ce chêne antique dont les racines vont fe confondre avec les premiers monumens de notre Hiftoire & de notre Droit ; & cette branche n'eft pas une greffe étrangere, quoique je ne fache pas qu'on eût encore apperçu fa dépendance originelle & fondamentale de l'ancien tronc.

Mais, en pouffant jufqu'à fon dernier terme l'analyfe des principes feigneuriaux fur cet objet, j'ai prouvé & établi aux numéros 13 & fuivans de ce Traité, 1°. qu'avant le dixieme fiecle nos peres ne connoiffoient ni lods, ni aucuns droits de mutation des bénéfices, qu'on commençoit d'appeller fiefs, ni des biens tributaires qu'on appelloit, comme à préfent, rotures ou biens cenfuels : 2°. que fous la premiere & la deuxieme Race, & jufqu'au Capitulaire de Kierfy, de 877, les bénéfices immédiats ou médiats n'étoient tenus qu'à vie ; & que, tant le bénéfice que l'arriere-bénéfice, étoient réverfibles au Roi par le décès du vaffal immédiat : 3°. que le vaffal ne pouvoit être dépouillé de fon vivant fans çaufe, & que réciproquement il ne pouvoit quitter fon Seigneur fans fon aveu : 4°. que par cet ordre les bénéfices immédiats ou médiats ne pouvoient être dans le commerce, foit parce que c'étoient de fimples conceffions à vie, que l'une & l'autre prenoit fin par le décès du vaffal immédiat, & encore l'arriere - bénéfice par le décès de l'arriere-vaffal ; foit parce que le vaffal ne pouvoit quitter fon Seigneur fans fon aveu, & que l'arriere-vaffal étoit dans le même cas vis-à-vis du vaffal immédiat. 5°. A l'égard des biens tributaires, quoiqu'ils fuffent héréditaires, il étoit défendu de même au colon & au ferf tributaire de quitter fon Seigneur fans fon agrément : 6°. enforte que les obligations de l'homme tributaire & du vaffal étoient plus perfonnelles que réelles, puifqu'ils ne pouvoient s'en décharger en aliénant la glebe d'où dérivoient ces obligations : 7°. & de là vient cette Loi fondamentale du gouvernement féodal, que le vaffal ni le cenfitaire ne pouvoient vendre leur fief ni leur teneure fans la permiffion du Seigneur, & qu'il fut attaché à cette permiffion une finance qu'on appella lods, confeil, &c.

Ainfi les lods dérivent primitivement de la défenfe faite au vaffal & à l'homme tributaire, de quitter fon Seigneur fans fon aveu ; parce que cette défenfe a produit celle de vendre fon fief ou fa roture fans fon confentement, & par voie de fuite, l'impofition de la finance attachée à ce confentement.

En difcutant cette matiere felon l'étendue de mes forces, j'ai tâché de donner à mon Ouvrage toute la furface & toute la profondeur dont il eft fufceptible : j'ai traité fucceffivement, & dans la plus grande étendue, tous les objets qui font entrés dans chaque partie de mon plan, en partant des premiers principes propres à chaque objet, pour parcourir graduellement la chaîne des conféquences immédiates ou éloignées qui en réfultent ; enforte que ce Traité joint aux avantages d'un Livre élémentaire ceux d'un Traité méthodique & complet fur chaque objet.

Toutefois l'analyfe des menus objets ne m'a pas empêché de jetter un coup d'œil philofophique fur tout ce qu'embraffe cette matiere, & d'en examiner l'enfemble en la voyant en grand.

Or, toute cette partie de la morale qui a pour objet la théorie du droit pofitif, tient en partie aux principes généraux de toute juftice, & en partie aux obligations accidentelles qu'il a plu aux hommes de s'impofer ; conféquemment le droit féodal dérive des Loix pofitives, en tant qu'il impofe aux hommes & aux biens des charges dont la combinaifon & l'enfemble forment le lien feigneurial : ce droit dérive encore de l'équité naturelle & du fentiment intérieur, qui eft la pierre angulaire de toute la théorie du Droit ; parce que c'eft la Loi naturelle & le cri de la confcience qui nous impofent l'obligation de remplir nos engagemens, comme l'empire de la raifon en détermine l'étendue, & celle des conféquences immédiates ou éloignées de ces engagemens.

En appliquant ce que nous venons de dire à la matiere des lods & ventes, il eſt évident qu'elle roule eſſentiellement ſur trois pivots : 1°. les principes arbitraires du droit poſitif, ſoit qu'ils émanent des conventions volontaires de l'eſprit national ou des uſages anciens : 2°. les regles inaltérables du droit naturel, dont nulle puiſſance humaine ne peut effacer les droits ; parce que les vérités morales ſont éternelles & immuables, comme l'Etre ſuprême, qui en eſt le principe & la fin : 3°. les conféquences immédiates ou médiates réſultant de ces principes combinés ; & comme l'eſſence des choſes eſt immuable, ces conféquences le ſont auſſi.

J'obſerve à ce propos qu'une différence preſque imperceptible dans le fait en produit quelquefois de très-conſidérables dans le Droit (*a*) : on en voit pluſieurs exemples dans la Loi Romaine (*b*) : on en trouve de même un bien frappant dans ce Traité ; puiſque la conſtitution ou la vente de l'uſufruit eſt exempte des lods, quoiqu'il dure communément plus de dix ans, tandis que la vente des fruits pour dix ans ne jouit pas de cette exemption (*c*).

Dans le premier cas on conſidere l'uſufruit comme une ſervitude perſonnelle totalement diſtincte de la propriété, & conféquemment exempte ; & dans le deuxieme, on conſidere la vente des fruits comme le tranſport de la poſſeſſion pour plus de dix ans : or,

---

(*a*) Dumoulin, ſur la Coutume de Paris, §. 55, *hodiè* 78, Gl. 1, n°. 164.
(*b*) L. 31, *ff. de excuſationibus tutorum.* L. 52, §. 2, *per totum, ff. ad L. Aquiliam.* L. 86, *ff. de legatis* ;*.
(*c*) *Infrà* n°. 169, 530.

le

le changement de main pour dix ans eſt ſujet aux
lods.

Il en eſt de la ſcience du Droit, comme de toutes
les connoiſſances abſtraites : dans celle - ci l'équité
fournit les premieres regles, qui font de la derniere
évidence ; & la Juriſprudence les compare pour en
tirer les réſultats : mais à meſure qu'on s'éloigne des
regles fondamentales, la chaîne des conféquences réſultant de chacune, devient preſqu'inviſible ; & les
yeux les plus fins & les mieux exercés ont peine
à l'appercevoir : de là vient la difficulté de fixer
les bornes, & de déterminer l'étendue de chaque
principe fondamental, pour former un enſemble, dont
les maximes, au lieu de ſe croiſer par des diſpa-
rates, s'étayent & s'affermiſſent par leur accord
mutuel.

D'après ces réflexions je ne me ſuis pas diſſimulé
les difficultés de mon travail ; difficultés réſultant de
la bigarrure de nos anciens uſages, & de l'impoſſibi-
lité de les concilier à bien des égards ; difficultés réſultant de l'inſuffiſance de nos monumens anciens,
jointe à l'étendue des recherches & à la profondeur
des méditations néceſſaires pour déterrer dans d'immenſes volumes un petit nombre de vérités ; difficultés cauſées par l'inapplication ou les contradictions
des Auteurs qui ſe copient ſans examen, ou qui ſe
croiſent ſans raiſon ; difficultés provenant de la contrariété des Arrêts ; ce qui dérive de la ſingularité
des hypotheſes, bien ou mal entendues ; de l'igno-
rance des Arreſtographes, de la mauvaiſe défenſe des
Parties, ou enfin des autres inconvéniens attachés à

tout ce qui paffe par les mains des hommes ; difficultés même dans le Droit Romain, où l'on trouve par fois gravée l'empreinte des foibleffes de l'humanité. En effet, en admirant dans les collections de ce Droit, l'analyfe la plus exacte, & le développement le plus parfait des regles du Droit privé, l'on ne peut fe diffimuler que les fubtilités d'une dialectique trop rafinée ne forment des ombres qui déparent ces précieufes collections.

Mais, après trente ans d'étude & de combinaifons de toute efpece fur les matieres feigneuriales & domaniales, j'ofe hafarder ce Traité, qui n'eft le fruit que d'une petite partie de mon travail : j'en rédigerai fucceffivement d'autres lambeaux, fi ma pofition & mes forces me le permettent, & que le Public foit content de mon Traité (*).

J'ai confulté les monumens anciens que j'ai pu me procurer. Quiconque traite les matieres feigneuriales fans cette étude, eft un Architecte qui bâtit fur le fable, un aveugle qui marche à tâtons. Autant que la matiere l'a comporté, j'ai pris pour bafe les principes du Droit Romain : je n'ai pas négligé les décifions des Coutumes, ni la Jurifprudence des Arrêts, fur-tout des anciens Arrêts rendus fur le déclin du gouvernement féodal, & dans le feizieme fiecle, qui fut éclairé par les plus grands Jurifconfultes François : j'ai recueilli de même les autres Arrêts rendus fur - tout en grande connoiffance dans les caufes majeures.

____

(*) *Nota.* Au moment de fon impreffion je travaille à un Traité des Chaffes, qui contiendra des chofes curieufes & intéreffantes fur nos anciens ufages : je n'ai trouvé fur cette matiere que des collections, des commentaires & des matériaux découfus ; mais point de traité méthodique, point d'analyfe des monumens de notre Droit, point de combinaifons.

En affociant & mettant en œuvre ces différens matériaux , j'ai tâché de former un corps de doctrine
dont toutes les Parties foient dans la plus exacte fym-
métrie , & où les vérités connues fervent de fondement , de proche en proche , à celles qu'on a peine à
faifir : c'eft en fuivant cette méthode que les Jurifconfultes Romains ont fait du corps du Droit une fcience
vraiment intéreflante pour un Jurifconfulte Philofophe (*d*) ; & qu'à l'aide d'un petit nombre d'axiomes ,
la Géométrie a fi immenfement reculé les bornes de
l'efprit humain.

Dumoulin , Dargentré , Boiffieu , Loifeau , Coquille , Chopin , Livoniere , & tant d'autres qu'il feroit trop long de nommer , ont été mes guides ordinaires ; enfin , tous ceux qui ont heureufement affocié
la connoiflance de notre Droit pofitif avec les regles
du Droit naturel.

Je dois les principaux progrès de mon travail aux
travaux de ces grands hommes qui m'ont éclairé dans
ma marche ; & j'avoue que fans leurs lumieres je n'au-
rois pu fournir la carriere dans laquelle j'ai couru de
mon mieux : je me fuis pourtant par fois écarté de
leur route ; parce qu'après les droits de la raifon , de
la juftice & de l'équité naturelle , je n'ai pris pour
regle que la Loi pofitive , publique ou privée ; c'eft-
à-dire , les engagemens des Citoyens , les ufages an-

____

(*d*) *Nota.* A Dieu ne plaife que j'aie en vue cette fauffe Philofophie funefte ,
fruit de la corruption du cœur , & dont l'irreligion & l'orgueil ofent braver
l'être fouverain : je parle de celle qui captive l'homme fous le joug de la foi.
L'abus du titre de Philofophe qu'affectent exclufivement les efprits forts , oblige
un Ecrivain Chrétien & Catholique à prévenir toute équivoque à ce fujet.

ciens qui ont acquis force de Loi, la Jurifprudence
conftante, & les Coutumes légalement rédigées, chacune dans fon territoire, ou les Ordonnances Royaux;
& lorfque je me trouve forcément en contradiction
avec mes Maîtres, je m'en rapporte à la fagacité de
mes Lecteurs, & fur-tout aux lumieres des Cours
Souveraines, qui doivent nous juger fans appel; &
j'invoque, à l'occafion de mon infuffifance, cette pa-
role de l'Empereur Juftinien : *Sed neque ex multitu-*
dine authorum quod melius & æquius eft judicatote, cùm
poffit & forfitàn deterioris fententia & multas & ma-
jores in aliqua parte fuperare (e).

Il feroit bien à fouhaiter qu'à l'égard des queftions
intéreffantes & difficiles fur lefquelles la Jurifprudence
de certaines Cours eft incertaine & vacillante, ou celle
des différens Tribunaux, contradictoire, ces Tribunaux en propofaffent certain nombre à traiter chaque
année aux plus laborieux de leurs membres, & qu'a-
près l'examen du travail de ces Commiffaires dans des
affemblées de Chambres, il fût fait des reglemens fur
ces objets : rien au monde ne feroit plus propre à
améliorer la Jurifprudence, & à nourrir l'émulation
dans ces Cours.

Au refte, en relifant mon Manufcrit, je me fuis
apperçu que dans la chaleur de la compofition j'avois
quelquefois négligé d'exprimer des vérités acceffoires,
dont j'ai fuppofé mes Lecteurs inftruits : ma négligence rendra ces endroits difficiles à entendre pour
les perfonnes novices; mais il n'étoit plus tems de réparer cette faute lorfque je l'ai remarquée.

(e) L. 1, §. 6, *Codice de veteri jure enucleando.*

TABLE
DES CHAPITRES
ET DES SECTIONS.
PREMIERE PARTIE.

Nota. *Cette Table indique les numéros du Traité, & non les pages de l'impreſſion.*

PRINCIPES GÉNÉRAUX.

CHAPITRE PREMIER. *Eſſence, éthymologie, & diffé-rentes dénominations du droit de lods & ventes, n.* 1.

CHAP. II. *Origine & ſource productive des lods & du relief,* n. 13.

CHAP. III. *Qui doit les lods & ventes? changement fait au droit ancien,* n. 23.

CHAP. IV. *Montant des lods & ventes font-ils partie du prix?* n. 29.

CHAP. V. *Nature de l'action perſonnelle ou hypothéquaire pour le paiement des lods, for de ces actions,* n. 40.

CHAP. VI. *Privilege des lods ſur les biens vendus ; hypotheque ſur les autres biens du débiteur,* n. 49.

CHAP. VII. *A qui ſont dûs les lods & ventes? & à qui peut-on les payer?* n. 67.

CHAP. VIII. *Aſſujettiſſement aux intéréts,* n. 73.

xiv

TABLE

CHAP. IX. *Prescription des lods, de la quotité, de l'hypotheque contre le Roi, l'Eglise, les mineurs, &c. n.* 77.

CHAP. X. *De la remise expresse ou présumée, totale ou partielle des lods.*

SECTION PREMIERE. *De la remise expresse, n.* 88.

SECT. II. *De la remise tacite ou présumée, n.* 95.

CHAP. XI. *Attache des lods à la possession, n.* 100.

CHAP. XII. *De quel jour sont dûs les lods & ventes? n.* 102.

CHAP. XIII. *Où sont payables les lods? n.* 109.

CHAP. XIV. *Défaveur des lods, n.* 111.

CHAP. XV. *Preuve des contrats contre le redevable, n.* 115.

DEUXIEME PARTIE.

QUELLES choses sont sujettes aux lods & ventes ?

CHAPITRE PREMIER. *Des lods & ventes, des immeubles, des biens censuels ou emphythéotiques, des offices fieffés, & des péages ou courtages non-inféodés, n.* 116.

CHAP. II. *De l'assujettissemeut des fiefs.*

SECTION PREMIERE. *Analyse des principes relatifs à cet objet, n.* 121.

SECT. II. *Usages de différentes Provinces, par rapport aux fiefs, n.* 132.

SECT. III. *Des fiefs d'honneur, francs & libres, ou exempts d'hommage, n.* 143.

CHAP. III. *Des accessoires du bien féodal ou censuel.*

SECTION PREMIERE. *Des accessoires purement industriels, bâtimens, meubles, pigeons, lapins, &c. matériaux, fumier, peintures, statues, &c. n.* 146.

SECT. II. *Des accessoires naturels, fruits, coupes de bois, &c. n.* 155.

CHAP. IV. *Des servitudes réelles, n.* 159.

CHAP. V. *Des servitudes personnelles, d'usufruit & d'habitation, & du bail à vie, n.* 168.

CHAP. VI. *De la surface, de la nue propriété, de la réunion, & de la réservation d'usufruit, n.* 172.

CHAP. VII. *Des bacs, moulins à eau, à vent, ou fur bateaux, & des navires, n.* 177.

CHAP. VIII. *Des objets qui doivent entrer dans la fixation des lods, n.* 181.

CHAP. IX. *Des autres objets qui peuvent entrer dans la fixation des lods, n.* 191.

TROISIEME PARTIE.

DES contrats qui peuvent donner ouverture aux lods.

CHAPITRE PREMIER. *Des contrats de vente ou équipollent à vente, & des ventes à tems, n.* 198.

CHAP. II. *De la promeffe de vendre, n.* 202.

CHAP. III. *Des ventes verbales, privées, publiques, ou dont le prix n'eft pas fixé, n.* 208.

CHAP. IV. *Du décret volontaire, n.* 215.

CHAP. V. *Du retrait feigneurial ou lignager, n.* 226.

CHAP. VI. *Des ventes néceffaires ou forcées.*

SECTION PREMIERE. *Des ventes pour l'utilité publique, n.* 235.

SECT. II. *Des collocations fur les biens des Communautés, n.* 241.

SECT. III. *Des ventes faites en exécution d'une obligation antécédente, n. bis* 243.

SECT. IV. *Des décrets forcés, n.* 244.

SECT. V. *Du décret d'offrir, n.* 256.

SECT. VI. *Du rabattement de décret, n.* 258.

CHAP. VII. *Du command ou élection d'ami, n.* 263.

CHAP. VIII. *Des ventes d'actions & d'hérédité, n.* 279.

CHAP. IX. *Des partages & licitations.*

SECTION PREMIERE. *Des partages, n.* 286.

SECT. II. *Des licitations, n.* 295.

CHAP. X. *Des échanges.*

SECTION PREMIERE. *Des différens ufages relatifs aux lods des échanges, n.* 314.

SECT. II. *De la nature des différentes efpeces d'échanges, & des contrats qui peuvent y reffembler, n.* 322.

Sect. III. *Des différentes claufes qu'on peut ajouter à l'échange, & des fuites de ce Traité, n.* 336.

Sect. IV. *Des droits impofés fur les échanges, par le Roi Louis XIV, n.* 345.

CHAP. XI. *Des conditions de toute efpece, appofées aux ventes.*

Section premiere. *Des différentes efpeces de conditions, n.* 355.

Sect. II. *De l'addiction à jour, ou de la vente, avec réfervation de recevoir des offres, n.* 364.

Sect. III. *Du pacte commiffoire, n.* 370.

Sect. IV. *De la vente à faculté de rachat, n.* 377.

Sect. V. *Du rachat ftipulé après la vente ou dans un billet privé, n.* 389.

Sect. VI. *De la prorogation légale ou conventionnelle du rachat, n.* 392.

Sect. VII. *Des ceffion, donation ou amortiffement de la faculté de rachat & des mutations du côté de l'acheteur, n.* 402.

Sect. VIII. *De la faculté appofée pour un tiers, & de la claufe de préférence ou retrait conventionnel, n.* 407.

CHAP. XII. *Des tranfactions, n.* 410.

CHAP. XIII. *Des différentes efpeces de ratification, & du fupplément du prix, n.* 423.

CHAP. XIV. *Des engagemens ou contrats pignoratifs.*

Section premiere. *De l'engagement proprement dit, n.* 434.

Sect. II. *Des engagemens déguifés, n. bis* 442.

CHAP. XV. *Des donations & des legs.*

Section premiere. *Principes généraux, n.* 445.

Sect. II. *Des donations onéreufes, rémunératoires, équivoques, ou à rente viagere, n.* 450.

Sect. III. *De la remife totale ou partielle du prix de la vente à vil prix, & la donation en argent acquittée en fonds, n.* 471.

CHAP. XVI. *Du droit de mi-lods, établi dans le Lyonnois, le Forez, & en Dauphiné, n.* 481.

CHAP. XVII. *Des mutations en avancement d'hoirie, & à titre de légitime, de dot, de douaire ou de vente.*

Section premiere. *Des mutations, baux ou ventes, en ligne directe, & des baux en avancement d'hoirie, n.* 495.

Sect.

SECT. II. *Du bail fait aux enfans en paiement de la légitime ou du douaire*, n. 503.

SECT. III. *De dots conftituées au monaftere ou au mari*, n. 511.

SECT. IV. *De la dation en paiement de la dot*, n. 515.

SECT. V. *Du bail fait à la femme en remplacement de la dot ou du douaire*, n. 521.

CHAP. XVIII. *Du louage & de la vente des fruits à long terme ou à brief délai*, n. 528.

CHAP. XIX. *Du bail à rente fonciere.*

SECTION PREMIERE. *Du bail à rente fonciere non rachetable*, n. 535.

SECT. II. *Du bail à rente fonciere rachetable*, n. 542.

SECT. III. *Des rentes foncieres établies par don, legs, échange, tranfaction, ou fur les maifons des villes*, n. 548.

CHAP. XX. *De la conftitution de rente fur un fief, & de la vente fucceffive des fiefs fervant & dominant*, n. 557.

CHAP. XXI. *Du bail à fief, à cens, ou à rente, avec rétention de foi*, n. 560.

CHAP. XXII. *Des ventes fous la réfervation d'une penfion viagere ou de l'ufufruit*, n. 570.

CHAP. XXIII. *De la ceffion au condamné ou à fes enfans, au maître, au poffeffeur, à l'héritier, à l'acheteur, après la faifie réelle*, n. 573.

CHAP. XXIV. *De l'achat & de la vente du Seigneur dans fon fief.*

SECTION PREMIERE. *De l'achat du Seigneur, relativement au fuzerain, au fermier, à l'ufufruitier*, n. 581.

SECT. II. *De la vente faite par le Seigneur en feul, ou avec un tiers, & de fon confentement à la vente*, n. 586.

CHAP. XXV. *Des lods qui peuvent être dûs par les mains-mortes*, n. 593.

CHAP. XXVI. *Des baux à planter, à bâtir, à réparer; de la ceffion des biens & de fes fuites*, n. 599.

QUATRIEME PARTIE.

DE la reftitution des lods & des réformations ou réfolutions forcées ou volontaires des contrats.

CHAPITRE PREMIER. *De la reftitution des lods dans les différens cas*, n. 605.

Tome I. c

xviij **TABLE**

CHAP. II. *De la résolution volontaire des contrats, les choses étant entieres ou non ; caractères de cette intégrité.*

SECTION PREMIERE. *Principes généraux sur ces deux objets,* n. 614.

SECT. II. *De la prévention du Seigneur ou du dépri, & des différentes manieres d'exécuter la vente de la part du vendeur & de l'acheteur,* n. 627.

SECT. III. *De la réformation volontaire des contrats,* n. 637.

CHAP. IV. *De la résolution forcée des contrats par voie d'annihilation.*

SECTION PREMIERE. *Principes relatifs à cette résolution ; moyens de l'obtenir,* n. 645.

SECT. II. *Suite des moyens inhérens aux contrats, & des principes relatifs à cet objet,* n. 655.

CHAP. V. *De l'action du Seigneur avant & après le trouble, ou après la dépossession de l'acheteur,* n. 666.

CHAP. VI. *De la résolution pour l'avenir par une cause antérieure ou inhérente au contrat.*

SECTION PREMIERE. *Sur les droits de la vente & de la résolution,* n. 670.

SECT. II. *Résolution faute de paiement du prix,* n. 672.

SECT. III. *De la résolution résultant du délaissement par hypotheque aux créanciers du vendeur, ou de la saisie réelle de leur part,* n. 686..

SECT. IV. *Des ventes faites par le maître, à tems, ou dont le droit est résolu,* n. 699.

CHAP. VII. *Des jugemens relativement à la résolutiou des contrats,* n. 707.

CINQUIEME PARTIE.

DES ventilations & estimations.

CHAPITRE PREMIER. *Des ventilations à faire relativement aux lods & aux retraits.*

SECTION PREMIERE. *Principes généraux sur ces objets,* n. 713.

SECT. II. *Précis de la doctrine des Auteurs sur la ventilation,* n. 720.

Sect. III. *Application de ces principes, offres ou ferment du redevable*, n. 727.

Sect. IV. *Des frais de la ventilation à faire pour la fixation des lods & des dépenses accidentelles à cette ventilation*, n. 734.

Sect. V. *Des frais de la ventilation à faire lors de l'exercice des retraits, même en concours avec la perception des lods*, n. 741.

CHAP. II. *Des estimations à faire dans le cas de donations, d'échanges ou de ventes dont le prix n'est pas connu*, n. 747.

SIXIEME PARTIE.

Du dol & de la fraude qu'on peut pratiquer contre la perception des lods ou l'exercice des retraits.

CHAPITRE PREMIER. *Du dol pris en général & en tant qu'il peut être pratiqué dans toute sorte de contrats.*

Section première. *Principes généraux sur cet objet*, n. 753.

Sect. II. *Action, exception ou remise du dol : mineur, mandataire ou tuteur*, n. 761.

Sect. III. *Preuves ou présomptions de la perpétration de la fraude contre un tiers*, n. 768.

Sect. IV. *Suite des preuves ou présomptions de la perpétration de la fraude contre un tiers*, n. 777.

CHAP. II. *Du dol pratiquable contre la perception des lods ou l'exercice des retraits.*

Section première. *Essence de ce dol ; maniere de le prouver*, n. 784.

Sect. II. *De la preuve vocale & du ferment en matiere de fraude*, n. 794.

Sect. III. *De l'investiture du Seigneur & de la prescription en cas de fraude*, n. 799.

Sect. IV. *Différentes manieres de frauder le Seigneur & les lignagers aux mutations*, n. 803.

Sect. V. *De la vente précédée d'un engagement & de l'acquisition partielle & successive des fruits, de l'usufruit, d'une futaye, &c. & de la propriété*, n. 804.

Sect. VI. *De la fraude normande ou des baux, avec réservation de la directe, suivis de l'extinction*, n. 817.

SECT. VII. *Des fraudes pratiquables dans les échanges*, n. 822.

SECT. VIII. *Des autres manœuvres pratiquables en fraude des lods & des retraits*, n. 841.

SECT. IX. *Des preuves de la fraude, & de quelques autres manicres de la commettre*, n. 846.

SEPTIEME PARTIE.

DE l'obligation d'énoncer la dépendance & les droits des Seigneurs dans les actes ; de l'exhibition desdits actes & des amendes pour lods recélés.

CHAPITRE PREMIER. *De l'obligation d'énoncer la dépendance & les droits des Seigneurs dans les aliénations de biens-fonds*, n. 853.

CHAP. II. *De l'obligation d'exhiber au Seigneur les nouveaux titres de poſſeſſion.*

SECTION PREMIERE. *Principes relatifs à cette exhibition*, n. 856.

SECT. II. *Suite des principes relatifs à l'exhibition des titres du nouveau poſſeſſeur*, n. 871.

CHAP. III. *Des amendes établies en certaines Coutumes pour ventes recélées*, n. 881.

Fin de la Table des Chapitres.

TRAITÉ

DES DROITS DE QUINT,

LODS ET VENTES,

REQUINT, REVENTONS, MI-LODS, &c.

Selon le Droit commun du Royaume, tant des Pays de Coutume, que des Pays régis par le Droit Écrit.

PREMIERE PARTIE.

PRINCIPES GÉNÉRAUX.

CHAPITRE PREMIER.

ESSENCE, Etymologie, & différentes dénominations du droit de lods & ventes, & de quelques droits analogues.

I. Lods en général.
II. Définition.

III. *Lods & Ventes.*
IV. V. *Quint & Requint.*
VI. *Venterolles & Réventons.*
VII. *Etymologie.*
VIII. *Dénominations diverses.*
IX. *Arriere-Lods & Drouilles.*
X. *Saisine seigneuriale.*
XI. *Ensaisinement royal.*
XII. *Relief ou rachat, & acapte.*

I.

Lods en général. DAns la signification la plus étendue, le terme *Lods* est une expression générique qui comprend tout ce qu'on paye au Seigneur directe, féodal, ou censuel au renouvellement d'investiture ; & en ce sens, il comprend le droit de relief ou rachat, & le droit de saisine (*a*), parce que, selon le dire d'un ancien Praticien, cité par Charondas, " c'est la droiture dont le Sei "gneur accorde avec son sujet pour le saisir & vêtir (*b*).

I I.

Définition. Mais dans la signification propre & naturelle on donne le nom de lods & ventes à la prestation pécuniaire dûe au Seigneur féodal ou censier, à raison de la vente, & en considération de la permission de vendre le bien féodal ou censuel.

I I I.

Lods & ventes. Dans l'usage ordinaire, les expressions *lods & ventes* sont synonimes : toutefois dans la rigueur des termes, & en suivant l'exactitude grammaticale, dans les Coutumes où les lods sont

---

(*a*) Dumoulin, sur la Coutume de Paris, §. 53, *hodiè* 76, n°. 1.
(*b*) Charondas, observations du Droit Français. *Verbo* Lods.

dûs même de l'échange , ou à toute mutation , ils different comme le genre & l'espece (*c*) ; puisque les lods sont attachés dans ces Coutumes à toute sorte de mutations , au lieu que les ventes sont taxativement attachées au contrat de vente.

I V.

A Paris on les appelle quint, quand ils sont dûs à raison des fiefs (*d*), & ventes pour les rotures (*e*) : il est évident que le quint est le cinquieme du prix.

Quint.

V.

1°. Selon l'article 23 de l'ancienne Coutume de Paris , & selon quelques autres Coutumes , le quint étoit à la charge du vendeur ; & lorsqu'il vendoit à francs deniers , l'article 24 de la même Coutume chargeoit l'acquéreur de payer en outre le requint.

Requint.

L'acquéreur devoit le quint du prix de la vente , parce que c'est le taux fixé par la Coutume pour les fiefs ; & le requint, ou le quint du quint, parce qu'en prenant sur son compte le payement du quint , il retranchoit sur le prix de son achat le montant de cette obligation , dont il se chargeoit d'acquitter le vendeur.

Par exemple , si le prix de la vente étoit de 100 livres , & que l'acquéreur se chargeât du quint qui revenoit à 20 liv. , il est évident que le prix de la vente revenoit à 120 livres en total , puisque l'acquéreur devoit payer 20 livres à la décharge du vendeur, & c'est pour cela qu'il devoit le quint des 100 liv. emboursées par celui-ci, & le requint des 20 liv. payées à sa décharge : au reste, s'il y avoit une remise sur le quint, le requint diminuoit dans la même proportion.

2°. L'art. 23 de la nouvelle Coutume de Paris , & l'art. 1 de

---

(*c*) Dumoulin , sur la Coutume de Paris , §. 53 , *hodiè* 76 , n°. 4.
(*d*) Dumoulin , sur la Coutume de Paris , §. 53 , *hodiè* 76 , n°. 14.
(*e*) Coutume de Paris , art. 78 , 79 , 80 , 81 , 83 , 84 , 87.

celle d'Orléans, en chargeant l'acheteur du paiement du quint, ont aboli le requint qui dérivoit de l'obligation accidentellement contractée par l'acheteur, au lieu que la réformation de ces Coutumes a attaché cette charge à sa perfonne.

Cette innovation a opéré une diminution effective dans la quotité du quint, puifqu'il n'eft plus que de 20 livres, à raifon d'une vente au prix de 100 livres, au lieu qu'il revenoit à 24 liv. lorfque l'acquéreur fe chargeoit volontairement du quint : ce changement eft pourtant plein de fens & de raifon (*f*), auffi a-t-il été fuivi pour les fiefs du Languedoc, qui font régis par la Coutume de Paris.

V I.

Venterolles &
reventons.

Du mot *ventes* dérivent ceux de *venterolles & reventons*, comme le requint dérive du quint ; parce que, dans les Coutumes où le droit de lods eft à la charge du vendeur, fi la vente eft faite à *francs deniers*, & que l'acquéreur s'oblige de l'acquitter des ventes, il les doit comme repréfentant le vendeur; & les ventorelles ou reventons qui font la quotité proportionnelle des ventes, comme le requint eft la quotité proportionnelle du quint (*g*).

V I I.

Etymologie.

On dit *lods*, & en latin, *laudimium* ou *laudativum*, qui font dérivés de *laudare*, parce que c'eft le prix du confentement donné par le Seigneur à la vente, ou du mot *lot*, parce qu'il fe regle fur le prix de la vente (*h*) : il peut dériver encore du mot *leudes* ou *loyaux*, parce que c'eft le nom que donnoient anciennement les Seigneurs à leurs fujets (*i*).

V I I I.

Denominations
diverfes.

On appelle encore ce droit *confilium*, confeil, approbation;

(*f*) *Infrà*, n°. 25, 26, & 27.
(*g*) Dumoulin, fur la Coutume de Paris, §. 53, *hodiè* 76, n°. 6.
(*h*) Loifeau, du déguerpiffement, liv. 1, chap. 5, n°. 4.
(*i*) Dargentré, fur la Coutume de Bretagne, art. 59, *nota* 2, n°. 3.

ou *accordemens*, parce qu'en quelques endroits il étoit arbitraire, auquel cas il devoit être reglé par des vues d'équité (*k*). Bouteiller, qui vivoit dans le quinzieme fiecle, l'appelle *droiture* (*l*) ; on l'appelloit de même, *faveur* (*m*), *honneur* (*n*), *iffues* (*o*), ou *paix* (*p*) : dans le Bazadois & dans le Béarn, on l'appelle *capfols* ou *capfouls*, *capifolita*, le Droit accoutumé : dans d'autres endroits, *forifcape*, parce qu'il eft pris hors du prix de la vente (*q*) : *ventes & gants*, c'eft-à-dire, lorfqu'on inveftiffoit le Vaffal avec un gant (*r*) : enfin, la Coutume de Normandie l'appelle treizieme, tant pour les fiefs que pour les rotures, avec cette différence qu'en cas de vente des fiefs il y a ouverture au relief & au treizieme : la même Coutume le fixe pourtant au douzieme effectif (*s*) ; enforte qu'on ne peut l'appeller treizieme qu'autant qu'on joint le montant du treizieme au prix de la vente, auquel cas le produit total revient exactement au treizieme du prix, & du treizieme ablotés.

I X.

1°. Les Châtelains Royaux du Foreft ont perçu un droit appellé arriere-lods, fur le pied de 3 f. 4 den. par livre en fus du montant des lods ; car c'eft ainfi qu'il eft fixé par un Arrêt du 27 Août 1639 (*t*).

Arriere-lods & drouilles.

2°. Un Arrêt du 8 Janvier 1611 en décharge les habitans de la ville de Saint-Germain-Laval, parce qu'ils jouiffent de

---

(*k*) Chopin, fur la Coutume d'Anjou, liv. 1, art. 1. n°. 2.
(*l*) Bouteiller, liv. 1, tit. 72.
(*m*) Galand, ch. 6, pag. 55, 56.
(*n*) Coutume de Poitou, art. 21. Galand, ch. 6, p. 59, 60.
(*o*) Dargentré de *laudimiis*, *cap*. 1, *in principio*.
(*p*) Coutume de Touloufe, partie 4, tit. 1, n°. 9. Maynard, liv. 4, ch. 4, n°. 1.
(*q*) Galand, ch. 6, p. 60, 61.
(*r*) Galand, ch. 6, p. 61. Maynard, liv. 4, ch. 45, n°. 2.
(*s*) Coutume de Normandie, art. 71, 73, 74.
(*t*) Henrys, liv. 3, queft. 31, n°. 7.

l'affranchiſſement des lods, & que l'acceſſoire ne peut ſubſiſter ſans le principal (*u*).

3°. Un autre Arrêt du 22 Février 1684, défend à tous Seigneurs, & à leurs Officiers, de lever le droit d'arriere-lods s'ils n'ont titre valable pour l'établir (*v*).

Enſorte qu'il n'a eu lieu de droit commun que dans les directes du Roi, & dans celles ſeulement où Sa Majeſté eſt fondée à percevoir les lods.

4°. Même dans celles-ci Bretonnier prétend que pas un Châtelain du Foreſt ne jouit du droit d'arriere-lods, mais ſeulement du droit de drouilles, qui eſt fort peu de choſe; parce que, ſelon l'art. 23 des ſtatuts de la Breſſe & du Bugey, le droit de drouilles eſt l'étrenne qu'on donne aux Officiers du Seigneur en ſus du prix de la vente (*x*).

5°. Pour revenir aux arrieres-lods dûs aux Châtelains Royaux du Foreſt, ils étoient attachés à une eſpece d'enregiſtrement qu'on faiſoit à leur Greffe de l'achat, ſelon un Arrêt du 11 Juillet 1626 (*y*); enſorte que l'arriere-lods étoit l'émolument de cet enregiſtrement.

Ainſi ce droit peu favorable & incertain dans ſa fixation ne peut plus ſubſiſter au profit des Châtelains Royaux depuis que le Roi a aſſujetti ſes Cenſitaires & ſes Vaſſaux à une autre eſpece d'enregiſtrement, auquel il a été attaché un émolument onéreux (*z*); mais il ſubſiſte au profit des Seigneurs ou de leurs Officiers, lorſqu'ils ſont fondés en titre pour le percevoir, ſuivant l'Arrêt de 1684, ci-devant cité.

X.

Saiſine ſeigneuriale.　　L'art. 55 de l'ancienne Coutume de Paris aſſujettiſſoit tout nouveau Poſſeſſeur au droit de ſaiſine ſur le pied de 12 deniers

---

(*u*) Henrys, liv. 3, queſt. 31, n°. 1 & 4.
(*v*) Bretonnier, liv. 3, queſt. 31, n°. 18.
(*x*) Henrys, liv. 3, queſt. 31, n°. 10.
(*y*) Henrys, liv. 3, queſt. 31, n°. 2 & 6.
(*z*) *Infrà*, n°. 11.

une fois payés, indépendamment du droit de lods en cas de vente, enforte que les feuls héritiers teftamentaires ou *ab inteftat* étoient difpenfés de la faifine, à caufe de la maxime : *le mort faifit le vif* (*a*).

L'art. 82 de la nouvelle Coutume, en laiffant fubfifter le droit de faifine fur le même pied, difpenfe de cette preftation tout nouveau poffeffeur qui ne voudra pas être enfaifiné.

X I.

1°. Pendant le regne de Louis XIV il fut établi « un droit » d'enregiftrement de tous les titres tranflatifs de propriété des » biens tenus en fief ou en roture ; tant des fiefs & terres qui » font dans les mains du Roi, que de ceux qui ont été engagés » ou aliénés par Sa Majefté, autrement qu'à titre d'échange ; » même des déclarations des héritiers en ligne directe ou colla- » térale.

Enfaifinement Royal.

2°. Ce droit eft attribué par l'article 5 de l'Edit de Décembre 1701, aux Receveurs & Contrôleurs généraux du domaine qui le perçoivent à leur profit & fans en compter, & qui doivent recevoir ces déclarations, ou enregiftrer ces titres de propriété : le montant en eft fixé ; favoir, pour les biens de 100 livres, & au-deffous, à 1 liv. 10 f. au-deffus de 100 liv. jufqu'à 1000 liv. à 4 liv. 10 fols, au-deffus de 1000 liv. à 10000 liv. à 9 liv., & au-deffus de 10000 liv. à 30 liv.

L'objet de cet établiffement eft celui de conferver les mouvances & directes du Roi, en fuivant la trace des poffeffeurs jufqu'au renouvellement des terriers de Sa Majefté (*b*).

3°. Ainfi le droit d'enfaifinement eft une impofition établie pour la confervation du domaine de la puiffance tutélaire ; mais cet établiffement n'a rien moins que rempli fon objet, à caufe de l'impoffibilité d'établir dans la geftion des Receveurs & Con-

---

(*a*) Dumoulin, fur la Coutume de Paris, §. 55, *hodiè* 78, gl. 6, n°. 1, 2 ; & §. 56, *hodiè* 82, n°. 17, 18, 19.

(*b*) V. le Dictionnaire du Domaine, *verbo* Enfaifinement.

trôleurs généraux un ordre, au moyen duquel on puisse faire la descendance des biens & domaines tenus dans la censive ou dans la mouvance du Roi.

Il a été accordé en différens tems à ces Officiers des délais pour faire des états qui rectifient cette partie de leur gestion ; mais ç'a été toujours en vain (c), parce que les divisions ou les réunions fortuites des biens qui sont dans la directe du Roi y mettent un obstacle invincible ; qu'en supposant la perception exacte de l'ensaisinement dans chaque généralité, les registres de cette perception dans l'intervalle d'un renouvellement à l'autre des papiers terriers du Roi, formeroient des volumes immenses, & qu'en faisant les Tables les plus amples & les plus exactes, même des biens qui n'auroient été ni divisés ni réunis, ce laborieux méchanisme seroit sans fruit par l'immensité des détails.

Nous avons vu travailler au renouvellement du papier terrier du Roi en Languedoc, par des commissions établies dans chaque Diocese, en exécution d'un Arrêt de la Chambre des Comptes de Montpellier, de 1752. Nous avons vu depuis, en vertu de commissions particulieres, faire le renouvellement complet de quatre terres dépendantes de la Vicomté de Narbonne, & tenues en engagement de Sa Majesté ; savoir, Coursan, Cuxac, & Ouveilhan, par M. le Prince de Conty ; & Puisserguier, par le sieur Marquis de Bermond ; mais dans ces différentes opérations on ne s'occupa pas plus des registres de l'ensaisinement, que s'il n'y en avoit jamais eu.

Au reste, ce sont communément les Commis au Contrôle des actes de Notaire qui levent le droit d'ensaisinement, moyennant une remise, & qui, seuls, peuvent le faire avec quelque exactitude, parce que tous les titres de mutation leur sont présentés ; ensorte que les fonctions des Receveurs & des Contrôleurs généraux du Domaine se bornent à recevoir les comptes & le montant de la recette de ces Commis, & que par le fait, les Officiers susdits font lever à leur profit, depuis le commencement de ce siecle, une imposition onéreuse aux redevables, & qui s'é-

____

(c) V. le Dictionnaire du Domaine, verbo Domaine. §. 6 , n°. 2 & 3.

tend

tend même dans les domaines engagés & dans les appanages, fans aucun avantage pour le Domaine royal, & fans aucune charge effective fur ces Officiers.

X I I.

1°. A l'égard du droit de relief ou rachat, *relevamentum à relevando, id eft liberando feu folvendo* (*d*), à part quelques Coutumes exhorbitantes du Droit commun; c'eft le droit qu'on paye au Seigneur féodal *pour les changemens de main*, autres toutefois qu'en ligne directe, ou par vente (*e*): certains monumens anciens lui donnent le nom d'*annate* (*f*), parce qu'il eft communément fixé au revenu d'une année du fief fervant.

2°. Le droit d'acapte, de plait, ou de relief de cher denier, eft parallele au relief, hors qu'il eft fixé pour l'ordinaire au doublement de la cenfive qu'il eft dû, même en ligne directe, & quelquefois par le changement de main du Seigneur, comme par celui de cenfitaire.

Relief ou rachat & acapte.

C H A P I T R E I I.

ORIGINE & fource productive des Lods & du Relief.

XIII. Divifion des biens, fous la premiere & feconde Race.
XIV. Origine primitive des lods.
XV. Epoque de cet. affujetiffement.
XVI. Principe de cette obligation.
XVII. Origine immédiate des lods.
XVIII. Suite.
XIX. Époque du relief.

(*d*) *Ut in lege* 14, *ff. de folutionibus.*
(*e*) Dumoulin fur la Coutume de Paris, §. 22, *hodiè* 33, Gl. 1, n°. 1.
(*f*) Galand, ch. 11, p. 170, 171.

B

XX. Fauſſe origine du relief.
XXI. Vrâie origine du relief.
XXII. Attache des lods & du relief.

XIII.

Diviſion des biens, ſous la premiere & ſeconde Race.

Sous la premiere & ſeconde Race de nos Rois il y avoit trois ſortes de biens en France ; 1°. Les alleus ou propriétés dont les poſſeſſeurs n'étoient aſſujettis à aucune eſpece de redevance (*g*), mais ſeulement au ſervice militaire (*h*) & à la fourniture des voitures aux Ambaſſadeurs étrangers, & aux Envoyés du Roi (*i*) : il n'exiſte preſque plus de cette ſorte de biens dans toutes les parties du Royaume où l'on admet la maxime *nulle terre ſans Seigneur* ; & cette maxime fait notre Droit commun.

2°. Les bénéfices immédiats ou médiats qu'on appella dans les ſuites fiefs & arrieres-fiefs, qui étoient réputés amovibles, quoiqu'on ne pût les ôter ſans cauſe (*k*). Charles le Chauve, au commencement de ſon regne, en conféra quelqu'un à titre d'hérédité (*l*), & nous trouvons de même, dans des circonſtances particulieres, des Duchés & des Comtés accordés héréditairement même ſous la premiere Race (*m*) ; mais à part ces événemens rares & contraires au Droit commun ancien, les bénéfices immédiats ou médiats, ainſi que les offices des

---

(*g*) Capitulaire de 815, pour les Eſpagnols, ch. 1 & 5. Baluze, tom. 1, pag. 549, 551. Formules de Marculphe, liv. 2, form. 1. Baluze, tome 2, p. 400.

(*h*) Capitulaire de 815, pour les Eſpagnols, ch. 1. Baluze, tom. 1, p. 549, Capitulaire de Kierſi, tit. 53, ch. 10. Baluze, tom. 2, p. 204.

(*i*) Même Capitulaire de 815, ch. 1.

(*k*) Ducange, *verbo, beneficium*, p. 1117, deuxieme Capitulaire de 813, ch. 20. Baluze, tom. 1, p. 510 ; la pratique contraire fut la cauſe du ſupplice de la Reine Brunehaut, Eſprit des Loix, liv. 31, ch. 1. Hiſtoire du Languedoc, tom. 1, pr. p. 42, 43.

(*l*) Don d'un bénéfice héréditaire en 843, hiſt. du Lang. tom. 1, pr. p. 77, & au texte, p. 586.

(*m*) V. hiſt. du Lang. tom. 1, p. 337, 338, pr. p. 85, 86. Journal du Palais, Arrêt du 3 Septembre 1668, propoſ. 2 & 3.

Ducs & des Comtes, ne devinrent héréditaires qu'en vertu du Capitulaire de Kierſi, de 877 ; dont l'art. 3 prépara la révolution du gouvernement féodal, en accordant aux Ducs, aux Comtes & aux Vaſſaux médiats ou immédiats, l'hérédité de leurs offices & de leurs bénéfices (*n*).

3°. Enfin les biens tenus à charge d'un cens œconomique & privé au profit du Roi, de l'Egliſe, ou de tout autre Seigneur (*o*), formoient la troiſieme eſpece ; ceux-ci ne pouvoient communément être poſſédés que par des ſerfs proprement dits, ou au moins par des colons, dont la ſervitude étoit bornée au ſervice de la glebe, & qu'on appelloit hommes tributaires (*p*): ces ſortes de biens ſont ce que nous appellons biens cenſuels.

4°. Nous n'avons pas mis au rang des biens poſſédés par les ſujets du Roi ſous la premiere & deuxieme Race, les Duchés & Comtés, parce que c'étoient de purs offices conférés gratuitement par le Roi ; de façon que les vaſſelages & les biens & droits attachés à ces offices appartenoient au Roi, & non au Duc ou au Comte, qui n'étoient que ſimples Officiers.

X I V.

Avant le Capitulaire de Kierſi, de 877, les bénéfices médiats ou immédiats ne pouvoient être dans le commerce ; 1°. parce qu'ils étoient ſimplement à vie (*q*), & que tant le bénéfice que l'arriere-bénéfice étoient réverſibles de plein droit au fiſc, par le décès du Vaſſal immédiat (*r*). 2°. Parce qu'alors les bénéfices

Origine primitive des lods.

(*n*) Baluze, tom. 2, p. 269, 270.

(*o*) Deuxieme Capit. de 805, ch. 20. Baluze, tom. 1, p. 498. Capit. de 630, ch. 22. Baluze, tom. 1, p 60 & p. 100, 101. Eſprit des Loix, l. 30, ch. 14, 15. Gloſſaire de Lindembrok, *verbo*, *tributarius*, p. 1491.

(*p*) Capit. de 630, ch. 22. Baluze, tom. 1, p. 63. Capit. liv. 3, ch. 36, & liv. 5, ch. 284. Loi Salique, tit. 43, art. 8. *Idem*, Capit. de 630, ch. 14, art. 1---6. Dans Baluze, t. 1, p. 100, 101. Ducange, *verbo*, *colonus*, p. 773---775.

(*q*) Capit. de 757, art. 6. Baluze, tom. 1, p. 182. *Idem*, Ducange, *verbo*, *beneficium*, p. 1116.

(*r*) Capit. de Compiegne, ch. 6 ; de 806, ch. 10 ; & de 837, ch. 6. Baluze, tom. 1, p. 182, 443 & 687.

étoient plus perſonnels que réels, & que le Vaſſal ne pouvoit quitter ſon Seigneur ſans ſon aveu (*s*), comme celui-ci ne pouvoit dépouiller ſon Vaſſal ſans cauſe, comme on l'a vu au numéro précédent.

3°. A l'égard des biens tributaires, les Serfs & les Colons avoient la liberté de les vendre à des perſonnes de la même condition (*t*), quoiqu'il y en eût qu'il étoit défendu de vendre, donner ou changer ſans le conſentement du Seigneur (*u*).

4°. Quoiqu'il en ſoit, il eſt toujours conſtant que l'obligation des Serfs & des Colons, ainſi que celle des Vaſſaux, étoit plus perſonnelle que réelle, puiſqu'il leur étoit expreſſément défendu de quitter leur Seigneur ſans ſon aveu (*v*) ; enſorte qu'à partir même des textes qui donnent aux Serfs & aux Colons la liberté de vendre, ce ne pouvoit être qu'avec l'agrément de leur Seigneur, qu'il leur étoit défendu de quitter : & l'on trouve des veſtiges de cet uſage dans les Coutumes de Simon de Montfort, de 1212, dont l'article 26 " défend au Mortaillable libre de " quitter ſon Seigneur ſans lui laiſſer tous ſes immeubles, & tous " ſes meubles en ſus s'il eſt Serf (*x*).

5°. Toutefois on ne trouve dans les Capitulaires la trace d'aucun droit établi pour les ventes, ni pour les autres aliénations, ſoit à l'égard des bénéfices, ſoit à l'égard des biens tributaires ; mais il eſt toujours vrai de dire que la défenſe primitivement faite au Vaſſal & à l'homme Tributaire de quitter ſon Seigneur ſans ſon aveu, entraîna la prohibition de vendre ſans ſon conſentement les biens féodaux ou cenſuels, lorſqu'ils furent dans le commerce. (*Infrà* n°. 16.)

(*s*) Capit. de 806, ch. 8. Baluze, tom. 1, p. 443, & de 837, ch. 4. *Ibidem* p. 686.

(*t*) Cinquieme Livre de la Loi des Viſigoths, tit. 7, art. 6. Deuxieme Livre de la Loi des Lombards, tit. 32, art. 36. Capit. liv. 3, ch. 36, & liv. 5, ch. 284.

(*u*) Formule vingtieme de Lindembrok. Baluze, tom. 2, p. 517.

(*v*) Capit. de 803, ch. 15, & de 857, tit. 24. Baluze, tom. 1, p. 400, & tome 2, p. 96.

(*x*) Catel, Comtes de Toulouſe, p. 271.

X V.

La révolution qui fuivit la décadence de la maifon de Char- Epoque de l'af-
fujettiffement.
lemagne , établit avec le gouvernement féodal les principaux
droits féodaux ou cenfuels qui fubfiftent depuis , entr'autres le
droit de lods en cas de vente.

Le plus ancien monument que nous ayons de l'affujettiffement
aux lods , felon Galand , eft tiré du Chartulaire de Marmoûtier
en 1079 (*y*) ; mais l'Hiftorien du Languedoc nous a donné
un échange de 956, qui fait remonter de plus d'un fiecle la
perception de ce droit (*a*) : auffi ce favant & profond Anti-
quaire fixe-t-il au 10ᵉ. fiecle l'époque de cet affujettiffement (*b*).

Il eft inutile de dire que dans le fixieme fiecle l'Empereur
Juftinien avoit ordonné qu'en cas de vente du bien emphitéotique
il feroit payé le cinquantieme du prix ou de l'eftimation (*c*) au
Seigneur.

X V I.

A l'égard du principe & de la caufe productive du droit de Principe de cette
obligation.
lods, plufieurs Auteurs ont cru qu'il eft dû à raifon de l'invef-
titure que donne le Seigneur au nouvel acquéreur ; & Chopin,
quoique verfé dans nos antiquités, a adopté cette erreur (*d*).

Nous difons que c'eft une erreur, 1°. parce que le nouveau
Vaffal avoit le plus grand intérêt à être reçu à la foi & hommage
qui eft la vraie inveftiture (*e*) ; & cependant la preftation de la
foi & hommage n'a jamais affujetti aux lods (*f*). 2°. Tout nouveau poffeffeur avoit befoin d'inveftiture (*g*), fans qu'elle tirât à

(*y*) Galand, ch. 6 , p. 64. Ducange ; *verbo , laudare*, p. 14.
(*a*) Hift. du Lang. tom. 2 , pr. p. 98.
(*b*) Hift. du Lang. tom. 2 , p. 109.
(*c*) L. 3. Cod. *de jure emphiteutico.*
(*d*) Chopin fur la Coutume d'Anjou, liv. 1 , art. 4, n°. 2.
(*e*) *V.* ci-après, n°. 21. Dumoulin fur la Coutume de Paris, §. 5, *hodiè* 8, n°. 1
(*f*) Dargentré *de laudimiis , cap.* 1 , §. 44.
(*g*) Hift. du Languedoc , tom. 3 , p. 413 ; Galli, queft. 162 ; Guy-Pape .
queft. 46 , *leg. imperialem* , §. *præterea feudorum* , lib. 2, tit. 55.

conféquence pour les lods. 3°. L'art. 55 de l'ancienne Coutume de Paris affujettit tout nouvel acheteur en cenfive au paiement des lods, & à douze deniers pour la faifine ou inveftiture dont tout nouveau poffeffeur avoit befoin; au lieu que les lods n'étoient dûs que par l'acquéreur, à titre d'achat (*h*) : donc les lods n'é-toient pas dûs pour l'inveftiture, dont le prix étoit diftinct & dû par des perfonnes exemptes des lods. 4°. L'Auteur du grand Coutumier diftingue de même le droit dû pour les ventes, d'a-vec le droit attaché à la faifine (*i*). 5°. L'art. 82 de la nouvelle Coutume de Paris difpenfe de la faifine ceux qui ne veulent pas être enfaifinés, quoiqu'aucun acquéreur par achat ne foit exempt des lods. 6°. Dans plufieurs Coutumes les lods font en tout, ou en partie, à la charge du vendeur ; & tel eft le droit commun en matiere de fiefs, felon Dumoulin (*k*) : ils ne font donc pas dûs pour l'inveftiture de l'acquéreur. 7°. Dans les derniers tems un Arrêt de reglement du Confeil du 19 Avril 1699, rendu pour la Provence , fait la diftinction expreffe de l'inveftiture d'avec le paiement des lods (*l*), ainfi que l'Edit de Mai 1710 (*m*). 8°. Enfin, dans les pays & dans les cas où l'inveftiture eft ufitée , la réception des lods ne peut jamais en tenir lieu (*n*).

X V I I.

Origine immé-diate des lods.

Refte à fe fixer fur la fource & fur le vrai principe de cette obligation ; c'eft qu'autrefois on ne pouvoit vendre les fiefs qu'avec le confentement du *Seigneur* , & que ce confentement n'étoit fouvent accordé qu'à prix d'argent (*o*).

(*h*) Dumoulin , fur la Coutume de Paris, §. 55 , *hodiè* 78 , Gl. 6 , n°. 1.
(*i*) Grand Coutumier, l. 4 , ch. 5 , p. 530.
(*k*) Dumoulin, fur la Coutume de Paris, §. 23 , *hodiè* 33 , Gl. 2 , n°. 6.
(*l*) Matieres féodales de Provence , tit. du retrait, n°. 13.
(*m*) *Infrà* , n°. 83 , verf. 2.
(*n*) Lemaître, fur la Coutume de Paris, tit. 2 , p. 108 ; Arrêt du Confeil du 19 Avril 1689 , pour la Provence , dans les matieres féodales de Provence , tit. du retrait, n°. 13 ; & Edit de Mai 1710, *infrà* n°. 83 , v. 2.
(*o*) Potier, fur la Coutume d'Orléans, introduction au tit. des fiefs , n°. 119.

2°. On trouve différentes preuves de cette affertion dans des actes du onzieme fiecle, rapportés par Galand (*p*). L'Ordonnance de 1250, rendue pour les Sénéchauffées de Carcaffonne, de Beaucaire, & Nifmes, « défend aux Vaffaux du Roi de „ vendre leurs fiefs fans fon confentement, s'il n'y a coutume „ contraire, que le Roi fe réferve d'examiner (*q*). Autrefois, „ dit M. Laroque, un Gentilhomme ne pouvoit vendre de fes „ fiefs fans la permiffion du Roi ; la preuve en eft à la Chambre „ des Comptes ; & entr'autres exemples il fut permis à Guy de „ Tournebu, Chevalier Sire de Maifi & de Laife (en 1292, „ regiftre 68), de vendre de fes terres jufqu'à une certaine „ fomme (*r*).

Un Arrêt de 1269 prononce la commife de certains prés tenus du Roi, & donnés à l'Eglife fans fon confentement ; & la peine fut prononcée, quoique le donateur voulût les reprendre, parce qu'il les avoit mis en mains-mortes fans l'agrément du Roi (*s*).

Chopin & Coquille atteftent de même qu'autrefois on ne pouvoit vendre les fiefs fans le confentement du Seigneur (*t*).

3°. Les fiefs & les rotures font devenus héréditaires dans le Dauphiné, qui dépendoit de l'Empire, beaucoup plus tard que dans le Royaume (*u*). Or, Gui-Pape, qui vivoit dans le quinzieme fiecle, attefte que de fon tems on ne pouvoit aliéner les fiefs ni les rotures qu'avec l'agrément du Seigneur (*v*). « Du „ tems de Guy-Pape, dit M. Salvaing, on ne pouvoit vendre les „ fiefs en Dauphiné fans le confentement du Seigneur, qui le re- „ fufoit quelquefois, comme il confte par un Arrêt du 1 Avril

---

Origine des amortiffemens, Delauriere, p. 29 & 30. Ordonnance de Louis IX. dans Ferriere, fur la Coutume de Paris, tit. 1, §. 1. n°. 5, V. *fuprà* n°. 14.

(*p*) Galand, ch. 6, p. 55, 56, 64.

(*q*) Dans Bellamy, p. 212.

(*r*) Laroque, de la Nobleffe, ch. 25.

(*s*) Delauriere, origine des amortiffemens, pr. p. 19.

(*t*) Chopin, fur la Coutume d'Anjou, liv. 1, art. 4, p. 93, 94, Coquille, Inftitutions au Droit François, ch. des fiefs.

(*u*) En 1343, felon M. Boiffieu, ch. 1, p. 9.

(*v*) Gui-Pape, queftion 46 & 162.

« 1382. Le premier Arrêt que j'aie vu qui refuse la commise
» pour avoir aliéné sans ce consentement, est du 25 Septembre
» 1514 (*x*) ». De même, selon l'art. 148 de la Coutume de la
Marche, & des articles 95 & 96 de celle du Comté de Bourgogne, « l'homme de main-morte ne peut vendre l'héritage
» tenu en servitude, ni en disposer sans le consentement du
» Seigneur.

4°. Il est donc vrai que les lods étoient le prix du consentement donné par le Seigneur à la vente du fief servant ; il en
est de même des rotures qui, de tous les tems, ont suivi le
fort des fiefs ; & la nécessité de ce consentement dérive, dans
l'origine, de la défense faite au Vassal & à l'Homme tributaire
de quitter son Seigneur sans son agrément (*y*) ; ensorte qu'on
doit regarder cette défense & la personnalité primitive des bénéfices & des biens tributaires, comme la source & le premier
principe de l'assujettissement aux lods.

5°. Nous ne devons pourtant pas dissimuler que quoique, par
le Droit Romain, l'Emphitéote ne pût vendre ses améliorations,
sans avoir requis l'agrément du Seigneur, les lods étoient pourtant attachés non à cette permission, mais à l'investiture qu'il
donnoit au nouvel acquéreur (*z*).

X V I I I.

Suite.

Cette origine du droit de lods nous mene jusqu'à la source
& à la racine des principaux usages & des regles fondamentales
relatives à ce devoir ; de là vient, 1°. que le vendeur en étoit
communément chargé (*a*), parce qu'il est attaché à la permission
que lui donne le Seigneur de vendre, quoique, par la nature de
la chose, cette charge dût regarder l'acheteur. (*infrà* n°. 26)

(*x*) Salvaing, ch. 2, p. 16, 17.
(*y*) *Suprà* n°. 13 & 14.
(*z*) *L.* 3. *per totum cod. de jure emphit.*
(*a*) Dumoulin atteste que le vendeur en est chargé de droit commun en
matiere de fiefs, s'il n'y a convention contraire. Dumoulin, sur la Coutume
de Paris, §. 23, *hodie* 33, Gl. 2, n°. 6.

2°.

2°. Qu'on a toujours dit *lods & ventes*, & non pas *lods & achats*, parce que la vente étant l'ouvrage de deux parties, la prestation des lods est attachée au fait du vendeur, & non au fait de l'acheteur (*b*). 3°. Que certaines Coutumes, ainsi que Philippe de Beaumanoir & l'Auteur du Grand Coutumier, les appellent simplement *ventes* (*c*). 4°. Que le droit de lods est plus cher que le relief ou rachat, auquel les mutations à titre gratuit donnent ouverture; parce que la vente est l'exercice le plus plein de la parfaite patrimonialité. 5°. De là vient que c'est une portion du prix que reçoit le vendeur, & dont il profite, & non de ce qu'il en coûte à l'acquéreur pour les étrennes, fraix de proxenetes & loyaux-couts. 6°. Enfin, c'est par cette raison que les échanges des biens de même directe, font communément exempts de lods; parce qu'au moyen de la subrogation des biens échangés, la dépendance seigneuriale demeure la même, & qu'on n'avoit pas conféquemment befoin du confentement du Seigneur pour ces traités (*d*).

X I X.

A l'égard du droit de relief que les Coutumes accordent au Seigneur immédiat dans le cas de mutation du fief vaffal à titre de fucceffion, ou à tout autre titre gratuit, les plus anciens monumens que nous en connoiffons ne dattent que du onzieme fiecle : ils font rapportés par Galand (*e*). La Charte de 1155 pour la Normandie (*f*), & le reglement qui prohibe les parages, en 1210 (*g*), en font pareillement mention; ainfi que Philippe de Beaumanoir (*h*), qui vivoit fur la fin du 13e. fiecle.

Epoque du relief.

(*b*) Par exemple, dans un contrat dans lequel le bailleur donne, quoique l'acquéreur achette. *V.* ci-après, n°. 463, 464.

(*c*) Coutume de Paris, art. 78, 79, 80, 81, 83, 84, 87. Grand Coutumier, liv. 2, ch. 25, pages 169, 170, 172. Beaumanoir, ch. 30, p. 152.

(*d*) *Infrà* n°. 320.

(*e*) Galand, ch. 6, p. 6.

(*f*) Bruffel, pr. p. 4, n°. 3, 4, 41.

(*g*) Bellamy, p. 197.

(*h*) Beaumanoir, ch. 27, p. 137, 138.

Tome I.   C

X X.

Il eſt donc faux, quoiqu'en aient dit Loiſeau & Guyot (*i*), dont le premier avoit une connoiſſance très-réfléchie de notre ancien Droit, & le ſecond n'en avoit pas la moindre notion ; il eſt faux que le relief ait été ſubſtitué à l'ancienne réverſion des fiefs, puiſqu'il étoit abſolument inconnu dans le tems des Capitulaires, lorſque les bénéfices étoient à vie, ni depuis ; puiſqu'en introduiſant l'hérédité des offices & des bénéfices en 877, le Capitulaire de Kierſi (*k*) n'établit aucun droit en repréſentation de la perte du droit de conférer le bénéfice à volonté à la mort du Vaſſal ; enſorte que le relief n'étoit connu, ni lorſque les bénéfices étoient purement à vie, & reverſibles au Seigneur par le décès du Vaſſal, ni au moment qu'ils ceſſerent d'être reverſibles par l'acquiſition de l'hérédité.

X X I.

1°. Ainſi le droit de relief a pris naiſſance dans le gouvernement féodal ; & voici le motif de cet établiſſement, ſelon Delauriere & ſelon Bruſſel : " c'eſt que le Roi, ou autre Seigneur
„ immédiat, ne donnoit l'inveſtiture des terres & fiefs tenus de
„ ſa mouvance, que moyennant de groſſes ſommes d'argent,
„ principalement lorſque le droit du prétendant étoit douteux,
„ c'eſt ce qui arriva ſouvent dans le onzieme ſiecle, à cauſe de
„ l'incertitude des regles ſur la ſucceſſion aux fiefs (*l*).

Cet uſage dérivoit des privileges de l'inveſtiture du Seigneur, inveſtiture qui n'eſt autre choſe que la réception de ſon Vaſſal à la foi & hommage rendue par celui-ci ; parce que cette réception de la part du Seigneur eſt le vrai renouvellement de l'in-

---

(*i*) Loiſeau, des Offices, liv. 3, ch. 3, n°. 26. Guyot du relief, ch. 1, n°. 3, 4.

(*k*) Capitulaire de Kierſi, de 877, ch. 3. Baluze, tom. 2, p. 269, 270.

(*l*) Delauriere, origine des amortiſſemens, pages 29, 30. Bruſſel, liv. 2, ch. 32, p. 403, 404.

veſtiture & du lien féodal (*m*). Or, dans les cas litigieux ou équivoques, elle donnoit la poſſeſſion légale & civile excluſive à celui des contendans qu'il avoit plu au Seigneur d'inveſtir.

2°. En 1211 Simon de Montfort, nouveau poſſeſſeur des Domaines des Trincavels, Vicomtes de Carcaſſonne, de Beziers, &c. & deſtructeur illuſtre des plus anciennes & des plus puiſ-ſantes maiſons du Languedoc, par une guerre de religion (*infrà* n°. 141,) obtint par grace ſa réception à la foi & hommage du Roi d'Aragon, comme Comte de Carcaſſonne ; cette réception avoit été précédée de pluſieurs ſuppliques, & d'autant de refus (*n*).

Dans des circonſtances critiques le fils unique, ſeul héritier d'un grand fief, réclamoit quelquefois cette inveſtiture pour s'aſſurer la poſſeſſion du fief paternel, & pour jouir des droits & du rang attachés à ce fief, témoin le trait d'hiſtoire que nous allons rapporter.

Le Roi Philippe Auguſte expulſa les Anglois du Royaume, en exécution du jugement prononcé par ſa Cour des Pairs en 1202, contre Jean, ſans terre, Roi d'Angleterre, ſon Vaſſal : ce jugement condamne à mort le Roi Jean, pour crime de félonie, & pour le meurtre d'Artus, ſon neveu, & prononce la confiſcation des domaines immenſes dont il jouiſſoit en France dans la mouvance du Roi (*o*). Depuis cette fameuſe époque, la Maiſon Comtale de Toulouſe étoit la plus illuſtre & la plus puiſſante Maiſon du Royaume, après la Maiſon regnante (*p*). Dans cet état, & en 1225, Raimond VII, dit le jeune, foible & dernier rejetton de cette illuſtre tige, après avoir chaſſé de ſes domaines Amauri, fils de Simon de Montfort, (*infrà* n°. 141, verſ. 5),

---

(*m*) Dumoulin, ſur la Coutume de Paris, §. 5, *hodiè* 8, n°. 1. Dargentré, *de laudimiis*, *cap.* 1, §. 4; & ſur la Coutume de Bretagne, art. 332, n°. 13, *Feudorum*, *lib.* 2, *tit.* 4.

(*n*) Hiſtoire du Languedoc, tom. 3, p. 183, 203.

(*o*) On peut voir le détail de cet événement tiré de l'hiſtoire de Mathieu, de Paris, dans Chantereau, Lefebvre, preuves par les actes, p. 21.

(*p*) On peut s'aſſurer de l'étendue de leurs domaines & de leur puiſſance dans l'hiſtoire du Languedoc, tom. 2, p. 508, n°. 69.

follicitoit avec inftance fa réception à la foi & hommage du **Roi**, *parce qu'autrement*, difoit-il, *mes Pairs ne voudroient pas me re-connoître pour leur Pair* (*q*).

En 1216 la Comteffe de Champagne foutint à la Cour des Pairs, compofée des grands Vaffaux & des grands Officiers de la Couronne, " que par l'ufage de France quand un Vaffal eft „ faifi de fon fief par fon Seigneur, celui-ci ne doit recevoir au- „ cun autre homme à raifon du fief, *tant que le premier eft faifi* „ *& prêt à faire & pourfuivre droit à la Cour de fon Seigneur*; & la Cour des Pairs jugea en conformité (*r*). La Supplique de la Comteffe de Champagne fournit la preuve des avantages atta-chés à l'inveftiture, & le jugement de fes Pairs eft un témoi-gnage authentique des engagemens que contraftoit le Seigneur envers le nouveau Vaffal invefti.

Enfin, en 1269 Alphonfe, Comte de Poitiers, frere de Saint Louis, réduifit au revenu d'une année le relief à merci qu'il per-cevoit dans fon Comté (*s*); enforte que jufqu'alors les Comtes de Poitiers n'avoient pas voulu mettre des bornes au prix qu'ils mettoient à l'inveftiture de leurs Vaffaux.

3°. Il eft donc vrai que le relief étoit le prix de l'inveftiture du nouveau Vaffal, fur-tout lorfque fon droit pouvoit être équi-voque, parce qu'en toute occafion il avoit le plus grand intérêt d'obtenir cette inveftiture, au point que par la Jurifprudence des Arrêts même, dans le quinzieme, & en partie dans le feizieme fiecle, l'acquéreur, invefti par fon Seigneur, étoit maintenu en poffeffion, de préférence à l'acquéreur plus ancien, mais qui n'a-voit pas été invefti (*t*): nouvelle preuve que l'inveftiture du Sei-gneur donnoit la poffeffion civile & légale, au lieu que de droit commun la préférence entre deux acquéreurs eft accordée à ce-lui qui a la poffeffion réelle & effeĉtive, quoique fon acquifition foit poftérieure (*u*).

(*q*) Ducange, *verbo Par*, pag. 143. Hiftoire du Languedoc, t. 3, p. 349.
(*r*) Dutillet, recueil des rangs des Grands, p. 28, 29.
(*s*) Galand, ch. 6, p. 67, 68, 69 : on y trouve la Charte de cette converfion.
(*t*) Guy-Pape, queft. 46. Maynard, liv. 2, ch. 61.
(*u*) *L.* 15, *cod. de rei vendicatione.*

4°. Il réfulte de ce deffus, que les fucceffeurs en ligne directe ont dû être exempts du relief, foit à caufe de la faveur attachée à leur naiffance, foit parce que le droit des enfans ne pouvoit être douteux dès qu'il s'agiffoit de fuccéder aux fiefs de leurs parens. On voit dans Bouteiller des preuves de la faveur attachée à ces mutations par rapport aux profits, (*infrà* n°. 199).

5°. Il en réfulte encore que le relief n'a pas dû être établi dans les pays régis par le Droit Ecrit ; affertion qui demande que nous prenions les chofes de plus loin. Dans l'état primitif, les loix étoient perfonnelles chez les peuples barbares du Nord de l'Europe, même après que les Conquêtes des Romains les eurent forcés de fe réunir & de fe mêler : *la patrie étoit commune*, dit l'illuftre Montefquieu, *& la république particuliere ; le territoire étoit le même, & les nations diverfes* : cette perfonnalité fubfifta encore après que des effains de ces barbares eurent fubjugué le midi de l'Europe, & formé différens Etats, dans cette partie, des débris de l'Empire Romain (*v*) : la continuité de cet ufage dérivoit de la grande liberté dont jouiffoient des peuples qui n'étoient pas encore affervis par l'attache à leur glebe, & qui n'avoient confenti à fe foumettre à des loix que par les avantages toujours préfens qu'ils trouvoient dans cette foumiffion, au lieu qu'ils n'auroient pas voulu reconnoître l'empire de loix territoriales, étrangeres à leurs ufages & à leurs mœurs. Par une fuite du même efprit, ces Peuples, fimples, braves, & magnanimes, laifferent vivre les Romains felon la loi Romaine (*x*) ; enforte que les loix devinrent perfonnelles à leur égard, comme à l'égard des peuples conquérans : en conféquence, dans les conteftations entre des hommes de diverfes nations, après leur mélange dans ces nouveaux Etats, chacun étoit jugé par fa loi & par des Juges de fa nation. L'Hiftorien du Languedoc rapporte un Jugement de 918, rendu par des Juges

---

(*v*) Efprit des Loix, liv. 28, ch. 2. Ducange, *verbo Feudum componere*. Hiftoire du Languedoc, tom. 1, p. 379, 438. Capitulaire de 793, ch. 37. Baluze, t. 1, p. 542. Loi des Lombards, liv. 2, tit. 57.

(*x*) Capitulaire de Clotaire II, de 560, art. 4 Baluze, tom. 1, p. 7. Loi des Lombards, liv. 2, tit. 57.

Goths, Romains, & Saliens (*y*) : de même dans un Procès entre deux Romains le Comte du peuple vainqueur prenoit un Jurifconfulte Romain pour affeffeur (*z*). Cependant l'Edit de Piftes de 864 diftingue les pays où l'on jugeoit felon la loi Romaine d'avec ceux où l'on ne jugeoit pas felon cette loi, & ces pays étoient les mêmes qu'aujourd'hui (*a*) : la perfonnalité des loix fubfiftoit pourtant encore lors de l'Edit de Piftes, puif-que cinquante-quatre ans après, & en 918, le Goth, le Romain & le franc Salien étoient jugés chacun par des Juges de fa nation, conféquemment felon fa loi.

Cependant les pays régis par le Droit Ecrit étoient, dans le neuvieme fiecle, les mêmes qu'aujourd'hui, comme on l'a dit & comme il réfulte de l'Edit de Piftes ; parce que la Loi Romaine, quoique perfonnelle dans ces pays, comme toute autre, depuis la conquête des Barbares, y devint territoriale à la longue, & par accident ; c'eft-à-dire, par l'habitation d'un plus grand nombre de Citoyens vivant fous le Droit Romain (*b*) ; & comme la maniere de fuccéder a toujours.été fixe & immuable felon la Loi Romaine, le droit de relief a dû être inconnu dans les pays régis fuivant cette Loi.

6°. Au refte, il eft des Coutumes, en petit nombre, qui affujettiffent au relief même les mutations en ligne directe, comme il y a des pays régis par le Droit Ecrit dans le Reffort du Parlement de Paris, où ce droit eft établi ; c'eft ainfi qu'on trouve fans ceffe dans notre jurifprudence féodale, des difparates qui dérivent principalement des défordres du gouvernement féodal, des différens degrés de puiffance des Seigneurs, ou de réfiftance de leurs Vaffaux ou Sujets ; enfin, indépendamment de cette caufe générale, les préjugés des hommes & leur différente façon de voir, fuffifent fouvent pour établir des différences qui ne font fondées fur rien.

(*y*) Hiftoire du Languedoc, tom. 1, p. 379, 380. Preuves, p. 56.
(*z*) Hiftoire du Languedoc, tom. 1, p. 379, 380.
(*a*) Edit de Piftes de 864, ch. 12 & 16. Balu.... tom. 2, p. 180. Efprit des Loix, liv. 28, ch. 4.
(*b*) Hiftoire du Languedoc, tom. 2, p. ... , 345. Efprit des Loix, liv. 28, ch. 4.

X X I I.

Il nous refte à remarquer, d'après Dumoulin & Guyot, que Attache des lods & du relief. les lods font dûs non par le changement de main, qui eft la fuite & l'exécution de la vente, mais par le contrat qui forme l'engagement des parties ; & dès le jour du contrat (*c*), au lieu qu'il y a ouverture au relief, non par le fait du contrat, mais par le changement de main, plein & effectif du côté de l'ancien & du nouveau poffeffeur : *ex parte utriufque extremi*, & dès le jour de ce changement (*d*); de là vient que nos Coutumes & nos Auteurs difent, en parlant des lods, *qu'ils font dûs de tout contrat de vente ou équipollent à vente*, au lieu qu'en parlant du relief ils l'attachent, non au contrat, mais au changement de main (*e*).

CHAPITRE III.

Qui doit les Lods & Ventes ? Changement fait au Droit ancien.

XXIII. Bigarrure des Coutumes.
XXIV. Droit commun.
XXV. Abolition du requint.
XXVI. Fondemens du Droit commun.
XXVII. Quid? dans les Décrets forcés.
XXVIII. Vente à francs deniers, ou au contraire.

(*c*) Dumoulin, fur la Coutume de Paris, §. 22, *hodiè* 33, Gl. 1, n°. 30; & §. 13, *hodiè* 20, gl. 3, n°. 12. Guyot, du relief, ch. 3, n°. 4, 5, & des lods, ch. 1, n°. 3.---9. Auvergne, ch. 16, art. 1.
(*d*) Dumoulin & Guyot, *ibidem*.
(*e*) Art. 33, de la Coutume de Paris; & *V.* la conférence fur cet article dans Fortin & dans Ferriere.

X.X.I I I.

Certaines Coutumes chargent le vendeur du paiement des lods ; par exemple, la Coutume de Senlis : & tel eſt l'uſage de la Flandre (*f*), & le droit commun, par rapport aux fiefs, ſelon Dumoulin (*g*) : d'autres Coutumes partagent cette charge entre l'acheteur & le vendeur (*h*).

X X I V.

Mais il eſt de regle que l'acheteur ou autre, en faveur de qui ſe paſſe le contrat, en doit les lods & toutes les charges attachées à cette paſſation. (*V. infrà* n°. 26.)

Tel eſt le droit commun actuel du Royaume (*i*), & la diſpoſition de la plûpart des Coutumes (*k*) ; telle eſt auſſi la Juriſprudence des Parlemens régis par le Droit Ecrit.

X X V.

1°. Cette Juriſprudence eſt ſi bien établie, qu'au lieu que les articles 23 & 24 de l'ancienne Coutume de Paris chargeoient le vendeur du quint. L'art. 23 de la nouvelle Coutume le met à la charge de l'acheteur ; même changement par l'article 1 de la nouvelle Coutume d'Orléans : de même l'art. 71 de l'ancienne Coutume de Bretagne chargeoit le vendeur des deux tiers des lods, au lieu que l'art. 74 de la nouvelle Coutume les met en entier ſur l'acheteur.

(*f*) Senlis, art. 255. Chopin, ſur la Coutume d'Anjou, liv. 1, art. 4, n°. 5, & ſur la Coutume de Paris, liv. 1, tit. 3, n°. 13.

(*g*) Dumoulin, ſur la Coutume de Paris, §. 23, *hodiè* 33, gl. 2, n°. 6.

(*h*) *V.* l'ancienne Coutume de Bretagne, art. 71, & la conférence ſur l'art. 77 de la nouvelle Coutume de Paris.

(*i*) Dumoulin, ſur la Coutume de Paris, §. 23, *hodiè* 33, gl. 2, n°. 7. Dargentré, ſur la Coutume de Bretagne, art. 71, note 1, n°. 1, *& de laudimiis, capite* 3.

(*k*) *V.* la conférence ſur l'art. 77 de Paris. Chopin, ſur la Coutume d'Anjou, liv. 1, art. 4, n°. 5.

A

2°. A l'égard des terres & fiefs du Languedoc qui font régis par la Coutume de Paris, quant aux droits féodaux, un Arrêt de la Chambre des Comptes de Montpellier, du 18 Juin 1712, au rapport de M. Bonefons (dans le tems que cette Cour connoiſſoit feule des matières domaniales en Languedoc, en vertu d'un Edit du mois de Novembre 1690), porte " que la Cour " faiſant droit fur les concluſions de M. le Procureur Général, " décharge du requint le fief de la Lande tenu nuement du Roi, " & ordonne que ce droit demeurera abrogé & aboli en Langue- " doc à l'égard des terres aſſujetties aux us & coutumes de la " Vicomté de Paris, conformément à la nouvelle coutume.

X X V I.

1°. Ces changemens font pleins de juſtice & de fageſſe ; & ſi les anciens principes de la Juriſprudence ont fait aſſujettir le vendeur au paiement des lods (*l*), la parfaite patrimonialité des fiefs & des rotures, établie par la Juriſprudence actuelle, & l'ordre des choſes bien entendu, doivent les faire mettre fur le compte de l'acheteur. *Fondemens au Droit commun.*

2°. En effet, la vente eſt un marché dans lequel une partie ſe dépouille de ſon bien pour ſe procurer de l'argent : donc l'acheteur, qui fournit les eſpeces, doit payer toutes les charges qui conſiſtent en argent, au lieu que le vendeur qui s'exproprie, ne doit pas payer les fraix de ce dépouillement, ſouvent douloureux.

3°. D'ailleurs le Seigneur a communément l'option des lods ou du retrait : or le retrait eſt eſſentiellement à la charge de l'acheteur, & totalement étranger au vendeur qui s'eſt dépouillé : donc les lods doivent l'être pareillement, puiſque ces deux droits font paralleles & alternatifs ; au lieu qu'en laiſſant les lods à la charge du vendeur, ſi le Seigneur exerce le retrait, le vendeur eſt déchargé des lods par cette option.

4°. S'il a vendu à francs deniers, le Seigneur retrayant doit lui

____

(*l*) *Suprà* n°. 17 & 18.

faire raiſon des ſuſdits lods ; puiſque, par l'événement, ils ne ſont pas dûs , & que le vendeur en a laiſſé le montant dans les mains de l'acquéreur ; enſorte que l'exercice du retrait lui procureroit un avantage réel en le déchargeant de fait des lods.

5°. Enfin , le Seigneur peut exercer contre l'acheteur l'action hypothéquaire pour le paiement des lods , lors même qu'ils ſont dûs par le vendeur , & du chef de celui-ci (*m*) ; enſorte que l'acheteur eſt obligé de retenir dans ſes mains de quoi ſe refaire du montant de cette obligation : il eſt donc plus ſimple de mettre ſur ſon compte une preſtation.dont il eſt toujours hypothécairement tenu.

X X V I I.

Quid ? aux décrets forcés.

Il réſulte de ce deſſus que dans les décrets forcés les lods ſont eſſentiellement à la charge de l'acheteur, même dans les Coutumes où le vendeur en eſt tenu de droit commun (*n*) , ſoit parce qu'il ſeroit trop dur d'aſſujettir le débiteur ſaiſi à payer les lods de la vente qu'on fait malgré lui de ſon bien , ſoit parce qu'il ne lui reſte quelquefois aucun autre bien, & que l'adjudicataire ſeroit toujours hypothécairement tenu de cette preſtation (*o*).

X X V I I I.

Vente à francs deniers ou au contraire.

1°. Si dans les Coutumes où le vendeur les doit il vend à francs deniers , c'eſt-à-dire , en jettant cette charge ſur l'acquéreur ; en ce cas, celui-ci doit les lods tant ſur le prix de l'achat que ſur les lods de cet achat ; puiſque le montant de ces lods augmente par le fait le prix de l'achat à concurrence de ſa valeur (*p*) : telle eſt l'origine des venterolles & du requint.

(*m*) Dumoulin , ſur la Coutume de Paris , §. 23 , *hodiè* 33 , gl. 2. n°. 4, 5. Dargentré, ſur la Coutume de Bretagne, art. 17 , note 1 , n°. 6 , & ſur l'art. 231 , note 2 , n°. 2.

(*n*) Livoniere , liv. 3 , ch. 4 , ſect. 2 , p. 156. Chopin, ſur la Coutume de Paris , liv. tit. 3 , n°. 3. Dumoulin , ſur l'art. 235 de la Coutume de Senlis.

(*o*) Dumoulin , ſur la Coutume de Paris , §. 23 , *hodiè* 33 , gl. 2 , n°. 4. 5. Dargentré , ſur la Coutume de Bretagne , art. 71 , note 1 , n°. 6 , & art. 231 , note 2 , n°. 2.

(*p*) Suprà n°. 5 & 6.

2°. Mais fi l'on prend le contre-pied, & que le vendeur fe chargé volontairement des lods dans les Coutumes où ils font à la charge de l'acheteur, en ce cas il faudra faire un retranchement proportionnel à cette charge pour la fixation des lods ; par exemple, fi les lods font au douzieme, & que le prix de la vente foit de 1300 livres, en ce cas les lods reviennent exactement à 100 livres, comme fi l'acheteur avoit payé 1200 livres pour la valeur du fonds, & 100 liv. pour les lods, dont le vendeur s'oblige de le faire tenir quitte (q).

CHAPITRE IV.

MONTANT des Lods & Ventes font-ils partie du prix ?

XXIX. Fixation fur le prix.
XXX. Fraude dans le prix.
XXXI. Droit de furjet.
XXXII. Prix en or ou en argent.
XXXIII. Prix en denrées.
XXXIV. Principes de la fixation de la quotité.
XXXV. Ufage incertain.
XXXVI. En-dehors du prix.
XXXVII. Ils n'en font pas partie.
XXXVIII. S'ils font à la charge du vendeur.
XXXIX. En vente par le Seigneur.

X X I X.

Comme les lods font dûs à raifon de la vente, & non à raifon de la mutation, ils ont dû être fixés non fur la valeur de

---

(q) Dumoulin, fur la Coutume de Paris, §. 55, gl. 2, *hodiè* 78, n°. 1, 2, 3. Chopin, fur la Coutume de Paris, liv. 1, tit. 3, n°. 13.

la chose, mais sur le prix de la vente qui y donne ouverture (r); au lieu que le relief qui est dû pour la mutation se prend·communément sur le revenu du bien sujet.

Ainsi les regles les plus triviales rendent hommage à nos principes (s); parce que, dans les vérités morales, comme dans les vérités mathématiques, il est une chaîne de principes & de conséquences que l'étude & la méditation développent; au lieu que faute de trouver cette chaîne, on est forcé de créer des principes arbitraires & isolés, & l'on marche perpétuellement à tatons.

X X X.

Fraude dans le prix.   Mais s'il y a fraude dans la fixation du prix ; par exemple s'il est augmenté dans une contre-lettre, en ce cas le Seigneur peut demander les lods même sur l'augmentation (t), & quelquefois une peine selon l'exigence des cas.

Un Arrêt du Parlement de Toulouse, du 13 Août 1733, ordonne que, sans avoir égard au prix porté par le contrat, pour les causes résultant du Procès, le Seigneur qui demandoit le retrait, remboursera l'acquéreur sur le pied de l'estimation, si mieux il n'aime prendre les lods sur le même pied (u).

Mais cet Arrêt ne doit pas tirer à conséquence, à cause des inconvéniens de l'exercice du retrait, & parce que les Seigneurs ne sont pas toujours fondés à le demander.

D'ailleurs la modicité du prix ne suffit pas pour convaincre les contractans de fraude ; mais dans le cas où elle est prouvée, l'acquéreur doit être condamné quelquefois à des peines, selon les circonstances, comme nous l'établirons dans notre traité du dol.

(r) Dumoulin, sur la Coutume de Paris, §. 53, *hodiè* 76, n°. 34. Dargentré, *de laudimiis, cap.* 5 ; & sur celle de Bretagne, art. 71, n°. 5.

(s) *Suprà* n°. 17, 18 & 22.

(t) Guyot, des lods, ch. 2, n°. 1, 2. Dumoulin, sur la Coutume de Paris, §. 55, *hodiè* 78, gl. 5, n°. 3.

(u) Nouveau Journal du Palais de Toulouse, tom. 5. Arrêt 146, n°. 3.

XXXI.

La Coutume d'Auvergne donne au Seigneur, dans certaines *Droit de surjet.* Châtellenies, le droit de surjet, c'eft-à-dire, le droit de faire augmenter le prix en faifant publier le bien aux encheres (*v*). S'il fe préfente un furjettant, le Seigneur l'inveftit, & rend le prix de la vente au premier acquéreur, & le furplus ou furjet appartient au Seigneur (*x*).

Mais cet ufage eft injufte de plufieurs façons. 1°. Sur quoi fonder le droit de furjet, & l'expoliation de l'acquéreur, s'il n'y a pas preuve de fraude dans le contrat ? 2°. Si quelqu'un a intérêt de fe procurer un certain bien, il eft évident qu'il fera furjettant ; & le Seigneur, indépendamment de la perception des lods, vendra de fait tous les biens dépendans de fa directe, en s'appropriant la partie du prix qui fera attachée à la convenance du furjettant.

3°. Ce droit de furjet diminue confidérablement la valeur du bien dans les mains du vendeur, qui n'eft pas le maître d'en tranfporter la propriété incommutable à qui & comme il trouve bon ; enforte que le furjet produit, par accident, un effet directement contraire à fon inftitution. 4°. Il faut indemnifer l'acquéreur des loyaux-couts, indépendamment du prix de l'achat.

XXXII.

Quoique le prix de la vente foit payable en or ou en argent, *Prix en or ou* on a pourtant la liberté de payer les lods en monnoie, & tel eft *en argent.* l'ufage (*y*).

Mais s'il réfultoit un changement effectif de cette différence par rapport à la valeur intrinfeque du paiement ; par exemple, fi une certaine efpece étoit menacée d'un décri, ou fi d'autres circonftances en diminuoient la valeur, il faudroit payer ès

---

(*v*) Coutume d'Auvergne, ch. 23, art. 9. Guyot, des lods, ch. 2, n°. 1, 2.
(*x*) Gloffaire du Droit Français, *verbo*, furjet.
(*y*) Dumoulin, fur la Coutume de Paris, §. 55, *hodiè* 78, gl. 5, n°. 1.

mêmes efpeces portées par le contrat pour rendre les lods proportionnels au prix ; & c'eft ainfi qu'on en ufe s'il y a terme pour le paiement (*z*).

XXXIII.

Prix en denrées. Si le prix de l'achat eft en denrées ou en fervices appréciables, le Seigneur ne fera pas tenu de recevoir par exemple, un tonneau de vin, ce qui feroit ridicule, & fouvent impraticable ; mais il recevra fa quotité de l'eftimation de ces chofes proportionnellement à leur valeur (*a*).

XXXIV.

Principes de la fixation de la quotité. A l'égard de la quotité des lods & ventes, on doit confulter, pour en fixer le montant, 1°. le titre, qui eft la loi domeftique que les parties fe font impofée (*b*). 2°. A défaut du titre, l'ufage bien conftaté du fief ou de la Seigneurie ; image toujours fubfiftante des titres anciens. 3°. Le Statut municipal, ou la Coutume légalement rédigée, s'entend celle de la fituation des biens, parce que les Coutumes font réelles (*c*). 4°. Dans le conflit entre la Coutume du fief dominant & celle du fief fervant, c'eft cette derniere qu'on doit confulter, parce qu'elles font fans autorité hors de leur territoire, & que la Coutume du fief dominant ne fauroit affecter les biens d'un territoire étranger (*d*). 5°. S'il n'y a point de Coutume écrite, il faut fuivre l'ufage

---

(*z*) *Infrà*, n°. 106.

(*a*) Dumoulin, fur la Coutume de Paris, §. 55, Gl. 5, *hodiè* 78, n°. 1.

(*b*) Dumoulin, fur la Coutume de Paris, §. 5, *hodiè* 8, n°. 92. Dargentré, fur la Coutume de Bretagne, art. 277, note 1, n°. 5. *Id fequimur quod actum eft*, leg. 34, *ff. de regulis juris.*

Quid tam congruum fidei humanæ, quàm ea quæ inter eos pacta erunt fervare, leg. 1. *ff. de pactis.*

(*c*) Loifel, liv. 2, tit. 4, regle 4. Dumoulin, fur la Coutume de Paris, §. 53, *hodiè* 76, n°. 10.

(*d*) *Bene* Potier, du retrait, n°. 563. *Extra territorium jus dicenti impunè non paretur, l.* 20. *ff. de jurifdictione.*

local (e), c'eſt-à-dire, l'uſage de la Contrée, ou celui de la Province. Nous renvoyons à ce ſujet aux n°. 121 & ſuivans, dont les principes ſont communs à la fixation de la quotité des lods.

X X X V.

Mais ſi l'uſage eſt équivoque ou incertain, il faut ſuivre le moindre taux, ſelon la Loi (f). Dumoulin fixe ce moindre taux au douzieme (g), & c'eſt ainſi qu'il fut fixé dans un cas hypotétique par un Arrêt du 23 Avril 1674 (h) : en Anjou & au Maine, c'eſt de même au douzieme (i), ainſi qu'en Normandie, ſelon l'art. 174 de la Coutume : il en eſt de même dans le Touloufain ; cependant Dargentré rejette cette fixation au douzieme, en tant qu'on voudroit la regarder comme formant une eſpece de droit commun (k) : & abſtraction faite de toute coutume & de tout uſage, il paroît qu'il a raiſon ; parce qu'en partant des principes de la Loi, on doit, dans le doute, ſuivre le moindre taux du pays où doit être fixé le montant des lods ; au reſte, le taux ordinaire des fiefs dans les pays de Coutume, eſt le quint, ſelon Chopin (l).

Uſage incertain.

X X X V I.

1°. Mais doit-on prendre les lods en-dedans ou en-dehors du

En-dehors du prix.

(e) Arrêts des 25 Janvier 1530, & 21 Juillet, 1531. Chopin, ſur la Coutume d'Anjou, liv. 1, art. 4, n°. 7.

Autre du 6 Septembre 1576. Charondas, obſervations du Droit François, *verbo* Droits.

Quod in regione in qua actum eſt frequentatur, leg. 34, ff. de regulis juris.

Ea enim quæ ſunt moris & conſuetudinis in bonæ fidei judiciis debent venire, leg. 31, 20, ff. de ædilitio edicto.

(f) *Ad minimùm redigenda ſumma eſt, leg. 34, ff. de reg. juris.*

(g) Dumoulin, ſur la Coutume de Paris, §. 53, hodiè 76, n°. 10.

(h) Graverol, des droits ſeigneuriaux, ch. 38, art. 1.

(i) Livoniere, liv. 3, ch. 1, p. 138.

(k) Dargentré, ſur la Coutume de Bretagne, art. 59, note 2, n° 10.

(l) Chopin, ſur la Coutume d'Anjou, liv. 1, art. 4, n°. 7.

prix ? Un Arrêt de 1581 les fixe en-dedans; enforte que le tiers denier revient de fait à la moitié ; & divers regiftres de la Chambre des Comptes de Grenoble atteftent le même ufage (*m*). La Coutume de Nivernois, au titre des Bordelages, art. 23, les fixe de même au tiers en-dehors, c’eft-à-dire, à la moitié en-dedans : nous difons à la moitié, parce que le prix de la vente étant par exemple, de 100 livres, fi l’on y ajoute 50 liv de lods, le prix total fera de 150 livres, dont les 50 livres de lods font le tiers en-dedans ; mais ces fixations font énormes, & la maniere de les entendre eft exhorbitante : pareils biens ne font prefque pas dans le commerce.

2°. Ainfi, nonobftant ces deux exemples, qui font fans conféquence, il eft de regle que la fixation des lods doit s’entendre de façon que le contingent du Seigneur fe prenne hors du prix ; enforte que le quint de 100 livres revienne à 20 livres ; & c’eft ainfi qu’on le pratique par-tout, même en Dauphiné (*n*) : il faut donc fe conformer à cet ufage, parce qu’il eft feul analogue à l’expreffion grammaticale, & qu’il eft général, indépendamment de la faveur de la libération.

X X X V I I.

Ils ne font pas partie du prix.

Si le vendeur attaque la vente par lézion, les lods qu’a payé l’acheteur n’entrent pas dans le compte du prix, à l’effet d’en groffir le montant, parce que les lods ne cedent pas au profit du vendeur, & qu’ils font dûs par l’acheteur, comme un des loyaux-couts & une charge de fon achat (*o*). Or, le vendeur eft lézé à concurrence de ce qu’il a reçu au-deffous de la valeur de l’objet de la vente, fans s’occuper des dépenfes extrinfeques dont eft tenu l’acheteur.

(*m*) Boiffieu, ch. 79, p. 394.

(*n*) Boiffieu, ch. 79, p. 395---399. Dargentré, fur la Coutume de Bretagne, art. 59, note 2, n°. 3.

(*o*) Arrêts du 8 Août 1557, & du mois de Septembre 1542. Charondas, obfervations du Droit François, *verbo* Lods. *Idem* Maynard, liv. 4, ch. 31 & 17

XXXVIII.

XXXVIII.

Par la raifon inverfe, fi les lods font à la charge du vendeur, *S'ils font à la charge du vendeur.* il faut diftraire le montant defdits lods, du prix de l'achat, à l'effet d'opérer la lézion, fuivant un Arrêt du 8 Janvier 1592, rendu, les Chambres confultées (*p*), dans un tems plein d'un favoir que la Philofophie moderne n'a pas remplacé, & nonobf-tant l'avis contraire de M. Maynard (*q*).

Car, quoique régulierement les lods foient à la charge de l'acheteur, cependant, dans le conflit des confidérations atta-chées à fa perfonne, ou à celle du vendeur, c'eft la perfonne de ce dernier dont on doit s'occuper, parce qu'il eft le principal agent de la vente, en transférant la propriété de fon bien : de là vient qu'il impofe la loi (*r*) ; ainfi le vrai prix de la vente eft ce-lui qui revient de fait au vendeur, & non ce qu'il en coûte à l'acheteur. Par exemple, fi le prix de la vente eft de 100 livres, & que le paiement du quint foit fur le compte du vendeur, il ne profite de fait que de 80 livres : il fuffit donc, pour opérer la lézion, que la valeur du bien vendu foit au-deffus de 160 livres, qui font le double du prix effeƈif.

XXXIX.

Si le Seigneur vend fon fief avec réfervation de la foi, auquel *En vente par le Seigneur.* cas il fait de fon fief fa teneure cenfuelle, ou un arriere-fief; en ce cas il ne peut, pour vérifier la lézion, déduire le montant des lods qu'il auroit pu percevoir fi tout autre que lui avoit vendu, parce que fa propre vente en eft exempte, par la nature de la chofe, comme nous le dirons ci-après, & qu'on ne peut imputer fur le prix, le montant d'un droit qui n'étoit pas dû (*s*).

(*p*) Charondas, liv. 3. réponfe, 42, n°. 1. Chopin, fur la Coutume de Pa-ris, liv. 1, tit. 2, n°. 32 ; & tit. 3, n°. 13.

(*q*) Maynard, liv. 4, ch. 31.

(*r*) *L.* 39, *ff. de paƈtis*; *idem in fimili.* Dumoulin, fur la Coutume de Paris, §. 23, *hodiè* 33, Gl. 2, n°. 36 & 37.

(*s*) Maynard, liv. 4, ch. 31. Chopin, fur la Coutume d'Anjou, liv. 1, art. 4, n°. 3, en marge.

CHAPITRE V.

NATURE de l'action personnelle ou hypotécaire, pour le paiement des lods for de ces actions.

XL. Droit réel & casuel.
XLI. Action seulement.
XLII. Personnelle & hypothécaire.
XLIII. Etendue de l'action réelle.
XLIV. Contre l'acquéreur.
XLV. Si le Maître rentre.
XLVI. Solidité de l'hypotheque.
XLVII. For de l'action.
XLVIII. Juges de privilege.

X L.

Droit réel &
personnel.

Quoique le droit de lods & ventes dérive du ſtatut municipal ou de l'uſage, cette preſtation eſt pourtant réelle & fonciere dans ſon eſſence, parce qu'elle a ſon fondement primitif dans la conceſſion, lors de laquelle le Seigneur eſt cenſé avoir impoſé cette loi au bail de ſon bien ; cependant quelques Auteurs ont cru qu'on n'avoit que l'action perſonnelle pour le paiement des lods (1) ; & voici la ſource de leur erreur : c'eſt que cette preſtation eſt accidentelle & caſuelle, & qu'elle n'eſt pas préciſément attachée au fief comme fief, ou à la teneure cenſuelle comme telle , mais au fait de l'homme, dont la vente y donne ouverture , ſans que cette attache nuiſe à la foncialité. „ Ce n'eſt pas „ une charge *réelle* (*mâle*), attachée à la directe comme le

---

(1) Dans Livoniere , liv. 3 , ch. 8 , p. 357 , 358.

„ cens, dit Ferriere, mais un accident & un profit cafuel (*u*).

De là vient; 1°. qu'au lieu que, fuivant l'Edit de Novembre 1563, & la plûpart des Coutumes, le Seigneur cenfier peut ufer de faifie cenfuelle fur les fruits du bien cenfuel, pour les arrérages de cenfive qui lui font dûs des trois dernieres années (*v*); il ne le peut pour les lods & ventes qui fe pourfuivent par action feulement (*x*). 2°. Que le tiers - acquéreur ne prefcrit l'hypotheque pour les arrérages de la cenfive, que dans trente ans, au lieu qu'il prefcrit dans dix ans l'hypotheque des ventes dues du chef de fon Auteur (*y*). 3°. Qu'il eft des cas où il y a ouverture aux lods, quoique le bien vendu ne demeure pas affecté pour cette obligation (*z*). 4°. Que quoique tous les biens dépendans de la même conceffion foient folidairement affectés pour le paiement des droits ordinaires, il n'y a que les biens vendus qui foient affectés pour le paiement des lods (*a*). 5°. Enfin, nous difcuterons ci-après la queftion de la préférence dans le concours des cenfives avec les lods. (*Infrà* n°. 55, verfet 4 & 5).

X L I.

1°. Dans les pays de Coutume & dans ceux de Droit Ecrit *Action feulement.*
qui dépendent du Parlement de Paris, le Seigneur féodal a droit de faifie féodale, & de faire les fruits fiens, *par faute d'homme, droits, & devoirs non faits & non payés* (*b*).

Cette faifie eft des anciens Francs, felon Dumoulin, & elle eft ufitée de même dans toutes les Gaules, en Allemagne, en Lombardie, en Sicile, & en Angleterre (*c*).

(*u*) Ferriere, fur l'art. 81 de la Coutume de Paris. Gl. 1, n°. 1.

(*v*) Bellamy, p. 281, art. 8, de la Coutume de Paris; & *V*. la Conférence, *ibidem.* Beaumanoir, ch. 30, p. 152.

(*x*) *Infrà*, n°. fuivant.

(*y*) *Infrà*, n°. 85.

(*z*) *Infrà*, n°. 45.

(*a*) *Infrà*, n°. 46 & 57.

(*b*) *V*. l'art. 1 de la Coutume de Paris, à la conférence fur cet article dans Ferriere & dans Fortin.

(*c*) Note de Dumoulin, fur l'art. 1 de l'ancienne Coutume de Paris.

2°. Elle n'a pourtant pas régulierement lieu dans les pays de Droit Ecrit ; ce qui eſt conforme aux uſages anciens du Mila-nois (*d*).

4°. Quoique le Roi puiſſe en uſer pour ſes mouvances dans tout le Royaume, ſuivant l'article 18 de l'Edit de Février 1566.

4°. Mais la réception de l'hommage même, avec réſervation des droits, exclut l'uſage de la ſaiſie féodale, faute de paiement d'iceux ; parce que l'ouverture du fief & le défaut d'homme eſt la cauſe principale & productive de la ſaiſie féodale ; au lieu que le défaut de paiement des droits n'en eſt qu'une cauſe acceſſoire & ſubordonnée (*e*).

Enſorte que l'ouverture du droit de lods conſidéré en lui-même, & indépendamment de l'ouverture du fief, ne donne pas au Seigneur le droit de ſaiſie & de main-miſe, faute de paiement du ſuſdit droit ; mais ſeulement la voie d'action, comme toute autre dette (*f*) : & tel eſt le droit commun.

5°. Cependant, ſuivant l'Auteur du Grand Coutumier, qui vivoit dans le quinzieme ſiecle, " le Seigneur pouvoit arrêter, " & mettre le gazon de l'héritage en ſa main, pour ventes non " payées ; ou ſi c'étoit une maiſon, il pouvoit mettre les huis " hors des gonds, juſqu'à ce qu'il en fût payé (*g*) ; il pouvoit de même, uſer de ſaiſie cenſuelle, par l'ancienne Coutume de Bre-tagne, pour lods non payés (*h*) ; mais ces uſages exhorbitans du droit commun ont été abolis ; ſavoir, l'uſage atteſté par l'Auteur du Grand Coutumier, qui écrivoit ſuivant la très-ancienne Cou-

---

(*d*) *Feudorum, tit. de feudo defuncti, lib.* 2*, tit.* 26 *; & §.* 1. *Quæ fuit prima cauſa, lib.* 2*, tit.* 24 *; & §.* 1. *Quo tempore miles, lib.* 1*, tit.* 22.

(*e*) Livoniere, liv. 1, ch. 8, ſect. 1, pages 46, 47, art. 66 de la Coutume d'Orléans, & Lalande, *ibidem*, n°. 1 & 2.

(*f*) Art. 81 de la Coutume de Paris, qui eſt ajouté. Dargentré, *de laudimiis, cap.* 6. Dumoulin, ſur la Coutume de Paris, §. 52, *hodiè* 74, Gl. 1, n°. 2. *Argumento, lib.* 13*, ff. quod metus cauſa, l.* 9*, cod. de executione rei ju-dicata.*

(*g*) Grand Coutumier, liv. 2, ch. 25, p. 172 ; & liv. 4, chap. 5, p. 530.

(*h*) Art. 67 de la Coutume de Bretagne, & Dargentré, *ibidem*, note 1, n°. 2, 3, 4, & note 2, n°. 1.

tume de Paris, par la Coutume rédigée en 1510, & réformée en
1580 ; & celui de l'ancienne Coutume de Bretagne, par la nouvelle Coutume de cette Province.

X L I I.

Mais quelle forte d'action donne la loi pour le paiement des *Perfonnelle &*
lods & ventes ? *hypothécaire.*

1°. L'action purement perfonnelle contre le vendeur, qui s'eft
dépouillé de fon bien, ou contre fes héritiers, dans les Coutumes où il en eft chargé (*i*). 2°. Au lieu que dans ces Coutumes on ne peut exercer la même action perfonnelle contre
l'acheteur, quand même il s'en feroit chargé à la décharge du
vendeur (*k*), parce qu'alors il ne paye qu'en vertu de la délé-
gation de celui-ci, & non en vertu d'aucune obligation qu'il ait
contractée envers le Seigneur. 3°. Même action perfonnelle
contre l'acheteur & contre fes héritiers, lorfque les lods font
à fa charge ; auquel cas fon obligation dérive de la convention
ou de la loi municipale, ou de l'ufage qui a force de loi (*l*).
4°. Si l'acheteur, perfonnellement obligé, ou fes hértiers univer-
fels, font encore en poffeffion du bien vendu, le Seigneur peut
exercer contre eux l'action perfonnelle ou l'action réelle, à fon
choix (*m*), puifqu'ils font perfonnellement obligés en vertu du
contrat, & réellement tenus comme détemteurs. 5°. Puifque
c'eft le bien qui doit les droits réels tels que celui-ci (*n*), le
Seigneur peut exercer contre le tiers détemteur, l'action hypotécaire pour les lods & ventes dûs du chef de fon auteur (*o*).
6°. Il peut l'exercer, à plus forte raifon, contre l'acheteur, pour

(*i*) Dumoulin, fur la Coutume de Paris, §. 23 , *hodiè* 33 , Gl. 2 , n°. 4.
(*k*) Dargentré, fur la Coutume de Bretagne, art. 71 , note 1 , n°. 6.
(*l*) Livoniere, liv. 3 , ch. 8 , p. 258.
(*m*) Loifeau, du déguerpiffement, liv. 2 , ch. 9 , n°. 1. *Argumento, liv.* 24 ,
cod. de obligat.
(*n*) L. 7 , *ff. de publicanis.*
(*o*) Dumoulin, fur la Coutume de Paris, §. 52 , *hodiè* 74 , Gl. 2 , n°. 18--
28. Dargentré, fur celle de Bretagne, art. 71 , note 1 , n°. 6.

les droits auxquels fon achat donne ouverture, même dans les Coutumes où ils font à la charge du vendeur (*p*), puifque l'obligation primitive & fondamentale des lods eft attachée au bien vendu ; au lieu que l'obligation perfonnelle du vendeur, chargé par la coutume du paiement de ce droit, n'exclut pas l'action hypothécaire & réelle attachée au fonds fujet (*q*).

X L I I I.

Etendue de l'action réelle.

Quoique les lods foient dûs par le fait de l'homme, ils font pourtant attachés au fonds, dont la vente y donne ouverture (*r*); de là vient que le Seigneur peut agir directement contre le tiers-acquéreur, quand même les précédens acquéreurs feroient folvables, & qu'ils offriroient caution (*s*).

De là vient encore que le Seigneur peut agir contre le vendeur qui rentre en poffeffion de fon bien, faute de paiement du prix, dans le cas où la vente a donné ouverture aux lods (*t*), parce que celui-ci doit s'imputer d'avoir fuivi la foi de l'acquéreur.

Il en eft de même du nouveau Bénéficier, les biens du bénéfice étant affectés pour les droits dûs par fon prédéceffeur, nonobftant l'avis contraire de Ferriere (*u*); parce que le droit du Seigneur eft plus privilégié que le fervice du bénéfice, qui n'a pu être établi que depuis la conceffion.

(*p*) Dumoulin, fur la Coutume de Paris, §. 23, *hodiè* 33, Gl. 2, n°. 4 & 5. Dargentré, fur celle de Bretagne, art. 71, note 1, n°. 6; & art. 231, note 2, n°. 2.

(*q*) *Vide* le n°. fuivant.

(*r*) Dumoulin, fur la Coutume de Paris, §. 52, *hodiè* 74, Gl. 2, n°. 18---22 ; & §. 54, *hodiè* 77, n°. 28. Dargentré, fur celle de Bretagne, art. 71, note 1, n°. 6. Loifeau, du déguerpiffement, liv. 1, ch. 10, n°. 5.

(*s*) *Argumento*, *l.* 7, §. 2, *ff. de cenfibus.* Dumoulin, fur la Coutume de Paris, §. 22, *hodiè* 33, Gl. 1, no. 123 ; & §. 55, *hodiè* 63, n°. 23. Henrys, liv. 3, queft. 62, no. 1---6.

(*t*) Guyot, des lods, ch. 4, fect. 4, n°. 22 & 23.

(*u*) Arrêt du 7 Août 1667, dans Cattellan, liv. 1, ch. 55. *Idem* Henrys & Bretonnier, liv. 3, queft. 62, n°. 7---10---15---17, contre l'avis de Ferriere, fur la Coutume de Paris, art. 1, Gl. 2, n°. 27.

XLIV.

1°. Quoique de droit commun dans la France coutumiere, le Seigneur féodal puiſſe mettre le fief ſervant en ſa main, par faute d'homme, droits, & devoirs non faits & non payés (*v*), cependant l'inveſtiture qu'il donne au Vaſſal, en le recevant à la foi, le prive du droit d'uſer de ſaiſie féodale, parce que la cauſe principale & productive de la ſaiſie féodale eſt le défaut d'homme; au lieu qu'elle n'eſt attachée que par accident & par concomitance au défaut de paiement des droits (*x*). Nous avons établi cette vérité au n°. 41.

Contre l'acquéreur inveſti.

Cependant, en admettant le Vaſſal à la foi & hommage, avec la réſervation des droits, le Seigneur conſerve l'action hypothécaire contre cet acquéreur inveſti, parce que la réſervation de ſa créance emporte de plein droit celle de ſon hypotheque (*y*).

2°. De même la réception du Vaſſal à la foi & hommage, ſans réſervation des droits pécuniaires, n'en emporte pas la remiſe (*ʒ*); non plus que la réception des droits de la derniere mutation, ſans réſervation des anciens droits (*a*). Or, dans ces deux cas, l'hypotheque ſubſiſte contre le tiers-acquéreur, ou autre détemteur, pour raiſon des anciens droits non réſervés, puiſque c'eſt une ſuite & une dépendance de l'action que donne la créance de ces droits.

X L V.

1°. Si le poſſeſſeur injuſte a vendu le fief ou la teneure, dans

Si le Maître rentre.

(*v*) *V.* l'art. 1 de la Coutume de Paris, & la Conférence ſur cet article dans Ferriere & dans Fortin.

(*x*) Dumoulin, ſur la Coutume de Paris, §. 2, *hodiè* 3, Gl. 5; & §. 1, Gl. 9, n°. 27---32---37. Ferriere, ſur celle de Paris, art. 1, Gl. 2, no. 18---26. Livoniere, liv. 1, ch. 8, ſect. 1, p. 46 & 47.

(*y*) Dumoulin, ſur la Coutume de Paris, §. 1, Gl. 9, n°. 27--32, 36. Ferriere, *ibidem*, art. 1, Gl. 2, n°. 36.

(*ʒ*) *Infrà* n°. 95.

(*a*) Ferriere, ſur la Coutume de Paris, art. 1, Gl. 2, n°. 28.

le cas où cette vente peut donner ouverture aux lods , &
que le Maître rentre dans fa propriété, le Seigneur ne peut, en
aucun cas , exercer contre celui-ci l'action hypothécaire, pour
raifon des fufdits lods, ni pour raifon d'aucun autre droit cafuel,
ouvert du chef du poffeffeur évincé, parce que ce poffeffeur n'a
pu aliéner ni hypothéquer le bien au détriment du Maître , &
que le Seigneur doit s'imputer de n'avoir pas eu l'œil fur fon
fief; fauf à lui l'exercice de l'action perfonnelle contre le débiteur des fufdits droits ; enforte que dans cette efpece, l'obligation perfonnelle fubfifte fans affectation du fonds (b). 2°. Il en
eft de même fi l'héritier grévé avoit vendu le bien fubftitué ;
car fi la fubftitution eft infinuée en la forme portée par l'Ordonnance , toute hypotheque établie par cet héritier, eft de nul
effet (c).

3°. Nous avons appliqué & modifié ce principe aux n°s. 649
& 682.

X L V I.

L'hypotheque affecte folidairement chaque partie du bien hypothéqué (d) ; mais lorfque partie du bien dépendant d'une conceffion quelconque , a été vendue, la folidité ne s'étend pas fur
les autres biens dépendans de la même conceffion ; ce qui eft
évident (e), quoique tout ce qui dépend d'une feule & unique
conceffion, foit folidairement affecté pour le paiement des droits
ordinaires , parce que les lods font un droit mixte attaché au fait
de l'homme (f) ; au lieu que les charges ordinaires courent de
plein droit indépendamment du fait du poffeffeur.

(b) Dumoulin, fur la Coutume de Paris, §. 22, hodiè 33 , Gl. 1 , n°. 121.
Lemaître, fur la Coutume de Paris, tit. 2 , p. 101 & 102.

(c) L. fin. §. 3 , cod. communia de legatis , leg. 29 , §. 1 , ff. qui & à quibus.
Dumoulin, fur la Coutume de Paris, §. 22 , hodiè 33 , Gl. 1 , n°. 121. V. d'autres exemples infrà n°. 700, & fuivants.

(d) L. 6. cod. de diftract. pignorum. Dumoulin, fur la Coutume de Paris , §. 2 ,
hodiè 3 , Gl. 4, n°. 54. Arrêt de 1602. Dans Lommeau, liv. 3 , maximes 295--
298.

(e) Arrêt du 24 Août 1634. Hentrys, liv. 3 , queft. 72 , n°. 3 , 4 , fuprà n°.
40 , & infrà n°. 57.

(f) Suprà n°. 40.

XLVII.

XLVII.

1º. On demande devant quel Tribunal doivent être portées *For des actions:* ces différentes actions : il eſt certain que l'action pure perſonnelle contre celui qui n'eſt plus détenteur, doit être portée devant le Juge de ſon domicile (*g*), en vertu de la regle *actor ſequitur forum rei.*

2º. Mais s'il eſt tout à la fois acheteur & détenteur, auquel cas la choſe eſt obligée, ainſi que la perſonne, alors le Seigneur a l'option du Juge du domicile, ou de celui de la choſe (*h*).

3º. A l'égard du tiers détenteur actionné pour les droits antérieurs à ſon acquiſition, il ne peut l'être que devant le Juge territorial de la choſe, parce qu'à ſon égard l'action eſt purement réelle (*i*); quoique, ſuivant le Droit Romain, l'action purement réelle puiſſe être intentée devant le Juge du domicile du poſſeſſeur, ou devant le Juge territorial de la choſe, au choix du demandeur (*k*) : c'eſt à raiſon de cette réalité que l'Ordonnance de 1667 permet au Juge du Seigneur de connoître de ſes droits ordinaires ou caſuels, tant en fief qu'en roture, parce que le Seigneur peut intenter l'action réelle devant ſon propre Juge, lorſque le fonds du droit n'eſt pas conteſté, quel que ſoit le domicile du détenteur (*l*).

XLVIII.

1º. Dans l'origine, les Requêtes du Palais ne pouvoient con- *Juges de privilege,* noître que des Offices & des Officiers de l'Hôtel du Roi, en

---

(*g*) Ferriere, ſur l'art. 81 de la Coutume de Paris, Gl. 1, n°. 10.

(*h*) Grand Coutumier, liv. 2, ch. 25, p. 171, 172. Ferriere, ſur Guy-Pape, queſt. 257.

(*i*) Loiſel, liv. 1, tit. 1, reg. 18, 19. Boutaric, Inſtitut., liv. 4, tit. 6, §. 1. Rodier, ſur l'Ordonnance de 1667, tit. 6, art. 1, queſt. 1.

(*k*) *L.* 3, *cod. ubi in rem*; *L. unica cod. ubi de hereditate.*

(*l*) Ordonnance de 1667, tit. 24, art. 11. Loiſeau, des Seigneuries, ch. 10, n°. 76, 77. Grand Coutumier, liv. 2, ch. 5, p. 171, 172, *V.* le n°. ſuivant, verſ. 3.

Tome I.   F

action pure perfonnelle , en défendant , & non en demandant , felon l'Ordonnance de 1355 (*m*).

Tel étoit l'état primitif du privilege des Officiers de l'Hôtel du Roi ; privilege qui, dans les fuites, a reçu des extenfions de toute efpece.

2°. Il fuffit d'obferver, à l'égard de ces privileges, & de tous les autres, qu'ils font bien moins favorables lorfqu'ils font donnés en faveur des Jufticiables des Seigneurs, qu'en faveur de ceux du Roi (*n*) ; parce que Sa Majefté ne doit confulter que les regles de fa fageffe dans la conceffion des privileges., lorfqu'elle n'a pour objet que de reftreindre la jurifdiction ordinaire de fes Officiers ; au lieu que fa juftice doit conferver l'intégrité des Juftices patrimoniales des Seigneurs : témoin les difficultés qu'effuya le premier établiffement des Jurifdictions Confulaires, en tant que ces Tribunaux pouvoient connoître des caufes dévolues aux Juftices des Seigneurs (*o*).

3°. Mais, quoi qu'il en foit du privilege des Requêtes, qui eft bien plus favorable & plus étendu que les protections des Juges Confuls, ou le privilege de Cléricature, en bonne regle il ne doit pas avoir lieu pour les caufes réelles & hypothécaires, fuivant un Arrêt du 19 Août 1530 (*p*), & un autre du 21 Août 1613 (*q*) : c'eft ce qui réfulte auffi de l'Ordonnance du mois d'Août 1669, tit. 4, art. 1 & 24.

Dumoulin, qui mourut vers le milieu du feizieme fiecle , fe plaignoit " de l'abus attaché à la Pratique, d'attirer aux Requêtes ,, les chofes foncieres & exploits domaniaux qui appartiennent à ,, la Juftice fonciere, & en font partie (*r*).

En partant de ces principes, il femble qu'il n'y a pas lieu d'évoquer, devant les Juges de privilege, les caufes d'entre le Seigneur & fon Vaffal ou Cenfitaire, lorfque le premier exerce l'ac-

---

(*m*) Rapportée dans le Grand Coutumier, liv. 1, ch. 4, p. 38.
(*n*) *V. fine* Loifeau , des Seigneuries, ch. 14, no. 65 , 66.
(*o*) Loifeau , des Seigneuries, ch. 14, n°. 64, 65 , 67, 68.
(*p*) Papon , liv. 4, tit. 9. Arrêt 1.
(*q*) Chenu, queftion 19, action 2.
(*r*) Dumoulin , note fur l'art. 23 de la Coutume de Sens.

tion réelle & hypothécaire ; ce qui dérive de l'ufage ancien felon
lequel toutes les caufes concernant le fief fe plaidoient à la Cour
du Seigneur (s) ; cependant, par une Déclaration du 10 Août
1775 , il a plu au Roi, en révoquant celle du 26 Février
1771, de rétablir le privilege de *committimus* dans les caufes civiles, perfonnelles, poffeffoires, & mixtes.

4°. Mais fi le Seigneur exerçoit l'action pure perfonnelle contre
celui qui ne jouit plus du bien féodal ou cenfuel, alors le Juge
de privilege a toujours été compétent pour en connoître, puifqu'il eft établi précifément pour ces fortes de caufes, & que
l'exercice d'une action pure perfonnelle eft incompatible avec la
foncialité.

CHAPITRE VI.

P R I V I L E G E des Lods fur les biens vendus.
Hypotheque fur les autres biens du Débiteur.

XLIX. *Privilege des Lods.*
L. *Concours avec les améliorations.*
LI. *Avec les fraix funéraires , &c.*
LII. *Avec la dot & l'an de deuil de la femme.*
LIII. *Avec les fraix des criées.*
LIV. *Avec le vendeur qui rentre.*

(s) Efprit des Loix, liv. 28, ch. 28, §. 1, *de feudo gardia, lib.* 2, *tit.* 94,
tit. *fi de inveftitura feudi, lib.* 1, *tit.* 4. Affifes de Jerufalem, ch. 218---223.
Desfontaines, ch. 28, §. 35. Beaumanoir, ch. 67, p. 337. Arrêt de 1153, dans
Bruffel, liv. 2, ch. 14, p. 171--176. Etabliffement de Philippe Augufte, dans
Bruffel, liv. 2, ch. 16, p 280. Réponfe de Richard II, Duc de Normandie,
dans Bruffel, liv. 2, ch. 14, p. 260, 261. Arrêt de 1224, entre la Comteffe
Champagne & Jean de Nefle Dutillet. Des rangs des Grands, p. 29, Bruffel,
liv. 2, ch. 14, p. 261.

LV. Avec les Tailles & les Censives.
LVI. Contre le tiers détenteur.
LVII. Sur les biens vendus.
LVIII. Quid ? sur les autres.
LIX. Sur les fruits.
LX. Sur les meubles du bien.
LXI. Sur tous les meubles.
LXII. Arrestation de sommes.
LXIII. Intérêts.
LXIV. Dépens.
LXV. Fermier.
LXVI. Acheteur qui a payé.

XLIX.

Privilege des lods. Les droits dûs au Seigneur féodal ou censuel sont réels, parce qu'ils affeȼtent intimement le fonds auquel ils sont attachés, & qu'ils sont censé réservés lors de la concession de ce fonds : ainsi les droits de mutation qui font partie de ces droits sont préférables à toute autre créance, même antérieure du vendeur & de l'acheteur, pour laquelle le bien féodal ou censuel ne seroit pas hypothéqué s'il n'étoit sorti de la main du Seigneur.

Telle est la disposition de l'article 358 de la Coutume de Paris, conforme au droit commun : telle est aussi la décision presque unanime des Auteurs & d'une foule d'Arrêts (*t*) : il y en a un du 23 Août 1678, rendu nommément contre les créanciers du vendeur (*u*).

(*t*) Dumoulin, sur la Coutume de Paris, §. 50, *hodiè* 59, n°. 4. Chopin, sur celle de Paris, liv. 1, tit. 3, n°. 2. Livoniere, liv. 3, ch. 8, p. 259. Faber, liv. 4, tit. 43, défin. 4. Arrêt de 1605, dans Despeisses, des droits Seigneuriaux, tit. 4, art. 3, sect. 3, n°. 31. Autres de 1467, 1543, & de 1657. Bretonier sur Henrys, liv. 5, quest. 123, n°. 6, 9.

(*u*) Ferriere, sur l'art. 358 de la Coutume de Paris, Gl. 2, n°. 4 & 5.

L.

Tout ce qu'on bâtit fur le fol en eft l'acceſſoire (*v*) : toute-fois on doit indemnifer le conſtructeur à raiſon de l'augmentation de valeur réſultant de ſon amélioration (*x*).

Or, cette indemnité emporte deux choſes, 1°. le paiement de l'augmention de valeur attachée à l'amélioration ; 2°. le privi-lege fur la choſe améliorée , à concurrence de cette augmenta-tion (*y*) ; au point que l'auteur de l'amélioration eft préféré au bailleur d'héritages pour le montant des réparations néceſſaires qui les ont conſervés ou rétablis (*ʒ*). *Idem* , ſi elles ont été faites d'autorité de Juſtice, parce que la Sentence du Juge n'eft cenſé fondée que fur les avantages de la réparation (*a*). En un mot, toutes les fois que le bien a été amélioré ou rétabli, il eft juſte d'accorder aux fraix de cette réparation, la préférence fur toute autre créance, à concurrence de l'augmentation de valeur, dont une tierce perſonne ne doit pas profiter ; & ſi elle a été faite d'autorité de Juſtice , ſans fraude, on doit en adjuger le mon-tant fur le pié de l'adjudication.

L I.

1°. Les fraix funéraires qui ſont un devoir religieux, ſont pré-férés à toute autre créance du défunt , même au loyer fur les meubles du locataire (*b*); même privilege pour les fraix funé-raires d'un tiers vis-à-vis de celui qui en eft tenu (*c*) : & la Juriſ-

---

(*v*) §. 29. *Inſtit. de rerum diviſione.*

(*x*) *L.* 29. §. 2 , *ff. de pignoribus.*

[*y*] *L.* 25 , *ff. de rebus creditis* ; *l.* 1 , *ff. de ceſſione bonorum.* Chopin , fur la Coutume de Paris, liv. 3 , tit. 3 , n°. 3.

[*ʒ*] Arrêts dans Mornac, en ſes Arrêts , part. 2, Arrêt 3.

[*a*] Arrêt d'Août 1731 , dans Lacombe , *V.* préférence , n°. 6.

[*b*] *L.* 14 , §. 1 , & *L.* 45 , *ff. de religioſis.* Chopin , fur la Coutume de Pa-ris , liv. 3 , tit. 3 , n°. 3.

[*c*] *L.* 17 , *ff. de rebus authoritate Judicis.* Chopin , fur la Coutume de Paris, liv. 3 , tit. 3 , n°. 3.

prudence a étendu ce privilege à la créance des Médecins, Chirurgiens, Apothicaires, & Garde à l'occafion de la derniere, & non des autres maládies du défunt (*d*).

2°. Mais ce privilege n'a lieu que fur les créanciers dont l'action eft primitivement attachée à la perfonne, & non au fonds (*e*): de là vient qu'un Arrêt du 23 Juillet 1592 préfere la créance du Maçon fur la maifon qu'il a réparée, à celle de l'Apothicaire (*g*): donc la créance des lods a le même privilege fur les biens vendus, par préférence aux fraix funéraires, honoraires des Médecins, Chirurgiens, médicamens, & fraix de Garde lors de la derniere maladie du défunt.

L I I.

Dot & an de deuil de la femme. 1°. La fameufe loi *affiduis* accorde à la dot des femmes le privilege fur prefque toutes les créances antérieures perfonnelles dans leur principe (*h*). Nous obferverons que cette loi fut publiée fous le nom de Juftinien, & qu'il y a les plus violens foupçons de flatterie ou d'intérêt contre le Chancellier de cet Empereur : auffi Duperier attefte-t-il que ce privilege n'a lieu dans aucune Province du Royaume, hors dans le reffort du Parlement de Touloufe (*i*), où l'intérêt public & la fûreté du commerce devroient le faire abolir.

2°. La Jurifprudence du Parlement de Touloufe accorde le même privilege aux habits de deuil de la femme (*k*).

3°. Au refte, les fraix funéraires font préférés à la dot, puifque la Loi Romaine leur accorde la préférence fur toutes les au-

---

[*d*] Plufieurs Arrêts dans Charondas, en fes Réponfes, liv. 7, Réponfe 86. Maynard, liv. 2, ch. 47 & 48. Chopin, fur la Coutume d'Anjou, liv. 3, ch. 3, tit. 5, n°. 7.

[*e*] Godefroy, fur la Loi 17, *ff. de rebus author. Judicis.* Chopin, fur la Coutume de Paris, liv. 3, tit. 3, n°. 3.

[*g*] Chopin, fur la Coutume de Paris, liv. 3, tit. 3, tit. n°. 3.

[*h*] L. 12, *cod. quid potiores in pignore.*

[*i*] Duperier, en fes Queftions, liv. 5, tit. de la dot, p. 479.

[*k*] Laroche, en fes Arrêts, liv. 2, tit. 6, art. 5. Catellan, liv. 6, ch. 26.

tres dettes personnelles ; au lieu qu'en parlant *des dots*, elle dit
fur prefque toutes (*l*) : donc, à plus forte raifon, les lods font
préférés à la dot & aux habits de deuil.

L I I I.

1°. Les arrérages des droits Seigneuriaux font préférés aux *Avec les frais des criées.*
frais des criées, felon un Arrêt de 1447 (*m*), & felon Fer-
riere (*n*).

Mais cette décifion ne peut avoir lieu que dans le cas où le
Seigneur a pu ufer, & qu'il a ufé en effet, de faifie féodale ou
cenfuelle, parce que cette faifie eft préférée à toute autre (*o*) :
de là vient que, même au Parlement de Touloufe, où les principes de la faifie féodale font étrangers, & ceux de la faifie cenfuelle peu développés, on permet au Seigneur cenfier d'ufer de
faifie pour fes droits cenfuels, nonobftant l'inftance de diftribution (*p*), qui ne doit pas en retarder le paiement.

» Ce qui doit être entendu de façon que les cenfives & rentes
» de bail d'héritage foient exécutoriables par faifie des biens fu-
» jets, fans qu'on puiffe avoir main-levée defdites faifies, qu'en
» confignant trois années d'arrérages (*q*); c'eft-à-dire, les trois
dernieres années (*r*), indépendamment de celles qui courent
pendant la diftribution.

2°. A l'égard du droit de lods, qui fait la matiere de notre
Traité, il ne peut être préféré aux fraix des criées, que lorfque
le Seigneur a ufé de faifie féodale fur les fiefs proprement dits,

---

(*l*) L. 14, §. 1, & leg. 45, ff. *de religiofis*, *l*. 12, *cod. qui potiores in pignore.*
(*m*) Guenois, Conférences des Ordonnances, en trois volumes, liv. 10,
tit. 2, §. 54, en note; & au Journal du Palais, Arrêt du 25 Août 1678.
(*n*) Ferriere, fur la Coutume de Paris, art. 358, Gl. 2, n°. 6.
(*o*) Loifel, liv. 4, tit. 3, reg. 27.
(*p*) Arrêt du 15 Juillet 1599, dans Laroche, liv. 2, *verbo* Décret, Arrêt
18 ; autre du 7 Juillet 1714, dans le nouveau Journal du Palais, tom. 5,
Arrêt 209.
(*q*) Selon l'Edit de Novembre 1563, qui fut adreffé à tous les Tribunaux du
Royaume, dans Bellamy, p. 281.
(*r*) Loifel, liv. 4, tit. 1, reg. 20.

& non fur les rotures, que dans plufieurs Provinces nous appellons abufivement fiefs.

Et ce droit de faifie n'a lieu qu'autant qu'y ayant ouverture du fief, le Seigneur peut faifir primitivement faute d'homme qui ait rendu la foi & hommage, & accidentellement faute de paiement des droits ; car il ne le peut jamais dans le cas feul de défaut de paiement des droits (*s*).

Mais hors le cas de cette faifie, la Jurifprudence conftante du parlement de Touloufe alloue tous les fraix de criées depuis la faifie, jufqu'à l'adjudication du décret, avant toutes les autres créances (*t*); ce qui eft plein de juftice, puifque tous les créanciers oppofans profitent du prix de la vente judiciaire, qu'on ne peut faire fans fraix (*u*).

<h3 style="text-align:center">L I V.</h3>

Avec le vendeur.

Dès que la perception des lods donne un privilege qui dérive du bail, il eft évident qu'ils ont la préférence fur le prix de l'aliénation qui y a donné ouverture, puifqu'il n'auroit pas pu vendre ni fe réferver le précaire fans la conceffion qui renferme la réfervation implicite des lods ; telle eft la bonne doctrine fondée en raifon, & appuyée fur plufieurs Arrêts (*v*), nonobftant quelques Arrêts contraires qu'on n'auroit pas dû recueillir.

<h3 style="text-align:center">L V.</h3>

Avec les tailles & cenfives.

1°. Dans les pays où la taille eft perfonnelle, il eft évident qu'elle eft allouée après les lods qui font une charge du fonds.

2°. A l'égard de ceux où elle eft réelle, autrefois il n'y avoit de privilege que pour la taille de la derniere, & enfuite des trois

---

(*s*) Selon les Auteurs cités ci-devant n°. 41 & 44.
(*t*) Maynard, liv. 7°, ch. 70.
(*u*) *Argumento, l.* 1 *, ff. de lege Rhodia de jactu.*
(*v*) Ferriere, fur la Coutume de Paris, art. 358, Gl. 2, n°. 5. Bretonnier, l. 5, queft. 123, n°. 6, & liv. 3, queft. 62, n°. 12--14. Nouveau Journal du Palais de Touloufe, tom. 3, Arrêt 239.

dernieres

dernieres années (*x*) ; mais aujourd'hui le privilege eft inconteftable fur toute autre créance pour tous les arrérages de la taille, même pour les dépens expofés à cette occafion (*y*).

3°. Et ce privilege a lieu même dans les pays dépendans du reffort du Parlement de Paris, où la taille eft réelle (*z*), même pour les impofitions municipales de la Communauté, parce que la taille communique fon privilege à ces impofitions (*a*).

Même fur tous les biens appartenans aux redevables, quoiqu'affis dans un taillable étranger (*b*).

Toutefois, dans le concours entre les Collecteurs, celui du taillable des biens fujets eft préféré au Collecteur du taillable étranger (*c*).

4°. A l'égard du concours des cenfives avec les lods, lorfque cette double créance ne réfide pas fur la même tête, il nous paroît qu'il faut fuivre la regle du Droit Romain en matiere de privilege : *privilegia non tempore æftimantur, fed ex caufâ ; etfi ejufdem tituli fuerint concurrant, licet diverfitates temporis in his fuerint* (*d*) ; parce que le privilege étant le même, ces différentes créances doivent être allouées au même rang.

5°. Avec cette différence, que le créancier de la cenfive eft préféré même aux fraix des criées pour les trois dernieres années échues au moment de fa demande ; à raifon defquelles il peut ufer de faifie cenfuelle, ainfi que pour celles qui courent pendant la diftribution : il eft donc préféré, à plus forte raifon, à cet égard, à la créance des lods & des cenfives antérieures. (*Suprà* n°. 52, *fufè*).

____

(*x*) Albert, *verbo* taille, Arrêt 2. Catellan, liv. 6, ch. 9. Defpeiffes, des tailles, tit. 4, fect. 3, no. 49.

(*y*) Catellan, livre 6, ch. 9. Nouveau Journal du Palais de Touloufe, tom. 6, Arrêt 209. Déclaration du Roi du 20 Janvier 1736, qui regle les Jurifdictions en Languedoc, art. 42. *L.* 1 , *cod. qui potiores in pignore.*

(*z*) Henrys, liv. 3, queft. 61, n°. 5.

(*a*) Defpeiffes, des tailles, tit. 4, fect. 3, n°. 15, en matiere de compenfation.

(*b*) *L.* 1 , *cod. fi propter publicas penfit.* Defpeiffes, des tailles, tit. 4, fect. 3, n°. 24, 25.

(*c*) Defpeiffes, des tailles, tit. 4, fect. 3, n°. 25.

(*d*) *L.* 32 , *ff. de rebus author. Judicis.*

Tome I. G

6°. De même les lods étant moins favorables que la cenſive, (*infrà* n°. 85), ſi l'ouverture en étoit poſtérieure à l'échéance deſdites cenſives, j'allouerois les cenſives avant les lods ; parce qu'un droit ouvert par le fait libre & volontaire du poſſeſſeur, ne peut concourir avec la cenſive échue auparavant ; & dans ce cas, je m'en tiendrois à la regle *qui prior eſt tempore, potior eſt jure* (*e*).

L V I.

Contre le tiers détenteur. Le privilege des lods eſt le même contre le tiers acquéreur, que contre ſon vendeur, lorſqu'ils ſont dûs du chef de celui-ci ; parce que le bien paſſe ſur la tête du tiers-poſſeſſeur, avec l'hypotheque dont il eſt affecté (*f*).

L V I I.

Sur les biens vendus. Le privilege des lods n'a lieu taxativement que ſur les biens dont la vente y a donné ouverture (*g*), & non ſur les autres biens du débiteur, pas même ſur ceux qui dépendent de la même conceſſion (*h*) ; parce que les lods ſont une charge caſuelle & attachée à la vente fortuite du fonds ſujet : il n'y a donc que ce même bien qui ſoit affecté au privilege de ce droit.

L V I I I.

Quid ? ſur les autres biens. 1°. Le Seigneur a une hypotheque tacite ſans privilege ſur les biens du débiteur, autres que ceux qui ſont ſujets aux lods, ſi la vente a été faite d'autorité de Juſtice, ou par contrat ; parce que l'obligation perſonnelle des lods emporte l'hypotheque tacite, lorſqu'elle dérive d'un contrat ou d'un jugement ; au lieu que le

---

(*e*) *l*. 4, *cod. qui potiores in pignore.*

(*f*) Arrêt du 23 Avril 1678, Journal du Palais. Catellan, liv. 1, ch. 55. Livoniere, liv. 3, ch. 8, pag. 259.

(*g*) Le iſeau, du déguerpiſſement, liv. 2, ch. 9, n°. 4. Supplément d'Henrys, liv. 1, ch. 12, n°. 15. Catellan, liv. 6, ch. 9.

(*h*) Henrys, liv. 3, queſt. 72, n°. 3, 4. *ſuprà* n°. 46.

Seigneur n'a nulle hypotheque fur ces biens étrangers, fi c'eft une vente privée, puifque le vendeur n'en a pas non plus.

2°. Dans le cas même où il y a hypotheque tacite, elle eft fubordonnée aux autres créances perfonnelles, qui font privilégiées, telles que les fraix funéraires, & autres, dont on a ci-devant parlé, & aux hypotheques antérieures; s'entend toujours fur les biens, autres que ceux qui font fujets aux lods.

L I X.

La Loi Romaine ayant décidé que le bailleur à ferme a, de plein droit, & fans ftipulation, une hypotheque fpéciale fur les fruits de fon bien (*i*); en partant de ce principe plein de juftice, notre Jurifprudence accorde à la cenfive fur les fruits provenant du bien cenfuel, foit qu'ils aient été cueillis ou non, le même privilege que fur le fonds (*k*); & ce privilege s'étend aux autres droits feigneuriaux (*l*), qui font cenfés pareillement dériver de la conceffion.

Sur les fruits.

L X.

Des Arrêts de 1364 & de 1591 ont étendu ce privilege fur les meubles qui fe trouvent dans le bien cenfuel (*m*); & Potier décide la même chofe en fait de ventes foncieres (*n*).

Sur les meubles du bien.

Nous croyons pourtant que les cenfives & droits feigneuriaux ne donnent nul privilege, pas même fur les meubles des maifons cenfuelles.

D'abord la Loi Romaine, qui donne une hypotheque tacite au Maître de maifon fur les meubles de fon locataire, ne la donne pas de même en fait de bail à ferme d'héritage (*o*).

(*i*) L. 7, *ff. in quibus caufis pignus*, L. 24, §. 1. *ff. Locati conducti*.

(*k*) Loix civiles, liv. 3, tit. 1, fect. 5, n°. 12. Potier, des ventes, n°. 103, 104. Papon, liv. 18, tit. 5, Arrêt 20.

(*l*) Dumoulin, fur la Coutume de Paris, §. 52, *hodiè* 74, Gl. 1, n°. 28; & Gl. 2, n°. 18.

(*m*) Chopin, fur la Coutume de Paris, liv. 1, tit. 3, n°. 4.

(*n*) Potier, des ventes, n°. 103 & 104.

(*o*) L. 4, *ff. in quibus caufis pignus*.

D'ailleurs, c'est un principe convenu que celui qui reconnoît l'assujettissement à une rente ou à une censive, n'est tenu d'hypothéquer que les biens sujets (*p*).

La raison ultérieure de ce principe est celle-ci : que l'obligation du redevable est réelle dans son essence, & personnelle par accident, puisqu'elle est attachée à la possession accidentelle du bien sujet : donc elle ne peut assujettir des biens dont la possession & la propriété sont distinctes de la dépendance seigneuriale : il ne doit donc pas obliger ses meubles, qui sont totalement étrangers au bail.

L X I.

Sur tous les meubles.

1°. En fait de saisie de meubles, la préférence est accordée au premier saisissant, dont la diligence a mis le débiteur dans l'impossibilité de les aliéner (*q*), parce qu'ils n'ont point de suite par hypotheque, dès qu'ils cessent d'être dans sa main.

2°. Les Auteurs ajoutent une modification à cette préférence ; c'est qu'elle n'a pas lieu lorsque le créancier saisissant ne les a pas déplacés (*r*).

L X I I.

Arrestation de sommes.

Il en est de l'arrestation des sommes dûes au débiteur saisi, comme des saisies mobiliaires ; puisque la sûreté des créanciers du saisi dépend de leur activité à les faire arrêter, & que sans cette précaution, le saisi pourroit les céder ou en recevoir le paiement.

C'est pour cela que les Arrêts du Parlement de Toulouse accordent la préférence au premier saisissant, nonobstant un Arrêt

---

(*p*) Dumoulin, sur la Coutume de Paris, §. 51, *hodiè* 73, Gl. 3. n°. 10. Masuer, tit. 25, n°. 29, 30. Laroche, des droits seigneuriaux, chap. 1, Arrêt 50.

(*q*) Arrêts dans Louet & Brodeau, lettre M. somm. 10, n°. 1, 12 ; & dans Catellan, liv. 6, ch. 28.

(*r*) Dumoulin, note sur la Coutume de Montargis, ch. 20, art. 11. Nivernois, ch. 32, art. 14 ; & Coquille, *ibidem*.

contraire rapporté par M. de Catellan (*s*). On peut citer en faveur de cette affertion, le contenu au n°. 785.

LXIII.

1°. La Jurifprudence du Parlement de Paris, & de celui de Bordeaux, alloue les intérêts au même rang que le capital (*t*); parce que toute obligation emporte au moins implicitement, l'affujettiffement aux dommages, en cas d'inexécution de l'engagement : ils ont donc la même hypotheque que l'obligation principale, dont ils font l'acceffoire ; & la Loi Romaine, qui renferme le développement le plus parfait des principes relatifs à la matiere des contrats, eft la fource où l'on a puifé cette décifion (*u*).

2°. Cependant le Parlement de Touloufe n'alloue qu'au dernier rang les intérêts des créances, qui n'emportent que l'hypotheque fans privilege (*v*), à caufe de la défaveur des intérêts ; même Jurifprudence pour l'Auvergne , quoique du reffort du Parlement de Paris (*x*).

Toutefois s'il y a une condamnation au paiement des Intérêts, ils font alloués du jour du jugement qui l'a prononcée (*y*).

3°. Mais à l'égard des lods & des autres créances privilégiées, l'excellente regle de la Loi Romaine eft par-tout en vigueur, notamment au Parlement de Touloufe, qui en alloue les intérêts au même rang que le capital (*z*) ; enforte que la Jurifprudence des différens Tribunaux eft conforme, à cet égard, aux principes du Droit Romain.

Intérêts.

(*s*) Catellan , liv. 6, ch. 28 ; & Vedel, *ibidem*. Boutaric, Inftitutes, liv. 3 , tit. 15 , §. 4 , p. 435.

(*t*) Plufieurs Arrêts dans Louet & Brodeau, lettre D. fomm. 42, n°. 1---6, Dolive , liv. 3 , ch. 15 , aux additions.

(*u*) L. 18 , ff. *quid potiores in pignore*.

(*v*) Maynard , liv. 2, ch. 32. Catellan , liv. 5 , ch. 31. Dolive , liv. 3 , chap. 25., aux additions.

(*x*) Brodeau , lettre D , fomm. 42 , n°. 7.

(*y*) Art. 53 de l'Ordonnance de Moulins. Dolive , liv. 4 , ch. 21.

(*z*) Nouveau Journal du Palais de Touloufe, tom. 1 , Arrêt 169 ; & tom. 2. Arrêt 35.

L X I V.

Dépens. 1°. A l'égard des dépens exposés à l'occasion d'une dette quelconque, la Jurisprudence du Parlement de Paris & de celui de Grenoble, les alloue au même rang que le capital ; parce qu'on en considere la dette comme un dédommagement dont l'engagement primitif renferme l'obligation (*a*).

Mais Chopin & Dumoulin sont d'un avis contraire, & qu'on ne doit les allouer que du jour de la condamnation, parce que les créanciers intermédiaires ne doivent pas porter la peine des chicanes & de la témérité de leur débiteur, dont les mauvaises contestations occasionnent cette condamnation ; au lieu que les intérêts sont un dédommagement attaché à la simple inexécution de l'engagement primitif (*b*).

Aussi le Parlement de Toulouse n'alloue en these les dépens, que du jour que la condamnation en est prononcée relativement à l'art. 53 de l'Ordonnance de Moulins (*c*) ; & c'est l'opinion que nous adoptons.

2°. Mais en fait de censives de lods, & autres droits seigneuriaux, les dépens ont, sur les biens sujets à ces droits, le même privilege que le capital, même au Parlement de Toulouse (*d*) ; ce qui dérive sans doute de ce qu'on considere le fief ou la teneure censuelle comme sortis de la main du Seigneur ; de façon que les autres créances sont subordonnées à tout ce qui dérive de celle-ci : c'est ainsi que le privilege de la taille réelle se communique aux dépens exposés par le Collecteur (*e*).

(*a*) Brodeau, lettre D, somm. 42, n°. 1---6, 9 & 10. Despeisses, des droits seigneuriaux, tit. 4, art. 3, sect. 3, n°. 31.

(*b*) Chopin, sur la Coutume d'Anjou, liv. 3, ch. 3, tit. 3, n°. 3. Dumoulin, copié par Brodeau, lettre D, somm. 42, n°. 1.

(*c*) Maynard, liv. 7, ch. 70.

(*d*) Arrêts dans Catellan, liv. 6, ch. 9 ; & dans le nouveau Journal du Palais de Toulouse, tom. 5, Arrêt 209.

(*e*) *Suprà* n°. 55.

L X V.

La ceſſion faite au Fermier des droits du Seigneur feroit im-   *Fermier.*
parfaite ſi les privileges attachés à leur exercice ne faiſoient pas
partie de cette ceſſion : il eſt donc juſte d'accorder au Fermier
ces privileges (*f*) ; & la queſtion a été jugée de même par
un Arrêt du Parlement de Touloufe, du 6 Mars 1733 (*g*),
nonobſtant un Arrêt contraire de 1707, que l'Arreſtographe
improuve avec raiſon (*h*).

L X V I.

1°. L'acheteur qui a payé les créanciers de ſon vendeur,   *Acheteur qui a*
eſt ſubrogé de plein droit à leur privilege & hypotheque,   *payé.*
parce qu'il eſt préſumé avoir payé pour conferver ſon acquiſition (*i*).

2°. Par la même raiſon, celui qui a payé les lods de ſon achat
a le même privilege que le Seigneur, pour ces lods qu'il a payés ;
parce qu'il étoit tenu de faire cè paiement : ce qui emporte la
ſubrogation tacite aux droits du Seigneur (*k*) : ceci doit s'entendre dans le cas où les lods ſont dûs malgré l'éviction que ſouffre
cet acquéreur.

3°. Nous expliquerons avec un peu plus d'étendue, l'exercice
de cette action. (*Infrà* n°. 696).

(*f*) Faber, liv. 4, tit. 43, défin. 59.
(*g*) Style des faiſies de Touloufe, ch. 12, feƈt. 1, n°. 9, pr. 108.
(*h*) Vedel, liv. 6, ch. 9.
(*i*) L. 3, *cod. de his qui in priorum creditorum.* Dolive, liv. 4, ch. 14.
(*k*) Arrêts dans Catellan, liv. 5, ch. 31.

CHAPITRE VII.

A QUI font dûs les Lods & Ventes ? & à qui peut-on les payer ?

LXVII. Au Seigneur immédiat.
LXVIII. Bail à rente ou à fur-cens.
LXIX. Coffeigneurs.
LXX. Fief en ufufruit.
LXXI. Héritier grévé.
LXXII. Fermier.

L X V I I.

Seigneur immé-
diat.

Les lods font dûs au Seigneur immédiat, & non au Seigneur médiat, qui, felon le langage de Dargentré, ne peut exercer fes droits fur fon arriere-Vaffal, dont il eft féparé par le Vaffal immédiat, comme l'œil ne peut voir un objet dont il eft féparé par un mur (*l*).

L X V I I I.

Bail à rente ou
à fur-cens.

Mais fi le cenfitaire a baillé le bien cenfuel à rente ou à fur-cens, il ne peut percevoir les lods ni les autres droits domaniaux fur le preneur ; parce qu'il ne peut, par ce fous-bail, éloigner le bien cenfuel de la dépendance immédiate du Seigneur cenfier, & que le bail cenfuel eft le dernier terme de la dépendance feigneuriale des biens féodaux (*m*). Par une fuite de cette

---

(*l*) Loifel, liv. 4, tit. 2, regle 5. Faber, liv. 4, tit. 43, défin. 73. Dumoulin, fur la Coutume de Paris, §. 50, *hodiè* 43, n°. 23. Dargentré, fur la Coutume de Bretagne, art. 49, note 2, n°. 1 ; & art. 68, Gl. 2, n°. 1 ; *idem*, art. 69 & 70 de celle de Bretagne ; & Dargentré, *ibidem*.

(*m*) Dargentré, fur la Coutume de Bretagne, art. 68, note 2, n°. 4, 5.

immédiateté

immédiateté, le Seigneur percevra les lods tant sur la rente, lorsqu'elle sera vendue, que sur le domaine du preneur, lorsqu'il sera dans le même cas (*n*). Cette question sera envisagée sous un autre point de vue, au n°. 531.

L X I X.

S'il y a plusieurs Seigneurs immédiats, chacun prendra les *Coseigneurs.* lods à proportion de sa portion de Seigneurie seulement (*o*), quand même ils seroient Seigneurs par indivis (*p*), sans pouvoir exercer ni percevoir les droits des propriétaires du surplus (*q*); mais s'ils ont baillé solidairement le fief, & que la directe soit conséquemment solidaire, chacun peut les percevoir en total (*r*), parce que le créancier solidaire est censé l'être de l'entiere dette, & qu'il libere totalement le débiteur en la recevant (*s*). Il résulte de ce dessus, qu'autre chose est, être Seigneur par indivis; & autre chose, de l'être solidairement (*t*) : au reste, la solidité active ni passive ne se présume pas (*u*).

L X X.

Si le fief dominant est tenu en usufruit, les lods sont dûs à *Fief en usufruit.*

Dumoulin, sur la Coutume de Paris, §. 55, *hodiè* 78, Gl. 1, n°. 185--190. Charondas, observations du Droit François, *verbo* Lods.

(*n*) Cambolas, liv. 3, ch. 32, & 41, liv. 6, ch. 7. Dumoulin, sur la Coutume de Paris, §. 51, *hodiè* 73, Gl. 1, n°. 19, 20, 21. Dolive, liv. 2, ch. 15. Livoniere, liv. 3, ch. 6, sect. 7, §. 1, p. 234.

(*o*) Cambolas, liv. 3, ch. 10. Dargentré, sur la Coutume de Bretagne, art. 68, note 2, n°. 67. Dumoulin, sur la Coutume de Paris, §. 55, *hodiè* 78, Gl. 4, n°. 36.

(*p*) Dumoulin, sur la Coutume de Paris, §. 55, *hodiè* 78, Gl. 4, n°. 38.

(*q*) Cambolas, liv. 3, ch. 10, n°. 3. Dumoulin, sur la Coutume de Paris, §. 55, *hodiè* 78, Gl. 4. n°. 37 & 38. Dargentré, sur la Coutume de Bretagne, art. 68, note 2, n°. 7.

(*r*) Dumoulin, sur la Coutume de Paris, §. 55, Gl. 4, *hodiè* 78, n°. 38.

(*s*) L. 2 & 16, *ff. de duobus reis*, §. 1, *Instit. eodem.*

(*t*) *Molinœus extricatio labirinthi dividui & individui*, partie 3, n°. 312; & n°. 11; & partie 2, n°. 222. Potier, des oblig. n°. 287--384.

(*u*) L. 11, §. 2, *ff. de duobus reis.* Potier, des oblig. n°. 258, 259, 264.

Tome I.   H

l'ufufruitier qui fe trouve en poffeffion au moment de l'ouverture (*v*).

L X X I.

Héritier grévé.   L'héritier grévé perçoit de même les lods échus avant la remife du fidéicommis (*x*).

L X X I I.

Fermier.   Le Fermier jouit du droit de lods s'il fait partie de fon bail,
parce qu'il exerce les droits du Seigneur (*y*).

C H A P I T R E   VIII.

A S S U J E T T I S S E M E N T   aux   intérêts.

LXXIII. Dans quel cas ?
LXXIV. Reftitution des Lods non dûs.
LXXV. Répétition en vente annullée.
LXXVI. En vente avec claufe d'exemption.

L X X I I I.

Dans quel cas ?   1°. Nous avons parlé au n°. 63 , du privilege attaché au
paiement des intérêts des lods ; ce qui fuppofe la dette de ces
intérêts dans certains cas.

En effet, felon la Loi Romaine, précieufe collection des
principes du droit naturel & de leurs conféquences , les plus
exactes fur la matiere des contrats , les intérêts d'une ferme

---

(*v*) Faber, liv. 4, tit. 43 , défin. 46. Guy-Pape, queft. 477 , n°. 1 & 2. Dargentré , *de laudimiis , cap.* 2.

(*x*) Faber, liv. 3 , tit. 24 , défin. 6.

(*y*) Dargentré , *de laudimiis , cap.* 2. Faber , lib. 4, tit. 43 , défin. 78.

font dûs du jour de l'interpellation (*ʒ*), parce que le prix d'une ferme ou d'un louage eſt une dette principale & ſubſiſtante par elle-même (*a*) : par la même raiſon, les arrérages d'un loyer ou d'une rente peuvent être convertis en capital de conſtitution de rente (*b*) ; au lieu qu'une dette acceſſoire à une autre dette telle que la reſtitution des fruits d'un bien dont le délaiſſement eſt ordonné (*c*), ou les intérêts d'une ſomme dont la condamnation eſt prononcée, ne peuvent porter intérêt, en vertu de la regle pleine de juſtice & de bon ſens : *acceſſio acceſſionis non eſt*.

2°. En partant de ces principes, la créance des lods doit porter intérêt du jour de l'interpellation, parce que c'eſt une dette principale & ſubſiſtante par elle-même ; cependant la Juriſprudence du Parlement de Touloufe n'eſt pas bien affermie fur ce point : nous nous contenterons de citer un Arrêt de ce Parlement, du 27 Mai 1757, au rapport de M. de Boiſſy, qui condamne Me. Cornuſcle à payer au Comte de Brion les intérêts des lods depuis le 23 Juin 1754, jour de la demande.

3°. Nous avons même vu au Parlement de Touloufe former cumulativement la demande alternative, au choix du Seigneur, du retrait ou des lods, avec les intérêts ; mais cette demande eſt évidemment injuſte, parce que les intérêts ne ſont dûs que par la demeure du débiteur (*d*), & du jour qu'il y eſt conſtitué par une aſſignation : or, la demande alternative des lods ou du retrait ne peut conſtituer le redevable en demeure de payer les lods, puiſque celle du retrait met obſtacle à ce paiement & à l'offre & conſignation qu'il pourroit faire des ſuſdits lods (*e*) ; d'ailleurs, nul ne peut payer une dette illiquide : or, une dette

---

[*ʒ*] *L.* 54, *ff. locati conducti.* Vedel, l. 6, ch. 6.

[*a*] Acte de notoriété du Châtelet de Paris, du 18 Avril 1705. Potier, du louage, n°. 138.

[*b*] Dumoulin, *in tractatu contractuum uſurar. queſt.* 24. Potier, des rentes conſtituées, n°. 39.

[*c*] *L.* 15, *ff. de uſuris.*

[*d*] *L.* 32, §. 1, *ff. de uſuris* : *uſura enim non propter lucrum petentium, ſed propter moram non ſolventium, infliguntur, l.* 17, §. 3, *ff. eodem.*

.[*e*] *Obſignatione totius debitæ pecuniæ ſolemniter factâ liberationem contingere manifeſtum eſt, l.* 9, *cod. de ſolutionibus.*

H ij

alternative est illiquide relativement à la partie qui n'a pas le choix (*f*).

L X X I V.

Restitution des lods non dûs.

A plus forte raison le possesseur, qui a induement payé les lods, peut-il les répéter avec les intérêts du jour de la demande en restitution ; mais s'il a forcément payé les lods, les intérêts courent du jour du paiement (*g*).

L X X V.

Répétition en vente annullée.

1°. Si l'acquéreur du bien vendu en est évincé, & qu'il ait payé les lods, dans le cas où ils ne peuvent être répétés sur le Seigneur, il doit être alloué sur la vente séparée de l'objet de son achat, pour les lods qu'il a payés avec les intérêts ; ce qui est plein de justice, & confirmé par un Arrêt du 7 Juin 1663 (*h*).

Il est vrai que cet Arrêt n'alloue les intérêts qu'au dernier rang ; mais c'est une contradiction avec les vrais principes & avec la Jurisprudence constante que nous avons ci-devant rapporté (*i*) ; parce que l'acquéreur est subrogé de plein droit au privilege du Seigneur (*k*).

2°. Mais les intérêts susdits ne courent que du jour du trouble effectif qui l'empêche de jouir utilement de son achat (*l*).

L X X V I.

En vente avec clause d'exemp- tion.

Si l'acheteur du bien vendu avec la clause d'exemption des

[*f*] *L.* 75 *, §.* 4 *&* 8 *, ff. de verborum obligationibus.*
[*g*] Arrêt du 25 Janvier 1677, Journal des Audiences, tom. 3, liv. 4, ch. 3. Autre du 6 Juillet 1764, (*infrà* n°. 564, verf. 3). Serres, Instituces, liv. 31, tit. 15, §. 1. Lacombe, *verbo* Intérêts, n°. 9.
[*h*] Catellan, liv. 6, ch. 5.
[*i*] *Suprà* n°. 63.
[*k*] *L.* 17 *, ff. qui potiores in pignore , l.* 3 *, cod. de his qui in priorum credi- torum.*
[*l*] *Infrà ,* n°. 696, verf. 3 , & n°. 76.

lods, ou avec claufe d'allodialité, a été obligé de payer les lods de cette vente, on demande de quel jour courent les intérêts de ce paiement contre le vendeur.

M. de Catellan rapporte un Arrêt de Décembre 1669, qui les lui adjuge du jour du paiement defdits lods, fondé fur ce que l'acheteur n'a pas pleinement joui de fon achat, puifqu'il n'a pas joui de l'exemption convenue, & qu'il doit lui être fait raifon de la non-jouiffance de l'exemption du jour de cette non-jouiffance (*m*); c'eft ainfi qu'il devroit de plein droit, & fans interpellation, les intérêts du prix; & c'eft à quoi il faut s'en tenir, conformément aux principes du Droit Romain & à la doctrine de Duperier, nonobftant un Arrêt du 5 Novembre 1690, qui refufe l'intérêt des lods & du *quanti minoris* en pareil cas (*n*). 1°. L'acheteur doit être pleinement indemnifé de la non-jouiffance de l'exemption (*o*): il doit donc être rembourfé des lods avec les intérêts. 2°. Mais il ne doit percevoir ces intérêts que du jour qu'il les a payés, ou le capital des lods; puifque ce n'eft que de ce jour qu'il a ceffé de jouir de l'intégrité de fon achat (*p*); & que jufqu'alors il a joui du fait de l'exemption portée par fon contrat.

Au refte, ces intérêts courent fans demande judiciaire, parce que les obligations du vendeur, & celles de l'acheteur, font réciproques; & que, comme les intérêts qui font le dédommagement du vendeur, courent de plein droit, & fans interpellation, par le défaut de paiement total ou partiel du prix; de même le dédommagement dû à l'acquéreur court de plein droit par l'inexécution totale ou partielle des engagemens du vendeur.

[*m*] Catellan, liv. 6, ch. 5.

[*n*] Vedel, liv. 6, ch. 5. Nouveau Journal du Palais de Touloufe, tome 1, Arrêt 33.

[*o*] L. 4 & 10, *cod. de actionibus empti*.

[*p*] Duperier, liv. 4, ch. 13.

I

CHAPITRE IX.

PRESCRIPTION des Lods de la quote de l'hypotheque
contre le Roi, l'Eglife, les Mineurs, &c.

LXXVII. Prefcription des Lods échus.
LXXVIII. En vente conditionnelle.
LXXIX. Pendant Procès.
LXXX. Contre l'Eglife.
LXXXI. Contre les Pupilles & les Mineurs.
LXXXII. Dots & Douaires.
LXXXIII. Contre le Roi, même mineur.
*LXXXIV. Prefcription de l'hypotheque par le
    poffeffeur.*
LXXXV. Au profit du tiers-acquéreur.
LXXXVI. Contre l'Eglife, les Mineurs, & le Roi.
LXXXVII. Prefcription de la quotité.

LXXVII.

Prefcription des
lods échus.

On prefcrit dans trente ans contre la dette des lods échus (*q*);
s'entend, à compter du jour du contrat qui y donne ouverture (*r*).

LXXVIII.

En vente condi-
tionnelle.

En vente conditionnelle d'une condition fufpenfive, comme
l'action pour le paiement des lods, n'eft ouverte que du jour de

---

(q) Maynard, liv. 4, ch. 46. Ferron, fur la Coutume de Bordeaux, titre des
fiefs, art. 15.
(r) Supplément d'Henrys, liv. 1, ch. 11, n°. 27.

l'événement de la condition, la prefcription ne commence à courir que du même jour (*s*) ; parce qu'elle ne court pas contre celui qui ne peut agir (*t*) ; mais fi la condition eft fimplement réfolutive, en ce cas il y a ouverture au droit, du jour du confrat : telle eft la vente à faculté de rachat ; conféquemment la prefcription court de ce même jour, tant pour les lods, que pour les retraits (*u*).

LXXIX.

La prefcription court de même contre le Seigneur pendánt Procès fur la propriété du fief dominant ; parce que le poffeffeur du fufdit fief a pu agir, & que le non-poffeffeur a pu interrompre la prefcription (*v*). *Pendant procès.*

Mais s'il y a Procès fur la propriété du fief fervant, & que celui dont l'acquifition pourroit y donner ouverture, n'en ait pas la poffeffion, le Seigneur ne peut lui en demander les lods (*x*), parce qu'ils courent fur la tête du poffeffeur, comme nous le dirons ci-après (*y*).

LXXX.

La prefcription des lods eft acquife dans trente ans contre l'Eglife, parce que les droits ordinaires ou cafuels appartiennent non au bénéfice, mais au Bénéficier (*z*). *Contre l'Eglife.*

LXXXI.

La prefcription trentenaire court pareillement contre les pu- *Contre les pupilles & les mineurs.*

(*s*) Dargentré, fur la Coutume de Bretagne, art. 276, *verbo* ne prefcrivent, & *verbo* eu égard au tems, *l.* 7, §. 4, *cod. de prefcript.* 30, *vel* 40 ann.

(*t*) L. 1, §. 2, *cod. de annali except.*

(*u*) Tiraqueau, du retrait lignager, §. 1, Gl. 10, nᵒ. 44, 47, 57.

(*v*) Dargentré, fur la Coutume de Bretagne, art. 276, *verbo* eu égard au tems.

(*x*) Arrêt du 12 Mars 1605. Charondas, liv. 13, réponfe 103.

(*y*) *Infrd* nᵒ. 100.

(*z*) Maynard, liv. 6, ch. 30, nᵒ. 5, 6 & 7. Chopin, du Demaine, liv. 3, tit. 9, nᵒ. 8. Ferriere, fur la queftion 416 de Guy-Pape.

pilles, pour ce qui concerne les droits ordinaires ou cafuels. Chopin rapporte deux Arrêts de 1559 & de 1595, qui confirment cette doctrine (*a*) : elle eft atteftée de même par Me. Maynard (*b*).

Par la même raifon, elle court contre les mineurs, fans efpoir de reftitution (*c*), quoique l'Avocat Ferriere ait prétendu le contraire (*d*) ; tant il eft vrai qu'on voit prefque par-tout le pour & le contre, & que les erreurs qu'on trouve fans ceffe dans la carriere des fciences, ne font pas une des moindres difficultés qu'il faut dévorer.

L X X X I I.

Dots & douaires.

La prefcription de trente ans court contre les femmes pour leurs dots & douaires (*e*).

L X X X I I I.

Contre le Roi,
même mineur.

1°. Il en eft de même des lods dûs au Roi, qui fe prefcrivent dans trente ans, fuivant un Arrêt du 4 Mai 1551 (*f*) ; & c'eft ainfi que la queftion fut folemnellement décidée par les rédacteurs de l'art. 12 de la nouvelle Coutume de Paris, nonobftant l'oppofition du Procureur du Roi (*g*). 2°. La minorité du Prince ne change rien à cette décifion, fuivant le fufdit Arrêt du 4 Mai 1551 (*h*), parce que les Procureurs de Sa Majefté,

---

(*a*) Chopin, fur la Coûtume de Paris, liv. 2, tit. 8, no. 3.

(*b*) Maynard, liv. 6, ch. 31, n°. 4 & 5.

(*c*) Maynard, liv. 6, ch. 46 ; & liv. 7, ch. 70. Laroche, des droits feigneuriaux, ch. 6, Arrêt 1. Charondas, liv. 2, réponfe 7.

(*d*) Ferriere, fur la Coutume de Paris, art. 12, Gl. 3, n°. 4.

(*e*) Maynard, liv. 6, ch. 31, n°. 5.

(*f*) Chopin, du Domaine, liv. 3, tit. 9, n°. 8. *Idem* Ferriere, fur la queftion 416 de Guy-Pape. Dumoulin, fur la Coutume de Paris, §. 7, *hodiè* 12, n°. 16.

(*g*) Fortin, fur l'art. 12 de la Coutume de Paris ; & Ferriere, *ibidem*, Gl. 3, n°. 2.

(*h*) Chopin, du Domaine, liv. 3, tit. 9, n°. 8.

&

& maintenant les Receveurs-Généraux de fes domaines font établis pour y veiller.

3°. Tel étoit l'état des chofes lors de l'Arrêt du Confeil du 23
Avril 1665, portant que les trente ans ne courent que du jour
de la remife du contrat aux archives du Roi (*i*) : difpofition
changée par l'Edit de 1710, dont nous allons parler. Un Arrêt
unique & ifolé, du Parlement de Touloufe, du 5 Août 1570,
avoit précédemment jugé que la prefcription ne court contre un
Seigneur quelconque, que du jour de la notification & requifition
d'inveftiture de l'acquéreur (*k*).

Conformément à ces principes, l'Edit de Mai 1710, relatif
aux fonctions des Receveurs-Généraux des domaines & bois (*l*),
porte expreffément " que les acquéreurs & nouveaux poffeffeurs
„ des fiefs & héritages mouvant du Roi, ne pourront acquérir
„ aucune prefcription que du jour de l'enregiftrement & enfaifi-
„ nement de leurs titres de propriété ès regiftres des Receveurs-
„ Généraux des domaines & bois „ ; en conféquence un Arrêt du
Parlement de Paris, du 2 Août 1749, a jugé que la réception,
à la foi & hommage par les Officiers du Roi, ne met pas obftacle au retrait feigneurial, fi le contrat n'a pas été enfaifiné (*m*).

4°. Mais quelle prefcription a lieu dans le cas de défaut d'enfaifinement ? L'Arrêt du Confeil du 3 Août 1665, porte qu'à
défaut de remife du titre de propriété aux archives du Roi, la
prefcription eft prorogée à quarante ans (*n*) ; & quoique l'Edit
de Mai 1710 n'en parle pas, nous croyons que c'eft à ce terme
qu'on doit la borner ; 1°. parce que l'Edit de 1710 eft cenfé fe
référer à l'Arrêt du Confeil de 1665, dès qu'il n'y déroge pas
formellement (*o*). 2°. Il feroit dur d'étendre à la prefcription
centenaire, qui a la force de titre conftitutif (*infrà* n°. 128,

---

(*i*) Lafaille, annales de Touloufe, tome 2, pt. p. 10, 19.
(*k*) Laroche, des droits feigneuriaux, ch. 38, Arrêt 9.
(*l*) Au recueil du Domaine, fous fa datte.
(*m*) Dictionnaire du Domaine, *verbo* enfaifinement, n°. 11.
(*n*) Lafaille, annales de Touloufe, tom. 2, pt. p. 10, 19.
(*o*) L. 28, *ff. de legibus.*

Tome I.   I

verf. 1), celle d'un droit cafuel, & dont, à toute rigueur, la perte ne fauroit nuire à la confervation de l'intégrité du Domaine royal. 3°. Les Receveurs-Généraux des domaines ne rendent pas compte du produit de l'enfaifinement : rien n'empêche que leurs livres de recette foient mal tenus, d'autant mieux que cette recepte eft ordinairement livrée à des Commis, qui peuvent l'alléger par négligence ou par mauvaife foi , & qu'on peut avoir égaré l'expédition du contrat, à fuite duquel on couche ordinairement les quittances des lods & de l'enfaifinement. 4°. Enfin, le Droit Romain appelle la prefcription quarantenaire, vétufté (*p*); & elle borne à ce terme toute action publique ou privée qui n'eft pas nommément comprife dans fes difpofitions (*q*).

LXXXIV.

Prefcription de l'hypotheque par le poffeffeur.

Nous avons dit, en parlant de l'action accordée au Seigneur pour le paiement des lods, qu'il peut exercer l'action perfonnelle contre l'acheteur ou fes héritiers, ou l'action réelle fur les biens achetés, & qui font encore dans leurs mains, à fon choix : refte à remarquer que celle-ci fe prefcrit dans trente ans, même dans les Coutumes qui prorogent cette prefcription à quarante ans ; parce que la difpofition de ces Coutumes n'a lieu que pour l'hypotheque contractuelle, c'eft-à-dire, celle qui a été expreffément & formellement contractée par une obligation ; mais autre chofe eft l'hypotheque coutumiere & tacite, que le ftatut municipal attache en faveur du Seigneur au contrat de vente paffé entre l'ancien & le nouveau poffeffeur (*r*).

LXXXV.

Au profit du tiers-acquéreur.

1°. Par le Droit Romain, le tiers-acquéreur prefcrit dans dix

---

[*p*] *L.* 2 , *cod. Theodof. de longi temporis prefcript.*
[*q*] *L.* 4 , *cod. de prefcript.* 30 , *vel* 40 *ann.*
[*r*] Dumoulin, note fur la Coutume de Paris, ch. 2, Arrêt 32. Dargentré, fur la Coutume de Bretagne, art. 296 , *verbo* & par trente ans ; & *verbo* qui n'échéent dans un an , nᵒ. 10.

ou vingt ans, l'hypotheque établie par fon fonds, du chef de fon auteur, quand même il feroit donataire, ou autrement, acquéreur à titre lucratif (*s*). 2°. Dans le reffort du Parlement de Paris, le tiers-poffeffeur preſcrit l'hypotheque des lods dûs du chef de fon auteur, dans dix ans (*t*). 3°. Et en Anjou & au Maine, dans trente ans feulement (*u*). 4°. A l'égard du Parlement de Touloufe, fa Jurifprudence borne cette prefcription au terme de dix ans (*v*); & c'eſt le bon avis, puifqu'il eſt fondé fur les principes de la Loi Romaine, & qu'il ne donne pas à un droit fortuit & attaché au fait de l'homme (*x*), tel que les lods, le même privilege qu'à la cenſive, qui eſt inhérente au fonds, indépendamment du fait du poffeffeur.

L X X X V I.

Par la Loi Romaine, la prefcription de dix ans ne court pas contre l'Eglife (*y*); mais elle eſt prorogée à quarante ans; elle ne court pas non plus contre les pupilles (*z*): de là vient que les articles 113 & 118 de la nouvelle Coutume de Paris difent: entre âgés & non privilégiés.

Contre l'Eglife, les mineurs, & le Roi.

Mais à l'égard des droits féodaux ou cenſuels dûs à l'Eglife, la prefcription de dix ans court contr'elle comme contre un particulier (*a*); d'où il réfulte qu'il en eſt de même en pareil cas, de la prefcription qui court contre le pupille ou contre le mineur; car, quoique de droit commun, la prefcription de trente ni de dix ans ne courre pas contre le premier, & que le

---

(*s*) *L.* 11 & 12, *cod. de prefcript. longi temp.*

(*t*) Plufieurs Arrêts dans Henrys & Bretonnier, liv. 3, queſt. 72, n°. 4, 5, 6, 7, 8, 9, 10; & dans Fortin, fur l'art. 73, de Paris. *Ibidem,* Ferriere, fur la Coutume de Paris, art. 12, Gl. 3, n°. 9 & 10.

(*u*) Livoniere, des fiefs, liv. 3, ch. 8, p. 259.

(*v*) Catellan, liv. 7, ch. 14; & Vedel, *ibidem.*

(*x*) *Suprà* n°. 17.

(*y*) *Authentica quas actiones. Cod. de facrofanctis ecclefiis,* Nov. 131, cap. 6.

(*z*) *L.* 3, *Cod. quibus non objicitur, L.* 5, *Cod. in quibus caufis.*

(*a*) Ferriere, fur la Coutume de Paris, art. 123, Gl. 2, n°. 4 & 5. Bretonnier fur Henrys, liv. 3, queſt. 72, n°. 10.

fecond foit relevé même de la prefcription de dix ans dans les dix ans de fa majorité (*b*) , il en eft autrement en fait de droits ordinaires ou de droits cafuels, à l'égard defquels le pupille & le mineur ne font pas plus favorables que l'Eglife : c'eft ainfi que l'on prefcrit la libération des lods contre l'Eglife ; les pupilles , & les mineurs , dans trente ans (*c*) ; parce que la prefcription paffive des profits du fief n'intéreffe pas leur propriété.

Pour ce qui concerne le Roi en partant des termes de l'Edit de 1710, rapportés au n°. 83 , & de nos pofitions au même endroit, nous ne croyons pas que le tiers-poffeffeur puiffe acquérir la prefcription de l'hypotheque avant quarante ans, lorfque le premier contrat n'a pas été enfaifiné.

Si cependant l'achat du tiers-acquéreur avoit été enfaifiné, il auroit prefcrit l'hypotheque dans dix ans , à compter de l'enfaifinement , en partant du texte de cet Edit.

L X X X V I I.

Prefcription de la quotité.

Les redevables peuvent prefcrire la quotité des lods , & acquérir par cette voie, la diminution de cette quotité (*d*) ; & cette prefcription , comme toute autre , peut être acquife dans trente ans , pourvu qu'elle foit établie par des actes multipliés , & bien exprès ; autrement, il faudroit recourir aux principes relatifs aux prefcriptions fondées fur une poffeffion difcontinuée.

Toutefois on ne peut prefcrire la quotité contre le Roi, dont le Domaine eft imprefcriptible & inaliénable.

(*b*) Arrêt du 5 Novembre 1698 , dans Catellan , liv. 7 , ch. 20.

(*c*) *Suprà* n°. 80 & 81.

(*d*) Defpeiffes , des droits feigneuriaux, tit. 4 , fect. 5 , part. 4 , n°. 2. Ferriere , fur la Coutume de Paris , art. 12 , Gl. 3 , n°. 14.

CHAPITRE X.

DE la remife expreffe ou préfumée totale ou partielle
des Lods.

SECTION PREMIERE.

DE la remife expreffe.

LXXXVIII. Origine du dépri.
LXXXIX. Remife conditionnelle.
*XC. Par les Adminiftrateurs ou Tuteurs, le Mineur,
le Pere à fon Fils.*
XCI. Receveurs-Généraux du Domaine.
XCII. Remife à un Etranger.
XCIII. Héritier de l'abonné.
XCIV. Par le Seigneur du Fief affermé.

LXXXVIII.

Les Seigneurs font dans l'ufage de faire une remife fur les Origine du dépri.
lods, principalement lorfqu'on compofe avec eux avant l'acquifition ; & cette compofition s'appelle dépri, à caufe de la priere
qu'on leur fait d'y confentir ou d'atermoyer : ces remifes ont
pour objet, de faciliter les ventes ; elles font analogues à la nature & à l'inftitution primitive des fiefs dont les droits doivent
être exercés avec bénignité (e) ; parce que le bail à fief a pour
principe, la bienfaifance , & que fon effence confifte dans la
fidélité ; & l'obligation contractée par l'acheteur, en faifant le
dépri, eft valable , quoiqu'il dépende de lui de ne pas acheter,

____

(e) Livoniere, liv. 3 , ch. 7 , p. 249 , 250.

puifqu'il ne peut le faire fans être affujetti aux engagemens qu'il contraĉte par le dépri (*f*), même indépendamment de l'obligation attachée à fon achat.

LXXXIX.

Remife condi-
tionelle.

1°. Si le Seigneur ou le Fermier ont ajouté à la promeffe de la remife, la condition de payer à un certain terme, on doit s'en tenir fcrupuleufement à la loi qu'ils ont impofée à cet aĉte de bienfaifance ; & la remife ne vaut qu'autant qu'on a payé au terme fufdit, conformément aux principes du Droit Romain (*g*) & à nos ufages (*h*).

2°. Mais on demande fi la déchéance de la remife a lieu de plein droit & fans interpellation, au terme impofé ? Un Arrêt du 3 Juillet 1606 jugea pour l'affirmative, dans le cas d'une grande remife ; & cependant cet Arrêt fût trouvé rigoureux par quelques-uns (*i*).

Quant à nous, hors le cas de circonftances favorables, nous croyons qu'il faut littéralement s'en tenir à une condition inhérente à la promeffe de la remife, & qu'on ne peut, direĉtement ni indireĉtement, donner à cette promeffe aucune extenfion ; d'autant mieux que la Loi Romaine, dont on ne fauroit affez refpeĉter les décifions dans tout ce qui a rapport aux contrats, ne parle pas d'interpellation.

3°. Au refte, dans le cas d'une remife pour l'avenir, avec claufe qu'à défaut de paiement à un certain terme, elle ne vaudra pas, le défaut de paiement au terme, n'invalide l'abonnement que pour les ventes dont on eft en retard (*k*).

[*f*] *L.* 3 , *ff. de legatis.* 2°. Potier, des obligations , n°. 48 & 105 , *infrà* n°. 358.

[*g*] *L.* 47 , *ff. de paĉtis. L.* 1 , §. 3 , *ff. de pignoribus.*

[*h*] *Idem in fimili.* Potier, des rentes conftituées , n°. 88. Nouveau Journal du Palais de Touloufe , tom. 2 , Arrêt 230 & 203.

[*i*] Mornac , recueil d'Arrêts , quatrieme partie , ch. 92.

[*k*] *Argumento , L.* 12 & 17 , *ff. de eviĉtionibus ; idem in fimili* , Dumoulin , *in traĉtatu de ufuris , queft.* 26.

X C.

Il résulte de ce que nous avons dit sur le motif & les prin- *Par les admi-*
cipes de cette remise ; 1°. Que les Administrateurs ou Procu- *niſtrateurs ou tu-*
reurs fondés, avec pouvoir de recevoir les lods, sont autorisés à *le pere à ſon fils.*
faire la remise ordinaire & usitée ; car ils ne pourroient pas faire
une remise extraordinaire sans un pouvoir spécial ou un mandat
exprès. 2°. Il en est à peu près de même des tuteurs, quoique
leur administration soit plus libre & plus étendue que celle d'un
Syndic ou Procureur fondé ; & qu'étant quelquefois de l'intérêt
du pupille qu'ils faſſent des relâchemens plus conſidérables pour
faciliter de plus groſſes ventes ; cet intérêt, bien entendu, doive
autoriſer ces relâchemens de leur part, ſans abus & ſans fraude.
3°. Le mineur n'est pas non plus relevé de la remiſe ordinaire ;
& ſon adminiſtration étant encore plus libre & plus indépendante
que celle d'un tuteur, il peut, à plus forte raiſon, ſe prêter à
des relâchemens toutes les fois qu'il n'y a pas une lézion effective
dans l'abonnement qu'il a fait. 4°. A l'égard de la remiſe faite
par un pere à ſon fils, elle n'eſt pas ſujette au rapport, quand
même elle excéderoit la remiſe ordinaire ; s'entend, dans le cas
où il ſeroit vraiſemblable que le pere auroit fait cette augmentation de remiſe à un étranger (*l*), & non autrement.

X C I.

Dans les terres & fiefs du Domaine Royal, la remiſe étoit an- *Receveurs-Gé-*
ciennement du tiers, ſelon les Lettres-Patentes de Novembre *néraux du Do-*
1566 (*m*): Dargentré dit, ſeulement du quart, à la charge, ajoute- *maine.*
t-il, d'acquitter les lods dans trois mois (*n*) ; & telle eſt la diſpoſition expreſſe d'un Arrêt du Conſeil du 19 Juin 1736, art.

[*l*] V. ſur-tout ci-deſſus, Livoniere, liv. 3, ch. 7, p. 250 & 251 ; & Chopin, ſur la Coutume d'Anjou, liv. 1, art. 4, n°. 11.
[*m*] Boiſſieu, ch. 86, p. 425.
[*n*] Dargentré, *de laudimiis*, cap. 3.

11, conformément à des Lettres-Patentes du 1 Février 1723 (*o*). Il a été fait depuis, à ce sujet, un reglement par Arrêt du Conseil du 16 Juin 1771 : l'article 2 porte : 1°. que lorsque les droits dûs au Roi à cause des mutations dans ses mouvances & directes, ne feront que de 1000 livres, & au-dessous, il ne sera fait aucune remise. 2°. Qu'au-dessus de 1000 livres, jusques & compris 7000 livres, il sera fait remise d'un sixieme sur ce qui excédera 1000 liv. 3°. Au-dessus de 7000 livres, jusques & compris 12000 livres, outre les remises ci-dessus, il sera fait remise d'un cinquieme sur ce qui excédera 7000 liv. 4°. Au-dessus de 12000 livres, jusques & compris 24000 livres, outre les remises ci-dessus, il sera fait remise d'un quart sur ce qui excédera 12000 liv. 5°. Au-dessus de 24000 livres, outre les remises ci-dessus, il sera fait remise de trois dixiemes de ce qui excédera 24000 livres, à quelque somme qu'il puisse être. 6°. N'auront néanmoins lieu, lesdites remises, qu'en cas de vente volontaire, & il n'en sera fait aucune dans les ventes forcées faites en Justice ou autrement, en vertu de contrats de cession ou d'abandon. 7°. Encore, pour jouir des différentes remises dans les autres cas, faut-il, suivant l'art. 3 du même Arrêt, exhiber les titres d'acquisition, & en remettre un extrait collationné au Receveur-Général du domaine, aux fraix des acquéreurs, dans les trois mois des acquisitions ?

C X I I.

Remise à un étranger. 1°. Si le prétendant à une vente, a traité d'avance pour la remise des lods, & que la vente ait été faite à un autre, il paroît évident en these, que son traité est conditionnel, & qu'il ne doit avoir lieu que dans le cas où il eût acheté ; mais si son traité est pur & simple, avec cession ou don à son profit du montant de la remise, deux Arrêts des 9 Mars 1605 & 14 Juillet 1632, ont jugé que ce n'est pas le cas des Loix *per diversas & ab Anastasio, Cod. Mandati* ; parce que cette cession n'est pas prohi-

---

[*o*] Bellamy, p. 499.

bée,

bée, & qu'autrement, dit Brodeau, il faudroit anéantir toutes les Loix mises sous le titre *de hæreditate vel actione vendita* (*p*) : toutefois l'Auteur convient " que cet acheteur d'actions n'est rien " moins que favorable, parce qu'il s'entremet dans les affaires " d'autrui pour profiter, au détriment d'un tiers, d'une remise " usitée à l'égard de tous les acheteurs. Or, en partant de ce principe incontestable, que la conduite de ce tiers est messéante, & sa prétention odieuse, il n'est pas possible que la Loi civile autorise une cession que le sentiment & l'honnêteté désavouent. Le même principe qui fait proscrire la cession d'un droit litigieux, doit faire condamner de même celle d'une remise dont l'acheteur auroit profité sans la rapacité du cessionnaire ; & l'on doit penser, selon nous, que la Loi Romaine, qui n'a pu tout prévoir, l'auroit décidé de même si elle avoit pu statuer sur ce cas. 2°. En adoptant nos principes, le véritable acheteur devroit incontestablement rembourser au premier prétendant cessionnaire des droits du Seigneur, les frais de cette cession, dont l'acquéreur susdit profiteroit ; c'est ainsi qu'en exerçant une espece de retrait légal sur l'acheteur du droit litigieux, la partie intéressée est tenue de lui rembourser les frais & loyaux-coûts de son achat (*q*).

X C I I I.

La remise faite par anticipation à la partie qui meurt avant d'acheter, profite à son héritier si celui-ci fait l'acquisition (*r*) ; parce que chacun est censé contracter pour soi & pour son héritier (*s*).

Héritier de l'abonné.

X C I V.

1°. La ferme faite par le Seigneur, de ses droits casuels, a l'effet d'un transport au profit du Fermier : or, le transport ne saisit pas de plein droit le cessionnaire, qui ne peut être mis en

Remise par le maître du fief baillé à ferme.

(*p*) Brodeau, lettre C. som. 13, n°. 1. Livoniere, liv. 3, ch. 7, p. 252, 255.
(*q*) Potier, de la vente, n°. 597.
(*r*) Arrêt de 1602, Pelus, liv. 4, action 36.
(*s*) *L.* 9, *ff. de probat. L.* 8, §. 4, *ff. de pignerat. actione.*

Tome I.   K

poffeffion que par la fignification dudit tranfport au débiteur cédé ; comme la délivrance, met l'acheteur en poffeffion du bien vendu ; enforte que dans le concours de plufieurs ceffionnaires, le plus diligent acquiert exclufivement la quafi-poffeffion & la propriété de la dette cédée (*t*).

Il réfulte de ce deffus, que le bail à ferme ne faifit pas de plein droit le Fermier, & que le redevable eft valablement libéré en payant entre les mains du Seigneur ; & par voie de fuite, qu'il peut valablement traiter avec lui, fauf le recours du Fermier contre ledit Seigneur.

2°. Mais fi le redevable étoit inftruit de la ferme, & que le Fermier en jouît publiquement, cette connoiffance équipolleroit la fignification du tranfport ; d'autant mieux qu'il y auroit du dol de la part de l'acheteur, de traiter avec le maître au préjudice de la ferme dont cet acquéreur feroit inftruit : il faut donc reftreindre, au cas de cette connoiffance, l'avis de Livoniere & de Dargentré, qui décident que la remife faite ou promife par le Maître du fief affermé, ne vaut pas, & qu'il n'eft pas même tenu de la faire valoir (*u*) ; parce que nul n'eft tenu de garantir fa libéralité (*v*).

S E C T I O N I I.

DE la remife tacite ou préfumée des Lods.

XCV. Réception en foi par le Seigneur.
XCVI. Réception des nouveaux droits.
XCVII. Admiffion en foi par les Officiers.
XCVIII. Acceptation de la reconnoiffance.
XCIX. Réception des cenfives.

(*t*) Potier, de la vente, n°. 554, & fuivans ; art. 108 de la Coutume de Paris ; & *V.* les Commentateurs, *ibidem.*

(*u*) Livoniere, liv. 3, ch. 7, p. 251 & 252. Dargentré, *de laudimiis, cap.* 1, §. 26.

(*v*) *L.* 62, *ff. de evict. L.* 19, §. 3, *ff. de donat.*

X C V.

1°. La réception en foi du Vaſſal, de la part du Seigneur, *Réception en foi par le Seigneur.* avec ou ſans réſervation des droits, le prive du droit de ſaiſir féodalement pour cette mutation; parce que la cauſe productive & principale du droit de ſaiſie féodale, eſt l'ouverture du fief & le défaut d'homme; au lieu que le défaut de paiement des droits n'eſt qu'une cauſe acceſſoire & concomitante de cette ſaiſie : or, le fief n'eſt plus ouvert dès que le Vaſſal a été reçu en foi, même avec réſervation des droits (*x*).

2°. Dans le cas de cette réſervation, il eſt inconteſtable qu'ils ſont dûs; puiſqu'à raiſon d'iceux, l'hypotheque du Seigneur ſuit le fief, même dans les mains d'un tiers-poſſeſſeur (*y*).

. 3°. Mais dans le cas où la réception en foi eſt pure & ſimple, & ſans réſervation des droits, on demande ſi le Seigneur eſt cenſé en avoir fait la remiſe par cette réception en foi? L'art. 66 de la nouvelle Coutume d'Orléans décide pour l'affirmative ; & Lalande a adopté cette déciſion (*z*): d'ailleurs, l'admiſſion en foi eſt le vrai renouvellement d'inveſtiture (*a*): or, quoique les lods ne ſoient pas dûs pour l'inveſtiture, il ſemble qu'on ne peut les demander à raiſon d'un achat dont on a inveſti l'acquéreur, ſans faire de réſervation. Enfin, l'offre de la foi eſt nulle, & elle ne met pas le fief à couvert ſi elle n'eſt accompagnée du paiement des droits, dans le cas où le Seigneur veuille inveſtir celui qui demande d'être reçu en foi (*b*).

(*x*) Dumoulin, ſur la Coutume de Paris, §. 2, *hodiè* 3, Gl. 5, & §. 1, Gl. 9, n°. 27---37. Ferriere, ſur la Coutume de Paris, art. 1, Gl. 2, n°. 18, 26.

(*y*) Dumoulin, ſur la Coutume de Paris, §. 1, Gl. 9, n°. 27---32---36. Ferriere, ſur la Coutume de Paris, art. 1, Gl. 2, n°. 18---26.

(*z*) Lalande, ſur la Coutume d'Orléans, art. 65, n°. 5---8.

(*a*) *Tit. feud. quid præcedere debeat, lib.* 2, *tit.* 4. Dumoulin, ſur la Coutume de Paris, §. 5, *hodiè* 8, n°. 1.

(*b*) Dumoulin, ſur la Coutume de Paris, §. 45, *hodiè* 63, n°. 26. Guyot, de la foi, ch. 5, n°. 2, verſ. 6. Lalande, ſur la Coutume d'Orléans, art. 65, n°. 3.

Nonobſtant ces raiſons, nous croyons que l'admiſſion en foi de la part du Seigneur, & ſans réſervation des droits, n'en emporte pas implicitement la remiſe ; 1°. parce que l'admiſſion en foi & la réception des droits ſont deux choſes diſtinctes dans la perception comme dans leur eſſence ; puiſque l'on peut recevoir l'un ſans l'autre ; & que comme la réception des lods n'emporte pas la décharge de la foi, par la même raiſon la réception en foi n'emporte pas la remiſe des lods ; 2°. parce qu'il n'y a dans le marché que ce que les parties y ont mis (c) ; moins encore doit-on préſumer la remiſe des lods dans un contrat intéreſſé, & qui n'a pour objet, que le renouvellement de la foi (d) ; 3°. parce que l'acceptation de la reconnoiſſance cenſuelle de la part du Seigneur, n'exclut pas la demande des lods dûs par le redevable qui reconnoît (*infrà* n°. 98), & qu'il y a pareille raiſon à l'égard de l'admiſſion à la foi : auſſi notre opinion eſt-elle adoptée par Guyot & Livoniere ; & Maynard ſemble être du même avis (e). 4°. Si cependant l'acte de réception à la foi & hommage contenoit quelque clauſe qui caractériſât la remiſe, ou dont on pût l'induire, comme s'il porte que le Seigneur a été payé des droits de la mutation, ou autre clauſe équipollante, il ne peut plus les demander (f).

X C V I.

Réception des nouveaux droits.

Il réſulte des principes énoncés au précédent article, que la réception faite par le Seigneur, des droits de la derniere mutation, ſans réſervation de ceux des précédentes, n'opere pas la préſomption de remiſe de ceux-ci, dont le Seigneur pouvoit n'être pas inſtruit (g), hors qu'il y ait clauſe dont on puiſſe induire cette remiſe.

(c) *Id ſequimur quod actum eſt , L.* 34 *, ff. de reg. Juris.*

(d) *Argumento , L.* 25 *, ff. de probat. L.* 15 *, §.* 4 *, ff. Locati conducti. L.* 131 *, §.* 1 *, ff. de verb. oblig. L.* 4 *, §.* 1. *ff. de reb. credit.*

(e) Guyot, de la foi, ch. 5 , n°. 3. Livoniere, liv. 1 , ch. 8 , ſect. 1 , p. 46. Maynard , liv. 6 , ch. 32 ; n°. 2 & 3.

(f) *Argumento , L.* 26 *, ff. de probat. L.* 69 *, ff. de jure dotium. L.* 14 *, §.* 9 *, de ædilit. edicto.*

(g) Ferriere, ſur la Coutume de Paris , art. 1 , Gl. 2 , n°. 28.

XCVII.

A plus forte raison, l'admission en foi du nouveau Vassal par les Officiers du Roi ou du Seigneur, à la requête du Procureur de Sa Majesté, ou du Procureur fiscal, ne prive pas le Roi, ni tout autre Seigneur, même du retrait seigneurial : & la question a été jugée au profit du Seigneur, par un Arrêt du 10 Mars 1717 (*h*) ; moins encore cette réception peut-elle priver le Seigneur des lods, parce que les Officiers du Roi ou du Seigneur peuvent bien veiller à la conservation de ses droits ; mais leurs fonctions sont de rigueur, comme celles de tout autre mandataire, dès qu'il s'agit de nuire aux intérêts de leur commettant.

Admission en foi par les Officiers.

XCVIII.

L'acceptation de la reconnoissance du censitaire, de la part du Seigneur, ne prive pas celui-ci de la demande des lods ; parce que la reconnoissance a pour objet, non de faire la remise des droits ordinaires ou casuels, mais de régler les obligations réciproques du censitaire & du Seigneur (*i*) : quoique Lalande, fidele aux principes de sa coutume, ait prétendu le contraire (*k*).

Acceptation de la reconnoissance.

XCXIX.

Moins encore, la réception faite par le Seigneur, des censives courantes ou arréragées des mains du nouveau possesseur, emporte-t-elle la remise des lods ni du retrait, conformément aux principes ci-devant établis ; d'autant mieux que la censive est dûe par toute sorte de possesseur, juste ou injuste, investi ou non investi (*l*) ?

Réception du cens.

(*h*) Journal des Audiences, tom. 6, liv. 7, ch. 23. Potier, sur la Coutume d'Orléans ; introduction au titre des fiefs, n°. 269.

(*i*) Faber, en son Code, liv. 4, tit. 43, définit. 14. Despeisses, des droits seigneuriaux, tit. 4, sect. 5, part. 5, n°. 26. *Vide suprà*, n°. 95.

(*k*) Lalande, sur la Coutume d'Orléans, art. 66, n°. 10.

(*l*) Dumoulin, sur la Coutume de Paris, §. 52, *hodiè* 74, *Glof.* 1, n°. 149 & 150. Lalande, sur celle d'Orléans, art. 66, n°. 11.

CHAPITRE XI.

ATTACHE des Lods à la possession.

C. Attache des Lods à la possession.
CI. Modification.

C.

Attache des lods à la possession.

1°. Régulierement on considere les mutations du côté du possesseur, à l'effet de l'assujettissement aux lods (*m*) ; ensorte que c'est la vente ou la mutation du possesseur qui y donne ouverture, de même qu'au relief, sans s'occuper s'il a la propriété.

Cette position est fondée sur deux motifs évidens. 1°. Il faut que le Seigneur ait un redevable, sur la tête duquel il puisse exercer ses droits. 2°. Il n'est ni juste ni possible d'autoriser le Seigneur à exercer sur le maître dépossédé, des droits d'un fief ou d'une teneure dont celui-ci ne jouit pas (*n*) : on ne peut donc lui donner cette action que contre le possesseur (*o*) ; & de là vient la maxime attestée par le Docteur du droit féodal, *que le Seigneur a l'œil sur son fief, plus que sur son Vassal* (*p*).

En effet, depuis que les fiefs ne consistent plus qu'en prestations utiles, & que la foi & hommage n'est qu'une vaine formalité attachée à la possession du fief, c'est le fief, & non le Vassal, qui répond au Seigneur de ses droits, & sur lequel il

---

(*m*) Dumoulin, sur la Coutume de Paris, §. 22, *hodiè* 33, Gl. 1, n°. 62 & 63 ; & §. 55, Gl. 1, *hodiè* 78, n°. 16--19, 22---27. Dargentré, sur celle de Bretagne, art. 62, note 1 ; & art. 59, note 2, n°. 8, 9, 10 ; & *de laudimiis*, cap. 3.

(*n*) Dumoulin, sur la Coutume de Paris, §. 22, *hodiè* 33, Gl. 1, n°. 150. Dargentré, sur celle de Bretagne, art. 59, note 3, n°. 9, 10.

(*o*) Dumoulin, sur la Coutume de Paris, §. 22, *hodiè* 33, Gl. 1, n°. 149.

(*p*) Dumoulin, sur la Coutume de Paris, §. 45, *hodiè* 63, n°. 23.

peut aſſeoir ſa main : on doit donc conſidérer par rapport au Seigneur, non la perſonne d'un Vaſſal titulaire, en qui le droit de propriété pourroit réſider, mais celle du poſſeſſeur ; 1°. parce que le Seigneur ne peut exercer d'action utile, que ſur la glebe de ſon fief, & conſéquemment ſur le poſſeſſeur de cette glebe qui lui répond de ſes droits ; 2°. parce qu'on ne peut charger le maître ſans poſſeſſion, des droits ordinaires & caſuels de ce dont il ne jouit pas ; 3°. parce qu'il n'eſt ni ne peut être vraiment Vaſſal, en vertu de la regle *non poteſt eſſe Vaſſallus ſine feudo* (*q*): 4°. enfin, les lods ſont attachés à la permiſſion de vendre, ſuivant le n°. 17 ci-deſſus : c'eſt donc à la permiſſion de vendre le fief que le vendeur a dans ſa main, & non à la propriété nue & dépouillée qui n'eſt pas le fief, & pour laquelle on n'a pas beſoin de permiſſion : de là vient que la vente d'actions eſt exempte de lods (*infrà* n°. 281).

2°. Bien entendu que l'expectative des lods ni du relief ne peut courir en même tems ſur la tête du Maître qui ne poſſede pas, le Seigneur ne pouvant avoir deux vaſſaux à la fois, ni l'expectative des droits de deux côtés (*r*) ; enſorte qu'ayant un redevable en la perſonne du poſſeſſeur, il ne peut prendre les droits de mutation en ſa perſonne & en celle du Maître dépouillé.

C I.

1°. Pour faire courir irrévocablement les lods & les autres profits de fief ſur la tête du poſſeſſeur, il faut, 1°. qu'ils aient été payés, & que le Seigneur ait utiliſé l'ouverture des droits, en ayant l'œil ſur ſon fief, ou que le poſſeſſeur ait fait les fruits ſiens ; 2°. que la jouiſſance de ce poſſeſſeur ait duré au moins dix ans : c'eſt ainſi que nous avons modifié la doctrine de Dumou-

Modification.

(*q*) Dumoulin, ſur la Coutume de Paris, §. 41, *hodiè* 51, Gl. 2, n°. 2 & 3. Chopin, ſur celle d'Anjou, liv. 1, art. 6, n°. 14, en marge.

(*r*) Dumoulin, ſur la Coutume de Paris, § 22, *hodiè* 33, Gl. 1, n°. 149, 150, 151 ; & §. 55, Gl. 3, *hodiè* 78, n°. 14.

lin, Dargentré & Boiffieu (*s*), confirmée par un Arrêt du 10 Juillet 1676 (*t*).

Mais dans l'une ou l'autre de ces deux efpeces, le droit eft irrévocablement acquis au Seigneur : vérité qui fera confirmée aux nos. 610 & 649 ; de là vient que l'engagifte y eft irrévocablement fujet lorfqu'il fe trouve dans les mêmes circonftances, (*infrà* n°. 436); & il en eft de même de l'acheteur des fruits, (*infrà* n°. 157 & 530).

2°. Pour faire courir irrévocablement les droits fur la tête du poffeffeur, il faut 1°. qu'il les ait payés ou qu'il ait fait les fruits fiens ; 2°. que fa poffeffion ait duré au moins dix ans (*infrà* n°. 610, 436, 157, & 530). En effet, lorfqu'il les a payés, le Seigneur en a utilifé l'ouverture, en confirmant l'aliénation de la glebe, & en donnant l'inveftiture fur cette aliénation : il y a donc eu vente de la glebe, avec ouverture du fief de la part du Vaffal, & inveftiture de la part du Seigneur : la perception des droits eft donc légitime & irrévocable, *quia ille fuum recepit* (*u*) : & lorfque le poffeffeur a fait les fruits fiens, il y auroit une double injuftice à décharger ce poffeffeur utile, jufte ou injufte, des lods, pour les mettre fur le compte du Maître dépouillé de ce même fief, dont on lui feroit fupporter les charges (*v*).

3°. Mais fi le poffeffeur eft évincé avec reftitution des fruits depuis fon ufurpation, cette reftitution de fruits tient lieu de jouiffance effective au Maître qui profite de cette reftitution. Si donc les droits de mutation de toute efpece, arrivés depuis trente ans, ne font pas payés, il eft jufte de les faire courir fur la tête du Maître qui profite des fruits, & non fur celle du poffeffeur de mauvaife foi qu'il a évincé ; enforte que dans cette hypothefe il n'eft dû de droits que ceux qui ont couru par les ouvertures ou

______

(*s*) Dumoulin, fur la Coutume de Paris, §. 55, *hodiè* 78, Gl. 1, n°. 17, 18, 20, 27; & §. 22, *hodiè* 33, Gl. 1, n°. 33, 39. Dargentré, fur celle de Bretagne, art. 59, note 4, n°. 13 ; & art. 62, note 1, n°. 1. Boiffieu, ch. 89, p. 433.

(*t*) Sudre, fur Boutaric, droits feigneuriaux, tit. des lods, §. 13, n°. 31, p. 205.

(*u*) L. 12, §. 1, *ff. de novat.* L. 44, *ff. de condict. in deb.*

(*v*) Dumoulin, fur la Coutume de Paris, §. 22, *hodiè* 33, Gl. 1, n°. 150.

par les mutations du Maître, & non par celles du possesseur dépouillé, avec restitution des fruits; & le Seigneur a action contre
le Maître rentré, pour tous les droits ouverts depuis trente ans
sur sa tête ou sur celle de ses auteurs (*x*).

4°. Nous ne pouvons dissimuler que, selon Livoniere &
Sudre, la durée de la possession ne dispense pas le Seigneur de
la restitution des lods, lorsque le contrat est résolu; parce que ce
droit est, selon eux, une charge du fonds, & non des fruits (*y*);
mais ils ont pris le change, parce que les lods & le relief sont
attachés dans notre espece, non à l'aliénation ou à la mutation
de la propriété nue & sans possession, puisque c'est une simple
vente d'actions, exempte par conséquent de lods (*infrà* n°. 281);
d'ailleurs, *les lods & le relief sont une charge, non de la nue
propriété, mais de la possession : ils affectent, non le fonds, mais
les fruits & la détention de la teneure ou du fief* (*ʒ*), dont les
droits doivent courir sur la tête de quelqu'un. Or, ce ne peut
être sur la tête du Maître dépouillé, contre lequel il seroit injuste
de donner action au Seigneur à raison des droits d'un fief dont il
ne jouit pas; action qui pourroit d'ailleurs être vaine & illusoire :
de là vient que la vente de l'action pour y rentrer est exempte de
droits (*a*).

5°. Le trouble souffert par le possesseur ne le décharge pas
de l'obligation de payer les droits qui courent sur sa tête tant
qu'il se maintient dans sa possession (*b*).

6°. Si le possesseur a joui utilement, & avec gain, des fruits
pendant trente ans (*infrà* n°. 695, vers. 3), il est irrévocablement tenu de tous les droits qui ont couru durant sa possession,
soit qu'il les ait payés ou non, pourvu qu'ils ne soient pas pres-

---

(*x*) Dumoulin, sur la Coutume de Paris, §. 22, *hodiè* 33, Gl. 1, n°. 151.
  (*y*) Livoniere, liv. 3, ch. 6, sect. 1, p. 207. Sudre, sur Boutaric, tit. des
lods, §. 13, n°. 32, 33, 34, p. 205, 206.
  (*ʒ*) Dumoulin, sur la Coutume de Paris, §. 55, *hodiè* 78, Gl. 1, n°. 17 &
18, *bene*.
  (*a*) *Infrà*, n°. 281.
  (*b*) Dumoulin, sur la Coutume de Paris, §. 22, *hodiè* 33, Gl. 1, n°. 150.
Infrà n°. 666, vers. 4 & 5; & n°. 670.

Tome I.   L

crits ; parce qu'une fi longue jouiffance, utile & effective, a dû faire courir fur fa tête des droits dont le Maître dépouillé ne pouvoit pas être tenu, & qui doivent courir fur la tête de quelqu'un, au profit du Seigneur (*).

7°. Dès que les lods ont irrévocablement couru fur la tête du poffeffeur avec gain des fruits, quoiqu'il foit évincé dans les fuites, il eft évident qu'après fon éviction, le Seigneur a l'action perfonnelle contre lui pour le paiement des fufdits droits, s'ils ne font pas prefcrits ; parce que le Seigneur avoit contre lui, pendant fa détention, l'action perfonnelle & l'action hypothécaire à fon choix (c) : il lui refte donc l'action perfonnelle après l'éviction. Toutefois l'action hypothécaire ne fuit pas le fonds fur la tête du Maître rentré (d).

CHAPITRE XII.

De quel jour font dûs les lods & ventes ?

CII. Du jour du contrat.
CIII. Modification.
CIV. Différence du relief.
CV. Fruit civil inftantané.
CVI. S'il y a terme pour le paiement.
CVII. Obligation d'exhiber.
CVIII. Difpenfe d'inveftir.

(*) *Nota.* Il ne faut pas perdre de vue que Dumoulin, Dargentré, & Boiffieu, cités au verfet premier de ce numero, font courir le lods fans aucune modification fur la tête du poffeffeur fans propriété, de même que l'Arrêt de 1676, cité au même endroit ; au point que Dumoulin & Lemaître (*fuprà* no. 41) affranchiffent le propriétaire qui rentre, des lods qui ont couru fur la tête du poffeffeur injufte, évincé : à plus forte raifon y a-t-il lieu de condamner définitivement celui-ci aux lods lorfqu'il a joui utilement pendant trente ans.

(c) *Suprà* n°. 42.

(d) *Suprà* no. 45.

C I I.

Nous dirons ci-après, que les lods font dûs de tout contrat de Du jour du contrat. vente ou équipollent à vente. Nous ajoutons ici, que c'eſt par le fait du contrat, & dès le jour du contrat, qu'ils font dûs, & non du jour de ſon exécution : tel eſt l'avis de Dumoulin & de nos meilleurs Auteurs (e) ; parce que les lods font attachés, non au changement de main, mais au fait de la vente (f) ; & la raiſon ultérieure en eſt, que cet aſſujettiſſement dérive, dans ſon origine, de la néceſſité d'obtenir la permiſſion du Seigneur pour être autoriſé à vendre (g) : d'où il réſulte évidemment qu'il y a ouverture au droit, au moment qu'on exerce cette permiſſion, depuis que la Loi l'a donnée, comme une ſuite de la parfaite patrimonialité des fiefs & des biens cenſuels.

Au reſte, Dargentré, qui fait perpétuellement profeſſion de contredire Dumoulin, a prétendu qu'ils font dûs par le changement de main (h) ; quoiqu'à tout prendre, ces deux opinions reviennent au même, à cauſe de la modification de celle de Dumoulin, que nous allons rapporter au n°. ſuivant. Nous verrons au n°. 620 & 633, les ſuites de cette conformité.

C I I I.

Toutefois, les lods ne font dûs du jour du contrat, qu'autant Modification. que la vente a été exécutée ; une vente non exécutée n'étant pas

(e) Dumoulin, ſur la Coutume de Paris, §. 55, *hodiè* 78, Gl. 1, n°. 40, 92 ; & §. 13, *hodiè* 20, Gl. 3, n°. 10, à la fin. Guyot, des lods, ch. 1, n°. 3---9. Potier, ſur la Coutume d'Orléans, tit. des fiefs, art. 13. Loiſel, liv. 4, tit. 2, reg. 6. Ferriere, ſur la queſtion 101 de Guy-Pape. Bretonnier, ſur Henrys, liv. 3, queſt. 73, n°. 26. Charondas, liv. 13, réponſe 103. Papon, liv. 13, tit. 2, Arrêt 30. Lapeyrere, lettre V, n°. 20. Auvergne, ch. 16, art. 1.

(f) Dumoulin, *locis ſuprà*.

(g) *Suprà* n°. 17.

(h) Dargentré, *de laudimiis in principio*, & §. 2 ; & ſur Bretagne, art. 59, note 3, n°. 7, 9. Henris, liv. 3, queſt. 26, n°. 4 ; & queſt. 73, n°. 5.

réellement une vente ; parce que son objet n'est pas rempli, &
que par le fait, elle est réduite à rien : d'où il résulte que l'ouverture des lods est résoluble comme la vente, si celle-ci ne sort pas
à effet (*i*) ; mais, dans le cas contraire, son exécution a un effet
rétroactif au tems du contrat ; & en mettant le sceau à la vente,
elle assure l'ouverture des lods, opérée par le susdit contrat, à
moins qu'elle ne soit infectée de quelque vice qui l'annulle, comme
nous le dirons aux n°*. 648, & suivans.

C I V.

Différence du re-
lief.

Les lods sont dûs par le contrat, & dès l'instant de sa passation ; mais il en est autrement du relief qui n'est dû que par la
mutation pleine du Vassal du côté de l'ancien & du nouveau
possesseur, & par la délivrance réelle ou feinte qui opere cette
mutation (*k*). En effet, on trouve communément, dans les Coutumes & dans les Auteurs, *que les lods sont dûs de tout contrat*
de vente, ou équipollent à vente ; que d'un contrat nul, ne sont
dû lods : au lieu qu'en parlant du relief, il y est dit, *qu'il est dû*
par le changement de main. Le principe de cette différence dérive de la différente origine de ces deux droits, comme nous l'a-
vons ci-devant établi (*l*) : on en verra les suites, à l'égard du
relief, au vers. 3 du n°. 689.

C V.

Fruit civil ins-
tantané.

Au reste, les lods & le relief sont des fruits civils qu'on seme,
& qui se reproduisent dans le même instant (*m*) ; en quoi ils dif-

---

(*i*) Dumoulin, sur la Coutume de Paris, §. 55, Gl. 3, *hodiè* 78, n°. 3. Anciens jugemens, dans Bouteiller, somme rurale, liv. 1, tit. 72. Auvergne,
ch. 16, art. 1.

(*k*) Dumoulin, sur la Coutume de Paris, §. 22, *hodiè* 33, Gl. 1, n°. 30 ; &
§ 13, *hodiè* 20, Gl. 3, n°. 12. Guyot, du relief, ch. 3, n°. 4 & 5 ; & des
lods, ch. 1, n°. 3, 19.

(*l*) *Suprà* n°. 22.

(*m*) Dumoulin, sur la Coutume de Paris, §. 1, Gl. 1, n°. 50---53 ; & §.
34, *hodiè* 50, n°. 4. Duperier, abrégé des décisions de Dumoulin, n°. 6.

ferent des autres fruits civils, tels que les loyers des maisons, qui viennent successivement ; ensorte que les lods & le relief sont dûs en entier au possesseur de la Seigneurie, dès l'instant de l'ouverture de ces différens droits.

C V I.

Si le prix de la vente n'est payable qu'à terme ou à parcelles par la convention, en ce cas, quoique les lods soient dûs du *S'il y a terme pour le paiement.* moment du contrat, ils ne sont pourtant exigibles que lors de l'échéance du terme ou des termes, & dans la même proportion ; parce qu'un paiement actuel ou prochain est plus onéreux qu'un paiement éloigné, en vertu de la regle *tempore plus folvitur* (n), & que le délai du paiement fait partie du marché (o) : ensorte que si les lods étoient exigibles sans le terme, ils ne seroient plus dans la proportion géométrique avec le prix (p).

2°. Si cependant les intérêts du prix courent au profit du vendeur, ce qui a lieu de plein droit lorsque l'objet de la vente porte des fruits naturels ou civils (q), en ce cas, les lods sont exigibles du jour que le prix commence à porter intérêt ; parce qu'alors le terme n'a pas été donné précisément pour alléger l'obligation de l'acquereur, mais en vûe de ces intérêts qui doivent courir à sa charge (r) ; d'autant mieux que pour rétablir l'égalité, il faudroit faire courir l'intérêt des lods au profit du Seigneur, quoique par la nature de la chose ils ne puissent porter intérêt qu'en punition de la demeure du débiteur (s).

(n) §. 33, *instit. de actionib.* ; & §. 5, *de fide jufforib. ibidem.*
(o) *L.* 1, §. *editiones ff. de edendo.*
(p) Dumoulin, sur la Coutume de Paris, §. 55, Gl. 1, *hodiè* 78, n°. 42-44 ; & §. 54, *hodiè* 77, n°. 34. Dargentré, sur la Coutume de Bretagne, art. 64, n°. 14.
(q) *L.* 13, §. 20 & 21, *ff. de action. empti.* Potier, de la vente, n°. 238.
(r) Dumoulin, sur la Coutume de Paris, §. 55, Gl. 1, *hodiè* 78, n°. 45, 46 ; & §. 58, *hodiè* 83, n°. 26.
(s) *L.* 17, §. 3 ; & *L.* 32, §. 2, *ff. de ufuris.*

C V I I.

Obligation d'exhiber.

Dans le cas où les lods ne font pas exigibles d'abord, à cauſe du terme gratuitement donné à l'acquereur pour le paiement du prix, il peut pourtant être actionné en exhibition du contrat, d'autant mieux que ce n'eſt que par cette exhibition qu'on peut s'aſſurer de la ſtipulation du terme ; enforte qu'on peut demander contre lui cette exhibition actuelle (*t*).

C V I I I.

Diſpenſe d'in-veſtir.

Au reſte, dans le même cas où le redevable a un terme de droit pour l'acquittement des lods, le Seigneur n'eſt pas tenu de l'inveſtir qu'il n'en ait été payé en entier (*u*) ; car, quoique les lods ne ſoient pas le prix de l'inveſtiture, mais celui de la permiſſion de vendre, comme nous l'avons prouvé, il n'eſt pourtant pas juſte d'obliger le Seigneur à inveſtir l'acquereur, lorſ-que les lods attachés à la vente lui ſont dûs ; puiſque l'inveſtiture donnée ſur une vente ſuppoſe la permiſſion de la faire, ou qu'elle en tient lieu, ſans opérer pourtant la décharge des lods (*ſuprà,* n°. 95 & 98).

C H A P I T R E X I I I.

Ou ſont payables les Lods ? Paiement par compenſa-tion ou par autrui.

CIX. *Au manoir dans le fief.*
Bis CIX. *Paiement par compenſation ou par autrui.*
CX. *S'il n'y a point de manoir.*

(*t*) Dumoulin, ſur la Coutume de Paris, §. 55, Gl. 1, *hodiè* 78, n°. 90.
(*u*) Dumoulin, ſur la Coutume de Paris, §. 55, Gl. 1, *hodiè* 78, n°. 42---46. Coutume de Touloufe, quatrieme partie, tit. des fiefs, n°. 15.

C I X.

1°. Les cenfitaires & les vaffaux font tenus, pour le renou- *Au manoir dans le fief.*
vellement de l'inveftiture & le paiement des droits, d'aller au
manoir du Seigneur ; parce que l'un & l'autre devoir emportent
une marque d'honneur & de révérence de leur part (*v*). La Loi
Romaine avoit dit dans une efpece parallele, *potentiorumque
homines neceffitatem debitam penfionum, ut honeftas poftulat,
agnofcere moneantur* (*x*).

2°. S'entend que le manoir du Seigneur foit dans l'étendue
de fa feigneurie ou de fon fief ; parce qu'il ne peut tranfporter
fon manoir hors de leur enceinte, en changeant la forme de
l'ancienne inveftiture ; ni féparer les membres du chef lieu, en
tranfportant l'exercice de fes droits dans une autre feigneurie ou
dans un autre fief (*y*). Delà vient qu'un Arrêt du Parlement de
Touloufe du 4 Avril 1730, difpenfe les redevables de reconnoître hors de la feigneurie, quoiqu'ils l'euffent précédemment
fait (*z*). Toutefois nous modifierons ce principe au n°. 110.

Bis C I X.

1°. En partant du contenu au verfet premier du n°. précédent, *Paiement par compenfation ou par autrui.*
la dette des lods ne fe compenfe pas de plein droit avec une
créance du redevable, pas même celle d'un autre droit de lods.....
Si toutefois il va offrir la compenfation *au manoir du Seigneur*,
alors elle fe fait du jour de cette offre ; puifqu'au moyen d'i-
celle, le redevable rempliffant fes devoirs d'honneur, de révérence & de reconnoiffance de la directe, il eft parfaitement ac-
quitté à cet égard (*a*), & que rien ne met obftacle à la compenfation.

(*v*) Dumoulin, fur la Coutume de Paris, §. 62, *hodiè* 85, n°. 3.

(*x*) L. 3. Cod. de commerciis.

(*y*) Dumoulin, fur la Coutume de Paris, §. 45, *hodiè* 63, n°. 6 ; & §. 62, *hodiè* 85, n°. 4.

(*z*) Nouveau Journal du Palais, tome 5, Arrêt 13.

(*a*) Dumoulin, fur la Coutume de Paris, §. 62, *hodiè* 85, n°. 3, 32, 37, 38. Potier, des obligations, n°. 589, verf. 4.

2°. Par la même raison, on ne peut payer les lods malgré le Seigneur, à l'infçu du redevable, & fans l'aveu de celui-ci ; 3°. mais fon Procureur fondé peut valablement les offrir au manoir, comme on peut les offrir pour un abfent, & comme le créancier hypothécaire le peut de même, pour conferver fon hypotheque & éviter l'amende ou la commife, s'il y a lieu (b) ; parce que la collufion ou la négligence de fon débiteur ne doit pas tourner à fon dam. (c).

C X.

S'il n'y a point de manoir.

1°. Si le Seigneur ne réfide pas dans fa feigneurie ou dans fon fief, & que d'ailleurs il n'ait point de manoir dans leur étendue, il femble que les lods foient portables à fon domicile, pourvu qu'il réfide dans la même Ville que le débiteur : car telle eft la regle que toute dette en argent eft portable avec cette modification (d) ; mais dans tout autre cas, on interprete dans le doute l'obligation en faveur du débiteur (e) : autrement un devoir de pure honnêteté lui deviendroit onéreux.

2°. A l'égard des droits feigneuriaux, nous croyons qu'il faut diftinguer ; & que fi le Seigneur a un fief contigu d'une certaine étendue, ou une feigneurie, il faut s'en tenir fcrupuleufement à la regle (f) ; que comme il ne peut être tenu de recevoir fes droits hors de fa feigneurie ou de fon fief, quand même il fe trouveroit ailleurs au moment de l'offre qu'on lui en feroit, de même il n'eft pas en droit d'établir le lieu de fa récette hors de cette enceinte, par les raifons exprimées au n°. précédent.

3°. Mais fi c'eft un fief épars ou de peu d'étendue, auquel cas il eft toujours difficile & quelquefois impoffible au Seigneur de

---

(b) Dumoulin, fur la Coutume de Paris, §. 62, hodiè 85, n°. 79, & fuivans, jufqu'au n°. 91.

(c) L. 9, ff. de liberali caufâ.

(d) Dumoulin, fur la Coutume de Paris, §. 62, hodiè 85, n°. 104, & in tractatu contract. ufur. quæft. 9.

(e) Potier, des obligations, n°. 513.

(f) Art. 63 de la Coutume de Paris ; & la conférence fur cet article. Ferriere, fur la queft. 123 de Guy-Pape. Loifel, liv. 4, tit. 5, regle 1.

fe

fe procurer un lieu de recette dans fon enceinte, nous croyons qu'il faut courber la regle par la raifon d'équité, & que le Seigneur peut exiger les lods, la reconnoiffance & les autres droits, hors des bornes de fon fief; autrement la perception de fes droits lui feroit pour ainfi dire impoffible, bien entendu pourtant, que cette condefcendance ne fera pas onéreufe aux redevables (g).

CHAPITRE XIV.

Défaveur des Lods.

CXI. Faveur de la libération.
CXII. Préfomption d'exemption des Lods.
CXIII.. Défaveur des Lods.
CXIV. Liberté de traiter. Curiofité des Seigneurs.
Bis CXIV. Bénignité dans la perception.

C X I.

C'eft une maxime trop négligée, peut-être, quoique répétée *Faveur de la* *libération.* en cent endroits dans le Droit Romain, que dans le doute *& à droit égal*, le Magiftrat & la Loi, doivent fe déterminer en faveur de la libération *(h)*; & cet axiome eft tout à la fois une regle de police & un précepte de morale.

En effet, par la nature des chofes, le débiteur & le redevable font trop fouvent foulés par l'homme riche & puiffant; d'où il réfulte, 1°. que c'eft un devoir d'humanité de tendre une main

____

(g) *Ut neque delicatus debitor, nec onerofus creditor audiatur; L. 25, in fine ff. de pigner. actione.*
(h) *LL. 67 & 99, ff. de obligat. & actionib. L. 26, de rebus dubiis. LL. 9 & 34, ff. de regulis Juris.*
In pari caufâ, cap. 11, de reg. Jur. in-6°.

Tome I.   M

fecourable au foible opprimé ; 2°. qu'une conduite contraire eft directement oppofée à une bonne police & à la maxime que *le falut du peuple eft la fuprême Loi* ; & qu'indépendamment des autres inconvénients politiques qui peuvent s'enfuivre, l'appauvriffement du foible, le met dans l'impuiffance de contribuer aux charges de l'état.

L'autorité doit donc fe roidir contre la propenfion contraire, & s'en méfier ; mais furtout elle ne doit jamais perdre de vûe que la partie pauvre & débitrice, eft tout à la fois la plus foible, la plus nombreufe, la plus utile de la nation, & celle qui fupporte prefque toutes les charges perfonnelles, & grande partie des charges réelles du corps focial.

Puiffent ces vérités jetter les plus profondes racines dans tous les cœurs des citoyens.

C X I I.

Préfomption d'exemption des lods. A l'égard des lods & du relief, les Seigneurs féodaux ou cenfiers, ne font fondés à les demander, qu'autant qu'ils y font autorifés par le titre ou par la coutume des lieux ; parce que c'eft un affujettiffement accidentel & contraire à la franchife, dont les biens fonds doivent naturellement jouir (*i*).

C X I I I.

Défaveur des lods. Il réfulte de ce deffus, que tout eft de rigueur dès qu'il s'agit de prononcer en faveur des lods & du relief, & qu'il n'y a pas lieu d'étendre cet affujettiffement défavorable à tous égards (*k*), foit parce qu'il eft à la charge des redevables & des agriculteurs, dont l'intérêt eft toujours précieux aux yeux de la politique &

(*i*) Dumoulin, fur la Coutume de Paris, §. 53, *hodiè* 76, n°. 11. Dargentré, fur celle de Bretagne, art. 62, note 2, n°. 3. *L. 8, 9, & 11, Cod. de fervit. & aquâ.*

(*k*) Dumoulin, fur la Coutume de Paris, §. 23, *hodiè* 33, Gl. 2, n°. 3. Dargentré, fur celle de Bretagne, art 62, note 2, n°. 3.

de l'humanité, soit parce que cette charge dérive d'une loi
positive, qui déroge à la franchise naturelle des biens fonds (*l*).

C X I V.

Delà vient que, selon l'expression de Dargentré, „ les Sei- *Liberté de trai-*
„ gneurs ne font pas fondés à devenir scrutateurs séveres des *ter. Curiosité des*
„ traités des redevables, ni à les espionner & à gêner la liberté *Seigneurs.*
„ des contrats, & celle de disposer arbitrairement de leur bien,
„ quand même il en résulteroit du déchet dans la perception
„ des droits „ (*m*). C'est par une suite de cette liberté, qu'il est
permis au parties de donner à leurs traités une tournure qui
les affranchisse, au lieu de prendre la voie ordinaire qui donneroit ouverture aux droits (*n*) ; bien entendu pourtant, qu'il n'y
ait ni fraude ni simulation, & qu'on n'ait pas caché sous la forme
& l'apparence d'un contrat exempt, les caracteres & l'essence
d'un contrat sujet. Ce principe sera développé dans toute son
étendue au n°. 785 & suivants.

Bis C X I V.

La nature des fiefs consiste dans la bénignité, parce qu'ils *Bénignité dans*
font fondés sur la bienfaisance (*o*) ; ensorte que le Seigneur con- *la perception.*
trediroit son propre titre, s'il invoquoit la rigidité des regles
contre ses redevables dans la perception de ses droits, & plus
encore pour les étendre (*p*).

(*l*) L. 8, 9, & 11, *Cod. de servit. & aquâ* ; L. 9, *ff. de servit. præd. urban.*
(*m*) Dargentré, sur la Coutume de Bretagne, art. 73, note 4, n°. 3, & art.
59, note 2, n°. 7. Guyot, des licitations, ch. 4, pages 64 & 65.
(*n*) Dumoulin, sur la Coutume de Paris, §. 22, *hodiè* 33, Gl. 1, n°. 104 ;
& §. 23, *hodiè* 33, Gl. 1, n°. 19, 20. Dargentré, sur celle de Bretagne, art.
73, note 4, n°. 3 & 4, & du partage des Nobles, quest. 40, n°. 3 & 4.
(*o*) Dumoulin, sur la Coutume de Paris, §. 22, *hodiè* 33, Gl. 1, n°. 29.
Boissieu, ch. 9 & ch. 10, p. 50 & 51.
(*p*) Dumoulin, *ibidem.* Boissieu, ch. 10, p. 51.

CHAPITRE XV.

PREUVE des contrats contre le redevable.

CXV. Preuve des contrats.

C X V.

Pour terminer cette premiere partie, nous ajouterons que les contrats paffés par le redevable ou par fon auteur, font pleine & entiere foi contre lui, en tant qu'ils peuvent donner ouverture aux droits du Seigneur; quoique felon les circonftances, celui-ci puiffe être reçu à prouver le contraire du contenu en ces contrats (*q*). Ce droit du Seigneur dérive de la Loi, qui, en lui donnant les droits de mutation, lui accorde tout ce qui eft néceffaire pour les exercer : delà vient qu'il peut obliger le redevable à l'exhibition de fes titres de propriété (*r*).

(*q*) Dumoulin, fur la Coutume de Paris, §. 58, *hodiè* 83, n°. 60 & 61.

(*r*) *Argumento*, L. 2, *ff. de jurifdict.* Dumoulin, fur la Coutume de Paris, §. 13, *hodiè* 20, Gl. 3, n°. 3. Dargentré, fur celle de Bretagne, art. 140, note 1, n°. 1. & 2.

SECONDE PARTIE.

Quelles choses font fujettes aux Lods & Ventes ?

CHAPITRE PREMIER.

Des Lods & Ventes des immeubles, des biens cenfuels ou emphytéotiques des Offices fieffés, & des Péages ou des Courtages non inféodés.

CXVI. Immeubles feulement.
CXVII. Offices fieffés.
CXVIII. Péages , courtages , ponts & dépendances.
CXIX. Biens cenfuels.
CXX. Biens emphytéotiques.
V. les n°. 177 , & fuivans.

C X V I.

Il n'y a que les immeubles corporels ou incorporels, qui puif- *Immeubles feulement.*
fent être fujets aux lods & ventes (*s*) ; parce que les meubles
font par leur nature hors de la dépendance féodale ou cenfuelle,
d'où il réfulte qu'ils font effentiellement exempts de tous profits
de fief (*t*); & que dans le cas de vente d'iceux, confufément

---

(*s*) Dargentré , fur la Coutume de Bretagne, art. 59, note 3 , n°. 1 & 2.
(*t*) Dargentré, *de laudimiis , cap.* 1, §. 32. Livoniere, liv. 3 , ch. 6, fect. 7, § 8, p. 241, 242. Guyot des lods, ch. 9, n°. 1. Préfident Boullier, fur la Coutume de Bourgogne, ch. 37, n°. 23 , & fuivans.

avec des immeubles fujets, il doit être fait une ventilation pour diftinguer le prix de chacun.

C X V I I.

Offices fieffés.   1°. Mais, indépendamment des immeubles proprement dits, il en eft de fictifs qui font fujets à la dépendance féodale. Nous parlons des offices fieffés, c'eft-à-dire, de ceux qui par leur nature n'auroient dû être exercés qu'en vertu des provifions de la puiffance publique, qui feule eft en droit de les conférer; au lieu que par l'acquifition de l'hérédité, réfultant de l'inféodation, l'Officier fieffé eft en poffeffion de fon office, par la fimple inveftiture du Seigneur.

Ce n'eft pas ici le lieu de développer l'origine, les fonctions, la décadence & l'abolition de la plupart de ces offices, dont il y avoit plufieurs efpeces, témoin les dignités & les canonicats des Eglifes, tenus en fiefs dans les dix & onzieme fiecles (*u*), même les bas offices des Monafteres (*x*); mais comme cette matiere appartient à un autre traité, il fuffit d'obferver, relativement à ce dont il s'agit, qu'en Poitou, en Normandie, en Anjou, &c. il y a encore des fergenteries fieffées (*y*), anciennement poffédées par des Gentilshommes, qu'on appelloit *Sergens Ecuyers, ou Varlets* (*z*), chargés par état d'exécuter les mandemens de la juftice de leurs Seigneurs (*a*) : ils font maintenant autorifés à faire faire ce fervice par un Vicaire (*b*), pourvu toutefois que ce Vicaire foit agréé par le Seigneur ou par le Bailli, comme il réfulte d'un Arrêt de 1288 (*c*).

(*u*) Hiftoire du Languedoc, tom. 2, p. 110, 181.

(*x*) *Bene.* Droit public de Bouquet, Avertiffement, tom. 1, p. 11 & 12.

(*y*) Loifeau, des Offices, liv. 2, ch. 2, n°. 48, 49, 50, 55. Livoniere, liv. 1, ch. 3, p. 10.

(*z*) Bruffel, liv. 2, ch. 6, p. 167, 168, 171, 172. Cloffaire, du Droit François, *verbo* fief-ferme.

(*a*) Bruffel, liv. 2, ch. 42, p. 665. Grand Coutumier, liv. 1, ch. 2, p. 9.

(*b*) Dargentré, fur la Coutume de Bretagne, art. 341, note 2, n°. 5 ; & art. 91 de la nouvelle Coutume de Bretagne.

(*c*) Bruffel, liv. 3, ch. 6, p. 172.

2°. A l'égard des preftations auxquelles ces fergenteries font fujettes, l'ancienne coutume de la Salle & de Lile, les affujettit à 30 fols de relief & à 30 fols de fervice (*d*). Ils font fujets de même au relief, felon l'art. 17 de la Coutume de Chartres, & felon l'art. 4 de celle de Valenciennes ; mais l'art. 157 de celle de•Normandie, les déclare fujets à l'hommage, avec exemption de relief (*e*).

3°. Quant à nous, abftraction faite de tout texte de Coutume, nous adoptons à tous égards les difpofitions de celle de Normandie, & nous croyons les fiefs héterogenes exempts de lods & de•relief, même dans les pays où les autres fiefs y font indiftinctement fujets ; parce que tout eft de rigueur, dès qu'il s'agit d'étendre cette obligation (*f*), & qu'il n'y a pas.lieu d'argumenter d'un cas à l'autre, fous prétexte de parité de raifon ou d'analogie, felon le langage de Dargentré, pour leur impofer les charges pécuniaires de autres fiefs (*g*).

C X V I I I.

1°. Dès que la preftation des lods & ventes dérive de la qualité féodale ou cenfuelle du bien fujet, il réfulte de cette regle, que tout ce qui n'eft ni féodal ni cenfuel, eft exempt de lods.

Péages ,ponts, Courtages & dépendances.

Delà vient qu'un Arrêt du mois de Mars 1619, rapporté par Lebret, déclare exempt des profits de fief contre les Religieux de S. Denis, le péage fur le Pont de Neuilli, établi au profit de ceux qui avoient fait les fraix de la conftruction de ce pont (*h*); & qu'un autre Arrêt du 28 Juin 1640, prononce pareille exemption pour la vente du pont de Buq ; parce que, dit Livoniere, ce péage ni ce pont n'avoient pas été inféodés (*i*);

(*d*) Bouteiller, liv. 1, tit. 84, p. 493.
(*e*) Loifeau, des Offices, liv. 2, ch. 2, n°. 55, 56.
(*f*) *Suprà* n°. 113.
(*g*) Dargentré, fur la Coutume de Bretagne, art. 62, note 2, n°. 3.
(*h*) Lebret, notables queft. liv. 5, ch. 10.
(*i*) Livoniere, liv. 3, ch. 6, fect. 7, §. 10, p. 246.

& que les droits dont il s'agit ne dérivoient pas de la conceffion expreffe ni préfumée des Seigneurs.

2°. Mais à l'égard des ponts qui font conftruits fur des rivieres navigables, ils font dans la mouvance du Roi, de même que les péages qui y font attachés (*k*) ; même les maifons bâties fur ces ponts, comme le tout étant inhérant au Domaine du Roi, & réputé dépendant de fa conceffion, fuivant les Edits de Décembre 1593, & d'Avril 1713 (*l*) , toutefois avec la modification énoncée au n°. 177, verf. 9 : de même les péages ordinaires & les droits de pontanage, font fujets au lien féodal; parce que ce font des droits fonciers attachés au fief vaffal dont ils font partie (*m*).

Nous obfervons à ce propos, qu'il n'en eft pas d'un pont établi fur les rivieres feigneuriales, comme d'un bac (*n*) ; parce que le bac ne flotte que par les eaux de la riviere; il eft donc feigneurial comme la riviere dont il eft dépendant; au lieu que les ponts n'exiftent que par l'induftrie des hommes, indépendamment de la conceffion des Seigneurs.

3°. A l'égard des courtages, un Arrêt du Parlement de Touloufe du 3 Septembre 1707, au rapport de M. de Prohenques, décharge des lods celui de St. Jean de Fos, contre les Bénédictins de St. Guilhem-le-Défert, Seigneurs dudit lieu; & un Jugement des Tréforiers de France de Montpellier, du 5 Mai 1760, acquiefcé par le Receveur-Général du Domaine, décharge contre lui Me. François Caftanier, des lods & de l'enfaifinement du courtage de Magalas, & condamne le Receveur-Général aux dépens, qu'il paya. On rapportoit, lors de ce Jugement, trois

---

(*k*) Dictionnaire du Domaine, *verbo* péages, p. 426, 427. Laplanche, liv. 1, ch. 3, n°. 10. Bacquet, queftions fur les boutiques du Palais, ch. 15, n°. 12, 13, & 14. Déclaration du mois d'Avril 1683, & Edit de Décembre 1693. Loix foreftieres, tit. 1, art. 4.

(*l*) Laplanche, liv. 1, ch. 3, n°. 10. Edits fufdits dans les Loix foreftieres, tit. 1, art. 4.

(*m*) Bacquet, fur les baux des boutiques du Palais, ch. 15, n°. 21. Dictionnaire du Domaine, *verbo* péages. Livoniere, liv. 3, ch. 6, fect. 7, §. 10. Lebret, notables queftions, liv. 5, ch. 10.

(*n*) *Infrà* n°. 177.

Ordonnances

Ordonnances de 1717, de M. de Bafville, Intendant du Languedoc, qui déchargent du franc-fief les poffefleurs des courtages de Belurga, de Vias & du Pouget, dans le Bas-Languedoc.

C X I X.

L'ufage le plus général du Royaume, affujettit les biens cen- *Biens cenfuels.* fuels aux lods, quoiqu'un petit nombre de coutumes les en exempte, s'il n'y a titre pour les affujettir (*o*); mais ces coutumes font contraires au droit commun, qui prononce leur affujettiffement comme inhérant à la tenure cenfuelle, tant dans le pays de coutume, que dans le pays de Droit écrit (*p*).

Nous parlerons dans la troifieme partie des biens baillés à furcens, à rente fonciere & à locaterie perpétuelle.

C X X.

Par la Loi Romaine, ils étoient dûs de droit commun, au *Biens emphytéo-* cinquantieme denier en emphytéofe, s'il n'y avoit titre con- *tiques.* traire (*q*), quand même la conceffion auroit porté permiffion de vendre; parce que cette permiffion ne difpenfe pas de l'inveftiture (*r*); & qu'au lieu que les lods font attachés, felon notre Droit, à la permiffion de vendre, ils étoient dûs précifément & taxativement pour l'inveftiture, felon le Droit Romain (*s*).

Au refte, quoique dans les pays de Droit écrit, notre commerce avec le Droit Romain nous ait fait adopter les expreffions d'emphytéofe & de prélation, le vrai eft pourtant qu'il n'y a point de véritable emphytéofe parmi nous, mais feulement des

---

(*o*) Dumoulin, fur la Coutume de Paris, §. 53, *hodiè* 76, no. 7.

(*p*) Loifel, liv. 4, tit. 2, reg. 6. Loifeau, du déguerpiffement, liv. 1, ch. 5, n°. 4. Maynard, liv. 4, ch. 37. Arrêt du 6 Juillet 1735, dans le nouveau Journal du Palais, tome 6, Arrêt 301.

(*q*) *L.* 3, *Cod. de jure emphit.*

(*r*) Defpeiffes, des droits feigneuriaux, tit. 4, fect. 5, part. 5, n°. 8, p. 60. Supplément d'Henrys, liv. 1, ch. 12, n°. 10.

(*s*) *L.* 3, *verf. fin. Cod. de jure emph t.*

baux à cens, comme dans la France Coutumiere ; puifque le défaut de paiement du cens pendant trois ans, n'emporte pas la
commife comme en emphytéofe (*t*) ; & que le Seigneur emphytéotique avoit *droit de préférence ou de prélation* du bien tenu
de lui, avant que l'emphytéote en eût fait la vente, dont il étoit
obligé de le prévenir (*u*) ; au lieu que dans notre ufage, l'exercice de la parfaite patrimonialité, autorife le cenfitaire à vendre,
& le Seigneur n'a que le droit de retraire, c'eft-à-dire, de retirer
des mains de l'acheteur, le bien cenfuel, avec obligation de lui
rendre le prix de fon achat & les loyaux-coûts, dans les pays où
il a l'exercice du retrait ; au lieu que le Seigneur emphytéotique
ne pouvoit être fujet à aucuns loyaux-coûts, puifqu'il exerçoit la
prélation avant la vente.

Cependant l'emphytéofe reffemble au bail à cens, en tant que
l'un & l'autre affujettit le redevable à une preftation annuelle, &
au droit de lods, en cas de vente : elle reffemble encore à quelqu'égard, aux baux à rente fonciere ou à locaterie perpétuelle,
dont nous aurons occafion de parler dans la troifieme Partie de
ce traité.

CHAPITRE II.

DE l'affujettiffement des Fiefs aux Lods & Ventes.

SECTION PREMIERE.

ANALYSE des principes relatifs à cet objet.

CXXI. Droit commun. Exemption des fiefs.
CXXII. Différence des Fiefs aux rotures.
CXXIII. Autre différence quant au retrait.

[*t*] *L. 2, verf. Sin autem , Cod. de jure emphit.*
[*u*] *L. 3 , verf. Sed ne hac, Cod. de jure emphit.*

CXXIV. Recours au Bail.
CXXV. Ufage paffif du fief fervant.
CXXVI. Ufage actif du fief dominant.
CXXVII. Ufage du grand nombre.
CXXVIII. Ufage général. Prefcription.
Bis CXXVIII. Droits extraordinaires.
CXXXIX. Coutume écrite.
CXXX. Coutume non écrite.
Bis CXXX. Suite.
CXXXI. Ufage paffif du fief dominant.

C X X I.

„ Le fief, dit Dumoulin, eft la conceffion benevole, libre & *Droit commun.*
„ perpétuelle d'un immeuble réel ou fictif, avec aliénation du *Exemption des fiefs.*
„ domaine utile, rétention de la directe, & à la charge de la fidé-
„ lité & des fervices du fief (*v*).

Cette définition ne peut fe rapporter qu'à leur état primitif; puifqu'on fait depuis long-temps des conceffions de fief à prix d'argent; que tout fervice militaire de fief eft aboli hors à l'égard du Roi, & que dans plufieurs Provinces il y a réfervation ex-preffe ou tacite des profits.

Quoi qu'il en foit, en prefcindant de tout ftatut ou ufage local & de droit commun, les fiefs font exempts de toute preftation pécuniaire, comme contraire à la gratuité de leur origine. Tel eft l'avis unanime des Auteurs, tant dans les pays coutumiers, que des Parlemens du Droit écrit (*x*), confirmé par deux Arrêts du Parlement de Touloufe des 2 Février 1658 (*y*) & 14 Août

-----

[*v*] Dumoulin, fur la Coutume de Paris, tit. 1, au préambule, n°. 114.

[*x*] Dumoulin, fur la Coutume de Paris, §. 23, *hodiè* 33, Gl. 2, n°. 3. Papon, liv. 13, tit. 1, Arrêt 3. Ferriere, fur la queftion 167 de Guy-Papc. Cambolas, liv. 4, ch. 3. Chopin, fur la Coutume de Paris, liv. 1, tit. 3, n°. 5. Albert, *verbo* Lods, Arrêt 2. Dargentré, fur la Coutume de Bretagne, art. 70, note 2, n°. 4.

[*y*] Catellan, liv. 3, ch. 22.

1708 (γ). On trouve encore dans les annales de Laffaille, un certificat des Officiers du même Parlement, qui attefte cette exemption, indépendamment d'une foule d'autorités, rapportées au même endroit (a) ; & d'un autre Arrêt du 15 Février 1622 (b).

CXXII.

Différence des fiefs aux rotures.

Il nous refte à examiner deux bizarreries de la Jurifprudence, que M. de Boutaric, célebre Profeffeur en Droit François, à Touloufe, a relevées ; & à réfoudre les deux problêmes qu'il a propofés à cette occafion (c).

On demande fur quoi peut être fondée l'exemption préfumée des lods, à l'égard des fiefs ; tandis que la préfomption contraire a lieu à l'égard des biens cenfuels, quoique les lods aient été originairement attachés à la permiffion de vendre (d), & que la néceffité de cette permiffion fût la même pour les fiefs comme pour les rotures.

C'eft, felon nous, parce que les biens tributaires ou cenfuels ont été, de tous les tems, obligés à des preftations utiles envers leurs Seigneurs (*fuprà* n°. 13, verf. 3), & d'ailleurs, exempts du fervice militaire ; parce que ces biens n'ont été poffédés dans les premiere & feconde Race, que par des ferfs (e) ; & que nos peres, ainfi que tous les anciens peuples de l'Europe, avoient dédaigné d'affocier les ferfs au fervice des armes (f) : de là vient fans doute que durant le gouvernement féodal, on n'accorda qu'à prix d'argent la permiffion de vendre aux Serfs & aux Vilains, ou *hommes de Poëfte*, poffeffeurs des biens cenfuels ; & qu'on

---

[γ] Nouveau Journal du Palais de Touloufe, tome 3, Arrêt 136.
[a] Lafaille, tome 2, pages 12, 21, 93.
[b] Cambolas, liv. 1, ch. 15.
[c] Boutaric & Sudre, des droits feigneuriaux, tit. 3 des Lods, §. 3, n°. 1.
[d] *Suprà* n°. 17.
[e] *Suprà* n°. 13.
[f] Art 6 de la Charte de Charles-le-Gros, de 888, dans Bruffel, liv. 1, ch. 4. Efprit des Loix, liv. 15, ch. 13. Loi des Wifigoths, liv. 5, tit. 7, §. 20 ; & liv. 9, tit. 2, §. 9.

regarda la perception de cette finance comme inhérente au bail cenfuel ; parce que ce bail ne donnoit au Seigneur, que des preftations en denrées ou en argent, & que la directe cenfuelle étoit un bien purement économique dans fes mains.

Au lieu que les biens féodaux étoient poffédés par des Nobles, qui rendoient le fervice militaire à leurs Seigneurs, & le fervice des plaids dans leur Cour (g) ; ou par des Eccléfiaftiques qui faifoient rendre ce double fervice par leurs avoués (h). Or, les dangers & les fraix du fervice militaire, & de celui des plaids, faifoient plus que remplacer, au profit des Seigneurs, les preftations en argent ; au point que, pendant le gouvernement féodal, les hauts Seigneurs, épuifés, établirent des rentes fur leurs domaines en faveur des Nobles, qu'ils attacherent à leur fervice en leur donnant ces rentes en fief (i) : on a donc dû confidérer le fervice & la fidélité comme les feuls & uniques droits inhérens au fief (k) ; & par voie de fuite, les charges pécuniaires, comme contraires à fon inftitution, & exhorbitantes de droit commun, même dans les pays où elles ont été établies par l'ufage ou par convention.

C X X I I I.

1°. M. de Boutaric demande encore pourquoi le droit commun du Royaume exempte les biens cenfuels du retrait feigneurial, tandis qu'il y affujettit les fiefs. *Différence à l'égard du retrait.*

C'eft à notre avis que, pendant le gouvernement féodal, lors duquel notre droit feigneurial fut établi, les Seigneurs de fief

---

(g) Efprit des Loix, liv. 3., ch. 3, 4, & 18. Capitulaires, liv. 3, ch. 70, 71 ; & liv. 5, ch. 288. Ducange, *verbo*, *Beneficium*, p. 1116 ; & *verbo*, *Hominium*. Bruffel, liv. 1, ch. 4. Gloffaire du Droit François, *verbo*, Service de Cour. Beaumanoir, ch. 28. Bouteiller, liv. 1, tit. 83, p. 485, 486. Hiftoire du Languedoc, tome 2, p. 98, 244.

(h) Art. 3 de la Charte de Charles-le-Gros, de 888, dans Bruffel, liv. 1, ch. 4.

(i) V. des exemples de ces dons dans La Theumaffiere, fur la Coutume de Berry, cinquieme partie, ch. 35. Loifeau, des Offices, liv. 2, ch. 3, n°. 58. Chantereau, pr. par les actes, page 108. Bruffel, liv. 1, ch. 1, §. 11 & 12.

(k) Selon la définition qu'en a donné Dumoulin, rapportée au n°. précédent.

avoient un grand intérêt à l'exercice du retrait féodal, foit pour n'avoir pas un Vaffal défagréable (*l*), foit pour réunir à leur domaine, des fiefs qu'ils pouvoient avoir befoin de garder : or, ils furent les maîtres d'établir ce retrait dans un tems où leur droit d'inveftiture étoit fi précieux, & où le feul refus d'inveftir l'acquéreur le mettoit dans la néceffité de confentir au retrait : telle eft vraifemblablement l'origine du retrait féodal, dont on trouve l'exiftance dans les Livres des fiefs (*m*), qui furent écrits dans le douzieme fiecle, vers le regne de l'Empereur Frédéric Barberouffe (*n*), quoiqu'on n'y trouve pas la moindre trace des profits de fief.

2°. A l'égard des biens cenfuels, ils ne furent pas foumis au retrait feigneurial, parce que les Seigneurs cenfiers n'eurent nul intérêt de l'acquérir ; & qu'au contraire, fon exercice auroit diminué leurs revenus cenfuels.

Ils n'eurent aucun intérêt de l'exercer, parce qu'il n'y avoit pas lieu de craindre l'acquifition d'un cenfitaire défagréable, tandis que les Serfs ou les Vilains, *& hommes de Poëfte*, poffeffeurs des biens cenfuels, n'étoient rien ; au point que plufieurs Auteurs confondent l'homme de Poëfte avec le Serf (*o*) : auffi Pierre Desfontaines, qui vivoit fous Saint Louis, faifoit cette femonce aux Seigneurs : " Saches-bien que felon Dieu tu n'as „ mie pleniere poëfte fur ton Vilain, dont fi tu prends du fien, „ tu le prends contre Dieu, & fur le perill de ton ame ; autre„ ment, n'averoir nulle différence entre Serf & Vilain ; mais „ par notre ufage, na il entre toy & ton Vilain, juge fors „ Dieu (*p*).

D'ailleurs, l'exercice du retrait cenfuel auroit été défavantageux aux Seigneurs : en effet, ils auroient perdu, par cet exercice, les groffes rentes qu'ils percevoient fur leurs cenfitaires

---

(*l*) Laplanche, liv. 2, ch. 2, n°. 1.
(*m*) *Feudorum*, *lib.* 2, *tit.* 9, §. 1, *& fuprà* n°. 21.
(*n*) *Feudorum*, *lib.* 2, *tit.* 27 *& tit.* 55.
(*o*) Bouteiller, liv. 1, tit. 93, p. 528. Grand Coutumier, liv. 2, ch. 41, p. 270 & 271. Beaumanoir, ch. 45 & 48. Gloffaire, du Droit François, *verbo*, Poëfte.
(*p*) Desfontaines, ch. 21, §. 8.

dans un tems où les rentes en argent avoient une valeur immenfe, en comparaifon de leur valeur actuelle. En effet, lors de l'établiffement du gouvernement féodal, les monnoies n'avoient pas été déprétiées par le billon, comme elles l'ont été principalement depuis le regne de Philippe-le-bel : & durant ce gouvernement, les efpeces devinrent fort rares dans l'Occident, par l'exportation immenfe qu'en firent les Croifés dans la Grece, en Afie & en Afrique (*) ; au lieu que la découverte du Nouveau Monde en a fait refluer les tréfors dans l'Europe. Or, la valeur relative des efpeces, comme de toutes chofes, dépend effentiellement de leur abondance ou de leur rareté ; d'où il réfulte que lors du gouvernement féodal, l'argent ayant été fort rare, les rentes en argent avoient beaucoup de valeur : conféquemment, les Seigneurs auroient beaucoup perdu en les éteignant par l'exercice du retrait cenfuel ; & c'eft pour cela qu'ils fe garderent bien de l'établir.

3°. Mais, felon les établiffemens de Saint Louis, le Gentilhomme pouvoit obliger fon cenfitaire, ou homme coutumier, à lui bailler par échange le fonds dont ce Gentilhomme avoit befoin pour faire fon étang, fon moulin, ou autre hébergement (*q*) ; enforte que l'intérêt des Seigneurs a principalement décidé de l'établiffement de ce droit, comme de l'exemption du retrait cenfuel (**).

(*) *Nota.* Beaumanoir, qui vivoit fous Saint Louis, évalue, ch. 27, p. 140, une corvée de deux chevaux, deux fols ; d'un cheval, un fol ; & d'un homme, quatre deniers. Et Bouteiller, qui vivoit un fiecle & demi après, évalue, liv. 1, tit. 87, un chapon de rente, neuf deniers.

(*q*) Etabliffemens, liv. 1, ch. 92.

(**) *Nota* 2°. L'hébergement étoit le logement, la maifon, felon les Gloffaires ; à fuite des affifes de Jerufalem & de Beaumanoir, *verbo*, *Heberge* ; & à fuite des Loix anciennes de Lindembrok, *verbo*, *Heribergare* ; & felon le Gloffaire du Droit François, *verbo*, *Hebergement*. *Idem*, Dictionnaire de Nicod, *verbo*, *Heberge* ; & de là vient le mot *auberge*. Idem, art. 194 de la Coutume de Paris ; & Ferriere, *ibidem*, Glof. 2, n°. 1.

Nota 3°. Dans certains pays, les Seigneurs fe font réfervé le retrait cenfuel, parce que les mêmes objets font fouvent vus fous des points de vue différens : il eft même vraifemblable que dans les pays de Droit Ecrit il a pris fa fource dans la prélation emphytéotique du Droit Romain.

C X X I V.

Recours au bail.   Comme le Seigneur a pu, lors de la conceſſion du fief, impoſer au bail de ſon bien, telle loi qu'il trouveroit bon (*r*); & que l'acceptation qu'a fait le preneur du ſuſdit bail, l'oblige d'en remplir les conditions, il en réſulte que le bail eſt la ſuprême loi vis-à-vis des parties contraƈtantes, & de leurs ayant-cauſe, & qu'il prévaut même ſur le ſtatut municipal (*s*), en vertu de la regle *ſemper in contraƈtibus id ſequimur quod aƈtum eſt* (*t*), quand même il contiendroit des droits extraordinaires, & contraires tout à la fois à la Coutume écrite & au Droit général (*u*); de là vient que les rédaƈtions des Coutumes portent la clauſe : *ſans préjudice des conventions anciennes des fiefs* (*v*).

C X X V.

Uſage paſſif du fief ſervant.   1°. Après le bail, on doit prendre pour regle les reconnoiſſances, preſtations, & autres titres anciens qui déterminent l'uſage paſſif du fief ſervant (*x*); parce qu'ils ſont cenſés repréſenter le bail dont ils ſont l'image & l'expreſſion préſumée que ce titre eſt la ſuprême Loi, *id ſequimur quod aƈtum eſt* (*y*); & que la poſſeſſion ancienne eſt cenſée s'y référer (*z*) : de là vient l'uſage d'inférer dans les rédaƈtions des Coutumes, la clauſe, " ſans

---

(*r*) *L.* 48, *ff. de paƈtis , L.* 13 , *Cod. commun. præd. L.* 9 , *Cod. de paƈtis inter emptorem.*

(*s*) Dumoulin, ſur la Coutume de Paris, §. 5 , *hodiè* 8, Gl. 1 , n°. 92. Dargentré, ſur celle de Bretagne, art. 277, Gl. 1 , n°. 5. Henrys, liv. 3 , queſt. 38 , n°. 6 ; & Bretonnier, *ibid.* nouv. obſerv. Salvaing, ch. 3 , à la fin.

(*t*) *L.* 34 , *ff. de reg. Jur.*

(*u*) Dumoulin, ſur la Coutume de Paris, §. 2 , *hodiè* 3 , Gl. 6 , n°. 2. Dargentré , ſur celle de Bretagne , art. 277 , Gl. 3 , n°. 1 , 2 , & 3.

(*v*) Chopin, ſur les Coutumes, premiere partie, queſt. 5 , n°. 1.

(*x*) Dargentré, ſur la Coutume de Bretagne, art. 277, Gl. 1 , n°. 4 & 5. Dumoulin, ſur celle de Paris, §. 2 , *hodiè* 3 , Gl. 6 , n°. 1, 2, & 3.

(*y*) *L.* 34 , *ff. de reg. Jur.*

(*z*) Dargentré, ſur la Coutume de Bretagne, art. 277, Gl. 1 , n°. 4.

                             » préjudice

„ préjudice des conventions anciennes des fiefs & de la poſſeſ-
„ ſion du Seigneur & du Vaſſal (*a*) „ : de là vient encore qu'il a
été jugé par un Arrêt du 3 Septembre 1578, que l'uſage ancien
du fief déroge à la Coutume écrite (*b*) ; ce qui eſt conforme à
la doctrine des Auteurs cités au n°. précédent, qui atteſtent la
prépondérance du titre ſur le ſtatut municipal : de même un
Arrêt du 6 Septembre 1586, a déclaré ſujets ceux qui, par longue poſſeſſion, ſeroient prouvé l'être (*c*). Enfin, un autre Arrêt
du 8 Février 1560, ne condamne au paiement des lods du cher
denier, que ceux qui avoient accoutumé de le payer (*d*) : il en
eſt de même de celui du 20 Avril 1602 (*infrà* n°. 127).

2°. L'uſage dont il s'agit n'a rien de commun avec la preſcription (*infrà* n°. 128) ; & comme l'uſage général n'eſt obligatoire, en faveur du Seigneur, qu'autant qu'il eſt ancien & bien
caractériſé, il en eſt de même, à plus forte raiſon, dans notre
eſpece ; parce qu'il eſt plus aiſé de fouler ou de ſurprendre un
redevable, que pluſieurs. Or, ſelon la remarque de Livoniere,
„ l'uſage général doit être fondé ſur une poſſeſſion immémoriale ;
„ même cette poſſeſſion n'eſt ſuffiſante qu'autant qu'elle eſt bien
„ conſtatée, & qu'elle n'a nuls caractères d'uſurpation ni d'exten-
„ ſion „ (*e*) : c'eſt ainſi qu'un Arrêt du 14 Août 1708, déclare la
terre de Soumartre, dans le Bas-Languedoc, exempte de lods,
nonobſtant un lauſime de cette terre, de 1627, & des lauſimes
de terres voiſines (*f*). De même un Arrêt du Parlement de
Touloufe, du 3 Septembre 1756, au rapport de M. de Montſer-
rat, relaxe en grande connoiſſance de cauſe, le ſieur Dauriac, de
la demande des lods de la terre de Labarthe en Aſtarac, contre
M. le Duc de Rohan-Chabot, Comte d'Aſtarac, quoique ce
Comté ſoit ſujet aux lods au profit du Roi, & qu'environ un

(*a*) Chopin, ſur les Coutumes, premiere partie, queſt. 5, n°. 1.
(*b*) Chopin, ſur les Coutumes, premiere partie, queſt. 5, n°. 2.
(*c*) Chopin, ſur la Coutume de Paris, liv. 1, tit. 3, n°. 5.
(*d*) Chopin, ſur la Coutume d'Anjou, liv. 2, tit. des lods, n°. 2. Bouchel,
verbo, Cens.
(*e*) Livoniere, liv. 3, ch. 1, p. 138 & 139.
(*f*) Nouveau Journal du Palais de Touloufe, tom. 3, Arrêt 136. Boutaric &
Sudre, des droits ſeigneuriaux, tit. des lods, §. 3, n°. 6, p. 121, 122, 12.

tiers des Vaſſaux dudit Comté, même le ſieur Dubarri, auteur du ſieur Dauriac, les euſſent payés à M. le Duc de Rohan ou à ſes auteurs : ce Seigneur ſe pourvût au Conſeil en caſſation de l'Arrêt, & il y obtint un Arrêt d'aſſigné ; mais il y finit par un déſiſtement, & il paya les dépens.

C X X V I.

Uſage actif du fief dominant. Après l'uſage paſſif du fief ſervant, on doit conſulter l'uſage général actif du fief dominant, parce que c'eſt celui-ci qui conſtitue l'aſſerviſſement des redevables ; s'entend, l'uſage général, & non celui d'un particulier, ou de quelques-uns (g).

C'eſt ce que dit Philippe de Beaumanoir, qu'on établit la Coutume par l'uſage général ancien, ou par des jugemens (h). De même, la Coutume d'Auvergne donne le droit de ſurjet aux Seigneurs dans certaines Châtellenies (ſuprà n°. 31); ce qui ſe refere aux titres ou à l'uſage de ces Seigneuries.

Si l'uſage en queſtion n'eſt pas bien conſtaté, en ce cas l'Arrêt du 3 Septembre 1756 (V. le n°. précédent), a prononcé l'exemption même du fief dont on avoit précédemment payé les droits, parce que l'uſage coté par le Seigneur fut jugé abuſif & mal établi.

Mais en theſe, il eſt de regle qu'on peut prouver l'établiſſement d'un droit extraordinaire & contraire à la Coutume, par l'uſage ancien général & bien conſtaté de la Seigneurie (i), dont nous fixerons ci-après les caracteres (infrà n°. 128, verſ. 2) ; & cet uſage l'emporte même ſur la Coutume écrite rédigée en conformité d'un uſage plus général : cette prépondérance eſt fondée ſur la regle *in toto jure generi, per ſpeciem derogatur* (k) ;

(g) Dargentré, ſur la Coutume de Bretagne, art. 277, *verbo*, en ſa Seigneurie, n°. 1 & 2 ; & *verbo*, ès lieux circonvoiſins, n°. 2. *Vide* le n°. ſuivant.

(h) Beaumanoir, ch. 24, p. 122.

(i) Art. 277 de la Coutume de Bretagne ; & Dargentré, *ibidem*, Gl. 3, n°. 4. Dumoulin, ſur celle de Paris, §. 2, *hodiè* 3, Gl. 6, n°. 2 & 3. Livoniere, l. 3, ch. 1, p. 138, 139.

(k) L. 80, ff. de reg. Jur.

parce que l'ufage domeftique du fief dominant affecte plus intimement les redevables, que l'ufage de la contrée qu'ils voient
dans le lointain ; c'eft pour cela que lors de la rédaction des
Coutumes on réferva les droits des Seigneurs particuliers (*infrà*
n°. 128 *bis*); droits qui peuvent être établis par l'ufage des redevables, fuivant l'Arrêt du 8 Février 1560, cité au n°. fuivant,
& fuivant celui du 3 Septembre 1578 (*fuprà* n°. 125). Enfin,
de là vient l'ufage d'inférer dans le Procès-verbal de rédaction
des Coutumes, la claufe, " fans préjudice des conventions an-
» ciennes des fiefs & de la poffeffion du Seigneur & du
» Vaffal (*l*).

C X X V I I.

Toutefois il eft néceffaire d'obferver, d'après les fuffrages réunis de Dumoulin & de Dargentré, que l'ufage d'un particulier ou de quelques-uns, ne peut obliger les autres (*m*) ; pas
même l'ufage du grand nombre, s'il n'y a titre ou ufage ancien
exprès & général (*n*) ; parce que le fait perfonnel d'autrui ne
peut nuire à un tiers, ni le fait particulier de quelques-uns obliger le général (*o*) : c'eft fur ce fondement qu'un Arrêt du 8
Février 1560, a jugé que l'affujettiffement aux lods du cher
denier n'avoit lieu que pour ceux qui avoient accoutumé de le
payer, & non pour les autres (*p*) : de même un Arrêt du 20
Avril 1602 décharge un habitant de la bannalité du preffoir,
nonobftant des reconnoiffances, des fentences, & des déclarations d'amende, fauf les droits du Seigneur, contre les habitans
condamnés, ou qui avoient reconnu (*q*). Enfin, un Arrêt du 6
Septembre 1586, ne déclare fujets que ceux qui, par longue

Ufage du grand nombre.

[*l*] Chopin, fur les Coutumes, premiere partie, queft. 5, n°. 1.

[*m*] *Bene* Dargentré, fur la Coutume de Bretagne, art. 277, *verbo*, en fa
Seigneurie, n°. 12 ; & *verbo*, ès lieux circonvoifins, n°. 2.

[*n*] Dumoulin, fur la Coutume de Paris, §. 2, *hodiè* 3, Gl. 6, n°. 6.

[*o*] Dumoulin, fur la Coutume de Paris, §. 53, *hodiè* 76, n°. 12--33,
bene.

[*p*] Chopin, fur la Coutume d'Anjou, liv. 2, tit. des lods, n°. 2. Bouchel,
verbo, Cens.

[*q*] Guyot, des bannalités, ch. 4, fect. 1, n°. 39 & 40.

possession, seroient prouvé l'être (r). On peut y joindre l'Arrêt du 3 Septembre 1756 (*suprà* n°. 125).

La matiere que nous traitons est d'autant plus hérissée d'épines, qu'après les difficultés de l'analyse des principes, il reste encore celles de l'application. Par exemple, nous venons de dire que l'usage même du grand nombre est sans conséquence pour les autres ; & nous établirons au n°. suivant, que l'usage général d'une généralité morale, est obligatoire pour la totalité : c'est pour résoudre cette contradiction apparente, qu'après avoir fixé au même endroit les caracteres de l'usage général, nous ajouterons ceux qui ne conviennent qu'à l'usage du grand nombre.

CXXVIII.

Usage général. Prescription.　　1°. Nous avons dit que l'usage *n'est réputé général*, & qu'il n'est obligatoire pour tout le monde, qu'autant qu'il est bien constaté : il nous reste à en fixer les caracteres, afin qu'on ne prenne pas l'ombre pour le corps.

D'abord, cet usage est différent de la prescription, parce qu'on acquiert par prescription le bien d'autrui ; au lieu que l'usage fonde le droit commun légitimement établi (s).

Dargentré, qui a traité cette matiere à fonds, a prétendu qu'il suffisoit de rapporter plusieurs prestations uniformes pendant dix ans (t) ; Dumoulin dit au moins pendant trente ans, s'il ne faut pas, ajoute-t-il, la possession immémoriale (u) ; mais il a été jugé, selon Livoniere, que la possession immémoriale suffit ; ce qui suppose la nécessité de cette possession, qui vaut titre constitutif (v). Encore, Livoniere n'admet-il la possession centenaire ou immémoriale, qu'avec précaution, pour empêcher

---

[r] Chopin, sur la Coutume de Paris, liv. 1, tit. 3, n°. 5.

[s] Dargentré, sur la Coutume de Bretagne, art. 277, *verbo*, Accoutnmé, no. 4, 10 & 11.

[t] Dargentré, sur la Coutume de Bretagne, art. 277, note 3, n°. 8, 12, 13, & 14.

[u] Dumoulin, sur la Coutume de Paris, §. 2, *hodiè* 3, Gl. 6, n°. 3 & 4.

[v] *L.* 3, §. 4, *ff. de aquâ quotidianâ.*

les vexations & les extenſions des droits des Seigneurs (*x*) ; & à tous égards, il a raiſon, quant à la néceſſité de la poſſeſſion immémoriale. Il eſt évident qu'un uſage moins ancien pourroit être tortionnaire & abuſif.

Pour revenir aux caractères de cet uſage, on établit la Coutume, dit Beaumanoir, par l'uſage général ancien, ou par des jugemens (*y*) ; c'eſt-à-dire, « lorſqu'il eſt établi par des actes répétés ; de façon qu'il emporte la volonté générale de s'y conformer, non comme formant un droit acquis par preſcription, mais comme faiſant la preuve du droit établi par la Coutume (*z*) » ; ou comme dit la Loi, *quæ interpretationem certam ſemper habuerunt* (*a*). Nous en avons un exemple dans une autre Loi, qui ſupplée la ſtipulation du double, omiſe dans la vente d'un eſclave malade, vicieux, ou fugitif ; parce que l'uſage général avoit établi cette peine contre le vendeur, en pareil cas : *quia aſſidua eſt duplex ſtipulatio ; idcirco placuit etiam ex empto agi poſſe, ſi duplum venditor mancipii non caveat, ea enim quæ ſunt moris & conſuetudinis* IN BONÆ FIDEI JUDICIIS DEBENT VENIRE (*b*). En un mot, l'uſage eſt obligatoire contre tout le monde, lorſqu'il eſt établi par un conſentement unanime (*c*), & qu'il paroît que le général s'y eſt aſſujetti, & non ſimplement certains particuliers (*d*) ; autrement, il n'eſt obligatoire que contre ceux qui s'y ſont ſoumis (V. le n°. précédent).

2°. La matiere que nous traitons eſt de la derniere importance : entrons dans un plus grand détail pour l'éclaircir. 1°. Il faut que l'uſage ſoit établi par une poſſeſſion centenaire & immémoriale, au moins, en fait de droits ſeigneuriaux, ſelon l'excellente regle de Livoniere ; encore n'admet - il cette poſſeſſion

[*x*] Livoniere, liv. 3, ch. 1, p. 138 & 139.
[*y*] Beaumanoir, ch. 24, p. 122.
[*z*] Dargentré, ſur la Coutume de Bretagne, art. 277, Gl. 3, n°. 10, *in fine*.
[*a*] L. 23, *ff. de legib.* L. 33--38, *eodem*.
[*b*] L. 31, §. 20, *de ædilitio edicto*.
[*c*] Dargentré, ſur la Coutume de Bretagne, art. 277, Gl. 3, n°. 4, 6 ; & *verbo*, en ſa Seigneurie, n°. 6, 7, 8.
[*d*] Dargentré, ſur la Coutume de Bretagne, art. 277, *verbo*, en ſa Seigneurie, n°. 1 & 2 ; & *verbo*, ès lieux circonvoiſins, n°. 2.

qu'avec précaution, pour empêcher les usurpations & les extensions des droits seigneuriaux. 2°. Il faut que cet usage n'ait pas été précédé d'un usage contraire, parce que, dans cette derniere circonstance, il n'y auroit point d'usage, proprement dit, mais prescription. Or, dans le cas où elle a pu être acquise, même contre le très-grand nombre, elle ne peut nuire à quiconque a conservé sa franchise (e). 3°. Il suffit d'un usage général, d'une généralité morale, & non d'une généralité physique & absolue : *quod in regione, in qua actum est, frequentatur* (f); autrement, il seroit ridicule d'invoquer l'usage, s'il falloit établir en détail l'asserviffement de chacun. C'est ainsi que le dispositif des Coutumes est communément fondé sur l'usage général; autrement, il auroit été impossible, & d'ailleurs, inutile de consulter en détail les titres de chaque Seigneur : de même, la Loi Romaine supplée la stipulation du double dans la vente d'un esclave malade, vicieux, ou fugitif; parce tel étoit l'usage commun & général. Enfin, une foule d'Arrêts, & tous nos Auteurs, font dépendre la question, de l'usage (*infrà* n°. 130) ; ce qui suppose l'incertitude individuelle qui met dans la nécessité de recourir à l'usage général. 4°. Il faut qu'il soit bien constaté en ce sens, qu'il doit l'être par la notoriété publique ou par des titres possessoires ; ce qui dépend de la nature de l'objet, & de l'étendue du pays dont on réclame l'usage : d'où il résulte qu'il a plus ou moins de publicité. Nous joignons à la notoriété publique, la pratique des Tribunaux (g) : c'est ce qui donna lieu à l'usage des Enquêtes par Turbes, & de recourir aux anciens Praticiens sur l'usage observé, soit en jugeant, soit en consultant : c'est ainsi que l'Arrêt de 1529 ordonne une Enquête par Turbes, sur la perception des lods des fiefs dans le Périgord (*infrà* n°. 135). 5°. Il faut que l'usage soit bien constaté encore en ce sens, qu'il doit être général pour être obligatoire contre tous ; au lieu que l'usage même du grand nombre, ne l'est pas (*suprà* n°. 127) ; & c'est un des caracteres distinc-

---

(e) *L.* 9 , *ff. de liberali causâ.*
(f) *L.* 34 , *ff. de reg. jur.*
(g) *LI.* 33--38 , *ff. de legibus.*

tifs de l'ufage du grand nombre, d'avec l'ufage général ; c'eft-à-dire, que pour fonder celui-ci, il faut une prépondérance bien décidée fur le petit nombre, dont l'ufage n'eft pas connu ; parce que l'ufage dont il s'agit fuppofe l'unanimité morale & l'afferviffement général ; au lieu que le fimple ufage du grand nombre n'emporte point d'unanimité ni de confentement général préfumé : de là vient fans doute que l'Arrêt de 1602 (*fuprà* n°. 127) n'affujettit à la bannalité, que ceux contre lefquels il y avoit des reconnoiffances, des déclarations d'amende, & des jugemens ; & que celui de 1586 (*fuprà* n°. 127), ne déclare affervis que ceux qui, par longue poffeffion, feroient prouvé l'être. Dans la Pratique, ce caractère eft difficile à fixer ; c'eft le cas de dire avec la Loi, *quæftiones quæ funt magis facti quàm juris, à juris autoribus decidi non poffunt* (h). 6°. Un autre caractère diftinctif de l'ufage général, obligatoire contre tous, d'avec l'ufage du grand nombre, qui ne l'eft pas ; c'eft que l'ufage même du très-grand nombre ne foit pas contredit par l'ufage contraire de quelques particuliers, à moins qu'ils rapportaffent un affranchiffement : c'eft ainfi que dans l'efpece de l'Arrêt de 1560 (*fuprà* n°. 127) on déclara exempts des lods du cher denier ceux qui étoient en poffeffion de ne pas les payer, parce qu'il conftoit par le fait & par l'ufage dans lequel ils s'étoient maintenus, qu'ils avoient joui de l'exemption de ce droit, & que l'afferviffement volontaire de tous leurs voifins, ne pouvoit nuire à leur poffeffion de franchife, ni la rendre fans effet (i).

3°. Au refte, à part la préfomption d'ufurpation des Seigneurs, qui n'eft pas réciproque de la part des redevables, l'ufage n'eft pas obligatoire contre les premiers, dès qu'il n'eft pas revêtu des caractères qui doivent affurer fon autorité. Il eft inutile de répéter ces caractères.

Bis C X X V I I I.

A l'égard des droits extraordinaires dont nous venons de par- *Droits extraordinaires.*

(h) *L.* 32, *ff. de ufuris.*
(i) *L.* 9, *ff. de liberali caufa.*

ler, & qui font fondés fur un ufage local, ils n'ont pas la faveur des droits autorifés par le ftatut municipal, lorfque le Seigneur eft fondé à les percevoir en vertu de l'ufage général de fa Seigneurie ; parce que le droit réfultant de la Coutume écrite eft plus confidérable, plus fort, & plus autorifé que celui qui réfulte des pactes entre particuliers (*k*) : ainfi le droit de lods & de relief du cher denier ayant été admis par l'art. 109 de la Coutume de Blois, comme établi en certains endroits, l'article fut rayé pour ce chef, en exécution d'un Arrêt du 13 Juin 1539, rendu fur les écritures de Dumoulin (*l*), toujours attaché à la pureté des principes, & toujours prêt à la maintenir : de là vient encore que certains Seigneurs ayant prétendu le relief en cenfive dans la Coutume de Chartres, l'article 48 de cette Coutume réferva fimplement leurs droits, & ceux des biens-tenans (*m*). Enfin, l'art. 53 & le Procès-verbal de l'ancienne Coutume de Paris réfervent les droits refpectifs des Parties à l'égard des lods prétendus par certains Seigneurs en cenfive au-deffus du douzieme denier (*n*).

Or, la preuve que les droits autorifés par le ftatut municipal, font plus folides & mieux établis que les droits extraordinaires, réfervés par convention, c'eft que le décret ou vente judiciaire ne purge pas les premiers, quoiqu'il purge les derniers au Parlement de Paris, felon une foule d'autorités & d'Arrêts (*o*).

C X X I X.

Coutume Écrite. A défaut, 1°. du bail, 2°. de l'ufage paffif du fief fervant, 3°. & de l'ufage général actif du fief dominant, il faut confulter la Coutume ; s'entend, la Coutume légalement rédigée, qui a

---

[*k*] Dumoulin, fur la Coutume de Paris, §. 53, *hodiè* 78, n°. 18 ; & §. 22, *hodiè* 33, Gl. 1, n°. 125.

[*l*] Note de Dumoulin fur l'art. 109 de la Coutume de Blois.

[*m*] Art. 48 de la Coutume de Chartres : note de Dumoulin fur cet article.

[*n*] Dumoulin, fur la Coutume de Paris, §. 53, *hodiè* 76, n°. 12--23--33.

[*o*] Art. 355 & 357 de la Coutume de Paris ; & *fusè* Ferriere, fur ce dernier article, & fur l'art. 76, Gl. 1, n°. 11 & 12.

force

force de loi, & non l'ufage des voifins, s'il y eft contraire (*p*) ;
bien entendu auffi que ce foit la Coutume du fief fervant; parce
qu'elles n'ont autorité que dans leur territoire (*q*), & que la
Coutume du fief dominant n'y peut être obligatoire pour des
biens affis dans un territoire étranger, lorfque le fief dominant &
le fief fervant ne font pas affis dans la même Coutume.

Quand même celle du fief dominant feroit moins onéreufe,
cette circonftance ne pouvant infirmer l'autorité de la Coutume
territoriale fur tous les fiefs affis dans fon enclave.

C X X X.

1°. S'il n'y a point de Coutume écrite, ou qu'elle foit muette   *Coutume non*
à l'égard des fiefs, comme dans prefque tout le reffort du Parle-   *écrite.*
ment de Touloufe, alors il faut confulter d'abord l'ufage de la
contrée ou du pays, s'il eft diftingué par une dénomination propre
& par des ufages particuliers : tel eft le Vexin-le-François, &c.
& graduellement celui de la Sénéchauffée, &c. : en un mot, un
ufage plus général. Toutefois nous devons obferver, 1°. que dans
les pays du Droit Ecrit les fiefs font réputé d'honneur, & qu'ils
y jouiffent pour l'ordinaire de la franchife inhérente à leur inftitution : c'eft ce que nous verrons plus en détail dans la Section
fuivante. 2°. Si cependant l'ufage de la Sénéchauffée ou de la
contrée les y affujettit, il a force de Loi s'il eft bien établi; enforte que les droits fondés fur cet ufage ne font pas réputé droits
extraordinaires ; & que, formant le droit commun, ils n'ont pas
befoin de l'appareil des preuves des droits extraordinaires, ni
n'en ont la défaveur : de façon que l'expenfion de l'ufage dans la
Sénéchauffée ou dans la Province, lorfqu'il eft bien prouvé, en
enveloppe la totalité, & qu'il difpenfe des preuves de détail :
quod fi non appareat quid actum eft, erit conféquens ut id féqua-
mur quod in regione, in quâ actum eft, frequentatur (*r*).

(*p*) Dumoulin, fur la Coutume de Paris, §. 7, *hodiè* 12, n°. 35 & 36. Dargentré, fur la Coutume de Bretagne, art. 277, note 1, n°. 6, 9 & 10.

(*q*) *L.* 20, *ff. de jurisdict.*

(*r*) *L.* 34, *ff. de reg. Jur. Vide* les Loix rapportées au n°. 128.

Tome I.   P

C'eft ainfi qu'avant la rédaction des Coutumes dans la France coutumiere, où les fiefs font fujets aux lods & au relief, l'obligation de ces charges n'étoit fondée que fur l'ufage général ; & cependant cette obligation fut confirmée dans ces Baillages & dans ces Provinces, lors de la rédaction, comme y formant le droit commun : ainfi l'art. 84 de la Coutume d'Anjou, & l'art. 97 de celle du Maine, admettent le relief à mutation de l'ayeul, au petit-fils : ufage inepte, felon la note de Dumoulin, fur ce dernier article ; mais pourtant obligatoire dans ces Provinces, pour tous les Vaffaux.

Il eft donc vrai que l'ufage ancien & général de la Contrée ou de la Sénéchauffée eft obligatoire pour tous les fiefs enclavés dans l'une ou l'autre : c'eft ce que dit Jacques Ferriere, que les fiefs font exempts des lods, de droit commun, *s'il n'y a titre ou Coutume contraire* (*s*) : ils ne font dûs que par titre ou par la Coutume des lieux, felon un Arrêt du 2 Février 1658 (*t*). Un autre Arrêt du 5 Mai 1649, les adjuge dans le Comté de Carcaffonne, fuivant l'ufage (*u*), ou plutôt, dans celui de Lodeve, (*Vide infrà* n°. 140). Un autre Arrêt de 1529 admet la preuve par Turbes, de l'ufage du pays (*v*) ; & M. Maynard dit, à propos de cet Arrêt, que plufieurs ont renvoyé la définition de cette queftion à la Coutume. (*x*) Les fiefs font exempts des lods, dit l'avocat Albert , s'il n'y a ufage contraire (*y*). Enfin, cette maxime eft furabondamment confirmée par les principes ci-devant établis, & par les ufages dont nous rendrons compte à la Section fuivante. Nous terminons cet article par le contenu en l'Arrêt du Confeil du 22 Mai 1667, rendu contradictoirement entre le Syndic général de la Province du Languedoc, & le Fermier du Domaine, " portant que les poffeffeurs des fiefs, terres,
" & Seigneuries, en payeront les droits & devoirs au Roi, foit

______

(*s*) Ferriere, fur la queftion 167 de Guy-Pape.
(*t*) Catellan, liv. 3 , ch. 22.
(*u*) Catellan, liv. 3 , ch. 22 ; & *vide* la correction du texte de cet Auteur, n°. 140.
(*v*) Papon, liv. 13 , tit. 1 , Arrêt 3.
(*x*) Maynard, liv. 4, ch. 33.
(*y*) Albert , *verbo* , Lods , art. 32.

„ lods & ventes, rachats, & autres, *suivant l'usage & Coutume des lieux où ils sont assis* (*z*).

2°. A l'égard des caractères propre à la Coutume non écrite d'une contrée ou d'un pays enclavé dans une Province ou dans une Sénéchauffée, ils sont les mêmes que ceux de l'usage actif du fief dominant (*suprà* n°. 128) : & dès que ces caractères sont bien établis, c'est à cette Coutume qu'il faut s'en tenir.

Bis C X X X.

1°. Si la Sénéchauffée a plus d'étendue que la contrée ou le pays, il faut successivement recourir, 1°. à l'usage de ladite Sénéchauffée, s'il conste de cet usage ; 2°. à celui de la Province, lorsqu'elle est plus étendue que la Sénéchauffée ; 3°. à celui du ressort, s'il comprend plusieurs Sénéchauffées (*a*) ; 4°. au droit commun du Royaume. Nous avons fait cette gradation en vertu de la regle, *que l'espece déroge au genre* (*b*). *Suite.*

2°. Enfin, à défaut d'usage bien établi à ces différens égards, il faut décider en faveur de la libération, puisqu'il n'y a ni titre, ni usage valable sur lequel on puisse fonder un droit légitime (*c*).

C X X X I.

1°. Dans le ressort du Parlement de Toulouse, la présomption de franchise subsiste contre les Seigneurs particuliers au profit de leurs Vassaux, lors même que le fief dominant, possédé par ces Seigneurs, est sujet aux lods au profit du Roi, quoique la possession de Sa Majesté, Seigneur primitif, fournisse une présomption en leur faveur. C'est ainsi que l'Arrêt du 3 Septembre 1756, rendu contre M. le Duc de Rohan-Chabot (*d*), prononce l'exemption de ses Vassaux, possesseurs des fiefs dans le Comté *Usage passif du fief dominant.*

(*z*) Lafaille, Annales de Toulouse, tome 2, pr. p. 7. Recueil judiciaire d^e Toulouse, tome 2, p. 11.

(*a*) *Argumento*, *LL.* 33--38, *ff. de legib.*

(*b*) *L.* 80, *ff. de reg. jur. suprà* n°. 126.

(*c*) *Lege* 34, *ff. de reg. jur. suprà* n°. 111.

(*d*) *Suprà* n°. 125.

d'Aftarac, nonobftant l'affujettiffement de ce Comté aux lods &
ventes au profit du Roi, & les autres circonftances qui paroif-
foient extrêmement favorables à la prétention de M. le Duc de
Rohan ; & la difpofition de cet Arrêt, eft fondée fur ce que l'u-
fage du pays, qui a la force de Coutume territoriale, & qui admet l'exemption, eft plus fort & plus puiffant que l'ufage contraire, obfervé dans les mouvances immédiates du Roi : c'eft le
cas de dire que l'ufage même du grand nombre n'eft pas obligatoire pour le général (e), & que l'affujettiffement des Vaffaux
immédiats n'eft pas obligatoire à l'égard des arriere-Vaffaux (*).

Section II.

U s a g e de différentes Provinces, par rapport aux
Fiefs.

CXXXII. Pays de Coutume.
CXXXIII. Bourgognes, Auvergne, &c.
CXXXIV. Livres des Fiefs, Dauphiné.
CXXXV. Autres Pays de Droit Ecrit.

(e) *Suprà* nº. 127.

(*) *Nota.* Pour prouver que l'arriere-fief eft cenfé tenu aux mêmes charges
que le fief immédiat, on peut oppofer que le Vaffal n'a pu fous-inféoder qu'aux
mêmes charges auxquelles il eft tenu envers fon Seigneur, felon le §. 2, *verf.*
Profecto feudorum, *lib.* 2, *tit.* 34; *le §. 2, lib. 2, t. t.* 58; & l'avis de Dumoulin, fur la Coutume de Paris, § 35, *hodiè* 51, Gl. 1, no. 18, 23 ; & de Chopin, fur celle d'Anjou, liv. 1, art. 6, nº. 13 ; mais cette objection porte à
faux, puifqu'il eft de regle que fi le fief dominant & le fief fervant font aff·s en
différentes Coutumes, on doit fuivre, à l'égard des charges du fief fervant, la
Coutume où il eft affis, & non celle du fief dominant, foit que celle-ci foit
plus ou moins onéreufe (*fuprà* nº. 129) : il eft donc faux que l'arriere-fief foit
cenfé baillé aux mêmes conditions que le fief immédiat, dont il eft dépendant ;
& la préfomption de droit fubfifte en faveur de la Coutume territoriale de l'arriere-fief ; conféquemment l'afferviffement du fief dominant ne peut nuire à
l'arriere-fief, lorfque cet afferviffement eft contraire à la Coutume territoriale
de celui-ci. Cette queftion fera traitée avec plus d'étendue au nº. 565.

CXXXVI. Comté d'Armagnac.
CXXXVII. Ancienne Sénéchauſſée de Touloufe.
CXXXVIII. Partie de cette Sénéchauſſée en Guienne.
CXXXIX. Ancienne Sénéchauſſée de Carcaſſonne.
CXL. Arriere - Vaſſaux & étendue de cette Séné-
chauſſée & du Comté.
CXLI. Terres régies fuivant la Coutume de Paris.
CXLII. Ancienne Sénéchauſſée de Niſmes & Velay.

C X X X I I.

Communément dans les pays coutumiers, les fiefs font fujets *Pays de Coutume;* au quint ou aux lods en cas de vente ; & au relief pour les mutations à titre gratuit, en ligne collatérale ; & même dans certaines contrées, en ligne directe.

Selon Bouteiller, qui vivoit au commencement du quinzieme fiecle, & qui rapporte principalement les ufages du Pays-Bas, il étoit dû lods & ventes des échanges, des fiefs, & des engagemens, après trois ans, même en bail d'héritage du pere au fils, dans certains cas (*f*), ainſi qu'il fera expliqué au n°. 199.

C X X X I I I.

Malgré le voifinage des pays de Coutume, ils ont confervé *Bourgognes, Au-* leur exemption primitive & naturelle, 1°. dans les deux Bour- *vergne, &c,* gognes (*g*), qui ont des Coutumes générales ; 2°. dans la Breſſe, à Metz, & à Thionville (*h*) ; 3°. dans le Lionnois, Foretz, Beaujolois, Mâconnois, Auvergne, & autres pays régis par le Droit Ecrit du Parlement de Paris ; & cette exemption a lieu même du propre aveu de Galand (*i*), Avocat du fifc contre le

---

(*f*) Bouteiller, liv. 2, tit. 40, p. 865.
(*g*) Boiſſieu, ch. 3, p. 18. Bretonnier, fur Henrys, liv. 3, queſt. 38, n°. 11, édition de 1738.
(*h*) Bretonnier, *ibid.*
(*i*) Galand, ch. 9, p. 21. Salvaing, ch. 3, p. 18. Lafaille, tome 2, pr. p. 13.

franc-aleu du Languedoc : elle s'eft perpétuée fans doute, à la faveur de cette regle, du bon fens & du Droit Romain, *que les biens font préfumé libres de toute efpece de charge, s'il ne confte par titres valables de leur affujettiffement (k)*; comme fi cette regle n'étoit pas pour tous les pays.

C X X X I V.

*Livres des fiefs,
& Dauphiné.* 1°. On trouve par-tout des bizarreries dans la Jurifprudence. Par exemple, felon les Livres des fiefs, ils étoient exempts des lods & ventes, & de toutes preftations en argent, dont on ne trouve ni trace, ni veftige dans ces Livres, quoiqu'ils accordent le retrait aux Seigneurs de fief (l). Mais quoiqu'on reconnoiffe l'autorité de ces Livres en Dauphiné, autant qu'il n'y a pas été dérogé par l'ufage (m); cependant, felon le droit commun de cette Province, les fiefs y font de profit, & affujettis de droit commun aux lods & ventes (n).

2°. Toutefois, M. Boiffieu admet cette modification, que s'ils ont été reconnus en fiefs d'honneur, & fi le Seigneur n'eft pas en poffeffion d'en percevoir les lods, moyennant la réunion de ces circonftances, ils en font exempts (o). Cette modification fera expliquée au n°. 143.

C X X X V.

*Autres pays de
Droit Ecrit.* Ils font fujets aux lods, felon Galand, dans le Bordelois; & la même chofe a été jugée pour les fiefs du Périgord, après une Enquête par Turbes, par deux Arrêts des 14 Mars 1529, & 8

Bretonnier, fur Henrys, liv. 3, queft. 38, n°. 4, 5, 11, 12. Dumoulin, fur la Coutume de Paris, §. 23, *hodiè* 33, Gl. 2, n°. 3.

(k) *LL.* 8 & 11, *Cod. de fervit. & aquâ, L.* 9, *ff. de fervit. præd. urban.*

(l) *Feudorum, lib.* 2, *tit.* 2, §. 1.

(m) Guy-Pape, queft. 299. Salvaing, ch. 2, p. 14. Dumoulin, fur la Coutume de Paris, Préface du tit. 1, n°. 112 & 113.

(n) Guy-Pape, queft. 415, n°. 3. Boiffieu, ch. 3, n°. 19 & 20.

(o) Boiffieu, ch. 3, p. 20.

Novembre 1599 (*p*). A l'égard des pays dépendans du reſſort du Parlement de Touloufe, ils y jouiſſent de la préſomption de franchife que leur donne le droit commun, ſuivant une foule d'autorités (*q*); ſauf, ſi cette préſomption eſt contredite par le titre ou par l'uſage, ſelon les principes de la Section précédente. Nous allons parcourir certains de ces pays.

C X X X V I.

Salvaing, & après lui Bretonnier, ont prétendu que les fiefs étoient ſujets aux lods & ventes dans le Comté d'Armagnac (*r*); mais cette aſſertion doit être modifiée par le contenu en l'Arrêt du Conſeil, que nous allons citer, & qui, vraiſemblablement, y a donné lieu.   *Comté d'Arma-gnac.*

Ce grand fief, dont Lectoure eſt la Capitale, reçut des accroiſſemens immenſes par la réunion ſucceſſive des Comtés de Fezenſac, dont Auch eſt la Capitale; de Pordiac & de l'Iſle-Jourdain, & Vicomté de Gimoés; des Vicomtés de Lomagne, Auvilar, Fezenſaguet, Magnoac, & Brouillois; & des Seigneuries d'Auzan, Riviere-Baſſe, Aure, Barrouce, & Neſtes (*s*); le tout aſſis dans le reſſort du Parlement de Touloufe.

Il eſt porté par un Arrêt du Conſeil du 3 Mai 1635, que les Nobles des Vicomtés de Fezenſac, Fezenſaguet, & Lomagne, y ſont exempts des lods pour le paſſé & pour l'avenir; & que les autres poſſédant fiefs & terres nobles audit Comté d'Armagnac, payeront, le cas arrivant, les lods au Fermier du domaine, pour le paſſé & pour l'avenir.

(*p*) Galand, ch. 10, p. 129 & 130. Maynard, liv. 4, ch. 33.

(*q*) Ferriere, ſur la queſtion 167 de Guy-Pape. Cambolas, liv. 4, ch. 30. Albert, *verbo*, Lods, Arrêt 2; Certificat des Officiers du Parlement de Touloufe, & pluſieurs autorités dans Lafaille; Annales de Touloufe, tome 2. pr. p. 12, 21, 93. Arrêt du 2 Février 1658, dans Catellan, liv. 3, ch. 22. Autre du 15 Février 1622, Cambolas, liv. 1, ch. 15. Autre du 14 Août 1708, dans le nouveau Journal du Palais, tom. 3, Arrêt 136. Autre du 3 Septembre 1756, *ſuprà* n°. 125.

(*r*) Salvaing, ch. 3, p. 18. Bretonnier, ſur Henrys, liv. 3, queſt. 38, n°. 11.

(*s*) Recherches de Dupuy, *verbo*, Armagnac. Maynard, liv. 9, ch. 40, ſur l'Armagnac.

Ainfi, fuivant cet Arrêt, les non Nobles font affujettis aux lods envers le Roi dans toute l'étendue du Comté d'Armagnac ; & à l'égard des Nobles, ils en font déclaré exempts dans le Fezenfac, Fezenfaguet, & Lomagne : il refte pourtant un louche par rapport aux Nobles poffédant fiefs dans toute l'étendue dudit Comté, autre toutefois que le Fezenfac, Fezenfaguet, & Lomagne ; mais la queftion paroît décidée contre eux, puifque les non Nobles y font déclaré fujets dans tout le Comté, & que les Nobles n'y font exempts que dans une partie : ils font donc dans la même obligation que les non Nobles, dans tout le furplus, puifque l'exemption eft reftreinte, à leur égard, dans une partie du Comté. Nous n'avons pas été à portée de découvrir la caufe & l'origine de cette exemption.

A l'égard des Vaffaux des Seigneurs particuliers dans l'étendue dudit Comté, ils jouiffent de l'exemption que leur donne le droit commun, comme nous l'avons ci-devant expliqué au n°. 131.

C X X X V I I.

1°. Le Comté de Touloufe, tel qu'il refta à Raymond VII, après le Traité de Paris de 1229, comprenoit prefque toute la Province Eccléfiaftique actuelle de ce nom, & la partie de l'Albigeois qui eft à la droite du Tarn : il étoit partagé en dix-fept Baillages, & *gouverné par un Sénéchal* (1) ; c'eft ce qui forme l'ancienne Sénéchauffée de Touloufe, dont partie fut diftraite du Languedoc, & réunie à la Guienne en 1469. Cette partie fera la matiere du contenu au n°. fuivant. La Sénéchauffée de Lauragais fut pareillement diftraite de celle de Touloufe, en 1477, en confervant fa dépendance des adminiftrations militaire, œconomique, & municipale du Languedoc ; enforte que la partie de l'ancienne Sénéchauffée, qui eft en Languedoc, comprend, indépendamment de fon étendue actuelle, la Sénéchauffée de Lauraguais.

En l'année 1694, il s'éleva un grand Procès au Confeil du

____

(s) Hiftoire du Languedoc, tom. 3, p. 523.

Roi,

Roi, entre le Fermier du Domaine & le Syndic général de la
Province de Languedoc, notamment sur l'assujettissement des
fiefs aux lods dans l'ancienne Sénéchaussée de Toulouse ; mais ils
en furent déclaré exempts par un Arrêt solemnel du 17 Avril
1694 : il est rapporté au long dans Lafaille, avec les instructions
pour & contre (*u*) : on y trouve que cette exemption fut véri-
fiée sur les comptes du Receveur du Domaine en Languedoc,
depuis 1343, jusqu'en 1574, extraits de la Chambre des
Comptes de Paris, quoiqu'on rapportât plusieurs ventes faites
dans cet intervalle, de fiefs assis dans cette Sénéchaussée (*v*) :
l'exemption avoit été pareillement attestée (*) par un certificat
du Sénéchal de Toulouse, du 20 Octobre 1683, & par deux
certificats des Tréforiers de France, de la même Ville, des 7
& 31 Octobre 1667, sur le vu des comptes dépofés à ce Bureau (*x*). Enfin, on rapporta l'échange de la Jugerie de Lauragais, depuis érigée en Sénéchaussée, contre le Comté de Boulo-
gne, en 1477 ; échange dans lequel les moindres droits étoient
spécifiés : le Syndic de la Province rapporta de même différens
comptes de cette Jugerie, sans aucune expression ni recette des
lods des fiefs dans l'échange ni dans les comptes susdits (*y*).

Telles sont les pieces justificatives de cette exemption, indé-

---

(*u*) Lafaille, Annales de Toulouse, tome 2, pr. p. 97.

(*v*) Lafaille, tom. 2, pr. p. 14 & 15.

(*) *Nota.* Tout le monde sait que les Sénéchaux Royaux ont connu des matières domaniales dans leurs districts, jusqu'en 1627, que la connoissance en
fut donnée aux Tréforiers de France ; enforte que le certificat du Sénéchal faifoit foi de l'ufage antérieur à l'année 1627 : reste à remarquer que le Bureau
des Finances d'Auch a été démembré long-tems après 1667, de celui de Touloufe, & qu'il comprend entr'autres, dans son district, la partie de l'ancienne
Sénéchaussée de Toulouse, qui est en Guienne ; enforte que les comptes de recette de cette partie, depuis 1574, avoient demeuré au Bureau de Toulouse
jusqu'au transport, qui en fut fait en exécution d'un Edit de 1590, au dépôt établi près la Chambre des Comptes de Montpellier ; conféquemment les certificats du Sénéchal & du Bureau des Finances de Toulouse, portent sur la partie
de l'ancienne Sénéchaussée de Toulouse, qui est en Guienne, & qui fait la matiere de la question qui fera traitée au n°. suivant.

(*x*) Lafaille, tom. 2, pr. p. 15 & 16.

(*y*) Lafaille, tom. 2, pr. p. 16, 17, & 93.

Tome I.   Q

pendamment de la préfomption réfultant de nos ufages & du droit commun en matiere des fiefs (*fuprà* n°. 121).

A l'égard du Fermier, il n'oppofoit ni titre, ni adminicule pour établir l'afferviffement aux lods, ou la poffeffion de les percevoir ; mais il fondoit tout fon plan de défenfe fur des généralités & fur une équivoque affeétée, en confondant perpétuellement l'exemption des lods des fiefs, avec le franc-aleu ; au lieu que les mémoires du Syndic réuniffent la plus profonde érudition à l'application la plus exaéte des principes.

2°. A plus forte raifon, les Vaffaux des Seigneurs particuliers, les arriere-Vaffaux du Roi jouiffent-ils de l'exemption des lods dans cette Sénéchauffée.

C X X X V I I I.

Partie de la Sénéchauffée de Touloufe, en Guienne.

1°. La partie de la Sénéchauffée de Touloufe, qui fe trouve maintenant incorporée à la Guienne, étoit dépendante du Languedoc, & contribuable aux impofitions de cette Province, jufques & compris l'année 1468 (7) ; elle a la même étendue que lors de l'établiffement de cette Sénéchauffée, par Raimond VII, en 1229 (*V.* le n°. précédent), fauf qu'il y fût annexé partie du Comminges, après la réunion à la Couronne de ce Comté ; & cette augmentation de reffort fubfifte encore, le furplus du Comté de Comminges ayant été réuni à la Sénéchauffée de Pamiers.

Mais à l'égard de la diftraétion qui fut faite de cette partie du Languedoc, à la Province de Guienne, quant à l'adminiftration militaire & municipale, fans aucun changement, par rapport au diftriét du Sénéchal ; voici comment fût faite cette diftraétion.

2°. Par des Lettres du 29 Avril 1469, le Roi Louis XI donna à titre d'appanage, à Charles, fon frere, en repréfentation du Duché de Normandie, celui de Guienne, avec l'Agénois, le Périgord, le Querci, la Saintonge, l'Aunix, & la Seigneurie de la Rochelle : c'eft dans cette conceffion que fût comprife la partie dont il s'agit de la Province de Languedoc, qui fut pour lors réunie au Duché de Guienne (*a*) ; & ce changement a fubfifté depuis,

---

[7] Hiftoire du Languedoc, tome 5, p. 34, pr. p. 36.
[a] Hiftoire du Languedoc, tome 5, p. 40 & 41.

quant à la diſtraction du Languedoc & à la réunion à la Guienne,
nonobſtant le prompt retour de l'appanage à la Couronne, par le
décès du Prince appanagé, ſans enfans.

3°. Il s'eſt élevé à cette occaſion, une nouvelle queſtion : les
Fermiers ou les Receveurs du Domaine ont prétendu que l'Arrêt
de 1694 étoit étranger à la portion de Sénéchauſſée, qui, depuis
1469, eſt diſtraite du Languedoc. Les Vaſſaux ont réclamé au
contraire, l'exemption de fait & de droit qui a ſervi de fondement à cet Arrêt ; parce que la diſtraction du Languedoc & la
réunion de cette partie à la Guienne, en 1469, n'a pas pu aggraver l'aſſujettiſſement des Vaſſaux du Roi, dont les fiefs & terres
ſont aſſis dans la partie ſuſdite ; d'autant mieux qu'ils avoient
toujours joui de l'exemption des lods depuis la diſtraction, comme
il réſulte, 1°. des comptes rendus au Roi, juſqu'en 1574, & des
certificats de 1667 & 1683, le tout énoncé au n°. précédent ;
2°. d'un Arrêt du Conſeil du 14 Février 1702, qui prononce
l'exemption en faveur des Bénédictins de la Daurade de Toulouſe, conformément à un précédent Arrêt du Conſeil du 17
Août 1694 (b).

Mais la Juriſprudence actuelle du Conſeil prononce proviſoire-
ment la condamnation aux lods, tandis que la queſtion ſur le
fonds du droit demeure pendante à la grande direction. Un premier Arrêt du 18 Février 1727, contradictoirement rendu au
profit du Receveur-Général d'Auch, ordonne l'exécution provi-
ſoire des jugemens des Tréſoriers de France, portant condamnation aux lods dans cette partie, nonobſtant l'inſtance pendante
au Conſeil ſur le fonds du droit. Autre du 25 Février 1727, qui
caſſe les Lettres d'appel, impétrées par le ſieur Dandoufielle, de
la Chancellerie près le Parlement de Toulouſe, le 18 Décembre
1726, & l'Ordonnance dudit Parlement, obtenue par le ſieur
Devic, le 30 du même mois : cette Ordonnance portoit défenſes
d'exécuter le jugement de condamnation des Tréſoriers de
France d'Auch. Autre du 28 Octobre 1741, qui renvoie à ce
Bureau la demande du Receveur - Général, contre la Dame

––––––––––––––––––––––––––––––––––

[b] Vedel, liv. 3, ch. 19. Recueil judiciaire de Toulouſe, tom. 1, p. 114.

Darre. Autre du 18 Octobre 1744, contre le sieur Dorbessan, qui ordonne l'exécution provisoire d'un jugement de condamnation du 4 Mai 1742, & dit droit sur l'opposition du Receveur-Général envers un précédent Arrêt du Conseil du 16 Juillet 1742 : celui-ci avoit joint l'instance pendante contre ledit sieur Dorbessan, au Procès pendant à la grande direction sur cet objet. Enfin, plusieurs particuliers ayant obtenu un Arrêt du Conseil le 28 Juin 1745, qui les reçoit parties intervenantes en l'instance pendante à la grande direction, avec défenses au Receveur-Général d'exécuter les jugemens rendus contre eux, il fut rendu un dernier Arrêt le 3 Mars 1750, qui, sans s'arrêter à celui du 28 Juin 1745, ordonne l'exécution de ceux des 24 Septembre 1726, & 24 Octobre 1741 ; ce faisant, que les Procès commencés au Bureau des Finances, y seront continués, *& les jugemens dudit Bureau, exécutés par provision, nonobstant l'instance pendante au Conseil.*

Ainsi le Conseil adjuge la provision au Roi en attendant le jugement du fonds à la grande direction.

4°. Mais cette provision n'empêche pas les Vassaux des Seigneurs particuliers, de jouir incontestablement, dans cette contrée, de la franchise que le Conseil refuse à ces Seigneurs : ce qui dérive des principes ci-devant expliqués n°. 127 & 131.

D'autant mieux que les Arrêts ci-dessus sont fondés sur la faveur du Domaine ; d'où dérive l'exécution provisoire, nonobstant l'appel des jugemens rendus aux Bureaux des Finances, en faveur des Receveurs-Généraux ; car il est prouvé qu'anciennement le Roi ne jouissoit pas des lods sur ses Vassaux en cette partie. (*Vide* le n°. précédent).

C X X X I X.

Lors du Procès jugé au Conseil du Roi, entre le Traitant & le Syndic général du Languedoc, en 1694 : celui-ci reconnoissoit l'assujettissement aux lods de certaines terres & fiefs tenus immédiatement du Roi dans l'ancienne Sénéchaussée de Carcassonne ; & cette reconnoissance étoit fondée sur les comptes qu'il rapportoit du Trésorier de cette Sénéchaussée, de 1381, & de onze autres années, compris 1547, quoiqu'il convint de n'avoir pas fait un dépouillement exact de ces comptes (*c*). Il fut rapporté encore un certificat des Tréforiers de France de Toulouse, du 31 Octobre 1667, contenant que dans la Sénéchauffée de Carcassonne, les possesseurs des terres & fiefs Nobles ont accoutumé de payer les lods & ventes, quint & requint, suivant la Coutume des lieux. (Les terres & fiefs sujets au quint, feront la matiere d'un des n^{os}. suivans).

A l'égard des autres terres & fiefs tenus nuement du Roi dans cette Sénéchauffée, je ne suis l'Avocat ni du fisc, ni du peuple; mais, selon mes foibles lumieres, celui de la justice & de la vérité; &, d'après les faits & les considérations ci-après, je ne crois pas qu'on puisse contester la présomption de droit à Sa Majesté.

On peut pourtant opposer contre cette présomption, indépendamment du droit commun & de nos usages; 1°. que lors de l'Arrêt de 1694, le Syndic général ne passoit condamnation qu'à l'égard de certaines desdites terres & fiefs. 2°. Que le certificat des Tréforiers de France de Toulouse, ne porte que sur les Diocèses de Mirepoix, Carcassonne, Castres, & sur la partie de celui d'Albi, qui est à la gauche du Tarn, le tout dépendant du Haut-Languedoc & de la généralité de Toulouse; ce qui exclut les Diocèses d'Alet, Narbonne, Saint-Pons, Beziers, Agde, & Lodeve, faisant partie du Bas-Languedoc & de la généralité de Montpellier, quoique tous ces Diocèses réunis forment l'ancienne Sénéchauffée de Carcassonne (*).

Mais d'autre part, on peut cotter en faveur de la perception des lods, 1°. le certificat susdit, quant aux Diocèses de la Sénéchauffée, dépendans du Haut-Languedoc; 2°. l'aveu du Syndic général, malgré sa déclaration qu'il n'avoit pas fait un dépouille-

---

[*c*] Dans Lafaille, Annales de Toulouse, tom. 2, pt. p. 15.

[*] *Nota*. A part les terres & fiefs régis suivant la Coutume de Paris, on perçoit les lods au douzieme denier sur les fiefs assis dans la partie de l'ancienne Sénéchauffée qui dépend du Haut-Languedoc & de la généralité de Toulouse; & au ixieme denier dans la partie de la Sénéchauffée qui dépend du Bas-Languedoc & de la généralité de Montpellier.

ment exact des comptes de la Sénéchauſſée ſuſdite ; 3°. l'Arrêt de 1669, & la doctrine de M. de Catellan (*vide* le n°. ſuivant), qui prouvent l'aſſujettiſſement aux lods des Vaſſaux de M. l'Evêque de Lodeve, dans ſon Diocèſe & Comté ; 4°. une foule de dénombremens rendus au Roi devant M. de Seigneuret, Tréſorier de France de la Généralité de Montpellier, en 1631 & 1632, pour raiſon des terres & fiefs tenus de la Vicomté de Narbonne, qui forme un grand fief épars dans les Diocèſes de Narbonne, Alet, Beziers, & Saint-Pons ; ainſi que des fiefs aſſis dans la Viguerie de Narbonne, qui forme un enclave contigu & diſtinct, à pluſieurs égards, de la Vicomté, avec l'expreſſion, dans tous les ſuſdits dénombremens, de la charge des lods au ſixieme denier. J'ai eu en main un regiſtre contenant copie de ces dénombremens. 5°. M. le Prince de Conty perçoit de même les lods dans ſon Comté de Pezenas, qui forme un grand fief épars dans les Diocèſes d'Agde, Beziers, & Saint-Pons. 6°. M. l'Evêque d'Agde les perçoit de même dans ſon Diocèſe & Comté d'Agde, témoin ceux qu'il a reçus depuis peu pour raiſon des terres de Loupian & de Belarga ; cette dernière, acquiſe par M. le Prince de Conty, du Comte de Polaſtron. 7°. Il y a quelques années qu'il y eut Procès au Bureau des Finances de Montpellier, entre le Receveur-Général du Domaine d'une part, & les ſieurs Préſident Portes & de Mayeul d'autre part, au ſujet des lods de la terre de Villeſpaſſans, aſſiſe dans le Diocèſe de Saint-Pons ; & ces derniers paſſerent condamnation ſans attendre le jugement, à la vue des titres poſſeſſoires du Roi, pour raiſon de pluſieurs terres & fiefs voiſins, & d'un lauzime ancien de ladite terre de Villeſpaſſans. 8°. Le Roi jouit, dans l'ancienne Sénéchauſſée de Carcaſſonne, à peu près des mêmes terres & fiefs dont Sa Majeſté y jouiſſoit en 1229 (*d*), trois ans après l'érection de cette Sénéchauſſée, par le Roi Louis VIII. (*Infrà* n°. 140, verſ. 3 ; & n°. 141, verſ. 4.) Il faut pourtant excepter de cette identité de poſſeſſion, la Vicomté de Narbonne, qui ne fut réunie à la Couronne qu'en 1508, en conſéquence de l'échange du Duché de Nemours contre cette Vi-

---

(*d*) Dans Lafaille, tom. 2, pr. p. 93.

comté en 1507 (e). Il faut en excepter encore le Comté de Caftres, qui fut définitivement réuni à la Couronne par Arrêt du Parlement de Paris, du 10 Juin 1519 (f), en conféquence de l'Arrêt du même Parlement, du 4 Août 1477, qui avoit condamné à mort jufques Darmagnac, Comte de Caftres, &c. & prononcé la confifcation de fes biens (g). A l'égard du Comté de Pezenas, dont M. le Prince de Conty jouit maintenant à titre d'échange, il avoit été diftrait du Domaine Royal par le don fait à Charles d'Artois, par lettres du Roi Jean, du mois d'Août 1302 : ces lettres contiennent éreâion des Château, Ville, & Châtellenie de Pezenas, en Comté (h). Or, en partant de ce point de fait, qu'à l'exception des trois grands fiefs fufdits, les terres & fiefs jouis par le Roi dans l'ancienne Sénéchauffée de Carcaffonne, font à peu près les mêmes qu'en 1229, j'ai trouvé que par une Ordonnance de Saint Louis, de 1250, rendue pour la Sénéchauffée de Carcaffonne, & pour celle de Beaucaire & Nifmes (i), " il eft défendu aux Vaffaux du Roi, dans ces deux » Sénéchauffées, de vendre leurs fiefs fans le confentement de » Sa Majefté, s'il n'y a coutume contraire, que le Roi fe réferve » d'examiner ". Cependant cette défenfe ne fubfifta pas, comme il réfulte des deux pieces ci-après, qui font au tréfor des Chartes du Roi, près la Chambre des Comptes de Montpellier ; favoir, la réponfe aux queftions propofées au Parlement de Paris par le Sénéchal de Carcaffonne, en 1270 ; réponfe dont voici le contenu : *ordinatum eft, quod fi venditiones faâæ fuerint pro perfonis non prohibitis acquirere juxta ordinationem domini Regis, leventur vendæ five laudimia, ut eft confuetum.* Enfin, des Lettres de la Chambre des Comptes de Paris, adreffées au Sénéchal & au Receveur du Domaine de Carcaffonne, en date du 3 Oâobre 1394, " ordonnent au Sénéchal, de contraindre les acquéreurs » de fiefs à en payer les droits de lods.

----

[e] Recherches de Dupuy, *verbo* Narbonne.
[f] Hiftoire du Languedoc, tom. 5, p. 65.
[g] Hiftoire du Languedoc, tom. 5, p. 54.
[h] Hiftoire du Languedoc, tom. 4, p. 326.
[i] Dans Bellamy, p. 212.

Il réfulte de ces deux pieces combinées avec le contenu en l'Ordonnance de 1250, que nonobftant les défenfes portées par cette Ordonnance, l'intérêt du Commerce & les befoins de la Nobleffe firent tolérer ou approuver la vente des fiefs tenus immédiatement du Roi; mais que ce fut à charge des lods accoutumés, *ut eft confuetum*, felon la Réponfe de 1270 : il eft vrai qu'elle ne porte pas nommément fur les fiefs ; mais elle ne parle pas non plus des rotures dont il ne pouvoit être queftion dans les difficultés propofées par le Sénéchal, puifqu'on n'a jamais contefté les lods des biens ruraux & cenfuels dans le Languedoc, (*fuprà* n°. 119) : conféquemment la Réponfe de 1270 ne peut fe reférer qu'aux fiefs.

Enfin, quoique nous n'ayons fait aucunes recherches particulieres fur cet objet, nous trouvons Sa Majefté, même certains Vaffaux confidérables, en poffeffion des lods dans la Sénéchauffée ; ce qui prouve, comme nous l'avons dit, que la défenfe portée par l'Ordonnance de 1250, ne fut levée qu'à la charge du paiement de ce droit, dont l'ufage étoit général lors de la Réponfe de 1270, *ut eft confuetum ;* d'autant mieux que les lods font l'émolument de la permiffion de vendre (*fuprà* n°. 16) (**).

C X L.

Arriere-Vaffaux & étendue de cette Sénéchauffie & du Comté.

1°. M. de Catellan attefte « l'affujettiffement des fiefs aux » lods dans le Comté de Carcaffonne, fuivant la Coutume, & » conformément à un Arrêt du 5 Mai 1649, rendu au profit de » M. l'Evêque de Lodeve, à raifon d'un fief dans ce Comté (*k*); mais cette affertion eft fondée fur une méprife, ou c'eft une faute d'impreffion ; parce que l'Evêque de Lodeve n'a jamais eu ni mouvances, ni domaines, ni aucuns droits dans le Comté de Carcaffonne ; au lieu qu'il prétend être Seigneur fuzérain de tout

---

[**] Pour ne rien laiffer à defirer fur cet article, je dois ajouter que le Roi eft en poffeffion de percevoir les lods dans fon Comté de Caftres ; favoir, au quint fur les terres & fiefs régis felon la Coutume de Paris, & au douzieme fur les autres.

[*k*] Catellan, liv. 3, ch. 22.

fon Diocèfe, comme Comte de Lodeve ou de Montbrun, &
Vicomte dudit Lodeve ; Comté & Vicomté dont il a inconteſtablement la poſſeſſion fondée ſur une foule de titres (*l*). Ainſi
l'Arrêt & la déciſion de M. de Catellan doivent ſe référer au
Comté de Lodeve ; ce qui eſt évident.

2°. Il nous reſte à fixer l'étendue & les bornes dudit Comté
de Lodeve ; & par voie de ſuite, de tous les anciens Comtés :
& voici la regle & l'origine de cette fixation ; c'eſt qu'en conquérant les Gaules ſur les Romains, les peuples Barbares, &
notamment les Francs, y conſerverent la police ancienne (*m*),
pour rendre le changement de domination moins ſenſible &
moins odieux aux peuples vaincus : de là vient que les Francs
établirent des Ducs & des Comtes dans leurs nouveaux domaines, à *l'inſtar* de ceux des Romains (*n*) ; & que les Wiſigots,
qui conquirent la Septimanie, y firent le même établiſſement (*o*).
Ce n'eſt pas ici le lieu de parler de la prééminence des Ducs ;
mais à l'égard des Comtes, leur diſtrict s'étendoit dans tout le
Diocèſe, dont la Ville de leur réſidence étoit la Capitale (*p*) :
en voici la preuve ; le Capitulaire de 817, ſur le partage de
la Monarchie, porte qu'il ſera joint à l'Aquitaine, le Comté de
de Carcaſſonne en Septimanie, & ceux d'Autun, Valois, &
Nevers en Bourgogne (*q*) : & le diſtrict des Comtes s'appelloit
tantôt Comté (*r*) ; quelquefois on lui donnoit le nom de pays
Pagus : *le pays du Rouergue, du Querci, du Vivarais, du
Touloufain* (*s*) : enfin, il portoit pareillement le nom d'Evêché :

(*l*) Hiſtoire du Languedoc, tom. 3, p. 39, 40, 70 ; & tom. 2, aux notes,
note 25, n°. 10, 11, 12, & *paſsìm*.

(*m*) Paſquier, liv. 2, ch. 14, p. 110. Hiſtoire du Languedoc, tom. 1, p. 145,
146, 379.

(*n*) Loiſeau, des Seigneuries, ch. 5, n°. 14 & 15. Paſquier & l'Hiſtoire du
Languedoc, *locis ſuprà*.

(*o*) Hiſtoire du Languedoc, tome 1, p. 379.

(*p*) Hiſtoire du Languedoc, tom. 1, p. 379 ; & note 87, n°. 2, p. 700.

(*q*) Baluze, tome 1, p. 575.

(*r*) Capitulaire de 873, ch. 1. Baluze, tome 2, p. 227. Charte de 817 ;
Hiſtoire du Languedoc, tom. 1, pr. p. 50.

(*s*) Charte de 767 ; Hiſtoire du Languedoc, tom. 1, pr. p. 23. Donation de
955 : & Charte de 957 ; même Hiſtoire, tom. 2, pr. p. 98, 99.

Tome I.   R

dans l'Evêché d'Albi , Viguerie de Lautrec ; dans l'Evêché de Rodez , Viguerie de Camarets , dit une donation de 942 (*t*). Ainsi les Comtés de Lodeve, de Carcassonne , &c. avoient la même enceinte que les Diocèses de ces noms (*).

3°. Cependant un Auteur moderne a confondu la Sénéchaussée de Carcassonne, avec le Comté (*v*); quoique cette Sénéchaussée comprît la partie de la terre du Maréchal de Levis, qui avoit été démembrée du Touloufain , ou le Diocèse de Mirepoix : elle comprenoit encore ceux de Carcassonne, Alet, Narbonne, Beziers, Agde , Lodeve, Saint-Pons, Castres, & la partie du Diocèse d'Albi, qui est à la gauche du Tarn ; car telle étoit son étendue lors de la création qu'en fit le Roi Louis VIII en 1226 (*x*), après la prife de poffeffion des domaines qu'Amauri de Montfort n'avoit pu conferver, & qu'il avoit cédés à ce Roi. La connoiffance des matières féodales est exactement liée à celle de notre ancienne Histoire & de notre ancien Droit, qui en est la clef.

4°. Les Vaffaux des Seigneurs particuliers jouiffent de l'exemption des lods dans l'ancienne Sénéchaussée de Carcassonne, conformément aux principes ci-devant établis (*y*) ; car quoique la poffeffion du Roi puiffe être, dans certains cas , d'un

---

(*t*) Histoire du Languedoc, tom. 2 , pr. p. 84.

(*) *Nota.* Cette identité de bornes se vérifie encore à l'égard des anciens Comtés qui ont confervé des noms propres ; tels font l'Evêché du Puy , & Comté de Velai ; Comté qui fut donné à l'Evêque du Puy par le Roi Raoul , en 924 (Hist. du Lang. tom. 2 , pr. p. 61); l'Evêché de Mende & Comté de Gevaudan ; l'Evêché de Pamiers & Comté de Foix , &c. Chaque Comté étoit gouverné par un Comte & par un Vidam ou Vicomte, & divifé en Vigueries gouvernées par des Viguiers ; & chaque Viguerie, en Centaines, régies chacune par un Centenier. (Capitul. 2 de 805 , ch. 12 ; Baluze, tom. 1, p. 426. Echange de 934 ; Hist. du Lang. tome 2 , pr. p. 71. Epître de Charlemagne, de 807 ; Hist. du Lang. tome 2, pr. p. 107, n°. 96. Plaid de 933 ; Hist. du Lang. tom. 2 , pr. p. 69. Capit. de 807 , ch. 7 ; Baluze, tom. 1 , p. 460. Décret de Childebert, de 595 ; Baluze, tome 1, p. 19. Bignon, fur Marculphe, dans Baluze, tome 2 , p. 954. Hist. du Lang. tome 1, p. 139, 437.)

(*v*) Sudre , fur Boutaric, des droits feigneuriaux, tit. des lods, §. 3 , n°. 6.

(*x*) Hist. du Languedoc, tom. 3 , p. 360.

(*y*) *Suprà* n°. 127 & 131.

grand poids en leur faveur, en tant qu'elle peut fortifier l'ufage particulier de leurs Seigneuries ; cependant en thefe, & de droit commun, la préfomption légale eſt contr'eux. Un Arrêt du 14 Août 1708, prononce l'exemption pour la terre de Soumartre, affife dans le Diocèfe de Beziers, & tenue de l'Abbaye de Ville-magne, quoiqu'on rapportât un laufime de cette terre, de 1627, & des laufimes de plufieurs fiefs voifins (χ) ; parce que la Cour jugea que cet appareil de preuves étoit infuffifant pour établir un ufage obligatoire à l'égard de ce fief : mais cette préfomption peut être emportée par l'ufage contraire de certaines Seigneu-ries, où l'affujettiffement des fiefs aux lods a lieu ; témoin celles que nous avons citées au n°. précédent ; favoir, le Comté de Pezenas, démembré de la Couronne ; ceux d'Agde, de Lodeve, la Vicomté de Narbonne, qui n'a été unie au Domaine Royal qu'en 1508, & le Comté de Caftres, dont la réunion datte de 1519.

C X L I.

1°. Dans l'ancienne Sénéchauffée de Carcaffonne, il y a plu-fieurs terres & fiefs tenus du Roi ou des Seigneurs particuliers, aux us & coutumes de la Prévôté & Vicomté de Paris ; ce qui dérive d'un des événemens les plus finguliers de l'hiftoire du moyen âge.

Terres régies fui-vant la Coutume de Paris.

En l'année 1208, Pierre de Caftelnau, revêtu en Languedoc à l'occafion de l'héréfie Albigeoife, du titre de Légat du Pape, fut affaffiné fur les bords du Rhône ; & Raymond VI, Comte de Touloufe, fut violemment foupçonné d'être l'auteur de cet affaffinat (*a*) : le Pape Innocent III voulut en tirer une ven-geance éclatante ; il fit prêcher une Croifade, & il invita le Roi, les Evêques, & les Barons de France, à prendre les armes, & à l'invafion des Domaines du Comte Raymond (*b*). Une foule de Seigneurs, de Barons, & de Chevaliers, avides de gloire, fe

______

(χ) Nouveau Journal du Palais, tome 3, Arrêt 136. Sudre, fur Boutaric, des droits feigneuriaux, tit. des Lods, §. 3, n°. 6.
(*a*) Hiftoire du Languedoc, tom. 3, p. 153 & 154.
(*b*) Hiftoire du Languedoc, tom. 3, p. 154, 155 & 156.

croifa pour gagner des indulgences en conquérant des domaines;
& malgré les foumiffions & le voyage à Rome du Comte Raymond, qui fe croifa lui-même, la guerre fut pouffée avec vigueur ; & plufieurs des grandes Maifons de la Province furent
dépouillées & anéanties, notamment celle des Trincavels, Vicomtes de Carcaffonne, de Beziers, &c. & la plus puiffante du
Languedoc, après celle du Comte Raymond.

Simon de Montfort, Comte de Leiceftre, un des principaux
Seigneurs qui commandoient les Croifés, fut nommé en 1209,
Seigneur & Gouverneur des pays conquis & des pays habités
par les Hérétiques qui reftoient à conquérir (c) : enfin, le
Concile de Latran, de 1215, fit don à ce Prince « de tous les
» domaines conquis fur les Hérétiques, leurs croyans, fauteurs &
» receleurs, avec les Villes de Touloufe & de Montauban ».
Le même décret du Concile donne quatre cens marcs de penfion au Comte Raymond, le refte du pays devant être féqueftré
pour être remis à fon fils Raymond le jeune, s'il le méritoit, lorfqu'il feroit d'un âge compétent (d).

Tels furent les titres de propriété de Simon de Montfort,
avec le droit du plus fort, comme les titres de propriété des
Barons & des Chevaliers qu'il gratifia des dépouilles de la Nobleffe du pays, furent les conceffions qu'il leur en fit.

2°. En l'année 1212, Simon de Montfort convoqua à Pamiers
un Parlement compofé des Evêques, des Barons, & des principaux Bourgeois de fes nouveaux Etats : on y convint de qua-
rante-quatre articles ou ftatuts relatifs au gouvernement du pays
conquis. L'article 24 porte « que les Chevaliers & les Seigneurs
» Catholiques du pays feront tenus envers le Comte ou envers
» leurs nouveaux Seigneurs aux mêmes fervices qu'avant la
» Croifade » ; mais que ceux qui avoient été croyans aux Hérétiques, devoient fervir le Comte ou leurs Barons, à la volonté
de ceux-ci (e). Enfin, il fut ajouté trois autres articles qui de-

____

(c) Hiftoire du Languedoc, tom. 3, p. 174, n°. 62 & 63.
(d) Hiftoire du Languedoc, tom. 3, p. 279 & 280.
(e) Carel, Hiftoire des Comtes de Touloufe, pages 267 & fuivantes. Hiftoire du Languedoc, tom. 3, p. 233 & 234.

voient être obfervés entre le Comte Simon & les Barons de
France, & autres, auxquels il avoit donné des terres dans le
pays. Le premier de ces articles regle la maniere de fuccéder
pour tous ces nouveaux poffeffeurs, felon la coutume & ufage de
France, près Paris ; & le troifieme porte « que le Comte doit
» garder envers fes Barons, *l'ufage de France, près Paris*, ès
» plaids, jugemens, dots, *fiefs*, & partages des terres (*f*).

L'article premier de cette addition, qui regle la maniere de
fuccéder, a été obfervé un tems ; témoin la Charte donnée par
Philippe de Valois en 1322, qui change, au profit de Jean de
Levis, la maniere de fuccéder, établie par Simon de Montfort,
fauf le droit des enfans nés ou conçus, & la rénonciation faite
en conféquence par Roger-Bernard de Levis, en 1340, au droit
acquis à fon profit par l'ancienne maniere de fuccéder (*g*).

3°. Mais enfin, les Coutumes établies par Simon de Montfort,
ne fubfiftent plus qu'en ce qui concerne l'affujettiffement à la
Coutume de Paris, des fiefs qui firent partie de la conquête ;
& par voie de fuite, au quint & au rachat. L'affujettiffement à
la Coutume fufdite, & au rachat, a été prononcé par un Arrêt
de la Touffains, 1299, contre le Baron de Senegat (*h*) ; mais
pour tout le furplus, ces Coutumes font tombées en défuétude
depuis long-tems.

4°. Cependant, fi l'on en croit Graverol, il a été jugé par un
Arrêt de 1664, que le Seigneur de Sérignan peut empêcher fes
cenfitaires d'avoir des colombiers, fuivant les articles 69 & 70
de la Coutume de Paris ; parce que cette terre eft régie fuivant
cette Coutume (*i*) : tant il eft vrai qu'il n'eft point d'erreur qui
n'ait eu le fuffrage de quelque Savant. 1°. La Coutume de Paris
ne donne pas le droit prohibitif de colombier au Seigneur de
fief. 2°. Il n'eft pas ici queftion des droits qu'il peut exercer fur
fes cenfitaires, qui ne reconnoiffent à aucun titre la Coutume de
Paris ; mais des obligations du poffeffeur d'un fief ou terre ré-

---

(*f*) Catel, & Hiftoire du Languedoc, *ibidem*.
(*g*) Hiftoire du Languedoc, tom. 4, p. 212, pr. p. 179.
(*h*) Bellami, p. 215.
(*i*) Graverol, fur Laroche, des droits feigneuriaux, ch. 22, Arrêt 1.

gis fuivant cette Coutume, vis-à-vis de fon Seigneur dominant; car c'eft à quoi fe borne cet affujettiffement.

4°. A l'égard des pays où font affifes les terres & fiefs régis par cette Coutume, il n'y en a point dans l'Agénois, le Rouergue, le Querci, la partie du Comté ou Diocèfe d'Albi qui eft à la droite du Tarn, ni dans l'ancien Comté ou Diocèfe de Touloufe; parce que tous ces pays furent remis à Raymond le jeune, Comte de Touloufe, par l'art. 2 du Traité de Paris, de 1229; & que par l'article 14 du même Traité, tous ceux qui avoient été chaffés, ou qui s'étoient enfuis de ces pays, devoient être réintégrés dans leurs biens (*k*); au moyen de quoi toutes les conceffions faites par Simon de Montfort dans ces contrées, demeurerent fans effet.

Mais par l'article 10 du même Traité, la terre du Maréchal de Levis, depuis érigée en Evêché de Mirepoix, fut diftraite du Comté de Touloufe, pour être tenue en fief du Roi. Or, ce Maréchal la tenoit de la conceffion de Simon de Montfort, aux us & coutumes de Paris.

L'article 13 du même Traité porte, que le Comte cede au Roi tous les autres domaines dont il avoit joui à la droite du Rhône; c'eft ce qui compofe les anciennes Sénéchauffées de Carcaffonne & de Beaucaire & Nifmes, en y joignant la terre du Maréchal de Levis, qui fut unie à celle de Carcaffonne : enforte que les terres tenues fuivant la Coutume de Paris, ont dû être refferrées dans l'enceinte de ces deux Sénéchauffées; parce qu'il eft vifible que Raymond VII expulfa tous les inféodataires de Simon de Montfort, dans les domaines qui lui refterent en exécution du Traité de 1229.

5°. Cependant il n'y a de fait aucuns fiefs régis par la Coutume de Paris dans l'ancienne Sénéchauffée de Beaucaire & Nifmes, quoiqu'on en trouve grand nombre dans celle de Carcaffonne : & voici la raifon de cette différence; c'eft qu'Amauri de Montfort, fils & héritier de Simon, avoit perdu toutes fes conquêtes dans la partie qui compofe la Sénéchauffée actuelle de Beaucaire & Nifmes, *& que tous fes adhérans en avoient été*

(*k*) Hiftoire du Languedoc, tome 3, p. 370.

chaſſés, comme il paroît par le Traité dont il convint en 1224 avec le jeune Raymond (*l*), au moment de ſon départ du Languedoc.

Il eſt vrai qu'Amauri de Montfort céda peu après au Roi Louis VIII, tous ſes droits ſur les Domaines conquis par les Croiſés (*m*) ; & que le Roi ayant pris la Croix des mains du Légat Romain, toutes les villes de la Provence, juſqu'à quatre lieues de Toulouſe, s'empreſſerent de ſe ſoumettre à lui, notamment après qu'il ſe fut rendu maître d'Avignon (*n*) ; mais il ne paroît pas que ce Prince ait fait aucune inféodation de ſes Domaines en Languedoc : enſorte qu'il ne reſta de Vaſſaux ſoumis à la Coutume de Paris, que ceux des Barons & Chevaliers de France, qui avoient été maintenus dans les inféodations de Simon de Montfort ; & encore, la Seigneurie de Caſtres, inféodée par Saint Louis à Philippe de Montfort, neveu de Simon, en 1229 (*o*).

6°. Il réſulte de ce deſſus, que la Coutume de Paris n'a lieu dans les pays dont il s'agit, qu'à l'égard des fiefs, c'eſt-à-dire, relativement aux devoirs des poſſeſſeurs des fiefs régis par cette Coutume, à l'égard de leur Seigneur dominant, conformément au troiſieme des articles ajoutés aux Coutumes de Simon de Montfort.

Que cette charge n'a pas tiré à conſéquence pour les arriere-Vaſſaux qui jouiſſent pourtant de l'exemption d'aſſujettiſſement à cette Coutume ; & qui plus eſt, de l'exemption totale des profits de fief, en vertu des principes ci-devant établis au n°. 131 ; parce que le changement des Vaſſaux immédiats, & l'impoſition faite par Simon de Montfort à ſes nouveaux inféodataires, d'une nouvelle charge, ne pouvoit pas nuire aux arriere-Vaſſaux qui avoient conſervé leur poſſeſſion : ce qui fut expreſſément ſtipulé par l'art. 24 ci-devant rapporté, du ſtatut de 1212 : de là vient encore que, quoique par l'art. 13 du Traité de 1229, le

---

(*l*) Hiſtoire du Languedoc, tom. 3, p. 336.
(*m*) Hiſtoire du Languedoc, tom. 3, p. 337.
(*n*) Hiſtoire du Languedoc, tom. 3, p. 352, 356, 359.
(*o*) Hiſtoire du Languedoc, tom. 3, p. 378 & 379.

jeune Raymond eût été aſſujetti à la Coutume de Paris envers le Roi, pour tous les Domaines qui lui reſterent en vertu de ce Traité, cette clauſe ne changea rien aux obligations de ſes Vaſſaux dans les différens Comtés dont il demeura poſſeſſeur ; notamment dans le Comté ou Sénéchauſſée de Touloufe, où ils continuerent de jouir de l'exemption totale des profits de fief, (*ſuprà* 137). Enfin, il eſt porté par le dénombrement du Comté de Caſtres, rendu au Roi le 23 Mai 1371, par le Gouverneur de ce Comté, au nom de Jeanne de Pontieu, Comteſſe de Vendôme & de Caſtres ; 1°. que cette terre eſt tenue aux us & coutumes de Paris ; 2°. il contient la double énumération des mouvances de ce Comté, qui ſont tenues, *ſoit à Droit écrit*, ſoit à la Coutume de Paris. Nous avons eu cette piece en main.

Il réſulte encore de ce deſſus, qu'il n'y a de terres & fiefs ſujets à la Coutume de Paris, que dans l'ancienne Sénéchauſſée de Carcaſſonne, dont nous avons ci-devant exprimé l'étendue, & non dans celle de Beaucaire & Niſmes, dont on avoit chaſſé les adhérans de Simon de Montfort lors du traité fait en 1224, entre Amauri de Montfort & le jeune Raymond.

7°. Il nous reſte à dire que ces fiefs étoient autrefois ſujets au requint, conformément à l'ancienne Coutume de Paris ; mais que cette charge a été abolie, comme il a été ci-devant expliqué au n°. 25.

8°. A l'égard des fiefs donnés par Simon de Montfort, aux Egliſes, ils ne reconnoiſſent point l'aſſujettiſſement à la Coutume de Paris (*p*) ; témoin la petite terre de Caſtelnau, près Beziers,

---

(*p*) *Nota.* Indépendamment des dons intéreſſés de la Nobleſſe du pays, au moment de la criſe dont il s'agit, où tout le monde avoit beſoin de ſauvegardes de catholicité, pour n'être pas dépouillé de ſon bien par les Croiſés, les Egliſes reçurent des dons conſidérables de Simon de Montfort. Par exemple, ceux qu'il avoit faits à l'Evêque de Toulouſe furent confirmés par l'art. 12 du traité de 1229, quoiqu'aſſis dans le Toulouſain. Toutefois, pas un de ces dons ne parle d'aſſujettiſſement à la Coutume de Paris, qui emporte la charge du relief à chaque mutation de Bénéficier. Il eſt viſible que les Egliſes furent, à tous égards, favoriſées dans une guerre de Religion. On trouve des monumens bien ſinguliers de cette faveur, dans les Coutumes de Simon de Montfort, rapportées dans l'Hiſtoire des Comtes de Toulouſe, de Catel, p. 267, & ſuivantes ; & en grande partie, dans le Franc-aleu de Galand, p. 355.

que

que donna ce Prince à l'Evêque de Beziers, par un acte de 1210, que nous avons eu en main, & exempte des droits de cette Coutume. Les autres terres, que l'Archevêque de Toulouse, l'Evêque d'Agde, &c. tiennent de la libéralité de Simon de Montfort, jouissent de même de l'exemption des droits de la Coutume de Paris, avec cette circonstance que la terre de Castelnau est sortie des mains de l'Evêque de Beziers, & possédée par des Seigneurs d'épée, depuis le siecle dernier.

C X L I I.

1°. L'ancienne Sénéchauffée de Beaucaire & Nismes fut érigée par le Roi Louis VIII, ainsi que celle de Carcassonne, en 1226 (*q*) : la premiere comprend les Diocéses de Montpellier, Nismes, Uzès, Viviers, le Puy, Mende, & Alais ; & les fiefs y jouissent de la présomption de franchise, soit vis-à-vis du Roi, soit vis-à-vis des Seigneurs particuliers, tant en vertu du droit commun, que des usages particuliers du ressort, sauf s'il y a titre ou coutume contraire, conformément aux principes ci-devant établis. Toutefois nous ne négligeons pas de remarquer la foible présomption résultant de l'Ordonnance de 1250, au profit du Roi (*suprà* n°. 139).

2°. A l'égard du Comté de Velay, ou Diocèse du Puy, qui est enclavé dans cette Sénéchauffée, Henrys, Auteur étranger, a prétendu que les fiefs y sont sujets aux lods, ainsi qu'en Languedoc (*r*) ; mais la derniere partie de cette assertion est visiblement erronée ; circonstance qui affoiblit beaucoup le surplus de son témoignage : il est fondé sans doute sur un Arrêt du 5 Juillet 1685, qui déclare sujette aux lods la terre de Pinet en Velay, *sur les titres anciens* (*s*) ; mais cet Arrêt confirme surabondamment la regle, puisqu'il ne prononce la condamnation qu'à la vue des titres anciens ; ensorte que la présomption de franchise a lieu dans ce Comté, comme dans le surplus du ressort.

(*q*) Histoire du Languedoc, tom. 3, p. 359, 360, 375.
(*r*) Henrys, liv. 3, quest. 38, n°. 3.
(*s*) Cambolas, liv. 1, ch. 15.

Tome I. S

DES Fiefs d'honneur, francs & libres, ou exempts d'hommage.

CXLIII. Fiefs d'honneur.
CXLIV. Fiefs francs & libres.
CXLV. Fiefs exempts d'hommage.

CXLIII.

Fiefs d'honneur. Quoique les fiefs foient de profit dans le Dauphiné, en Sa-voye, & dans les pays voifins (*t*) ; cependant M. Boiffieu penfe que fi le bail où les titres poffeffoires du fief portent qu'il eft tenu en fief d'honneur, *in feudum honoris, honoratum feu honorifi-cum,* " & que le Seigneur ne foit pas en poffeffion d'y perce- » voir les lods, ce fief en eft exempt, parce qu'il fuppofe qu'en ce cas, le titre a dérogé à la Coutume (*v*) ; c'eft-à-dire, que, felon Boiffieu, les fiefs reconnus en fiefs d'honneur, font exempts de profits, s'ils n'y font affujettis par l'ufage : de là vient que, felon Guyot, les fiefs jouiffent de cette exemption dans les pays de Droit écrit, parce qu'ils y font d'honneur (*x*), & parce que, felon nos idées, l'hommage en fief d'honneur exclut natu-rellement la charge des profits.

Mais c'eft une fource féconde d'illufions, felon l'immortel Montefquieu, de tranfporter dans les fiecles reculés, toutes les idées du fiecle où l'on vit. Or, le titre de *fief d'honneur* étoit attaché, lors du gouvernement féodal, non à l'exemption des profits, dont on n'avoit pas l'idée dans leur inftitution, mais, felon Ducange, *à l'exemption totale ou partielle du fervice des*

(*t*) Guy-Pape, queft. 415, n°. 3. Salvaing, ch. 3, à la fin.
(*v*) Salvaing, ch. 3, à la fin.
(*y*) Guyot, des lods, ch. 16, n°. 1.

fiefs (*y*). Il réfulte de ce deffus, qu'à l'égard des *fiefs d'honneur*, c'eft-à-dire, des fiefs exempts de fervice, la queftion des profits dépend, non pas précifément du titre de fiefs d'honneur, mais de l'ufage & de la poffeffion : il en réfulte encore, qu'ils ne font exempts de profits, qu'autant qu'ils ont joui de cette exemption; en un mot, qu'elle eft fondée précifément fur cette jouiffance, & non fur le titre de fief d'honneur : c'eft ainfi qu'on doit entendre la diftinction de M. Salvaing. Cette réflexion fera mife dans un nouveau jour, par le contenu au n°. fuivant.

C L X I V.

1°. Le fief *franc* étoit fynonyme au *fief d'honneur*, & il jouif- foit de même de l'exemption totale ou partielle du fervice, felon Ducange (*ʒ*) : mais, felon le Rôle de Loft de Foix, de 1272, certains Vaffaux réclamoient l'exemption pure & fimple du fervice ; d'autres prétendoient ne le devoir qu'aux dépens du Roi ; & d'autres fe reconnoiffoient fujets *à une rente annuelle, ou à dautres charges, en repréfentation du fervice du fief* (*a*). En partant de ce dernier caractère, la dénomination de *fief franc*, ou *de fief d'honneur*, feroit un titre d'affujettiffement aux profits, bien loin d'en indiquer l'exemption. 2°. A l'égard des fiefs *nobles*, ce font ceux qui avoient confervé la nobleffe de leur origine ; ou, fi l'on veut, ceux qui ennobliffoient le poffeffeur invefti de ces fiefs (*b*). En admettant ces points de fait, le titre *de fief franc & libre, ou franc & noble*, eft, fans conféquence, à l'égard des profits ; & tel eft auffi l'avis de Guyot & d'Henrys (*c*) ; hors qu'on ait joint à cette franchife, la poffeffion de l'exemption defdits profits.

Ainfi, un Arrêt de 1529 admet le Vicomte de Turenne à

Fiefs francs; libres, ou nobles.

(*y*) Ducange, *verbo, Feudum honoratum*, p. 445 & 446.
(*ʒ*) Ducange, *verbo, Feudum francum*, p. 443.
(*a*) Ce Rôle eft rapporté dans Bruffel, liv. 2, ch. 6, p. 165, 166, 167.
(*b*) Ducange, *verbo, Feudum nobile*, p. 448 & 449.
(*c*) Guyot, des lods, ch. 16, n°. 5--13. Henrys, liv. 3, queft. 38, n°. 7, 8, 9.

l'Enquête par Turbes, fur l'ufage du Périgord, nonobftant la claufe *cum omni libertate & franquefiâ* (*d*) : & depuis, fur le vu de l'Enquête, le Vaffal paffa condamnation (*e*) : de même un fief *franc & noble* fut déclaré fujet aux lods, par Arrêt du 3 Avril 1611 (*f*) : Arrêt conforme du 5 Juillet 1585, contre le poffeffeur de la terre du Pinet en Velay, quoique tenue *en fief franc & noble* (*g*) : enforte que l'Arrêt du 20 Septembre 1621, rapporté par Cambolas (*h*), & celui du 14 Avril 1608 (*i*), qui prononcent l'exemption *de fiefs francs & libres*, n'ont pas été fondés précifément fur cette qualification, mais fur le droit commun du Languedoc, où ces fiefs font affis. L'Illuftre Préfident Bouhier, un des plus judicieux Ecrivains, & des plus grands Feudiftes de ce fiecle, n'a pas négligé de remarquer qu'anciennement les fiefs exempts de fervice étoient appellés *fiefs francs* (*k*).

C X L V.

Fiefs exempts d'hommage. Les erreurs répandues dans les Livres, ne font pas un des moindres obftacles aux progrès de l'efprit humain. On trouve un Arrêt du 13 Juin 1731, qui a prononcé, en grande connoiffance de caufe, l'exemption des lods d'un fief affis en Dauphiné, *parce qu'il étoit exempt de l'hommage*, quoique fujet à la fidélité (*l*) : telle eft du moins l'efpece de cet Arrêt, felon le récit entortillé de Guyot ; d'où il réfulte, felon un autre Auteur, qu'un fief *fujet à la foi fans hommage*, eft affranchi, par voie de fuite, de la preftation des lods (*m*).

Mais, en bonne Logique, toute conféquence qui n'eft pas incluse dans les prémices, & qui n'en eft pas la fuite & le déve-

---

(*d*) Papon, liv. 13, tit. 1, Arrêt 3. Henrys, liv. 3, tit. 38, n°. 7, 8, 9.
(*e*) Maynard, liv. 4, ch. 33.
(*f*) Guyot, des lods, ch. 16, n°. 4.
(*g*) Cambolas, liv. 1, ch. 15.
(*h*) Cambolas, liv. 4, ch. 30.
(*i*) Nouveau Journal du Palais, tom. 3, Arrêt 136.
(*k*) Préfident Bouhier, fur Bourgogne, ch. 37, n°. 30.
(*l*) Guyot, des lods, ch. 16, n°. 14.
(*m*) Sudre, fur Boutaric, des droits feigneuriaux, tit. des lods, §. 3, n°. 5.

loppement, eſt fauſſe & vicieuſe. Or, l'exemption des lods n'a rien de commun avec l'exemption de l'hommage : il eſt donc impoſſible qu'elle dérive de celle-ci ; ce qui eſt évident. En un mot, dans le moral comme dans le phyſique, il n'eſt point d'effet ſans cauſe. Or, l'exemption de l'hommage eſt d'un autre ordre que l'exemption des lods : il eſt d'ailleurs conſtant que les fiefs ſont ſujets à l'hommage, dans tous les pays de Droit écrit, où ils jouiſſent de l'exemption des lods : la queſtion a même été jugée en termes exprès : par un Arrêt du 20 Septembre 1621, pour *un fief Noble & franc, ſujet à l'hommage* & à la directe du Seigneur (*n*) ; d'où il réſulte, par la raiſon inverſe, que l'exemption de l'hommage, qui eſt, pour ainſi dire, incommeſurable avec l'exemption des lods, ne ſauroit opérer celle-ci.

Il eſt donc vrai que l'exemption de l'hommage, ainſi que la charge de cette preſtation, ſont, à tous égards, ſans conſéquence pour les lods : d'ailleurs, il eſt parlé dans tous nos Auteurs, de fiefs exempts d'hommage (*o*) ; mais pas un n'en conclut qu'ils ſoient exempts des lods. Enfin, il eſt pluſieurs Coutumes où l'on voit des fiefs *abournés*, c'eſt-à-dire, des fiefs dont la foi & hommage ou les ſervices ont été convertis en une rente annuelle, ou autrement, abonnés. Telles ſont les Coutumes d'Anjou, du Maine, du grand Perche, de Chartres, Dreux, & Châteauneuf (*p*). Or, ces fiefs ſont ſujets aux lods, & même au relief, ainſi que les autres fiefs de ces Provinces, bien loin qu'ils y jouiſſent de l'exemption des lods ; parce qu'en effet il n'y a, dans le marché, que ce que les Parties y ont mis ; & qu'en traitant ſur l'hommage, elles ne ſe ſont pas occupées des lods ; enſorte que les exemples ſe réuniſſent avec les principes, contre la prétention de Me. Guyot.

____

(*n*) Cambolas, liv. 4, ch. 30.

(*o*) Salvaing, ch. 3, à la fin ; & ch. 4, p. 21. Dolive, liv. 2, ch. 28. Dumoulin, ſur la Coutume de Paris, Préface du tit. 1, n°. 114, 115 ; & §. 1, Gl. 5, n°. 12 ; & §. 2, *hodiè* 3, Gl. 4, n°. 1.

(*p*) Gloſſaire, du Droit François, *verbo*, Abourner. Chopin, ſur la Coutume d'Anjou, liv. 2, tit. du ſerment de fidélité, n°. 8, P. Bouhier, ſur celle de Bourgogne, ch. 37, n°. 43.

CHAPITRE III.

DES accessoires du bien féodal ou censuel.

SECTION PREMIERE.

DES accessoires purement industriels. Bâtimens, Meubles, Pigeons, Lapins, &c. Fumier, Matériaux, Peintures, Statues, &c.

CXLVI. Regle générale.
CXLVII. Amélioration du Sol.
CXLVIII. Meubles incorporés ou non.
CXLIX. Pigeons, Lapins, Abeilles, Oiseaux, Poisson.
CL. Fumier.
CLI. Cuves, Foudres, & Pressoirs.
CLII. Canons, Armes, & Ornemens de Chapelle.
CLIII. Matériaux & Échalas.
CLIV. Peintures, Statues, & Ornemens.

CXLVI.

Regle générale. 1°. Tout ce qui excroit dans le sol, ou qui y est appliqué par maniere d'adhésion & d'incorporation, en fait naturellement partie : ainsi, le bâtiment, la plantation, les semailles, & leur produit, sont identifiés avec le sol, dont ces choses sont l'accessoire (*p*) ; d'où il résulte qu'elles sont sujettes aux mêmes charges que le sol.

2°. Autre chose est, d'une augmentation ou adhésion extérieure. Ainsi l'acquisition d'un fonds, pour être uni à un autre

______

(*p*) §. 29, 30, 31, & 32. *Instit. de rer. divis.*

fonds, ne change rien à la dépendance feigneuriale, ni aux charges réelles de ces différens fonds.

3°. Il en eft de même d'une adhéfion paffagere ou imparfaite ; c'eft ainfi que les meubles d'un bâtiment n'en font pas partie, lors même qu'ils font deftinés à l'ufage du bâtiment, s'ils n'y font pas incorporés.

Telle eft la théorie d'où dérivent toutes les regles relatives à cet objet. Nous réfervons, pour les fervitudes réelles, un Chapitre particulier.

C X L V I I.

Améliorations au fol.

En partant de cette théorie, il eft évident que toutes les amélioriations faites au fol, foit par voie de conftruction, de femailles ou de plantation, en accroiffant, & étant incorporées au fonds, font pareillement incorporées au fief, ou à la teneure ; puifque le fonds & le fief ne font qu'un : conféquemment les lods de la vente du fief s'étendent néceffairement aux objets acceffoires qui y font incorporés (q).

C X L V I I I.

Meubles incorporés ou non.

1°. Tout effet mobilier qui eft joint à demeure perpétuelle à l'édifice, en fait partie felon la Loi (r). Il en eft de même des chofes mobiles qui font employées à demeure à l'ufage du bâtiment, comme la couverture & les pompes d'un puids (s), les canonades, les colonnes, & autres ornemens de fculpture ou d'architecture d'une fontaine (t) : en un mot, tout ce qui eft attaché à demeure au bâtiment, ou qui concourt à fon intégrité, comme les ferrures & les clefs (u), les portes, fenêtres, ferrures, & autres chofes mobiles qui font attachées ou placées à de-

(q) Chopin, fur la Coutume de Paris, liv. 1, tit. 3, n°. 8. Dargentré, fur la Coutume de Bretagne, art. 59, note 1, n°. 3 ; & art. 60, note 1, n°. 3. Livoniere, liv. 3, ch. 1, p. 143.
(r) L. 17, §. 7, ff. de action. empti.
(s) L. 13, §. fin. ; & L. 14, ff. de act. empti.
(t) L. 15, L. 17, §. 9 ; & L. 38, ff. de act. empti. L. 40, §. 6 ; & L. 76, ff. de contrah. empti.
(u), L. 17, verf. ædium, ff. de act. empti.

meure, & qui entrent dans la conftruction du bâtiment : conféquemment, toutes ces chofes entrent dans la fixation des lods, comme faifant partie du fonds & du fief (*v*).

2°. A l'égard des cuves, preffoirs, groffe futaille, & autres objets dont le volume ou la deftination peuvent fournir la matiere d'un problême, la Loi les déclare immeubles, felon qu'ils font attachés au fol, ou qu'ils ne le font pas (*x*). Nous en parlerons encore ci-après.

3°. Même qualité mobiliaire des effets mobiliers qui ne font pas pofés à demeure (*y*), ou de ceux qui ne le font pas encore, quoique deftinés à l'être (*z*) ; à plus forte raifon des effets mobiliers directement deftinés pour l'ufage de l'homme, & non pas pour l'intégrité du bâtiment, comme les tapifferies, rideaux, meubles meublans, &c. (*a*) ; parce que toutes ces chofes font totalement diftinctes du fonds, & conféquemment, du fief ; & que n'étant pas incorporées au fol, elles font ezemptes de la dépendance feigneuriale, & des profits de fief (*b*).

4°. Enfin, une cloifon d'hiver, qu'on enleve en été, fait partie de l'édifice, à caufe de la perpétuité de fa deftination (*c*).

C X L I X.

Pigeons, lapins, abeilles, oifeaux, poiffons.

1°. Les colombiers conftruits à la campagne, pour porter un revenu, font partie du fonds, avec les pigeons qui y font dedans, & ils font réputés immeubles (*d*) ; autre chofe eft, des pigeons

---

(*v*) Dargentré, fur la Coutume de Bretagne, art. 60, note 1, n°. 4.

(*x*) *L.* 10, *ff. quod vi aut clam. L.* 18, *ff. de act. empti*, *L.* 7, §. 10, *ff. de aquir. rer. domin.*

(*y*) *L.* 17, §. 7, *ff. de act. empti.*

(*z*) *L.* 17, §. 11 ; & *L.* 18, §. 1, *ff. de act. empti.*

(*a*) *L.* 17, §. 4, *ff. de act. empti.*

(*b*) Dargentré, fur la Coutume de Bretagne, art. 59, note 3, n°. 1, 2, 3. Livoniere, liv. 3, ch. 6, fect. 7, §. 8, p. 241 & 242.

(*c*) *L.* 242, §. 4, *ff. de verb. fignif. L.* 18, §. 1, *ff. de act. empti.*

(*d*) Dumoulin, fur la Coutume de Paris, §. 1, Gl. 8, n°. 37, 38, 39. Lalande, fur celle d'Orléans, art. 355, n°. 5, 6, 8. Chopin, fur celle de Paris, liv. 1, tit. 1, n°. 18. Arrêt de Février 1562, dans Fortin, art. 91 de celle de Paris.

de

de voliere, qui font réputé meubles, parce que ce ne font pas des objets économiques, mais d'agrément (*e*).

2°. Les lapins d'une garenne font pareillement immeubles (*f*), foit que la garenne foit ouverte, ou qu'elle ne le foit pas ; mais ceux qu'on nourrit dans une chambre ou dans une cave, font meubles, ainfi que les bêtes fauvages d'une ménagerie.

3°. Les abeilles & leurs ruches, qui font des objets économiques, & qui fe nourriffent à la campagne, font cenfé faire partie du domaine, & elles font réputé immeubles (*g*).

4°. Il en eft de même des oifeaux qu'on éleve dans une ifle pour en retirer le produit, & par la même raifon.

5°. Enfin, les poiffons qu'on éleve dans un étang ou dans un foffé, font réputé immeubles, & ils font partie du fonds (*h*) ; conféquemment ils font fujets aux lods : mais s'ils font dans un réfervoir, ils font réputé meubles (*i*) ; parce que le poiffon dans l'étang, eft un fruit fur pied, qu'on cueille pour le mettre dans le réfervoir.

6°. Il refte à faire l'analyfe des principes du Droit Romain fur ces objets ; 1°. il met les ruches à miel, & les oifeaux élevés, dans une ifle maritime, au rang des agencemens du domaine (*k*), au lieu de les y déclarer cohérens : 2°. il met dans la main du Maître, ces mêmes ruches à miel, & les pigeons d'un colombier (*l*) : 3°. il y met de même les bêtes fauvages que l'on tient dans des ménageries ; le poiffon d'un réfervoir ou vivier, & les oifeaux fauvages qu'on tient dans une voliere, ou ceux qu'on a

---

[*e*] Fortin, art. 91 de la Coutume de Paris. Chopin, fur la Coutume de Paris, liv. 1, tit. 1, n°. 18. Lalande, fur celle d'Orléans, art. 355, n°. 7.

[*f*] Bouteiller, liv. 1, tit. 74, p. 437. Livoniere, Regles du Droit, liv. 2, tit. 2, regl. 11. Lalande, fur la Coutume d'Orléans, art. 355, n°. 9.

[*g*] Chopin, fur la Coutume de Paris, liv. 1, tit. 1, n°. 18. Lalande, fur celle d'Orléans, art. 355, n°. 9.

[*h*] *L.* 3, §. 14, *ff. de acquir. rerum. dom.* art. 91 de la Coutume de Paris. Guy-Pape, queft. 91, n°. 4. Chopin, fur celle de Paris, liv. 1, tit. 1, n°. 17. Lalande, fur celle d'Orléans, art. 355, n°. 2 & 3. Regles de Livoniere, liv. 2, tit. 2, reg. 11.

[*i*] *L.* 17, §. *fin.*, *ff. de act. empt.*, & les autorités de la lettre précédente.

[*k*] *LL.* 10 & 11, *ff. de inftruc. vel inftrum. legato.*

[*l*] *L.* 3, §. 16, *ff. de acquir. vel amitt. poffef.*

privés (*m*) : enforte qu'à partir de ces principes, il femble que toutes ces chofes aient confervé, dans la main du Maître qui les poffede, leur état naturel d'effets mobiliers : 4°. mais ce même droit met au rang des chofes que le Maître ne poffede pas, les bêtes fauvages qui vaguent librement dans une garenne, & les poiffons d'un étang (*n*) ; cependant il eft inconteftable que le le Maître a action contre quiconque voleroit ou empoifonneroit le gibier d'une garenne, ou les poiffons d'un étang. Il poffede donc ces chofes, non comme des meubles qu'il ait dans fa main, mais comme des portions cohérantes au fol qui les nourrit.

7°. Ainfi, nos principes font plus exacts & plus conféquens que ceux du Droit Romain. 1°. Nous mettons au même niveau les pigeons d'un colombier, les lapins d'une garenne, les abeilles, les poiffons d'un étang, & les oifeaux d'une ifle, parce que toutes ces efpeces jouiffent de leur liberté. 2°. Nous ne les mettrons pas au rang des meubles, comme les animaux domeftiques qui font élevés dans le domaine pour y fructifier ; parce que ces animaux font, dans les mains du Maître, comme les oifeaux d'une voliere, les bêtes d'une ménagerie, & les poiffons d'un vivier : de là vient qu'ils demeurent dans la claffe des effets mobiliers. 3°. Au lieu que les efpeces libres ne font pas dans la main du Maître comme meubles : il n'en jouit donc que comme cohérantes à fon fonds ; & conféquemment elles font immeubles.

Auffi la raifon naturelle, & la fimple perception des objets, indique que la vente du domaine emporte, de plein droit, celle des efpeces libres ; & que l'acheteur ne peut en être privé, parce qu'elles font inhérentes à fon achat ; autrement, elles demeureroient dans les mains du vendeur, comme les animaux domefti-ques, & le furplus du mobilier : conféquemment ces efpeces, telles que les pigeons d'un colombier, les lapins d'une garenne, les abeilles des ruches, les oifeaux d'une ifle, & les poiffons d'un étang, font inhérentes au fonds, & non des effets mobi-liers.

[*m*] *L.* 3 , §. 14 ; & *L.* 15 , *ff. de acquir. vel amitt. poffef.*
[*n*] *L.* 3 , §. 14 , *ff. de acquir. vel amitt. poffef.*

C L.

Toute efpece de fumier des écuries ou des creux à fumier, *Fumier.* fait partie du domaine, & eft réputé immeuble, hors qu'on fût dans l'intention de le vendre (*o*) : conféquemment il paffe de plein droit à l'acquéreur du fonds, felon un Arrêt du 17 Juin 1649 (*p*) : cet acquéreur en doit donc les lods, comme d'un objet inhérent à l'achat du fonds.

C L I.

A l'égard des uftenfiles dont les caractères peuvent être équi- *Cuves, foudres,* *& preffoirs.* voques à raifon de leur deftination ou de leur volume, nous avons ci-devant remarqué que ce qui eft attaché au fol, en fait partie, en laiffant dans la claffe des meubles, ce qui n'y eft pas attaché (*q*) : c'eft, conféquemment, à cette diftinction que la Loi Romaine déclare unis à l'immeuble des foudres fcellés au fol (*r*) ; comme les foudres ou les cuves de pierre dont on fe fert en certains pays ; & que l'art. 90 de la nouvelle Coutume de Paris déclare pareillement immeubles les preffoirs inhérens au bâtiment.

Mais, à part le cas de cette adhéfion, & en thefe, les foudres, cuves, ou preffoirs, font meubles, & indépendans du fol, felon la Loi Romaine (*s*), & felon l'art. 90 de la nouvelle Coutume de Paris.

Cette diftinction eft adoptée par nos meilleurs Auteurs, tant à l'égard de la qualité mobiliaire ou immobiliaire de ces chofes, qu'à l'égard de leur affujettiffement aux lods (*t*).

Lalande ajoute que dans le cas où le preffoir eft incorporé au bâtiment, & conféquemment immeuble, les inftrumens dudit

---

(*o*) L. 17, §. 2, *ff. de act. empti.*

(*p*) Ferriere, fur la Coutume de Paris, art. 90, Gl. 1, n°. 17.

(*q*) L. 10, *ff. quod vi aut clam.* L. 18, *ff. de action. empti.* L. 7, §. 10, *ff. de acquir. rer. domin.*

(*r*) L. 76, *ff. de contrah. empt.* L. 18, *ff. de act. empti.* Art. 90 de la Coutume de Paris.

(*s*) L. 17, *verf. multa, ff. de act. empti ;* & Pothier, *ad hunc titulum,* n°. 19.

(*t*) Chopin, fur la Coutume de Paris, liv. 1, tit. 1, n°. 15. Lalande, fur celle d'Orléans, art. 353, n°. 2, 6, 7, 8. Dargentré, fur celle de Bretagne, art. 60, note 1, n°. 4. Ferriere, fur celle de Paris, art. 90, Gl. 1, n°. 12 & 13.

preſſoir conſervent pourtant la qualité mobiliaire ; ce qui eſt évident (*v*).

Il en eſt de même des inſtrumens d'un moulin. Nous nous reférons, à l'égard des moulins, aux numeros 148 & 178.

C L I I.

Canons, armes, & ornemens de Chapelle.

1°. Tous nos Auteurs ſe réuniſſent à dire que les canons, fouconeaux, & groſſe artillerie d'un Château, ſont réputé immeubles par acceſſoire, à cauſe de leur deſtination à la conſervation du Château (*x*) : nous diſons la groſſe artillerie, parce qu'un Arrêt du 13 Août 1513, déclara meuble la menue artillerie, comme arbalêtes, & engins à main (*y*).

Nous ne pouvons diſſimuler que cette regle ne ſoit en contradiction avec les principes du Droit Romain ci-devant rapportés, & que ceux-ci ne ſoient plus raiſonnables & plus conſéquens ; auſſi c'eſt en faveur du droit d'aîneſſe que cette maxime a été établie ; parce qu'il eſt naturel d'attacher au Château, que la Loi donne à l'aîné par préciput, les armes deſtinées à ſa défenſe, comme des monumens du pouvoir ou de l'ancienneté de ſa maiſon.

De là vient que, ſelon les Auteurs, elles ſont meubles par leur nature, quoique réputé immeubles par leur deſtination, ainſi que les ornemens de Chapelle (*z*).

Nous croyons donc que la vente du Château n'emporteroit pas de plein droit celle de l'artillerie, que nous regardons comme plus attachée à la famille, qu'au Château : conſéquemment l'eſtimation de ces armes ne doit pas concourir à la fixation des lods ; d'autant mieux que pas un Auteur ne l'a prétendu ; que Dargentré a établi, au contraire, à l'égard des lods, cette regle analogue au Droit Romain, *quæ naturâ, conditione & uſu ſolo inhærent aut deſtinatione perpetuâ ita ut convelli nulla ſpes ſit ;* & qu'il

---

[*v*] Lalande, ſur la Coutume d'Orléans, art. 353, n°. 5.

[*x*] Loiſel, liv. 2, tit. 1, reg. 9. Regles de Livoniere, liv. 2, tit. 2, reg. 10.

[*y*] Lalande, ſur la Coutume d'Orléans, art. 356, n°. 5.

[*z*] Chopin, ſur la Coutume de Paris, liv. 1, tit. 1, n°. 13. Ferriere, ſur la même, art. 90, Gl. 1, n°. 4 & 5.

reconnoît l'exemption de ce qui n'eſt pas ainſi attaché (*a*). Or, la deſtination de l'artillerie dans un Château, eſt toujours arbitraire & ſubordonnée à la volonté du Maître : auſſi Guyot la reconnoît-il exempte des lods (*b*).

2°. A l'égard des peintures & des ornemens d'une Chapelle, attachés au bâtiment, un Arrêt du 5 Juin 1585, les déclare immeubles, & on les regarde comme tels (*c*) : conſéquemment ils ſont ſujets aux lods & aux retraits, ainſi que le ſol & les bâtimens de la Chapelle ; la vente de ces choſes étant une dépendance du Château auquel elles ſont attachées, & ſans lequel on ne pourroit les aliéner.

3°. Toutefois à l'égard des peintures & ornemens, ils ne ſont ſujets aux lods qu'avec la modification ci-après exprimée au n°. 154.

C L I I I.

1°. Les matériaux mis à pied d'œuvre pour l'augmentation d'un bâtiment, n'en ſont pas partie (*d*) : mais ſi le bâtiment eſt démoli pour être rétabli, les matériaux qui ont demeuré en place ſont cenſé inhérens au bâtiment dont ils ont fait partie, & au rétabliſſement duquel ils ſont deſtinés : c'eſt ce que décide le Droit Romain, & un Arrêt du 27 Octobre 1579 (*e*) : au contraire, la vente des matériaux d'un bâtiment pour être démoli, n'eſt pas ſujette aux lods dans le cas où cette vente eſt permiſe, hors qu'elle ne fût faite en fraude, & en vue de la vente prochaine du fonds (*f*).

2°. A l'égard des échalas d'une vigne, les Loix admettent la même diſtinction que pour les matériaux ; c'eſt-à-dire, qu'elles

Matériaux & échalas.

(*a*) Dargentré, ſur la Coutume de Bretagne, art. 60, note 1, n°. 4.

(*b*) Guyot, des lods, ch. 9, n°. 4.

(*c*) Lalande, ſur la Coutume d'Orléans, art. 356, n°. 6. Loiſel, liv. 2, tit. 2, reg. 10. Ferriere, ſur l'art. 90 de la Coutume de Paris.

(*d*) *L.* 18, §. 1, *ff. de act. empti.* Lalande, ſur la Coutume d'Orléans, art. 356, n°. 10.

(*e*) *L.* 18, §. 1, *ff. de act. empti. L.* 17, §. 10, *ff. Eod.* Regles du Droit de Livoniere, liv. 2, tit. 2, reg. 13.

(*f*) Dumoulin, ſur la Coutume de Paris, §. 55, Gl. 1, *hedie* 78, n°. 191.

mettent dans la claſſe des meubles, les échalas, quoique portés ſur le ſol, tant qu'ils ne ſont pas placés ; & au rang des immeubles ceux qui, ayant été mis une fois en place, ont été arrachés pour y être remis (*g*).

C L I V.

Peintures, ſtatues, & ornemens.

Les incruſtations en marbre, & les peintures à freſque, ſur le mur ou ſur le platfonds, ou à l'huile ſur les lambris·, ſont partie du·bâtiment (*h*) auquel ces choſes ſont incorporées : il en eſt de même des bas-relief ſculptés ſur le mur, ou des ſtatues ſcellées au bâtiment (*i*).

A l'égard des ſtatues qui ne ſont·pas ſcellées·(*k*), de celles qui ſont poſées ſur des piédeſtaux, dans des maiſons ou dans des jardins ; des tapiſſeries, des peintures, ou des glaces arrêtées au mur, des luſtres ſuſpendus au platfonds, ou des bras de cheminée, toutes ces choſes étant deſtinées pour l'embelliſſement, & non pour la perfection de l'Hôtel, elles n'en ſont pas partie (*l*), ſelon la Loi Romaine, dont la diſtinction eſt pleine de ſel & de raiſon.

Cependant nos Auteurs décident indiſtinctement, que ces choſes ſont meubles ou immeubles, ſelon qu'elles ſont arrêtées ou non (*m*). Il a été jugé par des Arrêts de 1567, 1585, & 1629, qu'elles ſont immeubles, & paſſent au retrayant, lorſqu'elles

---

(*g*) L. 17, §. 11, *ff. de act. empti.*

(*h*) *Quæ tabulæ pictæ pro tectorio includuntur, ædium ſunt; item quæ cruſtæ murmoreæ, ædium ſunt,* L. 17, §. 3, *ff. de act. empti.*

(*i*) *Papinianus ait ſigilla & ſtatuæ adfixæ domûs portio ſunt,* L. 12, §. 23, *ff. de inſtructo vel inſtrum. legato.*

(*k*) *Quæ vero non ſunt adfixæ ſupellectili adnumerantur,* L. 12, §. 23, *ff. de inſtr. vel inſtrum. legato.*

(*l*) *Statuæ adfixæ baſibus ſtructilibus aut tabulæ religatæ catenis, aut erga parietem adfixæ, ſi ſimiliter cohærent, lithui* [les luſtres] *non ſunt ædium ornatus, enim cauſâ parantur, non quo ædes perficiant,* L. 245, *ff. de verb. ſignif.* La preuve réſultant de cette Loi, ſe trouve confirmée par l'argument *à contrario* de la Loi 17, §. 3, *ff. de act. empti.* ci-deſſus rapportée.

(*m*) Loiſel, liv. 2, tit. 1, reg. 8 ; regles de Livoniere, liv. 2, tit. 2, reg. 9 ; Lalande, ſur la Coutume d'Orléans, art. 356, n°. 7, 8 & 9 ; Legrand, ſur celle de Troyes, art. 72, Gl. 1, n°. 127.

font attachées au bâtiment (*n*) : & Livoniere décide en conséquence, pour la rétribution aux lods (*o*).

Mais Guyot a frondé cet avis, & avec raison (*p*) ; car quoiqu'une peinture, une tapifferie, ou une glace, encadrées & arrêtées, paffent à l'acquéreur du bâtiment, s'entend lorfqu'elles
ont été placées par le Maître, & non fimplement par l'ufufruitier, le locataire, ou autre, qui n'a qu'un droit paffager (*q*) ; il
eft pourtant vrai que ces chofes font placées pour l'ornement de
la maifon, & non pas pour l'agencer.

Nous adoptons donc, à tous égards, la diftinction du Droit
Romain ; & nous croyons que les objets ci-deffus, que ce Droit
met au rang des meubles, & ceux qu'il met au rang des ornemens, font exempts des lods, & que les autres y font fujets ;
enforte que dans le premier cas, il faut faire une ventilation de
leur valeur, proportionnellement au prix total.

S E C T I O N I I.

DES acceffoires naturels, fruits, coupes de bois, &c.

CLV. Coupe de bois.
CLVI. Fruits pendants.
CLVII. Fruits de plufieurs années.
CLVIII. Fonds & fruits.

C L V.

La vente de la coupe d'une futaye, eft décidément exempte
de lods ; parce que cette coupe eft un meuble dans la main de
l'acheteur, puifqu'elle doit être détachée du fief, & ameublie au

Coupe de bois.

(*n*) Guyot, des lods, ch. 9. n°. 1.
(*o*) Livoniere, liv. 3, ch. 6, fect. 7, §. 8, p. 241 & 242.
(*p*) Guyot, des lods, ch. 9, n°. 1, 3 & 4.
(*q*) *L.* 59, *ff. de rei vendic.* Arrêt du 17 Octobre 1575. Ferriere, fur la Coutume de Paris, art. 90, Gl. 1, n°. 7 & 8.

moment de l'exploitation ; & que d'ailleurs cette vente n'affecte aucunement le fol (*r*) : ç'eſt ainſi que la queſtion a été jugée par différens Arrêts, rapportés par Dolive, Cambolas, Coquille, Mornac & Chenu (*s*) ; quoiqu'on en trouve de contradictoires dans Boiſſieu qui les cenſure, dans Galand & dans Brodeau (*t*) : il eſt donc impoſſible d'apprécier les Arrêts, autrement que par leur application aux regles ; & c'eſt ce qui diſtingue le Juriſconſulte du ſimple compilateur d'Arrêts.

Autre choſe ſeroit, la vente d'une futaye, pour être réunie à la propriété du ſol en fraude des droits ; mais cette queſtion appartient au traité du dol.

C L V I.

La vente des fruits pendans par racines, *pour être perçus par l'acheteur*, ne peut non plus donner ouverture aux lods (*v*) : il eſt vrai que ces fruits font partie du fonds au tems de la vente ; mais cette vente n'affecte pourtant pas le ſol, puiſqu'elle ne ſort à effet que par la perception qui doit ſéparer ces fruits du fonds : ils font donc étrangers au fief, relativement à l'acheteur, qui ne peut en jouir que par leur ſéparation du ſol.

C L V I I.

Le louage reſſemble, à quelques égards, à la vente, puiſqu'il ſe réduit en derniere analyſe, à la vente des fruits, dont le montant de l'afferme eſt le prix : ainſi, la vente des fruits de pluſieurs années, eſt une forte de louage, quand même elle ſeroit faite à

(*r*) Dumoulin, ſur la Coutume de Paris, §. 23, *hodiè* 33, Gl. 2, u°. 90. Dargentré, *de laudimiis, cap.* 1, §. 28.

(*s*) Dolive, liv. 2, ch. 31. Cambolas, liv. 4, ch. 10. Coquille, queſt. 30. Mornac, en ſes Arrêts, liv. 4, queſt. 86. Chenu, Centur. 2, queſt. 33.

(*t*) Boiſſieu, ch. 83, p. 409. Brodeau, ſur Louet, lett. L. ſomm. 18, n°. 27. Franc-aleu, de Galand, ch. 10, p. 131.

(*v*) Dumoulin, ſur la Coutume de Paris, §. 55, *hodiè* 78, Gl. 1, n°. 12. Dargentré, ſur celle de Bretagne, art. 65, n°. 8.

un

un feul & unique prix: elle eft donc, par fa nature, exempte des lods; puifque la propriété demeure au Vendeur, qui refte toujours Vaffal ou Cenfitaire, lors même que l'acheteur jouit des fruits de cette propriété.

Mais comme une propriété totalement dépouillée du droit de jouir, qui en eft le principal attribut, feroit illufoire, & que le terme de dix ans eft réputé un long terme, felon la Loi (*x*), notre Jurifprudence a décidé que l'acquifition du droit de jouir des fruits pendant dix ans, ou davantage, eft réputé vente des fruits, & non pas fimplement louage (*y*) : en conféquence, un Arrêt du 5 Décembre 1571, a déclaré fujette aux lods, l'acquifition des fruits, pour dix ans (*z*) : il eft inutile de rapporter les autres autorités citées au n°. 530, pour confirmer cette vérité : cependant on trouve dans M. de Catellan, un Arrêt du 5 Mai 1665 (*a*), qui décide, felon cet Auteur, 1°. qu'un engagement pour fix ans, prorogé par un fecond acte, pour autres fix ans, donne ouverture aux lods ; 2°. que fi les fix ans du premier engagement font fuivis d'un bail à jouir pour douze ans, en paiement de ce qui refte dû du prix de l'engagement, il y a exemption des lods ; *parce que c'eft un contrat de ferme, ou bail des fruits.*

Mais, 1°. il eft impoffible que le même Arrêt ait prononcé, entre les mêmes parties, fur deux hypothefes qui s'excluent. 2°. En admettant la feconde maxime de M. de Catellan, il n'y auroit qu'à vendre les fruits à un prix unique, pour trente ans, ou pour cent ans ; & le Seigneur feroit privé de tous les droits de mutation, *fous prétexte que c'eft un contrat de ferme, ou bail des fruits,* ce qui eft pourtant faux. 3°. Le bail à rente ou à locatairie eft fujet aux lods, à concurrence des entrées, du propre aveu de Catellan (*b*). Pourquoi donc en exempter la vente des fruits ?

(*x*) *Toto tit. Cod. de præfcript. longi temp. decem vel viginti annorum*, L. 16, §. 3, *ff. quæ & quibus manumiff.*

(*y*) Potier, du louage, n°. 4.

(*z*) Bacquet, des droits de Juftice, ch. 12, n°. 21.

(*a*) Catellan, liv. 3, ch. 10.

(*b*) Catellan, liv. 3, ch. 17, *infrà* n°. 539.

CLVIII.

Fonds & fruits.   Le Droit Romain, qui contient le germe ou le développement des maximes les plus importantes sur toutes les matieres du Droit, décide, 1°. que les fruits pendans par racines, font partie du sol, dont ils sont la production (*c*) ; 2°. mais qu'après la perception qui les détache du sol, ils cessent de lui appartenir (*d*); ensorte que le fait de la coupe les met au rang des meubles, en les séparant du sol : cette double regle tranche toutes les questions relatives à cet objet ; conséquemment, la vente du fonds & des fruits pendans, est sujette aux lods pour la totalité, quand même la distinction des prix présenteroit l'apparence de deux ventes, une pour le fonds, & l'autre pour les fruits : tel est le dernier avis de Dumoulin, qui avoit été d'abord d'un avis différent : tel est aussi celui de Dargentré, & des meilleurs Auteurs (*e*). En effet, ce sont des productions naturelles du bien vendu, & ils appartiennent de droit, à l'acquéreur, s'ils ne sont réservés par le vendeur. Or, si les lods sont dûs à concurrence de leur valeur, lorsque le prix de la vente est un, pourquoi ne le seroient-ils pas lorsqu'il est divisé? Cette division change-t-elle la nature des choses ? ou doit-elle nuire aux droits du Seigneur, sans son fait ? 2°. Les fruits ne peuvent subsister, croître, ni venir à maturité, qu'en tirant leur nourriture du fonds : conséquemment, la distinction des prix en est illusoire; puisque l'acheteur ne pourroit jouir des fruits, sans le sol qui leur donne la vie & l'accroissement. En un mot, il ne peut y avoir deux ventes, parce que les fruits ne subsistent que par le fonds : donc la totalité de la vente est sujette aux lods, puisque les fruits qu'on pourroit en exempter, font l'accessoire & la production du sol dont on reconnoît l'assujettissement.

[*c*] L. 44, *ff. de rei vendicatione.*
[*d*] L. 17, §. 1, *ff. de action. empti.*
[*e*] Dumoulin, sur la Coutume de Paris, §. 55, Gl. 3, *hodiè* 78, n°. 32, *junèto* §. 23, Gl. 2, *hodiè* 33, n°. 90. Dargentré, *de laudimiis, cap.* 1, §. 27; & sur Bretagne, art. 60, note 2, n°. 6 & 7. Livoniere, liv. 3, ch. 6, sect. 7, §. 8, p. 242, *infrà* n°. 809.

Guyot indique le tempéramment d'affranchir les grains vendus après la S. Jean ; & les raifins, après le premier Septembre (f) ; c'eft ce qu'on appelle *cateux*, ou fruits qui tendent à être féparés (g) ; mais il eft toujours vrai que ces fruits ne viennent à bien, qu'en pompant la fubftance du fol ; enforte que leur féparation intellectuelle du fufdit fol, eft contredite par le fait & par l'état phyfique des chofes : elle ne peut donc fervir de fondement à l'exemption des fruits, ni fournir une raifon légitime de s'écarter des regles confacrées par le fuffrage des Jurifconfultes Romains.

CHAPITRE IV.

DES fervitudes réelles.

CLIX. Nature & différence des fervitudes réelles.
CLX. Affranchiffement de fervitude.
CLXI. Etabliffement de fervitude.
CLXII. Modification.
CLXIII. Vente du fonds, avec la fervitude.
CLXIV. Vente d'un pré, avec la prife d'eau.
CLXV. Vente à charge d'une fervitude.
CLXVI. Vente avec remife de fervitude.
CLXVII. Ces traités font-ils vente ou échange?

CLIX.

La fervitude réelle eft un droit qui affujettit un fonds à l'ufage d'un autre fonds (h) ; & c'eft parce qu'elle eft réelle & *Nature & différence des fervitudes réelles.*

---

[f] Guyot, des lods, ch. 9, n°. 5, 6 & 7.
[g] *Bene.* Loifeau, des offices, liv. 3, ch. 4, n°. 40--45.
[h] *L.* 1, *ff. de fervit. L.* 5, §. 1. *ff. de fervit. præd. ruftic.*

fonciere, qu'elle ne peut être établie qu'au profit d'un fonds (*i*).

Nous diftinguons pourtant deux fortes de fervitudes réelles : 1º. celles qui font totalement inhérentes & incorporées au fonds dominant, comme les fervitudes de jour, de vue, de profpect, & autres, qui s'exercent dans le fonds dominant, & qui font, à tous égards, identifiées avec ce fonds : 2º. celles qui font moins intimement attachées au fonds dominant, parce qu'elles s'exercent fur le fonds fervant ; & plus encore, fi cet exercice requiert le fait de l'homme : telle eft la fervitude de dépaiffance, de prife d'eau, d'abreuvoir, de prife de fable ou de chaux, & autres femblables : de là vient que la fervitude de dépaiffance, & celle d'abreuvoir, font quelquefois attachées à la perfonne, & non à la chofe, felon la Loi (*k*) ; & que la fervitude de chauffage, quoique réputé réelle, & non perfonnelle (*l*), peut pourtant être tranfportée par l'ufage, au profit d'une autre maifon, s'il y a fuffifamment du bois dans la forêt (*m*).

C L X.

La remife ou affranchiffement d'une fervitude paffive, eft, par fa nature, exempte de lods, quand même elle feroit faite à prix d'argent (*n*) : 1º. elle eft avantageufe au Seigneur du fonds, affranchit, en libérant ce fonds, d'une charge qui le déprécioit : 2º. il n'y a ni changement de poffeffeur, ni tranfport de propriété.

C L X I.

La parfaite patrimonialité dont jouiffent les biens en France,

---

[*i*] *L.* 1, §. 1, *ff. commun. præd.* §. 3, *inftit. de fervitutibus præd.*

[*k*] *L.* 4 & 37, *ff. de fervit. rufticorum.*

[*l*] Saint-Yon, *L.* 1, tit. 29, §. 9, p. 373. Arrêt du 9 Juillet 1728. Dunod des prefcriptions, troifieme partie, ch. 6, p. 287.

[*m*] *Argumento, L.* 12, §. 1, *verf. fed utitur, ff. de ufu & habit.* Saint-Yon, liv. 1, tit. 29, §. 19, p. 378.

[*n*] Arrêt du dernier Février 1586. Chopin, fur la Coutume d'Anjou, liv. 2, tit. des lods, nº. 12. Livoniere, liv. 3, ch. 6, §. 6, p. 239, 240. Dumoulin, fur la Coutume de Paris, §. 23, *hodie* 33, Gl. 2, nº. 41.

a fait établir la maxime, que l'établissement fait par le bientenant, à prix d'argent, d'une servitude sur son propre fonds, est, par sa nature, exempte de lods (*o*); parce que cette aliénation n'est pas censé affecter la propriété; & que le corps du fief ou de la teneure, demeurant dans les mains du vendeur, il n'y a pas lieu à l'exercice des droits du Seigneur, puisqu'il n'y a point de vente ni de changement de main du fonds asservi.

CLXII.

1°. Mais si l'établissement de la servitude déprécie considéra- *Modification.* blement le fonds servant, & qu'elle s'exerce sur ce fonds, comme dans le cas du n°. 164; de même s'il s'agit d'une servitude de marne, de dépaissance, de lignerage, &c. & que le fonds servant soit tenu d'un autre Seigneur; en ce cas, cet établissement est une détérioration défendue du fonds servant (*p*); parce que le bien-tenant n'a pas pu dégrader impunément le fonds sujet à la directe de son Seigneur, pour améliorer celle d'un Seigneur étranger: conséquemment, si j'impose sur mon fonds, la servitude de marne, de dépaissance, de prise d'eau, ou toute autre servitude réelle qui s'exerce sur mon fonds, la vente du fonds auquel sera attachée la servitude active, sera sujette aux lods au Seigneur de mon fonds, à concurrence de la valeur de ladite servitude, & à titre d'indemnité de son établissement (*q*).

2°. Hors qu'elle eût été baillée en arriere-fief à l'acquéreur de la servitude, dans le cas où ce sous-bail est permis (*r*); c'est-à-dire, lorsque le Maître du fonds servant a pu, en établissant la servitude sur son bien, se réserver la mouvance de cette servitude; parce que ce bail à fief, lorsqu'il est légitimement fait, est exempt de lods, comme nous le dirons, en parlant du bail à fief,

____

(*o*) Dumoulin, sur la Coutume de Paris, §. 55, Gl. 3, *hodiè* 78, n°. 3. Dargentré, sur celle de Bretagne, art. 59, note 3, n°. 4.

(*p*) Dumoulin, sur la Coutume de Paris, §. 55, *hodiè* 78, Gl. 3, n°. 3; & §. 58, *hodiè* 83, n°. 19, 20.

(*q*) Dumoulin, sur la Coutume de Paris, §. 58, *hodiè* 83, n°. 19, 20. Livoniere, liv. 3, ch. 6, §. 6, p. 239, *infrà* n°. 164.

(*r*) Livoniere, *loco suprà.*

dans la troifieme partie de ce Traité : par exemple, en aliénant une fervitude fur le bien que je tiens en fief, je puis me réferver la mouvance de cette fervitude ; mais je ne le pourrois pas, fi je tenois ce bien en cenfive ; parce que le Cenfitaire ne peut, par un fous-bail, éloigner le bien cenfuel de la dépendance immédiate du Seigneur cenfier, (*fuprà* n°. 68).

CLXIII.

Vente du fonds avec la fervitude.

1°. En thefe, la fervitude aĉtive étant inhérente au fonds dominant, qu'elle améliore, & dont elle augmente la valeur, elle eft pareillement inhérente au fief : conféquemment, la totalité du fonds & du fief eft fujette à la preftation des droits lors de la vente de ce fonds avec la fervitude aĉtive qui en fait partie ; toutefois avec les deux limitations contenues au n°. précédent : c'eft une efpece d'amélioration, un acceffoire, qui, comme tout autre, augmente les droits du Seigneur féodal ou cenfier.

2°. Conformément à ce principe, un Arrêt du 16 Septembre 1690, condamne le propriétaire d'une fervitude aĉtive de dépaiffance & de prife de marne, aux lods entiers du fonds dominant, vendu avec ces deux facultés (*s*) ; & cette difpofition eft exaĉte lorfque le fonds fervant & le fonds dominant font tenus du même Seigneur, parce qu'il eft refait, par l'augmentation des lods du fonds dominant, du déchet que fouffre le fonds fervant, & de la diminution de fes profits lors de la vente de celui-ci.

3°. Mais fi ces différens fonds font tenus de différens Seigneurs, c'eft le cas de la limitation portée par l'article précédent, lorfque la fervitude s'exerce fur le fonds fervant, comme dans le cas de l'Arrêt de 1690 ; parce que l'établiffement fait par le bien-tenant d'une fervitude paffive fur fon fonds, ne peut priver fon Seigneur, des profits attachés à la vente d'un droit qui s'exerce fur ce fonds, ni tranfporter ces profits à un Seigneur étranger ; enforte que dans l'efpece de l'Arrêt de 1690, & dans toute autre efpece où l'exercice matériel de la fervitude fe fait fur le fonds fervant, c'eft le Seigneur de ce fonds qui doit per-

---

(*s*) Nouveau Journal du Palais, tom. 1, Arrêt 35.

cevoir les profits de la vente de la fervitude , & auquel on doit
la reconnoître ; parce que ·la dépendance de cette fervitude n'a
pu lui être ravie ni tranfportée, par le fait du redevable , au Seigneur étranger ; c'eft-à-dire , que fi le fonds dominant eft vendu
avec la fervitude active attachée à ce fonds , ce fera le Seigneur
du fonds fervant , & non celui du fonds dominant , qui percevra
les lods à concurrence de la valeur de la fervitude ; parce que ,
lors de la vente du fonds fervant, ils feront diminués à concurrence de la même valeur , & que cette fervitude ne peut être tenue que de lui, puifqu'elle s'exerce fur le fonds dont il eft Seigneur.

Tant il eft vrai que l'Arreftographie égare , lors qu'au lieu
d'appliquer les Arrêts aux principes , on fonde les principes fur
des Arrêts. L'article fuivant mettra dans une nouvelle évidence
le droit du Seigneur du fonds fervant.

C L X I V.

1°. On trouve dans le Traité de l'ufage des fiefs de M. Salvaing , précieufe collection des recherches les plus intéreffantes ,
& des méditations les plus profondes, plufieurs certificats , &
des Arrêts pour conftater l'ufage du Dauphiné , dans le cas ci-
après. Si un pré , tenu d'un certain Seigneur , ou même allodial,
eft arrofé par les eaux d'une riviere· ou d'un ruiffeau appartenant
à un autre Seigneur, celui-ci perçoit une portion des lods du
pré , lorfqu'il eft vendu à proportion de l'augmentation de fa valeur ; laquelle portion eft communément fixée au tiers des entiers lods (t) ; & cette décifion pleine de juftice , doit par-tout
être adoptée avec la premiere modification établie par ce judicieux Auteur.

2°. C'eft, 1°. que fi le pré a fuffifamment d'eau, indépendamment
de celles du Seigneur étranger, 2°. M. Boiffieu ajoute une feconde
modification ; c'eft que fi les eaux de la riviere ou du ruiffeau ne
font pas tenues à titre d'inféodation , & qu'il n'y en ait point

Vente d'un pré
avec la prife
d'eau.

(t) Boiffieu., ch. 58. Bretonnier , fur Henrys, liv. 1 , queft. 36 ,.n°. 10, 11
& 12.

de reconnoissance de la part du maître du pré, lorsqu'il en a joui de tems immémorial, ce qui a la force de titre constitutif (v); dans ces deux cas, il n'est rien dû au Seigneur étranger propriétaire des eaux (x); mais, dans ces cas encore, les entiers lods accroissent au Seigneur du pré, même à concurrence de la valeur de la prise d'eau; parce que cette servitude étant inhérente au pré, c'est une amélioration & un accessoire, dont le fonds profite, & conséquemment le fief.

3°. Cependant, le dire de M. Boissieu, que la possession immémoriale de l'eau, sans reconnoissance ni prestation, donne l'exemption des droits seigneuriaux contre le Seigneur propriétaire des eaux, ne doit être entendu que selon l'usage du Dauphiné, où l'on prescrit la libération de la directe censuelle dans cent ans, même contre le Roi. Nous traiterons à fonds cette question, en parlant des bacs, au n°. 177.

4°. Reste toujours que la servitude active des eaux, est attachée au pré; & que cependant les profits sont adjugés, à concurrence de sa valeur, au Seigneur du fonds servant; c'est-à-dire, au Seigneur des eaux: le maître du pré doit pareillement reconnoître au Segneur des eaux, le droit qu'il a d'en user; le tout, conformément aux principes du n°. précédent.

CLXV.

Vente à la charge d'une servitude.

1°. Si, par la vente que je fais d'un jardin, nous transportons sur un pré de l'acheteur, la charge d'une servitude passive, dont un verger, qui m'appartient, étoit tenu envers le fonds d'un tiers, en ce cas les lods sont dûs à concurrence de la valeur de la servitude transférée sur le pré propre à cet acquéreur, & distinct du jardin qui fait l'objet de son achat; parce que l'imposition de cette servitude fait partie du prix de la vente, puisqu'elle transporte sur un fonds propre à l'acquéreur, & étranger à son achat, une charge dont ce fonds étoit exempt, & qui diminue

(v) *L. 3, §. 4, ff. de aqua quotid.*
(x) Salvaing, ch. 58.

de

de valeur à concurrence de l'impofition de cette fervitude. Or,
cette diminution de valeur fait une partie intégrante du prix de
l'achat : il y a donc ouverture aux lods, à concurrence de cette
portion de prix (*y*).

2°. Mais, en changeant d'efpece, fi lors de la vente de mon
fonds, j'impofe ou je tranfporte une fervitude réelle fur le fonds
vendu; en ce cas, l'impofition ou le tranfport de cette fervitude
ne fauroit aggraver les droits de la vente, puifque les lods ne font
dûs qu'à concurrence du prix, & que l'établiffement d'une fervitude fur le fonds vendu, en diminue réellement la valeur, bien
loin d'en augmenter le prix (ᴣ).

C L X V I.

Nous avons ci - devant parlé de l'affranchiffement pur & fimple d'une fervitude qui, par fa nature, eft exempte des lods;
au lieu qu'en changeant d'hypothefe, nous fuppofons qu'en confidération de la vente de mon fonds, l'acheteur me décharge d'une
fervitude, dont un autre fonds, qui m'appartient, & étranger à
la vente que je fais, étoit tenu envers un fonds propre à l'acquéreur. Dans ce dernier cas, les lods font évidemment dûs à concurrence de la valeur de la fervitude (*a*), puifque la remife qu'en
fait l'acheteur à mon profit, fait partie du prix de fon achat (*b*),
en le dépouillant d'une fervitude dont il jouiffoit fur mon fonds.

Vente avec re-
mife de fervitude.

C L X V I I.

1°. Le grand nombre des Coutumes qui forment le droit commun du Royaume, déclare les échanges exempts de lods : plu-

Ces traités font-
ils vente, ou
échange ?

(*y*) Dumoulin, fur la Coutume de Paris, §. 55, *hodiè* 78, Gl. 5, n°. 6.
Guyot, des lods, ch. 6, n°. 12, 13 & 14.

(ᴣ) Dargentré, *de laudimiis, cap.* 1, §. 20. Dumoulin, fur la Coutume de
Paris, § 53, *hodiè* 76, n°. 35, *infrà* n°. 571.

(*a*) Dumoulin, fur la Coutume de Paris, §. 55, *hodiè* 78, Gl. 5, n°. 6. Livoniere, liv. 3, ch. 1, p. 140. Guyot, des lods, ch. 12, n°. 12, 13 & 14.

(*b*) *Si quis obligatione liberatus fit, poteft videri cepiffe, L.* 115, *ff. de reg.
jur.*

Tome I.　　　　　　　　　　　　　X

fieurs les y affujettiffent feulement en partie. Enfin les nouveaux Edits ont établi les droits de lods des échanges, au profit du Roi ou de fes acquéreurs : il eft donc néceffaire de déterminer fi les ventes à charge, ou avec la remife d'une fervitude, dans le cas où elles font fujettes aux lods, doivent être réputé l'être, comme ventes ou comme échanges ; parce que cette différence en produit effentiellement d'autres dans la perception. Et voici la réfolution de ce problême.

2°. La fervitude dont la vente contient la charge ou l'affranchiffement, eft un immeuble : donc lorfqu'en fus du prix de fon achat, l'acquéreur charge fon bien propre d'une fervitude précédemment impofée fur un autre bien du vendeur, il lui fournit la décharge de cette fervitude, en échange d'une partie du bien vendu : de même, s'il remet au vendeur la fervitude paffive attachée au bien de celui-ci, ce contrat eft pareillement échange, à concurrence de la valeur de la fervitude, dont la remife eft la décharge d'un droit réel, en repréfentation de partie du prix de la vente. Or, dans les deux cas fufdits, la charge ou la remife de la fervitude réelle repréfente la valeur du fonds, à concurrence de la valeur de cette charge ou de cette remife : conféquemment, le contrat eft vraiment échange dans ces deux cas, à concurrence de la valeur de la fervitude (c) ; c'eft-à-dire, à concurrence de la valeur d'un droit réel contre celle d'un fonds.

3°. Si la fervitude eft rachetable à prix d'argent, en ce cas, nous renvoyons aux principes que nous avons établis dans la troifieme partie de ce Traité, au fujet des rentes foncieres rachetables à prix d'argent, parce qu'il s'agit, dans l'une & dans l'autre efpece, de droits fonciers, & rachetables à la volonté du débiteur.

4°. Au refte, foit que le contrat foit réputé échange ou vente, il faut, pour fixer les droits de l'un ou de l'autre, eftimer la fervitude impofée ou remife, pour en fixer les lods à concurrence de fa valeur (d).

_____

(c) *Argum.*, L. 1 & 6, *Cod. de rer. permut.* Dargentré, *de laudimiis, cap.* 1, §. 20. Dumoulin, fur la Coutume de Paris, §. 53, *hodiè* 76, n°. 35. Livoniere, liv. 3, ch. 1, p. 140 & 141.

(d) Sudre, fur Boutaric, des droits feigneuriaux, tit. des lods, §. 4, n°. 6.

CHAPITRE V.

Des servitudes personnelles d'usufruit & d'habitation, & du bail à vie.

CLXVIII. Définition de l'usufruit.
CLXIX. Exemption de lods, droit d'usage.
CLXX. Bail à vie.
CLXXI. Usufruit perpétuel.

C L X V I I I.

L'usufruit est le droit de jouir du bien d'autrui, sans en altérer la subsistance, ni le dégrader (*e*) : il est attaché à la personne de l'usufruitier, dont le décès entraîne l'extinction de l'usufruit (*f*) ; & c'est à raison de cette personnalité que, quoiqu'il soit libre à l'usufruitier d'en aliéner l'émolument, il ne peut en changer le titre, ni faire courir sur la tête d'un tiers l'événement qui doit le terminer.

D'ailleurs, ce droit n'ébreche pas la propriété, qui demeure entiere dans les mains du Maître ; mais c'est une simple servitude (*g*) attachée à la personne de l'usufruitier.

Cependant l'usufruit est sujet à décret, selon un acte de notoriété, du 19 Juillet 1687, cité par Lacombe (*h*) ; ce qui est contradictoire avec la maxime que nous venons de rapporter d'après le texte du Droit Romain ; parce qu'un droit purement personnel à l'usufruitier, ne peut être sujet à décret, nul ne pouvant avoir une servitude active & proprement dite sur son propre bien (*i*) ;

Définition de l'usufruit.

(*e*) *L.* 1 *, ff. de usufructu & quemadmod.*
(*f*) §. 3 *, instit. de usufructu.*
(*g*) *L.* 25 *, ff. de verb. significat. L.* 5 *, ff. si usufruct. petet.*
(*h*) Recueil de Jurisprudence de Lacombe, *verbo,* Emphytéose, n°. 5.
(*i*) *L.* 5 *, ff. si usufructus petetur.*

enforte qu'il implique contradiction que l'ufufruitier foit proprié-taire d'un bien dont il a fimplement l'ufufruit.

CLXIX.

1°. Dès qu'il confte que l'ufufruit n'eft qu'une fervitude perfon-nelle, & non une portion de la propriété (*k*), il eft vifible qu'il n'affecte ni le vaffelage, ni la teneure cenfuelle; & par voie de fuite, que la vente, c'eft-à-dire, la conftitution de l'ufufruit pour un prix unique, eft exempte de lods (*l*) & du retrait feigneurial ou lignager (*m*), ainfi que l'extinction de cette fervitude. L'évi-dence de ce principe a entraîné tous les fuffrages (*n*); & deux Arrêts de 1518 & de 1560, ont prononcé en conformité (*o*): cependant Dumoulin & Dargentré, après avoir rendu hommage à cette vérité, ont fini par la contredire (*p*): c'eft ainfi que ces grands hommes, affaiffés fous le poids d'un travail opiniâtre & affidu, ont payé le tribut de l'humanité. Nous expliquerons au n°. 826, la contradiction apparente de cette affertion, avec le contenu au n°. 530.

2°. A plus forte raifon la conftitution ou l'extinction d'un droit d'ufage ou d'habitation, font-ils exempts de lods.

CLXX.

1°. La vente ou le bail à vie, fait la matière d'un grand pro-blême, fur lequel les Auteurs font extrêmement partagés; confi-déré comme un fimple bail à vie, cet acte eft, par fa nature,

---

[*k*] *L.* 25, *ff. de verb. fignif.*

[*l*] Dumoulin, fur la Coutume de Paris, §. 22, *hodiè* 33, Gl. 1, n°. 158; & §. 55, Gl. 1, *hodiè* 78, n°. 11 & 12. Dargentré, fur celle de Bretagne, art. 65, note 1, n°. 1--5, 10.

[*m*] Tiraqueau, du retrait lignager, §. 1, Gl. 7, n°. 55-61.

[*n*] Livoniere, liv. 3, ch. 6, fect. 7, §. 3, p. 236. Guyot, des lods, ch. 7, n°. 1--14.

[*o*] Henrys & Bretonnier, liv. 3, queft. 21, n°. 1--7.

[*p*] Dumoulin, fur la Coutume de Paris, §. 55, Gl. 1, *hodiè* 78, n°. 183 & 184. Dargentré, *de laudimiis, cap.* 1, §. 31.

exempt de lods, puisqu'en derniere analyse il se réduit à une constitution d'usufruit, dont nous venons de prouver l'exemption : considéré comme un bail au-dessus de neuf ans, il est dans le cas de les payer, parce qu'à moins de se faire une illusion volontaire, on ne peut désavouer que le terme d'un bail à vie ne soit communément plus long que celui d'un bail pour dix ans.

2°. Mais comme l'essence des choses est indépendante du nom que l'intérêt ou le préjugé leur ont donné, le bail ou la vente à vie à un prix unique, se résoud en une vente ou constitution d'usufruit (*q*) ; puisque l'effet est exactement le même, & que l'acquéreur a précisément, & taxativement, les droits d'un usufruitier. C'est ainsi que les baux à vie qu'on passe aux Chanoines, des maisons claustrales, sont réputé baux à loyer, selon Potier (*r*) : nous invoquons avec complaisance son suffrage, en rendant hommage à la profondeur de son savoir : ses Pandectes feront inscrire son nom au Temple de mémoire, à côté de ceux de Dumoulin & de Cujas.

Ainsi, les baux à vie sont exempts de lods, puisque la vente d'un usufruit en est exempte, & que ces deux contrats n'en sont qu'un, quoique Dumoulin ait décidé le pour & le contre sur cette question (*s*) ; mais elle a été jugée par un Arrêt du 28 Février 1688 (*t*) : pareil Arrêt du 11 Février 1707, avec cette circonstance, que celui-ci n'en ordonna pas la restitution, parce qu'ils avoient été payés par erreur (*v*).

3°. Mais, en changeant de point de vue, on n'apperçoit plus le même objet. L'usufruit ne donne que la jouissance, sans toucher à la substance, sur laquelle l'usufruitier n'a nul droit : *salvâ rerum substantiâ* (*x*). Si donc le preneur à vie est autorisé, par

---

[*q*] Potier, du louage, n°. 290.
[*r*] Potier, du louage, n°. 27.
[*s*] Dumoulin, sur la Coutume de Paris, §. 22, *hodiè* 33, Gl. 1, n°. 117, & §. 55, *hodiè* 78, Gl. 1, n°. 183 & 184.
[*t*] Rapporté dans le Journal du Palais, sous sa date.
[*v*] Journal des Audiences, tom. 5, liv. 7, ch. 8. Guyot, des lods, ch. 7, n°. 7 & 8.
[*x*] *L.* 1, *ff. de usufructu & quemad.*

fon bail, à faire des changemens fur le bien, il eft plus qu'ufufruitier, & fon titre lui donne la propriété : il eft donc fujet aux
lods, quand même il n'auroit acquis cette propriété, que pour
peu de tems (*y*). Or, la preuve qu'il l'a acquife, c'eft qu'il eft
autorifé à faire des changemens (*). Il eft inutile d'ajouter que
le bail à vie excede en valeur un bail pour dix ans, dont nul ne
contefte l'affujettiffement aux lods (*z*). Guyot décide pour l'affujettiffement dans notre efpece ; & c'eft ainfi qu'on doit entendre
l'avis de Dumoulin & de Dargentré (*a*).

4°. Si le bailleur s'eft réfervé une rente annuelle lors du bail à
vie, avec pouvoir au preneur, de changer l'état du bien, & que
cette rente ne foit pas rachetable, ni accompagnée de la numération d'entrées, c'eft un fimple bail à rente à longues années,
qui donne plus de droit que la conftitution d'ufufruit, mais qui
jouit de la même exemption de lods, que le bail à longues
années, dont nous parlerons dans la troifieme partie de ce
Traité.

5°. Au refte, nous rapportons ici, d'après la Loi Romaine,
les droits du preneur à vie, purement ufufruitier, pour le diftinguer de celui qui, par le bail à vie, a acquis la propriété.

CLXXI.

Ufufruit perpé-
tuel.

Il eft de l'effence de l'ufufruit, d'avoir les mêmes bornes qui
terminent la vie de l'ufufruitier (*b*) ; enforte que c'eft un bail à
longues années, fi les Parties y ont mis un différent terme ; au-

---

(*y*) Dumoulin, fur la Coutume de Paris, §. 22, *hodiè* 33, Gl. 1, no. 117,
infrà n°. *bis* 201.

(*) *Nota.* De droit commun, l'ufufruitier n'eft pas autorifé à placer ni à enle-
ver des cloifons, à changer les portes ou la face des jardins, à fermer ou ouvrir
des jours, à élever les bâtimens, ni à changer l'état des chofes (*L.* 13, §. 7 ; *&*
§. *fin. L.* 15, 44, 61, *ff. de ufufructu & quemad.*), quoiqu'il puiffe les améliorer, & faire les réparations néceffaires pour s'en fervir felon leur deftination,
L. 13, §. 4, *L.* 27, §. 1 ; *& L.* 73, *ff. de ufufructu & quemad.*)

(*z*) *Suprà* n°. 157.

(*a*) Guyot, des lods, ch. 7, n°. 5. Dumoulin, fur la Coutume de Paris, §.
55, *hodiè* 78, Gl. 1, n°. 183 & 184. Dargentré, *de laudimiis, cap.* 1, §. 31.

(*b*) §. 3, *Inflit. de ufufructu.*

quel cas il doit être mis dans la cathégorie des baux à rente : &
fi ce bail eft fait moyennant un prix unique, & pour dix ans, ou
au-delà, il eft réputé vente, (*fuprà* n°. 157).

De même, la vente ou l'établiffement à prix d'argent d'un ufufruit perpétuel, donne inconteftablement ouverture aux lods (c);
parce que ce Traité tranfporte, à quelqu'égard, dans les mains
du preneur, toute la propriété devenue illufoire ès mains du
bailleur, puifque l'ufufruit perpétuel emporte tout le fruit & tout
l'émolument du bien baillé.

CHAPITRE VI.

Vente de la furface de la nue propriété, réunion
ou réfervation d'ufufruit.

CLXXII. Surface du fonds.
CLXXIII. Nue propriété.
CLXXIV. Valeur de l'ufufruit réfervé.
CLXXV. S'il eft rachetable.
CLXXVI. Rachat de l'ufufruit.

CLXXII.

Comme la vente d'un ufufruit perpétuel eft fujette aux lods, *Surface du fonds.*
il en eft de même de celle de la furface du fonds, parce qu'elle
en fait la partie la plus importante (d), & prefque la feule dont
les hommes foient en état de jouir.

CLXXIII.

Les combinaifons de ces contrats font indéfinies, parce qu'il *Nue propriété.*

(c) Dumoulin, fur la Coutume de Paris, §. 55, Gl. 1, *hodiè* 78, n°. 12.
(d) Dargentré, *de laudimiis, cap.* 1, §. 39. Livoniere, liv. 3, ch. 6, feÆ. 7,
§. 1, p. 235.

eſt libre aux Parties de prendre tels arrangemens économiques qu'elles trouvent bon, pourvu que leurs marchés n'aient rien de contraire à la Loi politique, ni au droit naturel, ou aux bonnes mœurs.

Ainſi, rien ne s'oppoſe à la vente de la nue propriété, avec réſervation d'uſufruit ; auquel cas, l'ouverture au droit de lods eſt évidente (e), puiſque ce tranſport emporte un changement marqué, & non équivoque, de Cenſitaire ou de Vaſſal.

CLXXIV.

Valeur de l'uſu-fruit réſervé.

Mais, en ce cas, doit-on fixer les lods, non ſeulement ſur le prix de la vente, mais encore ſur la valeur de l'uſufruit ? Il eſt conſtant que ce n'eſt que ſur le prix de la vente ; 1°. parce qu'en theſe, on les paye ſur le prix de la vente, & non ſur l'eſtimation du bien vendu ; 2°. parce que l'uſufruit réſervé eſt exclus de la vente, bien loin d'en faire partie : cet objet ne doit donc pas entrer dans la fixation des lods (f) : c'eſt ainſi que la queſtion a été jugée par un Arrêt du 13 Août 1750, quoiqu'un autre Arrêt du 14 Juin 1751, ait condamné au paiement des lods, même ſur la valeur de l'uſufruit réſervé. L'Auteur du Dictionnaire du Domaine, qui les rapporte l'un & l'autre, convient, quoique commis aux fermes, que le ſecond eſt exhorbitant du droit commun (g). En effet, l'acheteur doit les lods du prix de ſon achat, & non ceux d'une réſerve, qui en diminue la valeur (h).

CLXXV.

S'il eſt rachetable.

Si l'uſufruit réſervé eſt rachetable à la volonté de l'acquéreur,

---

(e) Dumoulin, ſur la Coutume de Paris, §. 55, Gl. 1, *hodiè* 78, no. 142 & 143.

(f) Dumoulin, ſur la Coutume de Paris, §. 55, Gl. 1, *hodiè* 78, n°. 142 & 143. Dargentré, ſur celle de Bretagne, art. 65, n°. 6.

(g) Dictionnaire, du Domaine, *verbo*, Prix des ventes, n°. 7.

(h) Dumoulin, ſur la Coutume de Paris, §. 53, *hodiè* 76, n°. 35. Dargentré, *de laudimiis*, cap. 1, §. 20.

en

en ce cas les lods de la vente du fonds fujet à l'ufufruit, font
dûs, même à concurrence de fa valeur, felon Dumoulin & Dargentré ; parce qu'à l'égard de l'acheteur, cette réfervation eft
converfible en argent, puifqu'il eft le Maître de s'en ra-
chêter (i).

C'eft comme un bail à rente rachetable, dont les lods font
également dûs felon ces Auteurs.

Mais en partant des principes que nous avons pofés au nº.
543, par rapport aux baux à rente rachetable, les droits ne font
dûs, à concurrence de l'ufufruit, qu'autant qu'il eft racheté ; auquel cas, la dette en remonte au tems de la vente du fonds (k).
Nous difons que les lods ne font dûs à concurrence de l'ufufruit,
qu'autant qu'il eft racheté ; d'autant mieux que plus le rachat fera
tardif, moins l'ufufruit aura de valeur : nouvelle raifon pour ne
pas affujettir la vente de la nue propriété, aux lods d'un rachat
qui peut ne pas avoir lieu, ou dont tout au moins, s'il eft exécuté, les lods diminueront avec la valeur de l'ufufruit, à proportion de l'éloignement du rachat.

C L X X V I.

Si l'on achete la nue propriété & enfuite l'ufufruit, ou au *Rachat de l'ufu-*
contraire, on demande fi les lods font dûs, tant fur le prix de la *fruit.*
propriété, que fur celui de l'ufufruit.

1º. La Loi Romaine prononce que fi quelqu'un achete fucceffivement le fonds & l'ufufruit, ou au contraire, l'acquifition de
l'ufufruit eft cenfé faire partie du fonds (l) ; mais le texte de
cette Loi paroît fe référer au cas où les deux achats ont été faits
de la même perfonne : enforte qu'en partant de ce principe, il eft
inconteftable que fi je vous vends fucceffivement, & par deux
contrats, l'ufufruit & la propriété, les lods font dûs fur le prix

---

(i) Dumoulin, fur la Coutume de Paris, §. 58, *hodiè* 83, nº. 14. Dargentré, fur celle de Bretagne, art. 65, nº. 6.

(k) *Infrà* nº. 804, & fuivans, 811 & 812.

(l) L. 58, *ff. de verb. fignific.*

Tome I.   Y

des deux ventes (*m*), quoique Dumoulin ne soit pas ferme sur ses principes à cet égard (*n*).

En effet, les lods étant une charge de la vente, il ne doit pas être libre au redevable de les alléger, en la cisaillant, & en multipliant les contrats. Ce n'est pas ici le lieu d'approfondir cette idée, qui appartient au Traité du dol ; il suffit d'en faire la remarque relativement à ce dont il s'agit.

Au reste, soit que la vente des fruits précéde ou suive celle du fonds, les entiers lods sont dûs du jour de la vente dudit fonds, comme nous l'expliquerons au n°. 811.

2°. Mais puisque l'usufruit n'est qu'une simple servitude (*o*), & que l'achat qu'en fait le propriétaire, n'est que l'extinction de cette servitude (*p*) ; il est donc vrai que si l'acquéreur du fonds éteint ensuite l'usufruit qui appartenoit, non au premier vendeur, mais à un tiers, cette extinction ne donne pas ouverture à de nouveaux droits : c'est ainsi que Dumoulin décide la question à l'égard du retrait (*q*) ; & cette maxime est confirmée par l'autorité d'un Arrêt du dernier Février 1586, qui, après que l'acquéreur eut payé les lods de l'achat d'une forêt, le relaxe de la demande de nouveaux lods, pour l'extinction d'un droit de chasse & de lignerage, jouis par un tiers sur cette forêt (*r*).

En un mot, il n'y a pas lieu à de nouveaux lods toutes les fois que les circonstances excluent toute présomption de fraude. Par exemple, il ne peut y en avoir, suivant Potier, si le légataire de l'usufruit achete la propriété, ou au contraire (*s*). De même, tout Traité qui a pour objet l'extinction d'un droit sur le fonds, est exempt de lods, comme nous le dirons au n°. 422.

[*m*] Dargentré, sur la Coutume de Bretagne, art. 65, n°. 5. Livoniere, liv. 3, ch. 6, sect. 7, §. 3, p. 236 & 237.

[*n*] Dumoulin, sur la Coutume de Paris, §. 55, Gl. 1, *hodiè* 78, n°. 142 & 143.

[*o*] *L.* 25, *ff. de verb. signif. L.* 5, *ff. si usufructus petetur.*

[*p*] Potier, de la vente, n°. 548.

[*q*] Dumoulin, sur la Coutume de Paris, §. 30, *hodiè* 43, n°. 180.

[*r*] Chopin, sur la Coutume d'Anjou, liv. 2., tit. des lods, n°. 12.

[*s*] Potier, du retrait, n°. 341.

CHAPITRE VII.

DES Bacs, Moulins à eau, à vent, ou fur Bateaux,
& des Navires.

CLXXVII. Bacs, principes de l'enclave.
CLXXVIII. Moulins à bras, à eau ou à vent.
CLXXIX. Moulins fur bateaux.
CLXXX. Navires.
Suite des nᵒˢ· 116 & fuivans.

CLXXVII.

1°. Quoique les bacs foient détachés du fol, & perpétuellement mobiles, ils font pourtant réputé immeubles fictifs, parce qu'ils font à demeure perpétuelle, & attachés à un certain lieu de la riviere, pour le paffage du public, auquel ils font deftinés (*t*) : c'eft ainfi que la queftion a été jugée par un Arrêt du 4 Mars 1672, rapporté fous fa date dans le Journal du Palais; mais la vraie raifon, felon nous, qui les fait déclarer immeubles, c'eft que le droit de bac eft une fervitude réelle impofée fur la riviere, un droit réel attaché à la faculté de bac ; & c'eft la réalité de cette fervitude qui lui communique la qualité d'immeuble. En parlant des moulins fur bateaux, nous mettrons cette vérité dans un nouveau jour.

2°. Il en eft de même, & par les mêmes raifons, d'une barque attachée par un particulier, fur une riviere, pour fon ufage perfonnel, ou de fes domeftiques, & non pour celui du public, lorfque cette barque eft établie à demeure, à titre de fervitude, fur la riviere, par titre ou par prefcription.

Bacs.

[*t*] Ferriere, fur l'art. 90 de la Coutume de Paris, Gl. 1, n°. 11. Recueil de Jurifprudence de Lacombe, *verbo*, Meubles, n°. 12.

3°. Il s'agit maintenant de favoir fi les bacs ou les barques qui font dans la claffe des immeubles fictifs, font féodaux ou cenfuels, ou indépendans du bien féodal ; car s'ils font féodaux, & affis dans un pays où les fiefs jouiffent de l'exemption des lods, ils doivent en jouir de même, & fubir, en un mot, le fort des autres fiefs.

Il s'agit donc d'examiner fi les bacs font réputé féodaux, cenfuels, ou allodiaux : queftion importante, & qui entraîne la décifion de plufieurs autres, mais dont le développement demande qu'on prenne les chofes de plus loin.

Un bac ne peut être établi que fur des rivieres royales, ou fur des rivieres feigneuriales ; c'eft-à-dire, fur celles qui appartiennent au Roi, parce qu'elles font navigables, ou parce qu'elles font affifes dans fes Juftices; ou fur celles qui appartiennent aux Seigneurs Haut-Jufticiers, puifque de droit commun toutes les rivieres non navigables font dépendantes de la Haute-Juftice (*v*), & qu'elles font partie du Domaine public inhérent à cette Juftice (*x*) : c'eft pour cela qu'on les appelle rivieres bannales, à caufe qu'elles font affifes dans le ban des Seigneurs (*y*).

4°. Si le bac eft affis fur une riviere navigable, il eft réputé appartenir en propriété au Roi, & faire partie du Domaine Royal (*z*), hors qu'on en rapporte des titres poffeffoires, paffés avec le Roi, & antérieurs au 1 Avril 1566 ; parce que, dans le cas de ce rapport, le poffeffeur en a la pleine propriété (*a*) : mais, foit qu'il faffe partie ou non du Domaine Royal, le bac poffédé par un particulier fur une riviere navigable, eft dans la dépendance féodale ou cenfuelle du Roi, & fujet à tous les droits feigneuriaux au profit du Roi, fuivant la coutume des .

(*v*) Bouteiller, liv. 1, tit. 13. Regles de Livoniere, liv. 2, tit. 3, ch. 4, reg. 2. Henrys, liv. 3, queft. 49.

(*x*) Laplanche, liv. 1, ch. 3, n°. 2.

(*y*) Chopin, du Domaine, liv. 1, tit. 15, n°. 6. Saint-Yon, liv. 2, tit. 1, §. 83.

(*z*) Déclaration d'Avril 1683 ; Edit de Décembre 1693, & d'Avril 1713, dans les Loix foreftieres, tit. 1, art. 4.

(*a*) Déclaration d'Avril 1683, dans les Loix foreftieres, tit. 1, art. 4. Ordonnance d'Août 1699, tit. 27, art. 41.

lieux; & telle eſt la diſpoſition de la Déclaration d'Avril 1686, rendue pour le Languedoc, & de l'Edit de Décembre 1693 (b).

5°. S'il eſt aſſis ſur une riviere non navigable, dans les Juſtices du Roi, il eſt pareillement ſeigneurial, & ſujet aux droits de mutation, ſuivant la coutume des lieux, conformément à l'Arrêt du Conſeil du 25 Août 1673, & Lettres-Patentes ſur icelui, du même jour (c).

6°. Si la riviere eſt ſeigneuriale, il eſt certain qu'il eſt dans la mouvance médiate ou immédiate du Roi, ainſi que les autres dépendances de la Juſtice, parce que la riviere eſt un droit & un attribut de la Haute-Juſtice, comme le bac eſt dépendant de la riviere à laquelle il eſt inhérent. Or, *le Roi, en aliénant la Juſtice, n'a pu en aliéner la mouvance ni le reſſort,* ſelon Dumoulin & Dargentré (d) : conſéquemment, le Roi n'a pu perdre ni aliéner la mouvance de la riviere ni du bac, qui ſont attachés à la Juſtice, en vertu de la regle *quod de toto hoc de qualibet parte.*

7°. Cela poſé, on demande ſi le poſſeſſeur du bac, qui l'a acquis par preſcription, ou autrement, ſur le Seigneur Haut-Juſticier, eſt cenſé le poſſéder allodialement. Il eſt conſtant qu'il n'a pu preſcrire à raiſon de ce bac l'exemption de la mouvance du Roi, ſuivant la diſpoſition expreſſe de l'Edit d'Août 1692, portant que la plûpart des franc-aleu viennent de l'affranchiſſement des Seigneurs, ou de leur négligence à ſe faire reconnoître; " mais que dans aucun cas ils n'ont pu acquérir la franchiſe " au préjudice du Roi, & qu'ils ſeroient, au contraire, rentrés " dans ſa mouvance immédiate, comme Seigneur ſuzérain (e) : vérité qui ſera confirmée au n°. 587.

8°. Ainſi, tout bac aſſis ſur une riviere non navigable, eſt ſeigneurial, & non allodial, puiſqu'il eſt néceſſairement dépendant

---

(b) Dans les Loix foreſtieres, *loco ſuprà. Idem* Laplanche, liv. 1, ch. 3, n°. 10.

(c) Rapportés dans le troiſieme vol. du Recueil du Domaine.

(d) Dumoulin, ſur la Coutume de Paris, §. 1, Gl. 5, n°. 33; & §. 46, *hodie* 68, n°. 3. Dargentré, ſur celle de Bretagne, art. 56, Gl. 3, n°. 4; & Gl. 4, n°. 2 & 3.

(e) Dans Bellamy, p. 441.

de la mouvance médiate ou immédiate du Roi, par cette raifon tranchante, tirée de Dumoulin & de Dargentré, *que le Roi n'a pu aliéner la mouvance ni le reffort d'aucune Juftice*, ni de fes attributs. Or, les rivieres font dépendantes de ces Juftices, comme les bacs font inhérents aux rivieres ; & par une conféquence néceffaire, le Roi n'a pu aliéner la mouvance d'aucuns bacs : ils ne peuvent donc être allodiaux.

9°. Refte à favoir fi les bacs placés fur les rivieres royales ou feigneuriales font cenfé cenfuels ou féodaux ; & à l'égard des bacs affis fur ces dernieres, s'ils font cenfé tenus du Seigneur Haut-Jufticier du territoire où du Roi ; car il eft évident que ceux qui font affis fur les rivieres royales, navigables ou non, font cenfé relever du Roi, propriétaire de ces rivieres ; toutefois avec la modification que nous expliquerons au verfet 17 de ce numero.

10°. Quant à la qualité féodale ou cenfuelle de tous les bacs, elle dépend de favoir s'ils font jouis noblement, felon les principes du pays où ils font affis ; auquel cas ils font féodaux ; ou s'ils font tenus en roture, auquel cas ils font cenfé cenfuels, quoiqu'au fonds, & dans le doute, un bien quelconque, & conféquemment un bac, foit préfumé cenfuel & roturier, plutôt que noble & féodal, fuivant l'Arrêt du Confeil du 14 Novembre 1724, rendu pour les habitans du Berry (*f*) : telle eft auffi la décifion de Fortin, & la difpofition de la Déclaration du Roi, du 23 Septembre 1713, rendue pour le Languedoc (*g*) ; enforte qu'il ne refte qu'à examiner fi ceux des rivieres feigneuriales font cenfé tenus des Seigneurs propriétaires de ces rivieres, ou du Roi : & voici les principes d'après lefquels on doit décider cette queftion.

11°. Si le bac eft rural, il eft inconteftable qu'il eft cenfé tenu cenfuellement du Seigneur, même fans titre, & en pays de francaleu ; parce qu'il ne peut être allodial, ni totalement affranchi de

____

(*f*) Billecoq, des fiefs, liv. 1, ch. 2. *Nota.* L'Auteur du Dictionnaire du Domaine foutient le contraire, en paffant fous filence le contenu en cet Arrêt.

(*g*) Fortin, art. 68 de la Coutume de Paris. Déclaration du 23 Septembre 1713, dans le Recueil judiciaire de Touloufe, tom. 1, p. 524.

la mouvance du Roi, suivant l'Edit de 1692, la décision de Dumoulin & de Dargentré, ci-devant cités aux versets 6 & 7, & suivant les autres autorités rapportées au n°. 587. Or, puisqu'il est rural, en prescrivant ou en acquérant la propriété de ce bac, le nouveau Maître n'a pu faire cette acquisition qu'avec les charges des biens ruraux & censuels ; autrement, & s'il pouvoit les jouir en franc-aleu, il l'affranchiroit de la dépendance seigneuriale du Roi, Seigneur primitif de toutes les Justices & de toutes leurs dépendances : le bac est donc sujet à la directe censuelle du Seigneur immédiat, sur lequel il a été acquis, puisqu'il n'est pas féodal, mais censuel. En effet, dès que le bac n'est pas féodal, il ne peut être nuement tenu du Roi, ou de tout autre Seigneur suzerain du terroir, puisque le Roi ou ce Seigneur ne jouit que des droits féodaux, & non des droits censuels, dans le terroir : le bac a donc demeuré soumis à la directe du Seigneur immédiat, qui seul jouit de tous les droits censuels dans le terroir, exclusivement au Roi, ou à tout autre Seigneur suzerain.

12°. Voilà le principe & le fondement de la présomption de directe, au profit du Seigneur de l'enclave, même par rapport aux garrigues, landes, marais, & vacans ; parce qu'*en conséquence de l'investiture d'un certain territoire*, notamment de la riviere & des garrigues, landes, marais, & vacans, tout ce qui est compris dans ce territoire, est censé sorti des mains du Seigneur investi, s'il a cessé d'en jouir : conséquemment toutes ces choses dépendent de plein droit de sa directe féodale ou censuelle (*h*) ; autrement elles seroient affranchies de la dépendance seigneuriale du Roi, d'où dérivent, comme de leur source, toutes les Justices & tous les fiefs. Ainsi, la présomption de directe du Seigneur de l'enclave, est fondée sur la réservation présumée de cette directe, lorsqu'il a aliéné ou laissé prescrire quelque portion de de son investiture : présomption confirmée par l'Edit d'Avril 1686 (*i*), par un Arrêt du 13 Septembre 1554 (*k*), & par les

---

(*h*) Dumoulin, sur la Coutume de Paris, §. 56, *hodiè* 68, n°. 6. Chopin, sur celle d'Anjou, liv. 2, ch. 5, n°. 4. Ferriere, sur la quest. 112 de Guy-Pape.
(*i*) Bellamy, p. 432.
(*k*) Maynard, liv. 4, ch. 35. Galand, ch. 10, p. 133.

Arrêts rapportés par Papon & par Cambolas (*l*) ; tous lesquels Arrêts accordent la préfomption de directe fans titre, au Seigneur de l'enclave, en pays de franc-aleu. Enfin c'eft fur ce fondement, que, par Arrêt du Parlement de Touloufe, du 19 Février 1721, au profit du Seigneur de Clarenfac, & par autre du même Parlement, du 5 Septembre 1766, au profit du Seigneur de Flaux, les habitans ont été condamnés à reconnoître de proche en proche, tout ce qu'ils auroient pris des vacans dans ces terres qui font affifes en Languedoc, parce qu'ils font cenfé ne l'avoir pris qu'avec l'affujettiffement à la directe du Seigneur, malgré la préfomption du franc-aleu rural dont jouiffent les biens fonds dans cette Province.

13°. En un mot, tout bien féodal, lors de fa conceffion, ne pouvant être affranchi au détriment du Roi, qui en a néceffairement la mouvance immédiate ou médiate, il eft cenfé forti de la main du Seigneur, qui en a été invefti avec toutes les charges des autres biens dépendans de la même conceffion, & nommément avec les charges cenfuelles des biens ruraux, fi ce bien eft rural. Or, les droits attachés aux biens cenfuels dans le terroir, font tous dans la main du Seigneur immédiat ; au lieu qu'il n'appartient que des mouvances au Seigneur fuzerain : conféquemment, ces biens ont demeuré dans la dépendance du Seigneur immédiat, & non dans celle du fuzerain.

14°. Si au contraire le bac eft tenu noblement, il eft cenfé relever du Roi, s'il n'eft tenu d'autre Seigneur, felon l'art. 383 de l'Ordonnance de 1629 ; & la préfomption eft pour le Roi, de préférence aux Seigneurs Haut-Jufticiers du territoire, fuivant l'Arrêt du Confeil, du 22 Mai 1667, rendu pour le Languedoc (*m*).

15°. Toutefois, s'il y a un Seigneur autre que le Roi, avec droit de reffort fur la Juftice où eft affis le bac, ce Seigneur de reffort a la préfomption de mouvance fur toutes les Juftices reffortiffant à la fienne ; plus encore fur les fiefs enclavés dans ces Juftices ; & conféquemment fur le bac : telle eft la doctrine una-

---

(*l*) Papon, liv. 13, tit. 2, Arrêts 1, 2 & 5. Cambolas, liv. 4, ch. 45.
(*m*) Recueil judiciaire de Touloufe, tom. 2, p. 10.

nime

nime de tous les Auteurs, fondée fur ce que la fupériorité de reffort eft la marque & la preuve de la fuzeraineté ou fupériorité féodale (*n*).

16°. De même fi le Haut-Jufticier a été invefti de l'univerfa-lité du terroir, par le Roi ou par tout autre Haut-Seigneur, cette conceffion emporte de plein droit toutes les·mouvances enclavées dans l'étendue de fa conceffion ; " parce que l'univerfalité „ du terroir comprend tout ce qui fe trouve dans fon enceinte, „ à l'exception des rivieres navigables, & des autres droits „ Royaux (*o*) „ : enforte qu'il a la préfomption de propriété, ou, tout au moins, de mouvance ou de teneure cenfuelle dans tout le terroir (*p*) : conféquemment il a la préfomption de mouvance du bac.

17°. Il nous refte à remarquer, pour n'omettre aucune des branches de cette queftion, & en répétant le contenu au verfet 4 ci-deffus, que rien n'empêche que les bacs affis fur une riviere navigable, foient mouvans d'un Seigneur particulier, s'il eft fondé en titres anciens, paffés avec le Roi avant le 1 Avril 1566 ; fauf la fuzeraineté du Roi, conformément à l'Edit d'Avril 1683, à celui d'Avril 1686, & à celui de Décembre 1693 (*q*) : à plus forte raifon fi c'eft une riviere non navigable, quoique royale.

18°. Nous devons obferver encore, qu'en partant des principes que nous venons de pofer, il n'eft pas poffible que la prife d'eau d'une riviere bannale, jouiffe de l'allodialité dans tout le furplus du Royaume, comme elle en jouit en Dauphiné (*r*) ; parce que, dans cette Province, on prefcrit l'exemption de la

---

(*n*) Chopin, fur la Coutume d'Anjou, liv. 1, art. 47, n°. 4. Dumoulin, fur celle de Paris, §. 20, Gl. 2, *hodiè* 19, n°. 4. Bouteiller, liv. 1, tit. 38, p. 289. Efprit des Loix, liv. 28, ch. 28. Loifeau, des Seigneuries, ch. 4, n°. 39-44; & ch. 6, n°. 56. Charte de 1178. Boiffieu, ch. 11, p. 57.

(*o*) Dumoulin, fur la Coutume de Paris, §. 46, *hodiè* 68, n°. 10. Perezius, fur le tit. du Code, *de bonis vacantibus*, n°. 8. Dargentré, fur celle de Bretagne, art. 56, Gl. 3, n°. 6; & Gl. 6, n°. 3; & Gl. 4, n°. 6.

(*p*) Dumoulin, fur la Coutume de Paris, §. 46, *hodiè* 68, n°. 6.

(*q*) Rapporté dans les Loix foreftieres, tit. 1, art. 4.

(*r*) *Suprà* n°. 164.

directe, par cent ans, même contre le Roi (*s*) ; au lieu que partout ailleurs elle est imprescriptible en faveur du Roi ; & dans la plus grande partie du Royaume, tout Seigneur directe jouit de la même imprescriptibilité.

En récapitulant le contenu en cet article, il en résulte, 1°. que si le bac est assis sur une riviere navigable, il est censé dépendre de la directe féodale ou censuelle du Roi, selon qu'il est noble ou rural ; 2°. même dépendance s'il est assis sur une riviere non navigable, dépendante des Justices de Sa Majesté ; 3°. que le Roi n'en a que la suzeraineté, si un Seigneur particulier est fondé en titres de directe immédiate, passés avec Sa Majesté avant le 1 Avril 1566 ; 4°. que si le bac est assis sur une riviere seigneuriale, il est nécessairement seigneurial, & jamais allodial ; 5°. qu'il est censé féodal s'il est tenu noblement, & censuel s'il est tenu en roture ; que s'il est censuel, il est censé tenu du Seigneur immédiat, qui possede dans la terre tous les droits censuels ; 6°. que s'il est noble, il est censé tenu du Roi, ou autre Seigneur qui a la présomption de mouvance des biens féodaux dans le terroir. Nous glissons sur les propositions incidentes qui dérivent de celles-ci.

CLXXVIII.

Moulins à bras, à eau & à vent.

1°. Les moulins à bras demeurent dans la classe des meubles, puisqu'ils sont détachés du bâtiment (*t*) : conséquemment ils sont indépendans du lien féodal, & exempts des droits seigneuriaux.

2°. A l'égard des moulins à eau ou à vent, il est évident qu'ils sont immeubles, puisqu'ils sont inhérens au sol (*v*) : conséquemment, ils sont sujets à toutes les charges des biens féodaux ou censuels, s'ils sont dans une de ces deux clases, & qu'ils ne soient pas allodiaux.

(*s*) Déclaration du Roi du 15 Janvier 1555 ; Arrêt du 17 Août 1645 ; & Edit d'Octobre 1658. Boissieu, ch. 53, p. 271.

(*t*) *L.* 26, §. 1, *ff. de instrum. vel instr. legato.* Ferriere, sur la Coutume de Paris, art. 90, Gl. 1, n°. 10.

(*v*) *Argum. L.* 17, §. 7, *ff. de act. empti.* Brodeau, lettre M, sommaire 13, n°. 1. Dumoulin, sur la Coutume de Paris, §. 8, *hodiè* 13, Gl. 5, n°. 5, art. 90 de la Coutume de Paris.

3°. Mais dans le cas d'allodialité du moulin à eau, l'eau prife d'une riviere bannale, ne peut être allodiale, felon les principes établis au n°. précédent : conféquemment, dans le cas de la vente du moulin, le Seigneur de l'eau a une portion de lods, felon l'ufage du pays, conformément aux principes des n°. 163 & 164, ci-devant.

Nous ne devons pas paffer fous filence que, felon l'ancienne Jurifprudence atteftée par Bouteiller (x), & felon l'art. 281 de l'ancienne Coutume d'Orléans, toutes les parties du moulin qui tournent, font meubles; & ce qui ne tourne pas, eft immeuble; mais que cette erreur a été profcrite, comme il confte par l'art. 90 de la nouvelle Coutume de Paris, & par l'art. 352 de celle d'Orléans, relativement à cette regle du Droit Romain, qui met la meule au rang des immeubles (y); & à cette autre, qui range dans la même claffe tout ce qui eft à perpétuelle demeure dans le bâtiment. Il eft inutile de répéter ce que nous avons dit aux n°˙ 148 & 151, fur les inftrumens des moulins, ou fur les objets qu'on y a incorporés.

CLXXIX.

1°. Les moulins fur bateaux font réputé meubles (z); s'en-tend, ceux qui n'ont point d'affiette fixe en vertu d'un droit acquis, & qui font mobiles comme un bateau.

Moulins fur bateaux.

2°. Mais fi le moulin eft bannal, auquel cas il y a une fervitude réelle annexée, il eft réputé immeuble (a).

3°. De même s'il a une attache fixe à titre de fervitude, im-pofée fur la riviere, la réalité de la fervitude imprime la qualité d'immeuble au moulin (b), comme elle l'imprime au bac : c'eft

----

(x) Bouteiller, liv. 1, tit. 74, p. 431.

(y) L. 18, §. 2, *ff. de inftrum. vel inftr. legato.*

(z) Art. 352 de la Coutume d'Orléans. Chopin, fur la Coutume de Paris, liv. 1, tit. 1, n°. 14. Louet & Brodeau, lettre M. fomm. 13, n°. 1.

(a) Dumoulin, note fur l'art. 282 de la Coutume du Bourbonnois. Lalande, fur celle d'Orléans, art. 352, n°. 7. Chopin, fur celle de Paris, liv. 1, tit. 1, n°. 14.

(b) Art. 221 de la Coutume de Tours, & note de Dumoulin fur cet article;

par cette raifon que les Auteurs mettent au rang des immeubles, les moulins fur bateaux, établis par conceffion (c) ; & que la Déclaration d'Avril 1683, & l'Edit de Décembre 1693, déclarent incorporés au Domaine Royal tous les bateaux, *moulins*, & autres droits établis fur les rivieres navigables (d).

4°. A l'égard de la dépendance feigneuriale des fufdits moulins, lorfqu'ils font immeubles, & des droits de mutation, auxquels ils peuvent être fujets, les principes que nous avons pofés à l'égard des bacs, font communs à cet objet, avec cette différence, que nous ne croyons pas qu'il y ait des moulins fur bateaux fur aucune riviere non navigable.

C L X X X.

Navire.　Les navires demeurent dans la claffe des meubles, quel qu'en foit le volume, parce qu'ils n'ont point d'affiette fixe, & qu'ils font deftinés à flotter fur les eaux (e) : ils font par conféquent indépendans du lien féodal, & libres des droits de mutation (f); quoiqu'un Arrêt de 1633, confirmatif d'une Sentence du Séhéchal de Beziers, en ait adjugé les lods au Seigneur de Sérignan, dans le Bas-Languedoc ; & que, felon Galand, telle foit la Jurifprudence du Parlement de Bordeaux (g).

Lalande, fur celle d'Orléans, art. 352, n°. 8 ; Ferriere, fur celle de Paris, art. 90, Gl. 1, n°. 11.

(c) Chopin, fur la Coutume de Paris, liv. 1, tit. 1, n°. 14. Nouvelles remarques fur Louet, lettre M. fomm. 13.

(d) Dans les Loix foreftieres, tit. 1, art. 4.

(e) Brodeau, lettre M. fomm. 13, n°. 2, 3, 4, & 5. Ferriere, fur la Coutume de Paris, art. 90, Gl. 1, n°. 14.

(f) Dargentré, *de laudimiis, cap.* 1, §. 29. Livoniere, liv. 3, ch. 6, fect. 8, §. 8, p. 124.

(g) Franc-aleu, de Galand, ch. 10, p. 129.

CHAPITRE VIII.

D e s objets qui doivent entrer dans la fixation des
Lods.

CLXXXI. S'il ne conſte pas du prix.
CLXXXII. Dettes illiquides , &c.
CLXXXIII. Rente conſtituée.
CLXXXIV. Hypotheque éteinte.
CLXXXV. Ratification du Maître.
CLXXXVI. Charges foncieres.
CLXXXVII. Décharge d'un droit foncier.
*CLXXXVIII: Charges rachetables ou réduĉtibles en
    argent.*
CLXXXIX. De pure affeĉtion.
CXC. Charge appréciable ſur le Vendeur.

C L X X X I.

Il n'y a point de vente ſi le prix n'en eſt pas convenu ; parce *S'il ne conſte*
que la fixation du prix étant de ſon eſſence , elle n'eſt parfaite *pas du prix.*
que par cette fixation (*h*).

Mais s'il ne conſte pas du prix, quoique convenu, il n'y a pas
moins ouverture aux lods & au retrait, dès que le fait de la
vente eſt prouvé : toutefois on peut obliger l'acquéreur à déclarer, ſur la foi du ſerment, le montant du ſuſdit prix ; & s'il ne
le fait pas, ou qu'il ſoit mort, on fera l'eſtimation de l'objet de
la vente, ſur le pied de ſa valeur au tems du contrat, tant pour
fixer les lods, que pour le retrait (*i*) : il en eſt de même dans le cas

(*h*) *Inſtit. de empt. vendit. in principio* , *L.* 2 , §. 1. *ff. de contrah. empt.*
(*i*) Dumoulin , ſur la Coutume de Paris , §. 23, *hodiè* 33 , Gl. 2 , n°. 57.

où le Seigneur ne veuille pas s'en tenir au ferment de la Partie, comme il n'y eft pas obligé, nul n'étant tenu de s'en rapporter à la bonne foi d'un tiers, & tout homme étant réputé fufpect, dès qu'il peut nuire à un autre par fon fait (*k*).

C L X X X I I.

Dettes illiquides. 1°. Si le prix de la vente confifte en dettes illiquides, inconnues ou conditionnelles, que l'acquéreur s'eft chargé de payer; en ce cas encore, les lods doivent être fixés fur le pied de la valeur au tems du contrat (*l*).

Dumoulin ajoute que le Seigneur ne feroit pas reçu à prouver que ces dettes valent plus que l'eftimation du fonds, parce que cette preuve auroit pour objet l'acquifition d'un gain; mais que l'acquéreur feroit autorifé à prouver qu'elles valent moins, & à ne payer les lods que fur le pied de leur montant effectif, parce qu'il s'agit de fa part, de fe racheter d'une perte; mais qu'alors l'eftimation doit fe faire définitivement à fes dépens, parce qu'il doit s'imputer la fingularité du contrat (*m*). Nous y reviendrons au n°. 749.

2°. Mais fi le Seigneur veut attendre la liquidation de ces dettes, on doit payer les lods à concurrence de celles qui font liquidées, & attendre la liquidation des autres pour la perception finale des droits : telle eft l'opinion de Dargentré, confirmée par un Arrêt du 31 Juillet 1557, rapporté par Charondas (*n*).

3°. A l'égard du retrait feigneurial ou lignager, le retrayant devroit rembourfer le montant de ce qui auroit été payé pour les dettes liquidées, avec les loyaux-coûts, & prendre les autres fur fon compte, comme étant fubrogé à tous les droits & à toutes les charges de l'acquéreur.

(*k*) *Infrà* n°. 767 & 774.

(*l*) Dumoulin, fur la Coutume de Paris, §. 55, *hodiè* 78, Gl. 5, n°. 15, 16 & 17.

(*m*) Dumoulin, *loco fuprà*.

(*n*) Dargentré, fur la Coutume de Bretagne, art. 59, note 2, n°. 8. Charondas, obfervations du Droit François, *verbo*, Lods.

C L X X X I I I.

Si l'on achete à charge d'une rente conftituée, les lods font dûs *Rente conftituée.* à concurrence de cette charge , qui fait le total ou partie du prix (*o*).

1°. S'entend que fi la rente eft établie par le contrat. au profit du vendeur , & qu'elle foit fixée à peu près au taux de l'Ordonnance , les lods doivent être payés fur le pied du capital (*p*). 2°. Mais fi la rente étoit fixée fur un pied beaucoup moindre, par exemple , au denier 30 ; alors la réduction faite par le créancier, du montant de cette rente , eft une vraie donation de fa part , lorfqu'elle n'a pas pour objet la folidité du placement (*q*) : conféquemment il faudroit , en ce cas, eftimer le fonds pour en fixer les lods, parce que l'acheteur a eu principalement en vue le montant de la rente , dont il eft chargé , & qui tient lieu de prix à fon égard , & non le capital de cette rente, qu'il fera le maître de ne pas racheter (*r*). 3°. Toutefois, & dans le doute , on doit préfumer que la réduction de la rente a pour objet la folidité du placement, parce que la donation ne fe préfume pas ; plus encore , dans un contrat intéreffé. 4°. De même fi la rente étoit fixée au denier 25 , comme cette fixation auroit pu avoir pour objet la folidité du placement, & qu'elle n'excede pas de beaucoup le taux de l'Ordonnance, c'eft ce capital qui conftitue le prix de la vente , & dont on doit les lods (*s*).

C L X X X I V.

Il eft conftant que la charge des hypotheques fubfidiaires , dont *Hypotheque fubfidiaire , ou éteinte,* les biens vendus font affectés , & dont très-peu font exempts ,

---

(*o*) Dumoulin , fur la Coutume de Paris, §. 58 , *hodiè* 83 , n°. 9 , 51 , 52. Papon , liv. 13 , tit. 2 , Arrêt 24. Dargentré , fur celle de Bretagne , art. 59 , note 2 , n°. 8.

(*p*) Dumoulin , fur la Coutume de Paris , §. 58 , *hodiè* 83 , n°. 16--26.

(*q*) Potier , des conftitutions de rente , n°. 11.

(*r*) Dumoulin , fur la Coutume de Paris , §. 58 , *hodiè* 83 , n°. 27--46.

(*s*) Dumoulin , fur la Coutume de Paris , §. 58 , *hodiè* 83 , n°. 39.

n'augmente pas le montant des lods (*t*), non plus que les sommes qu'on peut donner au créancier pour l'y faire renoncer ; parce que ces sommes n'ont rien de commun avec le prix , quoi qu'en cas de retrait, il faille les rembourser à l'acquéreur, avec les loyaux-coûts, pour l'indemnifer (*v*): il en est de même , suivant un Arrêt du 8 Mars 1688 , de l'acheteur dépouillé par une saisie réelle, qui donne de·l'argent aux créanciers, pour conferver fon achat (*x*). Nous y reviendrons au n°. 580 : cette affertion est d'ailleurs confirmée par la premiere partie du n°. fuivant.

CLXXXV.

Ratification du Maitre.

1°. Si j'ai acheté par erreur un bien de quelqu'un que j'en croyois le maître ; que le prix de l'achat ait été fixé convenable-ment , & que le maître paroiffant, je fois obligé de lui donner une groffe fomme pour obtenir une ratification de fa part, il n'y a pas lieu d'augmenter les lods, felon Dumoulin , à raifon de cette fomme , dont la numération a pour objet de fe tirer de la vexation réfultant de la tricherie du vendeur (*y*). Ce n'eft pas le cas du contenu au n°. 418 , mais bien au n°. 577.

2°. Mais fi l'acheteur a pu prévoir la néceffité de cette ratifi-cation ; par exemple, fi le mari lui a vendu le bien de fa femme, les lods font dûs à concurrence de ce qu'on paye à celle-ci pour obtenir fa ratification, indépendamment de la portion de lods attachée au prix ftipulé par le mari vendeur, quand même la vente auroit été portée à fon jufte prix; parce qu'on a dû prévoir que cette ratification dont on connoiffoit la néceffité, ne fe feroit qu'à prix d'argent (*z*).

(*t*) Dumoulin , fur la Coutume de Paris, §. 58 , *hodiè* 83 , n°. 53 , 54 & 55. Dargentré , fur celle de Bretagne, art. 71 , n°. 5.

(*v*) Dumoulin , fur la Coutume de Paris, §. 55 , Gl. 1, *hodiè* 78 , n°. 137 , 138 ; & §. 23 , *hodiè* 33 , Gl. 2 , n°. 41. Livoniere, liv. 3 , ch. 1 , p. 142. Dargentré , fur celle de Bretagne, art. 59 , note 2 , n°. 6.

(*x*) Sudre, fur Boutaric, tit. des lods , §. 2 , n°. 13 , p. 109.

(*y*) Dumoulin , fur la Coutume de Paris, §. 55 , Gl. 1 , *hodiè* 78 , n°. 140. Sudre, fur Boutaric, tit. des lods, §. 4 , n°. 12.

(*z*) Dumoulin , fur la Coutume de Paris, §. 55 , Gl. 1 , *hodiè* 78 , n°. 139 ,

Dargentré

Dargentré opine pour l'affujettiffement aux lods du total dans les deux cas (*a*) ; mais l'opinion de Dumoulin eft plus conforme aux confidérations d'équité, & plus analogue aux principes du n°. précédent.

C L X X X V I.

Si l'on impofe fur l'acquéreur des charges foncieres & perpé- *Charges fon-*
tuelles, autres que celles qui fuivent naturellement le fonds vendu, *cieres.*
cette impofition diminue d'autant fa valeur : conféquemment l'acheteur ne doit pas les droits d'une charge qui déprécie fon achat (*b*), bien loin d'en augmenter le prix & la valeur.

C L X X X V I I.

Si au contraire, en confidération de la vente, l'acheteur éteint *Décharge d'un*
au profit du vendeur un droit foncier qui lui appartenoit fur un *droit foncier.*
autre bien dudit vendeur, cette remife tient lieu d'échange à con-currence de la valeur de ce droit, comme nous l'avons ci-devant expliqué en parlant des fervitudes réelles aux n°. 166 & 167.

C L X X X V I I I.

Si l'on impofe à l'acheteur des charges foncieres rachetables, *Charges rache-*
ou autrement reduĉtibles en deniers ou en efpeces, elles groffif- *tables ou reducti-*
fent, felon Dargentré, le prix de la vente, comme la glace fondue *bles en argent.*
augmente le volume des eaux (*c*) : conféquemment les lods font dus à concurrence de leur valeur (*d*) ; mais en parlant dans la troi-

---

Arrêt du premier Juin 1560, dans Charondas. Obfervations du Droit Fran-çois, *verbo*, Lods. Dargentré fur celle de Bretagne, art. 59, note 2, n°. 6. Livoniere, liv. 3, ch. 4, feĉt. 7, p. 182.

(*a*) Dargentré, fur la Coutume de Bretagne, art. 71, n°. 5.

(*b*) Dumoulin, fur la Coutume de Paris, §. 53 ; hodiè 76, n°. 35. Dargen-tré, fur celle de Bretagne, art. 59, note 2, n°. 7.

(*c*) *Argumento*, L. 21, §. 4, *ff. de aĉt. empt.* L. 79, *ff. de contrah. empt.* Dargentré, fur la Coutume de Bretagne, art. 59, note 2, no. 6.

(*d*) Dumoulin, fur la Coutume de Paris, §. 53, *hodiè* 76, n°. 35 ; & §. 55, *hodiè* 78, Gl. 5, n°. 6. Livoniere, l. 3, ch. 1, p. 140.

Tome I.   A a

fieme partie de ce Traité, des ventes rachetables à prix d'argent, nous avons prouvé qu'elles ne donnent ouverture aux lods qu'autant qu'elles font rachetées en effet, & du jour de ce rachat : il en eſt donc de même dans le cas préſent par identité de raiſon, puiſqu'il s'agit également d'un droit foncier rachetable à la volonté du débiteur.

C L X X X I X.

De pure affec-tion. Si ce font des charges de pure affeſtion & de peu de valeur qu'on a impoſées à l'acheteur, elles n'entrent pas en confidération dans la fixation des lods (*e*).

C X C.

Charge appré-ciable fur le ven-deur. Si le contrat impoſe au vendeur des charges pécuniaires ou autres réduſtibles en deniers ou en eſpeces, à la décharge, ou autrement, à l'avantage de l'acheteur, elles diminuent le prix de la vente, à concurrence de leur valeur : conféquemment les lods doivent être réduits dans la même proportion (*f*).

CHAPITRE IX.

DES autres objets qui peuvent entrer dans la fixation des Lods.

CXCI. Frais & Loyaux-coûts.
CXCII. Épingles & pots-de-vin.
CXCIII. Fraude.
CXCIV. Arrhes.
CXCV. Frais de criées.
XCXVI. Denier-adieu, bougies, &c.

(*e*) Mol. §. 55, *hodiè* 78, Gl. 5, nº. 5. Dargentré, ſur la Coutume de Bretagne, arţ. 59, note 2, no. 6 ; & *de laudimiis, cap.* 1, §. 10.

(*f*) Dumoulin, ſur la Coutume de Paris, §. 55, Gl. 5, *hodiè* 78, n. 6.

C X C I.

Les frais du contrat, ceux des entremetteurs, les dépenfes des voyages & autres loyaux-coûts de l'achat n'entrent pas en confidération pour augmenter le montant des lods; c'eft ainfi que la queftion fut jugée par un Arrêt du 31 Janvier 1557 (*g*), dans un tems où la Jurifprudence n'étoit pas fans doute encore fixée fur ce point. Elle eft fondée fur ce qu'il n'entre dans la fixation des lods que les objets qui tournent au profit du vendeur & non les loyaux - coûts qui font communément à la charge de l'acheteur. *Frais & Loyaux-coûts.*

C X C I I.

Quelquefois on convient d'un préfent à titre d'épingles pour la femme ou les filles du vendeur, ou bien à titre de pot-de-vin pour lui ou pour fes fils; & quoique ces préfens tournent à fon profit ou des fiens, cependant ils n'entrent pas en confidération pour la fixation des lods; parce qu'ils ne font pas partie du prix de la vente, mais qu'ils font donnés en confidération du dépouillement d'un bien auquel chacun eft naturellement attaché (*h*); & la ftipulation de ces préfens ne les met pas hors de la claffe des loyaux-coûts, parce que autre chofe font les dépenfes & autre chofe le prix de l'achat (*i*). *Épingles & pots-de-vin.*

C X C I I I.

Mais s'il y a fraude dans la fixation des frais des proxenetes, des voyages ou autres, ou dans celle des épingles ou pot-de-vin : par exemple, à l'égard des épingles ou du pot-de-vin, on doit *Fraude,*

[*g*] Charondas, fur la Coutume de Paris, art. 77. Dumoulin, fur celle de Paris, §. 53, *hodiè* 76, no. 34; & §. 55, *hodie* 78, Gl. 5, n. 4. Dargentré *de Laudimiis, cap.* 5, & fur celle de Bretagne, art 59, note 2, no 4.

[*h*] Dumoulin, fur la Coutume de Paris, §. 55, Gl 1, *hodiè* 78, n°. 136, 137. Dargentré, fur celle de Bretagne, art. 59, note 2, n°. 4, 6. Livoniere, liv. 3, ch. 1, p. 139.

[*i*] *L.* 40, §. 1, *ff. de condit. & demonft.*

confidérer le prix de la vente, la fortune & la qualité des parties, pour juger s'il y a excès ou non dans le montant de ces préfens; & dans le cas d'excès & de fraude fur lefdites épingles ou pot-de-vin, on en regarde la dépenfe comme faifant partie du prix, foit qu'elle ait été comptée au vendeur, aux fiens, ou à d'autres perfonnes qu'on regarde comme interpofées; & les lods font dûs à concurrence du montant total des unes ou de l'autre, lorfqu'on y a excédé (*k*).

C X C I V.

Arrhes. A l'égard des arrhes, fi elles confiftent en meubles que le vendeur doive rendre, il eft vifible qu'elles n'entrent pas en confidération; mais fi elles confiftent en argent, auquel cas elles s'imputent fur le prix (*l*), elles entrent dans la fixation des lods (*m*).

C X C V.

Frais des criées. Les frais des criées qui font à la charge de l'Adjudicataire, dans les ventes par decret, n'entrent pas en confidération pour la fixation des lods, fuivant des Arrêts des 21 Février 1614, 19 Mars 1622, & 29 Juillet 1646 (*n*): il en eft de ces frais comme de ceux de toute autre vente qui n'entrent pas dans cette fixation, parce que autre chofe eft le prix & autre chofe les frais de l'achat (*o*).

C X C V I.

Denier adieu, bougies, &c. Dans certains pays l'acheteur donne une petite piece d'ar-

---

[*k*] Dumoulin, fur la Coutume de Paris, §. 55, Gl. 1, *hodiè* 78, n°. 136, 137. Dargentré, fur celle de Bretagne, art. 59, note 2, n°. 4, 6. Livoniere, liv. 3, ch. 1, p. 140.

(*l*) *Ut in L.* 8. *ff. de lege commifforia.*

(*m*) Dumoulin, fur la Coutume de Paris, §. 13, *hodiè* 20, Gl. 9, n°. 3. Dargentré *de Laudimiis, cap.* 5; & fur celle de Bretagne, art. 59, note 2, n°. 5.

(*n*) Livoniere, liv. 3, ch. 1, p. 140. Guyot, des lods, ch. 2, n°. 7. Fortin, fur l'art. 83 de la Coutume de Paris.

(*o*) *L.* 4, §. 1. *ff. de condit. & demonft.*

gent pour être diftribuée aux pauvres par le vendeur ; c'eft ce que l'on appelle denier adieu (*p*) : il eft évident que cette aumône n'entre ni dans le prix, ni dans la fixation des lods (*q*) : de même l'aumône dont on charge l'adjudicataire au Parlement de Rennes , & les frais des bougies n'entrent pas en confidération à cet égard (*r*) , parce que ce font des loyaux-coûts ; mais autre chofe font les frais des criées qui de droit commun font à la charge du difcuté ; car s'ils font mis fur le compte de l'adjudicataire, c'eft une augmentation de prix en tant qu'il paye ceux que le difcuté doit fupporter, nonobftant la fauffe équité qui a fait décider le contraire par Guyot. Regle générale, la contravention aux regles., fous prétexte d'équité, eft une injuftice déguifée.

(*p*) Gloffaire du Droit François , *verbo* , Denier adieu.
(*q*) Dumoulin, fur la Coutume de Paris , §. 13 , *hodiè* 20 , Gl. 9 , n°. 3. Dargentré , fur celle de Bretagne, art. 59 , note 2 , n°. 5.
(*r*) Guyot des lods, ch. 2 , n°. 7.

TROISIEME PARTIE.

DES Contrats qui peuvent donner ouverture aux Lods.

CHAPITRE PREMIER.

DES Contrats de vente ou équipollent à vente, & des ventes à tems.

CXCVII. Vente ou équipollent.
CXCVIII. Selon Bouteiller.
CXCIX. Dation en payement.
CC. Cession pour des objets mobiliers ou reductibles en deniers.
CCI. Vente à tems de la propriété.

C X C V I I.

Vente ou équi-pollent.   Toute la théorie des lods & ventes par rapport aux contrats qui peuvent y donner ouverture, roule fur le principe fonda-mental qu'ils font dus de tout contrat de vente ou équipollent à vente (*s*) : ainfi Philippe de Beaumanoir, l'Auteur du Grand Cou-tumier, & certaines Coutumes donnent fimplement le nom de *ventes* au droit dont il s'agit (*t*).

(*s*) Dumoulin, fur la Coutume de Paris, §. 23 , *hodiè* 33 , Gl. 2 , n°. 1 , 2 , & §. 55 , *hodiè* 78 , Gl. 1 , n°. 1 , 8 , 9 , 10. Dargentré, fur celle de Bretagne ; art. 59 , note 4 , n°. 1. Henris liv. 3 , queft. 70 , n°. 2. .

(*t*) Grand Coutumier, liv. 2 , ch. 25 , p 169 , 170 , 172. Coutume de Paris , art. 78 & fuivants , & *V.* la Conférence dans Ferriere ou dans Fortin. Beaumanoir, ch. 27 , p. 137 , 138.

Si de droit commun les aliénations à titre gratuit, ni les échanges ne font pas fujets aux lods, c'eft parce que la vente étant l'exercice le plus plein de la parfaite patrimonialité, les Seigneurs n'ont voulu y confentir que moyennant une portion du prix que reçoit le vendeur; au lieu qu'à l'égard des aliénations gratuites, ils fe font contentés du rachat ou du demi-lods dans certains pays; que dans d'autres elles font exemptes de toute preftation, & que à l'égard des échanges, les ufages des différentes Provinces font pareillement bigarrés, comme nous le verrons ci-après.

C X C V I I I.

Selon Bouteiller, Auteur du quinzieme fiecle, qui rapporte principalement les ufages des Pays-Bas, tout contrat tranflatif de propriété des fiefs donne ouverture aux lods, même les échanges, donations en avancement d'hoirie aux enfants, & les engagements après trois ans (*v*), " hors que le pere fe fit mort » pour fon fils aîné entre les mains du Seigneur, ou de fon con- » fentement, pour fon fils puîné; auxquels cas il n'y avoit ouver- » ture qu'au relief, & le fils étoit dès-lors tenu d'acquitter les » dettes de fon pere, comme fi celui-ci étoit mort en effet (*x*).

Selon Bouteil-
ler.

C X C I X.

L'étude de la Jurifprudence eft extrêmement abrégée, & la marche de l'homme de loix eft plus sûre lorfqu'il trouve des principes féconds dont il n'a qu'à développer les conféquences comme dans le cas préfent. Tout contrat de vente ou équipol- lent à vente donne ouverture aux lods. Donc la dation en paye- ment y donne pareillement ouverture (*y*), puifque ce contrat

Dation en paye-
ment.

[*v*] Bouteiller, liv. 2, tit. 40, p. 865.

[*x*] Bouteiller, liv. 1, tit. 75, p. 438, & liv. 2, tit. 40, p. 865.

[*y*] Dumoulin, fur la Coutume de Paris, §. 23, *hodiè* 33, Gl. 2, n°. 1, 2, 3, & §. 55, *hodiè* 78, Gl. 1, n°. 8, 9, 10. Dargentré, fur celle de Bre- tagne, art. 66, note 1, n°. 2, 3. Bretonnier, fur Henrys, liv. 3, queft. 44, n°. 10, 11.

reffemble parfaitement à la vente, & qu'il en tient lieu felon la loi (z).

C C.

Ceffion pour des objets mobiliers ou reductibles.

En fuivant la chaîne des conféquences qui dérivent de ce principe, il en réfulte encore que la ceffion d'un immeuble pour des effets mobiliers ou réductibles en deniers ou pour des fervices appréciables, eft pareillement fujette aux lods, puifqu'elle reffemble exactement à la vente dont ces objets mobiliers font le prix (a) : nous y reviendrons encore en traitant de l'échange contre des meubles, & des donations onéreufes.

Au refte, le Droit Romain dont nous avons rejetté les principes à cet égard, ne confidere pas comme vente celle dont le prix eft en denrées & non en argent. (*Infrà* , n°. 208 , *verf.* 2.)

C C I.

Vente à tems de la propriété.

Nous avons dit au n°. 101 , que les lods courent fur la tête du poffeffeur, qui n'eft pas maître lorfque fa poffeffion dure au moins dix ans ; mais le fimple achat de la propriété, même pour un tems court, y donne pareillement ouverture, parce qu'il y a plus qu'acquifition de la poffeffion (b) : telles font les ventes à pacte de rachat, & les achats faits de l'acquéreur fous ce pacte ou de l'héritier grevé (c), quoiqu'ils ne puiffent tranfporter en vendant que des droits réfolubles comme leurs propres droits.

---

[z] *L.* 4, *cod. de evict.*

[a] Dumoulin, fur la Coutume de Paris, §. 55, Gl. 1, *hodiè* 78, n°. 8, 9, 10. Dargentré, fur celle de Bretagne, art. 59, note 4, n°. 1.

[b] Dumoulin, fur la Coutume de Paris, §. 22, *hodiè* 33, Glof. 1, n°. 117.

[c] *Infrà*, n°. 379, 380, 405, 699 & fuivants.

CHAPITRE

CHAPITRE II.

De la promesse de vendre.

CCII. Sa nature & ses effets.
CCIII. Quid ? *des Lods.*
CCIV. Extension.
CCV. Exécution de la promesse.
CCVI. Fixation des Lods.
CCVII. Promesse sujette aux Lods.

CCII.

1°. La promesse de vendre est une convention par laquelle *Sa nature & ses* on s'oblige de céder certaine chose à autrui au prix dont on con- *effets.* viendra ou dont on est convenu; elle differe du contrat de vente en ce qu'en vertu de cette promesse on n'est pas débiteur de la chose, puisqu'elle n'est pas encore vendue; mais on est simplement tenu d'en faire la vente (*d*).

2°. M. Potier a prétendu qu'il n'y a qu'une partie obligée dans ce contrat (*e*); mais de quel poids que soit son suffrage dans tout ce qui a trait aux contrats ou au Droit Romain, nous préférons la doctrine d'un Arrêt du 27 Août 1703, qui prononce la nullité d'une promesse de bailler à ferme, parce qu'elle n'étoit pas signée des deux parties (*f*); & la promesse de vendre est nulle & invalide, s'il n'y a de la part du stipulant la promesse réciproque d'acheter, relativement à la Jurisprudence attestée par Perrier & Raviot, & par Grainville : Jurisprudence qui rejette des engagemens dont chaque partie n'a pas un double, & qu'elle n'est

(*d*) Potier, de la vente, n°. 476, 378, 482.
(*e*) Potier, *ibidem.*
(*f*) Nouveau Journal du Palais de Toulouse, tome 1, Arrêt 44.

Tome I.   B b.

pas en état de faire exécuter (*g*). En effet, une obligation eft un lien formé ou autorifé par la loi (*h*). Or, un lien qui n'oblige qu'une partie, reffemble à une fociété léonine, & il contredit cette regle fondamentale de toute juftice, qu'un droit quelconque eft une prérogative établie fur un devoir; enforte qu'il n'y a point de droits qui n'obligent à des devoirs réciproques, comme il n'eft point de devoir qui ne donne des droits (*i*).

La Déclaration de Février 1731 a adopté ces principes en prononçant la nullité des donations non acceptées par les donataires ou autres autorifés à cet effet par la loi.

3°. C'eft d'ailleurs une grande queftion de favoir fi l'inexécution de la promeffe de vendre eft fimplement réductible en dommages, ou fi l'on peut être contraint précifément à l'exécuter. Henrys, fçavant Arreftographe, a adopté le premier avis, fondé fur cette regle du Droit Romain, que toute promeffe dont l'exécution git en fait de la part du débiteur, fe réduit à des dommages par le défaut d'exécution (*k*): mais Potier s'eft rangé du parti contraire, comme plus conforme à la fidélité à remplir fes engagements (*l*); & l'avis de ce dernier eft confirmé par un Arrêt du 19 Juillet 1697, qui déclare obligatoires des propofitions fignées des parties fur une vente dont les points avoient été convenus (*m*).

C C I I I.

Quid ? des lods.

Dès qu'il n'y a ouverture aux lods qu'en vertu d'une vente effective, il eft vifible que la promeffe de vendre ne peut produire le même effet, puifqu'elle n'a pour objet qu'une vente à venir (*n*).

(*g*) Perrier & Raviot, queft. 266 ; Grainville, p. 164.

(*h*) *Inftit. tit. de obligat. & act. in principio.*

(*i*) Ordre naturel & effentiel des Sociétés, de Larivière, ch. 2, p. 21, 24, &c.; & ch. 3, p. 38, &c. *Nam quod Arifto dixit poffe ita pacifci, ut unus maneat obligatus, non verum, I. 1, ff. de refcind. vendit.*

(*k*) Henrys, liv. 4, queft. 40.

(*l*) Potier, de la vente, n°, 479 ; & n°. *bis* 67.

(*m*) Bretonnier, fur Henrys, liv. 4, queft. 40, à la fin.

(*n*) Dumoulin, fur la Coutume de Paris, §. 55, Gl. 1, *hodiè* 78, n°. 88 &

C C I V.

La résolution précédente subsiste même dans le cas où l'on au- *Extension.*
roit compté de l'argent pour la promesse de vendre & non sur la
vente à venir (*o*) ; au point que même le Seigneur ne peut obliger les parties à exécuter cette promesse, ni à s'en départir (*p*) ;
autrement ce seroit renverser l'ordre des choses, de subordonner
aux lods la vente qui en est la cause productive, & d'imposer
aux redevables la nécessité de cette vente, sous prétexte des lods
qui en font le prix & le fruit.

C C V.

Dès que la promesse de vendre n'a trait qu'à une vente à ve- *Exécution de la*
nir, & non à une vente actuelle, si les parties viennent à l'effec- *promesse.*
tuer, il n'y a ouverture aux droits que du jour de son exécution,
puisque la vente n'est parfaite que dès ce jour, & que jusqu'alors
elle a demeuré dans les termes d'un simple projet (*q*).

C C V I.

Dans le cas qu'on vient de supposer, les lods sont dûs, tant *Fixation des lods.*
sur le prix fixé lors de la vente, que sur celui de la promesse, si
elle a été faite pour de l'argent, puisque ces deux sommes font
le prix total de la vente (*r*). Dumoulin ajoute une modification
rejettée par Dargentré (*s*) : c'est selon lui, que si la chose a été

---

89. Dargentré, sur celle de Bretagne, art. 59, note 4, n°. 24 ; & *de laudimiis,*
cap. 1, §. 27.

(*o*) Dumoulin, sur la Coutume de Paris, §. 55, Gl. 1, *hodiè* 73, n°. 78, 81
& 89.

(*p*) Dumoulin, sur la Coutume de Paris, §. 55, Gl. 1, *hodiè* 78, n°. 95.

(*q*) Dumoulin, sur la Coutume de Paris, §. 55, Gl. 1, *hodiè* 78, n°. 86 &
87. Dargentré, *de laudimiis,* *cap.* 1, §. 27.

(*r*) Dumoulin, sur la Coutume de Paris, §. 55, Gl. 1, *hodiè* 78, n°. 95,
96, & 134. Dargentré, sur celle de Bretagne, art. 59, note 4, n°. 24 ; & *de*
laudimiis, cap. 1, §. 27.

(*s*) Dargentré, sur la Coutume de Bretagne, art. 59, note 4, n°. 24.

portée lors de la vente à fa valeur, & qu'il en confte. Le prix modique de la promeffe de vendre ne doit pas entrer en confidération pour les lods, quoiqu'il doive être rembourfé en cas de retrait (*t*).

Quant à nous, la crainte des fraudes, les inconvéniens de l'arbitraire, & celui de multiplier les objets dont le vendeur profite quoique exempts de lods, nous a fait admettre un tempérament qui revient à l'avis de Dargentré; c'eft que fi le prix de la promeffe a été converti en épingles ou en pot-de-vin lors de la vente, & qu'il n'excede pas le montant de ce modique préfent, il ne concourt pas à la fixation des lods; & que dans le cas contraire il n'y a pas lieu de s'écarter des regles ni de l'affranchir.

C C V I I.

Promeffe fujette aux lods.

La promeffe de vendre peut être faite avec ou fans fixation de prix, & dans le cas du défaut de fixation elle doit être exécutée, eu égard à la valeur de la chofe, non au tems de la promeffe, mais au tems de l'achat (*v*) : mais fi le prix & les conditions de la vente font fixés par une promeffe réciproque, avec obligation d'en paffer acte public dans un certain tems; en un mot, lorfque le prix & les claufes du marché font réglés, c'eft une vraie vente déguifée fous la forme d'une promeffe, conféquemment fujette aux droits (*x*); parce que l'obligation de rédiger en acte public eft cenfé avoir trait à l'acquifition de l'hypotheque & à l'affurance de l'exécution, plus qu'à la folemnité du traité, comme nous le dirons dans le moment (*y*); & que d'ailleurs dans une matiere où les droits du Seigneur font à la merci des parties qui ont toute liberté de donner des tournures artificieufes à leurs traités pour diminuer la perception des droits ou pour l'éloigner, on doit s'occuper de la vérité de la chofe plus

---

(*t*) Dumoulin, fur la Coutume de Paris, §. 55, Gl. 1, *hodiè* 78, n°. 134 & 135.

(*v*) Potier de la vente, n°. 481 & 482.

(*x*) Dumoulin, fur la Coutume de Paris, §. 55, Gl. 1, *hodiè* 78, n°. 82--85.

(*y*) *Infrà* n°. 210.

que du nom donné par affectation au contrat (*z*) : à plus forte raison si la promesse de vendre a été suivie de la délivrance ou du payement total ou partiel du prix.

CHAPITRE III.

D E S Ventes verbales, privées, publiques, ou dont le prix n'est pas fixé.

CCVIII. Principes sur la vente.
CCIX. Verbale.
CCX. Privée & réductible en acte public.
CCXI. Concours avec la vente publique.
CCXII. Vente à la mesure.
Bis CCXII. Au prix que la chose vaut.
CCXIII. Vente à l'estimation.
CCXIV. Sauf si la chose déplaît.
Bis CCXIV. Au prix qu'on offrira.

Voyez la Sect. I. du Chap. II. ci-après.

C C V I I I.

1°. Trois choses sont nécessaires pour la perfection d'une vente; *Principes sur la* la chose qui en fait l'objet (*a*), le prix qui est le représentatif de *vente.* la chose vendue (*b*), & le consentement mutuel des parties, tant sur l'objet que sur le prix & sur les autres conditions de la vente (*c*).

(*z*) *Infrà* n°. 792.
[*a*] *L.* 8, *ff. de contrah. empt.*
[*b*] *L.* 2, §. 1, *ff. de contrah. empt. L.* 7, *Cod. de rer. permut.* §. 1 & 2. *Instit. de empt. vendit.*
[*c*] *L.* 9, *ff. de contrah. empt.*

Ce contrat, comme tout autre contrat synallagmatique, n'est parfait qu'autant que ce consentement est mutuel (*d*); & jusqu'alors aucune des parties n'est obligée, parce qu'un engagement n'est valable s'il n'est réciproque, & s'il ne donne les droits attachés au devoir qu'on s'impose volontairement : de-là vient qu'une vente privée, qui doit être écrite en double original, est nulle si une des parties en est seule la maîtresse, & que l'autre n'ait pas en main de quoi la faire exécuter comme nous l'avons expliqué au n°. 202.

2°. Au reste, selon le Droit Romain, il est de l'essence de la vente, 1°. que le prix soit en argent & non en denrées ; autrement ce n'est pas une vente (*e*); 2°. qu'il soit déterminé ou qu'il puisse le devenir (*f*), car si la fixation en est laissée au pouvoir d'une des parties, cette circonstance annulle le marché (*g*).

Mais notre Jurisprudence s'est écartée du premier de ces principes, en tant que nous considérons comme vente celle dont le prix n'est pas en argent ; mais en choses mobiliaires ou en services appréciables ou réductibles en deniers (*h*).

C C I X.

Verbale.

La vente étant un contrat du droit des gens, & purement consensuel, elle n'est pas moins valable, quand même elle auroit été faite sans écrit (*i*): conséquemment la vente verbale bien prouvée, est incontestablement sujette aux lods (*k*).

C C X.

Privée & réductible en acte public.

1°. La vente privée est parfaite du jour de sa passation, quand même les parties y auroient inféré la clause, qu'elle seroit con-

---

[*d*] L. 55 , *ff. de obligat. & actionib.*
[*e*] L. 7 , *Cod. de rer. permut.* §. 1 & 2. *Instit. de empt. vendit.*
[*f*] §. 1 , *Instit. de empt. vendit.*
[*g*] L. 35 , §. 1 , *ff. de contrah. empt.*
[*h*] *Suprà* n°. 167 , 188 , & 201.
[*i*] L. 1 , §. 2 ; & L. 2 , §. 1 , *ff. de contrah. empt.*
[*k*] Arrêt du 29 Janvier 1607 , dans Despeisses, des droits seigneuriaux, tit. 4 , sect. 5 , part. 5 , n°. 2.

vertie en acte public ; parce que l'intention des parties n'a pas été de faire dépendre la perfection de l'acte de cette paffation, mais feulement d'en affermir l'exécution, & de lui donner une datte certaine, en affurant aux parties l'hypotheque que donne un acte public (*l*) : c'eft ainfi que la queftion a été jugée par des Arrêts de 1587 & de 1594, rapportés par Mornac & par d'autres Arrêts rapportés par Catellan (*m*).

2°. A moins que les parties n'euffent convenu de paffer un acte public avec intention de ne mettre qu'alors le fceau à leur engagement, & qu'il conftât de cette intention ; auquel cas le contrat n'eft parfait qu'au moment de cette paffation, lorfqu'il confte que les parties l'ont ainfi voulu ; parce qu'en effet elles n'ont pu être obligées qu'autant & au moment qu'il leur a plu de s'obliger (*n*).

3°. Il y a ouverture aux droits au moment que la vente eft parfaite felon les regles ci-deffus.

C C X I.

1°. L'écriture privée n'a point de datte vis-à-vis d'un tiers (*o*). *Concours avec la vente publique,* Auffi l'art. 92 de l'Ordonnance de 1539 porte-t-il que cette écriture ne datte que du jour de l'aveu : enforte que dans le concours d'une vente publique avec une vente privée, la vente publique doit être préférée felon la loi, quoiqu'elle porte une datte moins ancienne (*p*) : en conféquence, un Arrêt du 17 Juin 1712 adjuge les lods dans le concours au Seigneur en poffeffion au tems de l'acte public, quoique le Fermier au tems de l'écrit privé les eut reçus (*q*).

2°. Si cependant il conftoit de la datte de l'écrit privé, par

---

[*l*] Potier, des obligations, n°. 11.

[*m*] Mornac, *ad L.* 17, *Cod. de fide inftrument.* Catellan, liv. 5, ch. 4.

[*n*] *L.* 17, *Cod. de fide inftrument.* Mornac, fur ladite Loi ; & Potier, des obligations, n°. 11.

[*o*] Dargentré, fur la Coutume de Bretagne, art. 96, note 7, n°. 1. Dumoulin, fur celle de Paris, §. 5, *hodiè* 8, n°. 6 ; Arrêt du 17 Janvier 1582. Laroche, des droits feigneuriaux., ch. 16 ; Arrêt 7.

[*p*] *L.* 11, *Cod. qui pot. in pign.* Potier, des obligations, n°. 715.

[*q*] Nouveau Journal du Palais, tom. 3, Arrêt 90.

exemple par le contrôle, par le décès d'une partie ou par quelque preuve irréfragable; en ce cas fa datte eft certaine, même à l'égard d'un tiers (r), à compter du jour de la circonftance qui en affure la fincérité.

3°. Si le fecond acheteur étoit inftruit au tems de fon contrat de la vente privée ou même verbale antécédente, celle-ci doit l'emporter, parce que l'acheteur fufdit ne doit pas profiter de fa participation au dol du vendeur (s).

C C X I I.

Vente à la mefure. 1°. Quoique la vente à la mefure paroiffe parfaite dès qu'on eft d'accord de la chofe & du prix, le Droit Romain déclare qu'elle n'a pas toute fa perfection, & qu'elle eft cenfé conditionnelle d'une condition attachée au fait de la mefure à venir (t) : en forte que la chofe eft aux rifques du vendeur jufqu'alors, quand même on auroit vendu par exemple dix arpens d'un certain pré à un prix unique pour le tout (v); parce que ce prix total eft regardé comme le produit du prix abloté des dix arpens.

2°. Mais fi la vente à la mefure eft fuivie de la délivrance, elle a reçu toute fa perfection, & il y a ouverture aux lods fans attendre l'arpentement (x) qui doit en déterminer le montant : M. de Catellan a même prétendu que la vente eft parfaite par l'accord des parties fur le prix, quoique jufqu'à la mefure le plus ou le moins de contenance foit aux rifques du vendeur (y) : cette décifion de M. de Catellan paroît plus conforme à nos ufages que la fubtilité de la loi.

3°. Dans le premier cas, & en admettant la précifion du Droit Romain, les lods font pourtant dus du jour du contrat, parce

---

[r] *L.* 11, *Cod. qui pot. in pign.* Tiraqueau, du retrait conventionel, §. 1, Gl. 7, n°. 44--57. Potier, des obligations, n°. 715.

[s] *Infrà* n°. bis 760; & n°. 631, verf. 1.

[t] *L.* 35, §. 5, *ff. de contrah. empt.*

(v) *L.* 35, §. 7, *ff. de contrah. empt.*

(x) Chopin, fur la Coutume de Paris, liv. 1, tit. 3, n°. 20.

(y) Catellan, liv. 5, ch. 4.

que

que l'événement de la condition a un effet retrogade au fufdit jour. (*Infrà* , n°. 362).

Bis C C X I I.

Les différens traités des parties ayant pour objet leurs arrangemens mutuels, on doit les faire valoir autant qu'il eft poffible, & leur donner un fens raifonnable & légal (ɣ) : enforte que la vente *au prix que la chofe vaut*, doit être renvoyée au dire d'Experts, pour la fixation de cette valeur (*a*); & puifqu'elle eft valable, elle eft conféquemment fujette aux lods.

Au prix que la chofe vaut.

C C X I I I.

1°. Il eft vifible que la vente, à l'eftimation, eft conditionnelle (*b*) ; puifque la fixation du prix eft de l'effence d'une vente quelconque, & que cette fixation eft attachée au fait d'une eftimation à venir, au point que fi les parties ont convenu de la perfonne de l'eftimation, & qu'elle ne veuille ou ne puiffe pas procéder, il n'y a point de vente, les parties n'ayant eu confiance pour la fixation du prix, qu'en cette perfonne, qui n'a pas pu ou voulu faire l'eftimation (*c*).

Vente à l'eftimation.

2°. Toutefois cette confiance fuppofe que l'Expert convenu fera une eftimation équitable ; car s'il y a une léfion confidérable, quand même elle ne feroit pas d'outre-moitié, elle doit être réparée (*d*) : conféquemment, il n'y a point de vente par le défaut d'eftimation.

3°. Si la vente eft faite au dire d'Experts, elle eft pareillement conditionnelle d'une condition attachée au fait de l'eftimation (*e*).

(ɣ) *L.* 67 , *ff. de reg. jur. L.* 80, *ff. de verb. obligat.*

(*a*) Potier , de la vente , n°. 27.

(*b*) *L.* 15 , *Cod. de contrah. empt.* §. 1 , *inftit. de empt. vendit.*

(*c*) *L.* 15 , *Cod. de contrah. empt.* §. 1 , *inftit. de empt. vendit.* Arrêt dans Automne , fur ladite Loi 15.

(*d*) Potier , de la vente , n°. 24. Serres , *inftit. tit. de empt. vendit.* §. 1 , page 494.

(*e*) Potier , de la vente , n°. 25.

Tome I.   C c

A l'égard des lods de ces ventes, ils font dûs du jour de leur datte, comme nous le dirons au n°. 362 ; parce que l'événement de la condition a un effet rétroactif au tems du contrat.

C C X I V.

Vente fauf fi la chofe déplait.

La vente faite avec claufe qu'elle fera comme non avenue fi la chofe déplaît, eft une vente pure, réfoluble fous condition (*f*) : c'eft une vente pure, puifqu'elle eft parfaite par le confentement des Parties fur fon objet & fur le prix ; enforte que le dégoût de la partie peut bien la réfoudre, mais il ne fauroit anéantir le fait d'une vente parfaite à tous égards. Les principes des conditions réfolutives s'appliquent naturellement à celle-ci. (V. *infrà* n°. 361).

Bis C C X I V.

Au prix qu'on offrira.

La vente au prix qu'on offrira, eft nulle & invalide, à caufe des fraudes qu'on pourroït pratiquer par des offres fimulées, ou par la latitation de la part du vendeur des offres réelles. Tout au plus on pourroit la confidérer comme une claufe de préférence, felon Potier (*g*).

C H A P I T R E   I V.

DU décret volontaire.

CCXV. Son objet.
CCXVI. Nature de la condition.
CCXVII. Inexécution de la claufe.
CCXVIII. Si l'Acquéreur eft adjudicataire.

(*f*) L. 3, *ff. de contrah. empt. L. 4, Cod. de ædilitiis actionib. Vide* le n°. 360 ci-après.
(*g*) Potier, de la vente, n°. 27.

CCXIX. S'il y a augmentation du prix.
CCXX. De quel jour les lods de l'augmentation ?
CCXXI. En vente nulle.
CCXXII. Adjudication à un tiers.
CCXXIII. En décret spontané.
CCXXIV. S'il n'est pas forcé.
CCXXV. Folle enchere.

Nota. L'Edit des hypotheques de Juin 1771, ayant établi une nouvelle Jurisprudence depuis la composition de ce Traité, les principes que nous allons poser, s'appliquent naturellement au contenu en cet Edit.

C C X V.

Son objet, &c.

Dans certaines Provinces on est dans l'usage d'obtenir un dé-cret volontaire sur une vente précédemment faite de gré à gré, pour purger les hypotheques établies sur le bien vendu (*h*) ; & cet usage est très-raisonnable & très-bien entendu ; mais il est impraticable au Parlement de Toulouse, dont la Jurisprudence convertit en simples hypotheques tous les décrets particuliers, par le seul fait d'une saisie générale ; ce qui éternise pour l'or-dinaire, les procédures de décret.

C C X V I.

Nature de la con-dition.

Régulierement la vente à charge d'un décret volontaire, comme toute autre vente, est parfaite par le consentement, & sans attendre le décret qui doit la confirmer, ni la mise de pos-session (*i*) : toutefois la condition seroit suspensive s'il n'y avoit

______

(*h*) Art. 84 de la Coutume de Paris, qui est ajouté. Livoniere, liv. 3, ch. 4, sect. 1, p. 253.

(*i*) Arrêts de 1584 & de 1633, dans Ferriere, sur la Coutume de Paris, art. 82, Gl. 1, n°. 12 ; & dans Bretonnier sur Henrys, liv. 3, quest. 30. Nouvelles observations, p. 770, n°. 6.

pas une vraie vente, mais un simple projet qui dût être effectué par le décret (*k*).

CCXVII.

1°. En vente à charge d'un décret volontaire, s'il n'est pas poursuivi, il y a ou il n'y a pas ouverture aux lods, à raison de la vente, selon que la condition est résolutive ou suspensive.

2°. Par exemple, si on a vendu à charge d'un décret volontaire, à peine de nullité, & qu'il n'ait pas été poursuivi, il n'y a pas ouverture aux lods, puisque la condition suspensive de la vente n'a pas été remplie : ainsi jugé par un Arrêt du 20 Février 1686 (*l*).

3°. Mais, dans tout autre cas, la vente étant parfaite par le contrat, indépendemment du décret, il y a ouverture aux lods, soit qu'il soit poursuivi ou non.

CCXVIII.

1°. Si le décret est poursuivi, & que l'acheteur soit adjudicataire, il n'est dû qu'un droit pour la vente & pour le décret, puisqu'il n'y a qu'une seule & unique vente, conformément aux Arrêts des 4 Janvier 1564, & 27 Juin 1591, sur le fondement desquels l'article 84 de la nouvelle Coutume de Paris fut ajouté (*m*).

2°. Quand même l'acheteur poursuivroit le décret sans convention antécédente; puisque l'adjudication faite à son profit n'est pas une nouvelle vente, mais une confirmation de la premiere ; telle est encore la disposition de l'art. 84 de la nouvelle Coutume de Paris, fondée sur un Arrêt du 22 Décembre 1565 (*n*).

(*k*) Ferriere, remarques sur l'art. 84 de la Coutume de Paris.

(*l*) Papon, liv. 13, tit. 2, Arrêt 29. Charondas, sur Bouteiller, liv. 1, tit. 27.

(*m*) Art. 84 de la Coutume de Paris ; & Ferriere, *ibid.* Gl. 1, no. 1. Chopin, du Domaine, liv. 2, tit. 5, n°. 6.

(*n*) Ferriere, remarques sur l'art. 84 de la Coutume de Paris. Livoniere, liv. 3, ch. 4, sect. 1, p. 153.

CCXIX.

Si l'adjudication du décret volontaire est faite avec augmenta- *S'il y a augmen-*
tion du prix au profit de l'acheteur, les lods sont dûs à concur- *tation du prix.*
rence de cette augmentation, qui forme le complément du sufdit
prix. Nous continuons de copier l'art. 84 de la nouvelle Coutume
de Paris, qui a été ajouté fur la Jurifprudence du sufdit Arrêt du
23 Décembre 1565 (o).

CCXX.

1°. La vente à charge d'un décret volontaire étant parfaite par *De quel jour les*
le confentement mutuel des Parties, il est évident que les lods *lods de l'augmen-*
du prix de cette vente font dûs du jour de fa date, & que le dé- *tation?*
lai des retraits court à compter de ce jour, felon Ferriere, Livoniere, & Tournet (p).

2°. Mais de quel jour font dûs les lods de l'augmentation du
prix, furvenue lors de l'adjudication par décret faite au premier
acheteur ? Les Auteurs cités les font courir du jour du premier
contrat, en donnant un effet rétroactif à l'adjudication, qui en est
la fuite & l'exécution.

3°. Quand même, felon Guyot, il auroit été convenu, lors de
la vente, que l'acquéreur n'entreroit en poffeffion qu'après le décret (q).

4°. Mais la Loi Romaine, qui contient le développement le
plus parfait des principes moraux fur tout ce qui a rapport aux
contrats, nous donne, à ce fujet, une diftinction pleine de lu-
miere. " Toute convention, dit-elle, faite à fuite de la vente,
» lorfque les chofes ne font plus entieres, & qui en change la

---

[o] Fortin, fur l'art. 84 de la Coutume de Paris. Chopin, du Domaine, liv.
2, tit. 5, n°. 6. Livoniere, liv. 3, ch. 4, fect. 1, p. 155.
[p] Ferriere, fur la Coutume de Paris, art. 84, Gl. 1, n°. 3 & 4. Charondas,
liv. 12, rép. 39. Livoniere, liv. 3, ch. 4, fect. 1, p. 155. Tournet, fur la Coutume de Paris, art. 84.
[q] Guyot, des lods, ch. 4, fect. 1, n°. 5, 6 & 7.

„ fubftance, eft cenfé en faire partie (*r*) ; mais fi les chofes font
„ entieres, c'eft un nouveau contrat (*s*) : cette diftinction repa-
roîtra aux numeros 369, 637, 638, & 425 ; & nous en avons
expliqué les motifs audit n°. 369.

5°. Or, les chofes font entieres lorfque le contrat n'a été exécuté de la part d'aucune des Parties, & elles ont ceffé de l'être
lorfque quelqu'une des Parties a commencé d'exécuter fes engagemens, comme nous l'expliquerons au n°. 615.

6°. Ainfi, les entiers lods font dûs du jour de la vente, fi elle
avoit reçu quelque exécution ; & dans le cas contraire, c'eft du
jour de l'adjudication : dans le premier cas, l'augmentation du
prix eft une fuite & une portion de la vente, qui n'a été ni pu
être annullée : & dans le fecond, il n'y a de vraie vente que du
iour de l'adjudication, puifque le prix convenu d'abord, a difparu
avec la vente, qui a demeuré dans les termes d'un fimple projet.

C C X X I.

En vente nulle.   Mais fi la vente faite à la charge d'un décret, eft nulle ; par
exemple, fi c'eft une vente faite par le débiteur réellement faifi,
ou du bien d'un mineur avant qu'il fût autorifé par Juftice en pays
coutumiers, où tuteur & curateur ne font qu'un ; en ce cas, les
entiers lods font dûs, non du jour du contrat, puifqu'il eft nul,
mais du jour de l'adjudication, qui en répare le vice & la nullité.
L'ouverture des lods, à cette époque, a été prononcée par un
Arrêt du 3 Mai 1617 (*t*).

C C X X I I.

Adjudication à un tiers.   1°. Si ce n'eft pas l'acheteur, par le premier contrat, qui eft
adjudicataire, mais un tiers, il faut ufer de diftinction ; car, dans

---

[*r*] *L.* 72 , *ff. de contrah. empt.* , fuivant l'interprétation de Godefroy, de
Cujas, & de Potier, fur cette Loi, *au tit. de pactis, n°.* 36 , *in nobis.*
[*s*] *L.* 7 , §. 6 , *per totum, ff. de pactis. L.* 72 , *ff. de contrah. empt.*
[*t*] Livoniere, liv. 3 , ch. 4 , fect. 1 , p. 155. Ferriere, fur la Coutume de Paris, art. 84 , Gl. 1 , n°. 5.

le cas d'un décret volontaire ſtipulé lors du premier contrat, la premiere vente eſt réſolue par une cauſe inhérente à cette vente; & c'eſt ainſi que le décide la Loi Romaine, par rapport à l'addition à jour qui reſſemble parfaitement au Traité dont nous parlons (*v*) : « cette Loi porte, « que ſi l'acheteur eſt évincé par le „ ſurdiſant, la premiere vente eſt annullée, & que le premier „ acquéreur doit rendre les fruits qu'il a perçus dans l'intervalle „ de cette vente à la ſeconde (*x*), comme il peut répéter ce qu'il „ a légitimement dépenſé ſur le bien (*y*) ; mais qu'il n'a pas „ action contre l'adjudicataire, ni à raiſon de ce, ni à raiſon de „ ce qu'il a compté au vendeur ſur le prix (*ʒ*).

En partant de ces principes, il n'y a pas ouverture aux droits, à raiſon de la premiere vente, puiſqu'elle eſt réſolue par une cauſe ancienne & inhérente au contrat, avec reſtitution des fruits : telle eſt la déciſion de deux Arrêts des 2 Juin 1591, & 13 Mars 1612 (*a*).

2°. Conſéquemment les lods ſont dûs ſeulement par l'adjudicataire, & du jour de l'adjudication : tel eſt l'avis de Charondas & de Livoniere (*b*), adopté en partie par Ferriere, & frondé à tout haſard par Guyot (*c*). Quand on a des points fixes dans la Loi Romaine, pourquoi s'en écarter ſans raiſon ?.

C C X X I I I.

1°. Mais ſi l'acquéreur a fait faire de mouvement un décret qui n'eût pas été convenu lors de l'achat, & qu'un tiers ſoit adjudicataire ; dans cette eſpece, la premiere vente n'eſt pas réſo- *En décret ſpontané.*

[*v*] Guyot des lods, ch. 4, ſect. 1, n°. 8.
[*x*] *L. 6 , in princip.*, *& §.* 1 *, ff. de in diem addict.*
[*y*] *L.* 16 *, ff. de in diem addict.*
[*ʒ*] *L.* 20 *, ff. de in diem addict.*
[*a*] Tournet, ſur l'art. 84 de la Coutume de Paris. Guyot, des lods, ch. 4, ſect. 1, n°. 10. Livoniere, liv. 3, ch. 4, ſect. 1, p. 154 & 155.
[*b*] Charondas, liv. 12, rép. 39. Livoniere, liv. 3, ch. 4, ſect. 1, p. 154 & 155.
[*c*] Ferriere, ſur la Coutume de Paris, art. 84, Gl. 1, n°. 9 & 10. Guyot, des lods, ch. 4, ſect. 1, n°. 5, 6, & 7.

lue en vertu d'une convention inhérente au contrat ; mais elle a subfifté jufqu'au tems de l'adjudication, & l'une & l'autre eft fujette aux lods (*d*) ; puifque l'une & l'autre eft parfaite, & que la premiere a été annullée par le feul fait de l'acheteur : en un mot, il y a doubles droits, parce qu'il y a deux ventes ; fauf qu'il y a exemption de droits de la premiere, fi elle a été réfolue, les chofes étant entieres, comme nous le dirons au n°. 614, & fuivans.

2°. Si cependant l'acquéreur affigné en déclaration d'hypotheque par les créanciers de fon vendeur, eft obligé de pourfuivre un décret pour purger les hypotheques, & que le défaut de fortune ou l'infolvabilité du vendeur indique la néceffité de cette précaution ; c'eft le cas de l'art. 79 de la nouvelle Coutume de Paris, qui eft ajouté fur la difpofition de l'Arrêt du 22 Décembre 1665 (*e*) ; & qui « accorde au premier acheteur, l'exercice des » droits du Seigneur fur la feconde vente, lorfqu'il eft obligé de » délaiffer l'héritage pour les dettes de fon vendeur, & qu'il » eft fait une feconde vente fur ce délaiffement ». Nous en parlerons plus en détail aux numeros 686, & fuivans.

CCXXIV.

S'il n'eft pas forcé.

1°. Si l'acheteur n'eft pas adjudicataire fans avoir été forcé, quand même il y auroit ftipulation du décret volontaire dans le contrat, alors le décret eft une feconde vente faite à l'adjudicataire, & fujette, fans contredit, aux droits de mutation (*f*) : mais à l'égard de la premiere vente, elle y fera ou n'y fera pas fujette, felon les regles que nous établirons en traitant de la réfolution volontaire des contrats, aux numeros 614 & fuivans.

[*d*] Livoniere, liv. 3, ch. 4, fect. 1, p. 155. Fortin, fur la Coutume de Paris, art. 84 ; & obfervations de M. Lecamus, fur cet article, n°. 2 & 3, dans Ferriere.

[*e*] Ferriere, fur l'art. 79 de la Coutume de Paris, Gl. 1, n°. 1 ; & M. Lecamus, *ibid.* fur l'article 84, n°. 3.

[*f*] Ferriere, fur la Coutume de Paris, art. 84, Gl. 1, n°. 9 & 10. Livoniere, liv. 3, ch. 4, fect. 1, p. 155. Guyot, des lods, ch. 4, fect. 1, no. 8.

CCXXV

CCXXV.

1°. Si l'héritage eſt vendu à la folle-enchere, faute, par l'adju- *Folle enchere.* dicaſaire, d'avoir conſigné ; c'eſt une nouvelle vente, ſujette à de nouveaux droits, ſelon les Arrêts des 21 Mai 1607, & 12 Juin 1609 (*g*).

2°. Si toutefois l'adjudicataire eſt inſolvable, & que le vendeur ſoit obligé de pourſuivre la vente à la folle enchere, nous renvoyons aux principes relatifs à la réſolution de la vente par l'inſolvabilité de l'acheteur, aux numeros 672 & ſuivans.

CHAPITRE V.

Du retrait ſeigneurial ou lignager.

CCXXVI. Retrait ſeigneurial.
CCXXVII. Vente par le Seigneur.
CCXXVIII. Retrait lignager.
CCXXIX. Retrait total.
CCXXX. Retrait ſans aſſignation.
CCXXXI. Colluſion.
CCXXXII. Vente au lignager.
CCXXXIII. Revente à l'Acheteur.
CCXXXIV. Retrait lignager ſur le Seigneur.

Voyez le n°. 585 ci-après.

CCXXVI.

1°. Si lors de l'exercice du retrait ſeigneurial, le Seigneur *Retrait ſeigneurial.*

____

[*g*] Fortin, ſur l'art. 84 de la Coutume de Paris. Mornac, en ſes Arrêts, cinquieme partie, Arrêt 115. Bouchel, *verbo*, Droits ſeigneuriaux.

eſt obligé, par la volonté de l'acquéreur, de prendre ce qui n'eſt pas de ſa directe : par exemple, s'il n'a qu'une portion de Seigneurie, indiviſe ou diviſée avec ſes conforts, parce que la diviſion du fief dominant ne doit pas être onéreuſe au Vaſſal; en ce cas, le Seigneur retrayant doit la foi ou la reconnoiſſance à ſes Co-ſeigneurs, à raiſon de leurs portions, mais ſans profits; parce que c'eſt, non une nouvelle vente, mais l'exécution forcée de celle ſur laquelle il a retrait (*h*).

2°. Il en eſt de même dans le cas où il ſeroit forcé de retraire des biens aſſis dans une Seigneurie étrangere; par exemple ſi, ſelon le langage de Dargentré (*i*), " ſa directe ne couvroit que
» les bons fonds, les bâtimens ou les prés, & qu'il ne dût reſter
» que des fonds ſtériles ou inutiles à l'acquéreur, par l'exercice du
» retrait ſur les bons fonds.

CCXXVII.

Vente par le Seigneur.   Mais ſi le Seigneur vend ou cede les fonds qu'il a été obligé de prendre hors de ſa directe; en ce cas, ce n'eſt ni une vente forcée, ni la réſolution de la premiere, mais une vente libre & volontaire, dont il eſt garant envers l'acheteur; conſéquemment, ſujette aux profits & à tous les droits de mutation.

CCXXVIII.

Retrait lignager.   Le retrait lignager eſt le droit " que la Loi donne aux parens
» du vendeur, de ſe rendre acquéreurs à la place de l'acquéreur
» étranger, & de l'obliger à leur délaiſſer l'objet de ſon acquiſi-
» tion, en lui rembourſant le prix & les loyaux-coûts (*k*). Ainſi,
l'exercice de ce droit n'eſt pas une nouvelle vente, mais le tranſport ſur la tête des lignagers, de l'achat fait par un étranger; & ce tranſport dérive de la loi municipale, indépendamment de la volonté de l'acheteur; enſorte qu'à ſon égard, le retrait eſt for-

---

[*h*] Dumoulin, ſur la Coutume de Paris, §. 13, *hodiè* 20, Gl. 1, n°. 53.
[*i*] Dargentré, ſur la Coutume de Bretagne, art. 295, n°. 3.
[*k*] Potier, du retrait, n°. 3.

cé; d'où il résulte deux chofes : 1°. qu'il n'eft pas fujet aux droits, puifque ce n'eft pas une feconde vente, mais l'exécution de la première, au profit du lignager (*l*) : 2°. que celui-ci eft fi fort tenu des lods de la vente faite à l'acheteur évincé par retrait, que le Seigneur n'a plus d'action perfonnelle contre cet acheteur pour raifon de ces lods, mais feulement contre le retrayant lignager (*m*) : 3°. que les loyaux-coûts rembourfés par le lignager, n'augmentent pas le montant des lods, puifqu'il y a ouverture auxdits lods fur la vente, & non fur l'exercice du retrait.

C C X X I X.

Si le lignager eft forcé de retraire ce qui n'eft pas de fa ligne *Retrait total.* forcement, qui dépend de la volonté de l'acheteur ; en ce cas, l'exercice du retrait eft néceffaire à cet égard, de la part du retrayant ; ce qui dérive de la loi municipale, qui rênd cet exercice indivifible, fi telle eft la volonté de l'acheteur (*n*) : conféquemment, le retrayant eft exempt des lods pour la portion étrangere qu'il retrait par la feule volonté de l'acheteur (*o*).

C C X X X.

Si le retrait lignager a été exécuté de bonne foi, fans affigna- *Retrait fans affi-* tion & fans jugement qui ait prononcé la condamnation au re- *gnation.* trait, en ce cas fon exercice ne donne pas non plus ouverture aux droits, s'il confte que le lignager étoit capable de l'exercer. Un Arrêt du 31 Mai 1582 l'avoit jugé de même (*v*) ; parce qu'en effet le droit du retrayant ne dérive pas du jugement de

---

(*l*) Dumoulin, fur la Coutume de Paris, §. 23, *hodiè* 33, Gl. 2, n°. 44. Dargentré, fur celle de Bretagne, art. 73, note 4, n°. 1, & *de laudimiis*, cap. 1, §. 36.

(*m*) Dargentré, fur la Coutume de Bretagne, art. 71, n°. 10.

(*n*) Loifel, liv. 3, tit. 5, reg. 35, 36. Potier, du retrait, n°. 209. Livoniere, liv. 5, ch. 1, fect. 3, p. 413 & 414. Catellan & Vedel, liv. 3, ch. 14.

(*o*) *Idem in fimili, fuprà* n°. 226.

(*p*) Guyot, des lods, ch. 10, n°. 7. Charondas, liv. 7, rép. 216. Chopin, fur la Coutume de Paris, liv. 1, tit. 3, n°. 8. Dumoulin, fur celle de Paris, §. 13, *hodiè* 20, Gl. 5, n°. 10, *infrà* n°. 642 & 711.

condamnation ; mais son action, & le jugement qui doit l'accueillir, sont fondés sur la loi municipale qui lui donne le droit de retraire les biens vendus par ses lignagers.

CCXXXI.

Collusion.　　Mais il est de regle *que la collusion ou la négligence de quelqu'un ne doit jamais nuire à un tiers (q)* : ensorte que si le retrait a été exercé par collusion ; par exemple, après le terme fatal que donne la loi pour l'exercer (r) ; " ou si quelqu'autre exception „ légitime pouvoit l'exclure, la collusion des Parties n'a pu pri„ ver le Seigneur des droits que lui donne une seconde mutation „ volontaire & déguisée sous l'apparence du retrait.

Il nous suffit d'observer à cet égard, 1°. que la forme de transaction qu'on auroit pu donner à l'exercice du retrait, ne peut nuire aux droits du Seigneur (s) : 2°. qu'il en est de même d'un jugement d'expédient, puisqu'il est volontaire de la part des Parties qui y ont consenti (t) : 3°. ou d'un jugement par défaut, qui n'a autorité que contre ceux avec lesquels il a été rendu (v) : 4°. & qu'à l'égard des jugemens contradictoires, quoiqu'en these ils ne vaillent qu'entre les Parties avec lesquelles ils ont été rendus (x), cependant, si la condamnation au retrait a été contradictoirement prononcée, le Seigneur ne peut le quereller, hors qu'il prouvât la fraude & la collusion (y).

CCXXXII.

Vente au Lignager.　　Pour exempter le retrayant des nouveaux droits, il faut qu'il

---

(q) *L.* 9 , *ff. de liber. causâ.*

(r) Dargentré, *de laudimiis , cap.* 1 , §. 36.

(s) *L.* 29 , §. 2 , *ff. de inoff. testamento* ; *L.* 3 , *ff. de transact. L.* 1 , *Cod. eod.*

(t) *L.* 3 , *ff. de transact. L.* 1 , *Cod. eodem, L.* 56 , §. 1 , *ff. de evict.* Dumoulin , sur la Coutume de Paris, §. 22 , *hodiè* 33 , Gl. 1 , no. 68.

(v) *Argumento , L.* 14 , §. 1 , *ff. de appellat. L.* 17 , §. 1 ; *& L.* 18 , *ff. de inoff. testam. L.* 50 , §. 1 , *de legatis* 1°.

(x) *L.* 47 ; *& L.* 63 , *ff. de re judicatâ , toto tit. Cod. inter alios acta.*

(y) *Argumento , L.* 5 , §. 1 , *ff. de appellat. L.* 50 , §. 1 , *ff. de legatis* 1°. Dumoulin, sur la Coutume de Paris, §. 22 , *hodiè* 33 , Gl. 1 , n°. 68. Potier, du retrait, n°. 257.

prenne les biens vendus à titre & en forme de retrait ; car s'il
prend à titre d'achat les biens qu'il pouvoit retraire, cette acquifition donne ouverture à de nouveaux droits (z), quand même
ce feroit au même prix & aux mêmes conditions du premier
achat (a) : 1°. parce qu'en ce cas, il peut exercer la garantie fur
fon vendeur ; au lieu que l'acheteur, évincé par retrait, n'en doit
point. 2°. Le retrayant doit rembourfer les loyaux-coûts à l'acheteur, au lieu que le fecond acheteur ne doit que le prix de fon
achat.

C C X X X I I I.

Si, après l'exercice du retrait, le lignager revend à l'acheteur
les biens retraits, il eft vifible que c'eft une rétroceffion volontaire, qui donne ouverture à de nouveaux droits (b).

Revente à l'ache-
teur.

C C X X X I V.

1°. Si le Seigneur eft évincé par le retrayant lignager, foit qu'il
eût acheté ou pris par retrait feigneurial, dans les pays où le retrait lignager eft préféré ; en ce cas, le retrayant lui doit les lods
même de l'acquifition faite par le Seigneur, fi tant eft qu'il ait
acquis (c) : & quoique l'achat fait par le Seigneur dans fon fief,
en foit exempt, puifqu'il ne peut fe les devoir à lui-même, ils lui
font pourtant dûs alors du jour de fon acquifition, parce que
l'effet du retrait eft tel, que cette acquifition eft cenfé faite par le
retrayant, comme fubrogé aux droits de l'acquéreur.

Retrait lignager
fur le Seigneur.

2°. Au refte, fi le Seigneur laiffoit retraire fur lui-même, après
le terme fatal du retrait lignager, il ne lui feroit pourtant dû que
les lods de l'achat fur lequel on a retrait, puifque la vente faite

---

(z) Dumoulin, fur la Coutume de Paris, §. 23, *hodiè* 33, Gl. 2, n°. 44 &
45 ; & §. 13, *hodiè* 20, Gl. 5, n°. 5. Dargentré, fur celle de Bretagne, art. 73,
note 4, n°. 1 & 2 ; *& de laudimiis*, cap. 1, §. 36.

(a) Dumoulin, fur la Coutume de Paris, §. 23, *hodiè* 33, Gl. 2, n°. 44
& 45.

(b) Dargentré, *de laudimiis*, cap. 1, §. 37. Potier, du retrait, n°. 251--255.

(c) Dumoulin, fur la Coutume de Paris, §. 55, Gl. 1, *hodiè* 78, n°. 112.
Dargentré, *de laudimiis*, cap. 1, § 25. Boiffieu, ch. 88.

par le Seigneur en eſt exempte de droit (*d*) , & que de fait, ce prétendu retrait eſt une vente de ſa part.

CHAPITRE VI.

DES Ventes néceſſaires ou forcées.

SECTION PREMIERE.

DES Ventes pour l'utilité publique.

CCXXXV. Exemption de Lods.
CCXXXVI. Quels biens ? Edit de 1713.
CCXXXVII. Elargiſſement d'une rue.
CCXXXVIII. Boutiques d'une place.
CCXXXIX. Egliſes de Moines , & autres.
CCXL. Maiſons Religieuſes.

CCXXXV.

Exemption de lods. 1°. Il n'y a de ventes vraiment néceſſaires , que celles qui ſont fondées ſur l'utilité publique ; ce qui dérive du droit que s'eſt réſervé la puiſſance publique lors du partage des biens, de prendre ce dont elle auroit beſoin pour l'intérêt public (*e*) : ainſi ce droit dérive de la Loi politique, qui dépouille le Citoyen malgré lui ; mais il doit être tempéré par la Loi civile, qui eſt le boulevard de ſa propriété : de là vient qu'on lui en paye la valeur au dire d'Experts (*f*) ; & c'eſt ainſi que le pratiquerent les Romains,

---

(*d*) Dumoulin, ſur la Coutume de Paris, §. 55 , Gl. 1, *hodiè* 78 , n°. 112.
(*e*) Laplanche, liv. 1 , ch. 6 , n°. 1 , note.
(*f*) Eſprit des Loix , liv. 26 , ch. 15.

comme on l'a pratiqué jufqu'à ces derniers tems, parmi nous (*g*).

2°. Or, puifque ces ventes font néceffaires & forcées, le confentement des Seigneurs y eft inutile : elles font donc exemptes des lods qui font le prix de ce confentement : un Arrêt du 17 Juin 1560, l'avoit jugé de même, & l'exemption eft fans difficulté (*h*).

C C X X X V I.

L'Ordonnance de 1303 avoit obligé les particuliers à vendre le fol néceffaire pour les Eglifes de Paroiffe, Cimetieres, & Maifons Curiales (*i*) ; & l'Edit de Février 1713 fait l'énumération des objets qui peuvent donner lieu à ces ventes forcées : favoir, » la conftruction des forts, cazernes, murailles, foffés, rem- » parts, & autres édifices pour le fervice du Roi, conftruction » d'Eglifes de Paroiffe, cimetieres, maifons curiales, places pu- » bliques, Hôtels-de-Ville, fours, preffoirs, moulins, Colleges, » Séminaires, & autres acquifitions faites pour l'ufage du Public, » & embelliffement des Villes (*k*).

Quels biens ? Edit de 1713.

C C X X X V I I.

Les biens pris pour l'élargiffement d'une rue font dans le cas, fuivant un Arrêt du 17 Juin 1560 (*l*) ; ce qui fe réfere à l'Edit de 1713, ci-devant cité ; puifque cet Edit met dans la même claffe les acquifitions faites pour l'ufage du Public, & l'embelliffement des Villes.

Elargiffement d'une rue.

[*g*] *L. 9, Cod. de operib. public.* Efprit des Loix, liv. 26, ch. 15. Ordonnance de 1303, dans Guenois, en trois vol. liv. 1, tit. 2, §. 2. Louet & Brodeau, lett. A, fomm. 6, n°. 1, 2, 4, 6, 11, & 12. *Nota.* Ce n'eft que de nos jours que cet ufage a changé à quelque égard.

[*h*] Maynard, liv. 4, ch. 50, n°. 1 & 4. Laroche, des droits feigneuriaux, ch. 38, Arrêt 1. Chopin, du Domaine, liv. 3, tit. 23, n°. 4, en marge. Papon, liv. 13, tit. 2, Arrêt 23.

[*i*] Dans Guenois, en trois vol. liv. 1, tit. 2, §. 2.

[*k*] Rapporté dans le Recueil judiciaire de Touloufe, tom. 1, p. 186.

[*l*] Dolive, liv. 2, ch. 16, n°. 3. Maynard, liv. 4, ch. 50, n°. 4.

CCXXXVIII.

Boutique d'une place.

Les arrieres-boutiques de la place du Pont de Toulouse ont été regardées comme un acceſſoire de cetre place, & déclaré exemptes de droits ſeigneuriaux, par un Arrêt du 16 Juin 1732 (*m*). En effet, l'achat du terrein où elles ont été conſtruites, eſt naturellement exempt de lods, autant que cet achat a fait partie des arrangemens néceſſaires pour la conſtruction de la place du Pont ; mais en tant que l'Arrêt de 1732 éteint la directe du Seigneur ſur ces boutiques, il nous paroît contraire à l'eſprit de l'Edit de 1713 , dont la clauſe générale ne " prononce cette ex-" tinction moyennant finance, que pour les acquiſitions faites " pour l'uſage du Public & l'embelliſſement des Villes ; " au lieu que la conſtruction de ces boutiques eſt un objet purement économique dans les mains de la Ville, qui a pu les vendre, ou traiter avec les anciens propriétaires, pour les faire conſentir à cette conſtruction, en laiſſant ces boutiques dans leurs mains ; autrement, l'embelliſſement des places ou des rues ſeroit un prétexte pour éteindre les droits des Seigneurs, en augmentant le patrimoine des Villes ; ce qui eſt contraire à l'Edit de 1713 , & à celui des maïns-mortes du mois d'Août 1749. Il y a quelques années que les Etats du Languedoc avoient traité avec la maiſon de Riquet, pour l'achat du canal de communication des mers de cette Province, avec l'eſpoir de l'exemption des droits de mutation, &c. ; mais cette prétention ayant été proſcrite par le Conſeil du Roi, parce que ç'auroit été un effet économique dans les mains de la Province, les Parties renoncerent à ce projet.

CCXXXIX.

Egliſes de Moines, & autres.

1°. On ne peut bâtir une Egliſe ſans le conſentement du Haut-Juſticier, dans ſa Juſtice ; mais il ne peut le refuſer ſans de bonnes raiſons, ſuivant la Doctrine de Dumoulin (*n*) : à plus forte raiſon

---

(*m*) Nouveau Journal du Palais de Toulouſe, tome 5, Arrêt 164.

(*n*) Dumoulin, ſur la Coutume de Paris, §. 41, *hodiè* 51, Gl. 2, n°. 65, 66, & 67.

ne

ne le peut-on pas fans le confentement du Seigneur de fief, puifque la confécration de l'Eglife éteint fa directe fur le fol (*o*). Or,
les lods font le prix du confentement du Seigneur à la vente du
fonds : cette vente eft donc fujette aux lods, puifqu'elle ne peut
être faite fans fon confentement ; ce qui doit avoir lieu lorfqu'elle
eft faite pour la conftruction d'une Eglife de Moines, Chapelle de
dévotion, &c.

2°. Cependant un Arrêt de Pâques 1606 avoit préjugé lé contraire, en contraignant un tuteur à vendre le terrein néceffaire
pour agrandir l'Eglife de Boulbone (*p*) ; mais cet Arrêt eft contraire à l'Edit de 1713, ci-devant cité, qui ne met au rang des
ventes faites pour l'utilité publique, que celles qui ont pour objet
la conftruction des Eglifes de Paroiffe, ou autres acquifitions
faites pour l'ufage du public, c'eft-à-dire, des Eglifes néceffaires
pour cet ufage. Le texte cité au n°. fuivant, confirmera cette
vérité.

C C X L.

A plus forte raifon la vente faite pour la conftruction d'une
maifon religieufe, n'eft-elle pas dans le cas de l'exemption. En
effet, l'Edit de 1713 excepte par exprès de fa difpofition, les
acquifitions faites " par les gens de main-morte, pour leurs ufa-
» ges particuliers, foit pour la conftruction des maifons reli-
» gieufes, jardins, parcs, enclos, ou pour quelque autre ufage
» qui leur foit particulier (*q*) » : enforte que l'acquifition de biens-
fonds pour ces objets, eft fujette à tous les droits de mutation.

*Maifon Reli-
gieufe.*

(*o*) Maréchal, ch. 1, §. 34 de l'édition de M. de Sérieux. Confultation du 25
Avril 1618 ; *ibidem*, tome 2, n°. 3. *Argumento*, §. 7, 8, & 9. *Inflit. de rer.
divifione.*
(*p*) Brodeau, fur Louet, lettre A. fomm. 6, n°. 8.
(*q*) Recueil judiciaire de Touloufe, tom. 1, p. 186.

SECTION II.

DES Collocations fur les biens des Communautés.

CCXLI. Exemption de Lods.
CCXLII. Ceſſionnaire du créancier.
CCXLIII. Communaux.

CCXLI.

Exemption de lods.

Les Communautés de pluſieurs Provinces s'étant trouvé accablées de dettes le fiecle dernier, Louis XIV les obligea de se libérer, & il força de même leurs créanciers à se faire colloquer fur les biens communs ou fur ceux des particuliers, pour le payement de leur dû.

On ne peut diſconvenir que ces collocations n'aient tous les caractères de la dation en paiement.

Cependant, fi l'on remonte au principe, elles font néceſſaires, non d'une néceſſité privée, comme le décret pourſuivi fur les biens d'un débiteur faiſi, mais d'une néceſſité publique, puiſqu'elles ont pour objet direct & fondamental, le foulagement des Communautés écraſées fous le poids des intérêts, & non l'intérêt des créanciers, & qu'elle les force au contraire d'éteindre ces intérêts, & de prendre des biens fonds en paiement de leur dû, & en dérogeant, à cet égard, à nos uſages : c'eſt cette conſidération d'où réfulte la faveur de l'exemption des lods des ventes dont il s'agit : cette exemption a été prononcée par des Arrêts des 8 Octobre 1637, & 13 Mars 1638 (r).

CCXLII.

Ceſſionnaire du créancier.

1°. Même exemption en faveur du ceſſionnaire du créancier,

______

(r) Daperier, abrégé d'Arrêts, lettre L, *verbo*, Lods. Matieres féodales de Provence, tit. des lods, n°. 77. *Idem* Graverol, fur Laroche, des droits feigneuriaux, ch. 38, Arrêt 3.

fuivant un Arrêt du Confeil, du 18 Août 1644, pourvu que celui-ci n'ait pas été colloqué (*s*) ; parce que ce ceffionnaire repréfente le créancier originaire, & qu'il doit jouir de la même faveur.

2°. Quand même le créancier originaire auroit été colloqué, fi
la collocation n'a pas été autorifée ; parce qu'alors la ceffion qu'il
fait de fon droit, eft une fimple vente d'actions (*t*).

CCXLIII.

Mais ces collocations ne pouvoient être faites fur les com- *Communaux.*
munaux, puifqu'au contraire l'Edit d'Avril 1667, " permet aux
„ Communautés de rentrer de plein droit dans un mois dans
„ ceux qu'elles avoient aliénés, à quel titre que ce fût, depuis
„ 1620, en rembourfant les acquéreurs en dix paièmens, dans
„ dix ans (*v*) „. Le rétabliffement de l'agriculture fut l'objet de
cette Loi. Un Arrêt de 1608 avoit précédemment ordonné la
réintégrande des ufurpations faites fur ces communaux, à caufe
de l'intérêt public (*x*). Un autre Arrêt du 16 Avril 1726 caffe
une tranfaction paffée entre un Seigneur & la Communauté, par
rapport aux patis & communes, comme contraire aux droits de
la Communauté (*y*). Ce dernier Arrêt peut pourtant être fondé
en partie fur l'abus de l'autorité du Seigneur.

Section III.

Des Ventes faites en exécution d'une obligation antécédente.

Bis CCXLIII. En exécution d'une obligation antérieure.

(*s*) Matieres féodales de Provence, tit. des lods, n°. 77. *Idem* Graverol, fur
Laroche, des droits feigneuriaux, ch. 38, Arrêt 3.
(*t*) Graverol, *ibidem*, *infrà* n°. 281.
(*v*) Loix foreftieres, tit. 25, au commencement.
(*x*) Salvaing, ch. 96, vers la fin.
(*y*) Loix foreftieres, tit. 25, art. 1, p. 276.

Bis C C X L I I·I.

   Si quelqu'un vend en vertu de la claufe d'un teftament, d'une fubftitution, d'une donation, ou autre obligation qui dérive d'une Loi privée impofée par le maître au bail de fon bien, ce contrat eft fujet à tous les droits d'une vente ordinaire ; puifque le maître n'a pu, en impofant l'obligation de vendre, priver le Seigneur de tous les droits d'une mutation à venir (z) ; comme toute autre promeffe de vendre ne fauroit l'en priver non plus.

S E C T I O N   I V.

D E S Décrets forcés.

CCXLIV. Charge des Lods.
CCXLV. Coutumes d'exception.
CCXLVI. Coutumes qui en chargent le vendeur.
CCXLVII. Contre-lettre privée.
CCXLVIII. Adjudication à l'héritier bénéficiaire.
CCXLIX. Au cohéritier.
CCL. S'il refte dû à l'adjudicataire.
CCLI. Réfervation de fa créance.
CCLII. De quel jour les lods ?
CCLIII. Quid ? à Touloufe.
CCLIV. Confignation & expédition.
CCLV. Folle enchere.

A l'égard du délaiffement au command, *vide* le chap. fuivant.
Voyez les numeros 686, 687, & 688, fur la théorie des décrets, & du délaiffement par hypotheque.

(z) Dumoulin, fur la Coutume de Paris, §. 55, Gl. 1, *hodiè* 78, n°. 99. *Vide* le n°. fuivant.

CCXLIV.

La néceffité de vendre les biens d'un débiteur faifi, eft une né- *Charge des lods.*
ceffité privée, qui dérive des engagemens qu'il a contractés, &
qu'il ne remplit pas : elle ne peut donc nuire aux droits du Seigneur, ni le priver des lods de la vente judiciaire de ces biens (a);
puifque ces lods feroient égalemens dûs d'une vente faite par le
débiteur, de gré à gré, pour s'acquiter envers fes créanciers, ou
du bail, en paiement qu'il leur feroit.

CCXLV.

Dans le Beaujelois & dans la Coutume de Saint-Sever, les *Coutumes d'ex-*
décrets forcés font exempts de lods (b) : mais au Beaujelois, les *ception.*
ventes volontaires judiciairement faites fur trois publications, y
font fujettes, ainfi que les autres décrets volontaires (c) : toutefois encore, une vente faite d'intelligence, après trois publications, en eft exempte dans cette Province, lorfqu'elle a été précédée d'une faifie réelle, fuivant un Arrêt du 2 Septembre
1704 (d). C'eft ainfi que l'abandon des principes produit dans la
Jurifprudence des bifarreries qui la déprécient.

CCXLVI.

1°. Dans les Coutumes qui en chargent le vendeur, ils font *Ès Coutumes qui*
pourtant à la charge de l'adjudicataire, aux décrets forcés, fi le *en chargent le ven-*
décret ne lui a été adjugé à francs deniers, c'eft-à-dire, avec *deur.*
exemption de lods (e).

____

(a) Chopin, fur les Coutumes, feconde partie, queft. 2, n°. 2. Maynard,
liv. 4, ch. 50, n°. 1. Dargentré, fur la Coutume de Bretagne, art. 59, note 4,
n°. 23 ; & art. 66, note 2, n°. 1. Duperier, liv. 4, queft. 19. Voyez le n°. précédent.

(b) Bretonnier, fur Henrys, liv. 3, queft. 48, n°. 10.

(c) Bretonnier, *ibidem*, n°. 4 & 11.

(d) Bretonnier, *ibidem*, n°. 12 & 13.

(e) Dumoulin, note fur l'art. 235 de la Coutume de Senlis. Livoniere, liv. 3,
ch. 4, fect. 2, p. 156. Guyot, des lods, fect. 2, n°. 2.

2°. Mais l'acheteur, chargé des lods du décret dans ces Coutumes, doit-il payer le lods des lods qu'il paye pour le difcuté ? ou le quint du quint, c'eſt-à-dire, le requint ; puiſque dans ces Coutumes, ſi l'acheteur ſe charge par contrat des ventes ou du quint, il doit les venterolles ou le requint, comme nous l'avons ci-devant expliqué (*f*). Deux Arrêts des 3 Août 1617, & 28 Mai 1621, ont décidé pour l'affirmative, ſur ce que la Juſtice repréſente le vendeur, & qu'elle l'en affranchit, en les tranſportant ſur l'acheteur (*g*) ; mais Dumoulin a ſoutenu le contraire, & avec raiſon (*h*). En effet, indépendamment de la ſolidité des moyens qui, dans les Coutumes nouvellement réformées, en déchargeant définitivement le vendeur des droits, ont aboli le requint ou les venterolles (*i*), il eſt une raiſon tranchante pour les décrets forcés ; c'eſt que l'adjudicataire eſt toujours tenu hypothécairement des lods dûs par le difcuté (*k*) ; & que ſi les entiers biens de celui-ci ſont décrétés, il ne peut exercer contre lui qu'une garantie vaine & illuſoire ; enforte que le tranſport de la charge des ventes ou du quint ſur l'adjudicataire, dans les décrets forcés, doit emporter de plein droit l'exemption des venterolles & du requint ; 1°. parce que ce tranſport étant forcé, c'eſt une dérogation néceſſaire & forcée aux diſpoſitions ſtatuaires qui en chargent le vendeur ; 2°. parce qu'étant fondé en droit commun, c'eſt une abrogation formelle des Coutumes contraires qui lui impoſent cette charge : ainſi les ventes ou le quint étant néceſſairement, & de droit commun, à la charge de l'adjudicataire, il n'y a ni raiſon ni prétexte pour aggraver cette charge du montant des venterolles ou du requint, puiſqu'il paye les droits à ſon nom propre, & non au nom du vendeur, qui en eſt déchargé forcément, & par le droit commun.

C C X L V I I.

Contre-lettre privée.

La contre-lettre privée qu'auroit pu fournir l'adjudicataire au

---

(*f*) Suprà n°. 5 & 6.
(*g*) Guyot des lods, ch. 4, feɕt. 2, n°. 1.
(*h*) Dumoulin, ſur la Coutume de Paris, §. 58, hodiè 83, n°. 81.
(*i*) Suprà, n°. 5, 6, 25 & 26.
(*k*) Suprà, no. 27 & 42.

diſcuté, contenant que le décret ne ſortiroit pas à effet ſi celui-ci ſe libéroit dans un certain tems, ne peut préjudicier aux droits du Seigneur, ni opérer la décharge des lods (*l*); parce qu'un écrit privé n'a point de datte vis-à-vis d'un tiers (*m*); enſorte que cet écrit ne pourroit paſſer que pour une rétroceſſion ſimulée, ſujette à de nouveaux droits, conformément aux regles que nous établirons ci-après (*n*).

CCXLVIII.

Adjudication à l'héritier bénéficiaire.

Si l'héritier bénéficiaire eſt adjudicataire des biens vendus, cette adjudication eſt exempte des lods, ſoit qu'il ait prévenu l'adjudication, ſoit qu'il l'ait obtenue comme enchériſſeur (*o*). Un Arrêt du 8 Avril 1654, l'a jugé de même (*p*) : pareils Arréts de 1645 & 1685, nonobſtant un Arrêt contraire de 1662 (*q*). En effet, l'héritier bénéficiaire eſt véritablement héritier ; ainſi l'adjudication faite à ſon profit, n'eſt pas une vente, puiſque nul ne peut valablement acheter ſon propre bien (*r*) ; mais c'eſt un décret judiciaire qui confirme ſur ſa tête ſa propriété, en purgeant les hypotheques des créanciers du défunt : ce décret eſt donc exempt de lods, comme l'achat fait par le maître de ſon bien (*s*).

CCXLIX.

Au cohéritier.

Si la ſaiſie eſt faite ſur un cohéritier & ſur ſes conſorts, & que ce cohéritier ſoit adjudicataire, l'adjudication analyſée & réduite à ſon dernier terme, eſt, à ſon égard, une licitation qui, par ſa nature, eſt exempte de lods, comme nous l'établirons en traitant

(*l*) Arrêt du 26 Octobre 1596. Expilli, Arrêt 117. Autre du 17 Janvier 1582. Laroche, des droits ſeigneuriaux, ch. 13., Arrêt 7.

(*m*) *Suprà* n°. 211.

(*n*) Aux numeros 252, 259, 624, 625, &c.

(*o*) Guyot, des lods, ch. 4, ſect. 2, n°· 15, 16, & 17.

(*p*) Boiſſieu, ch. 80.

(*q*) Livoniere, liv. 3, ch. 4, ſect. 2, p. 159 & 160.

(*r*) *L.* 16, *ff. de contrah. emptione.*

(*s*) *Infrà*, n°. 578.

cet objet : conféquemment ce décret en eft pareillement exempt, comme il a été jugé par un Arrêt du 30 Juillet 1669 (*t*) : cependant Guyot, après avoir enfanté un volume pour prouver l'exemption des droits des licitations, y affujettit celle-ci dans certains cas (*v*). Cet Auteur eft recommandable par une étude opiniâtre de Dumoulin, qui eft le Docteur du droit féodal ; mais fes idées manquent d'exactitude, de précifion & de netteté.

C C L.

S'il refte dû à l'adjudicataire.

Si la créance de l'adjudicataire excede le prix du décret, ou qu'elle ne foit pas imputée en entier fur le montant du prix, il eft certain que fon hypotheque eft purgée : cependant il auroit, le cas échéant, droit de gage contre le difcuté, à raifon de ce qui lui refte dû ; parce que le fimple créancier cédulaire peut exercer ce droit (*x*) : c'eft ainfi que l'acheteur à faculté de rachat a le même droit de gage pour ce qui lui refte dû par fon vendeur (*y*).

Mais puifque ces fommes ne font pas partie du prix de la vente, elles ne doivent pas entrer dans la fixation des lods ; & M. de Catellan rapporte deux Arrêts qui ont jugé qu'en cas qu'il foit évincé par retrait, il ne peut pas demander le rembourfement de ces fommes au retrayant (*z*).

C C L I.

Réfervation de fa créance.

. Mais fi l'adjudicataire, en faifant fa furdite, a réfervé la créance qui excede le prix de l'adjudication, un Arrêt du 23 Février 1690 a jugé qu'en cas de retrait fur lui, il pouvoit demander le rembourfement de la créance réfervée ; & que, dans le cas con-

---

[*t*] Soefve, tom. 2, cent. 4, ch. 39. Livoniere, liv. 3, ch. 4, fect. 2, p. 160 & 161.

[*v*] Guyot, des lods, ch. 4, fect. 2, n°. 18.

[*x*] L. *unicá , Cod. ob chirograph. pecuniam.*

[*y*] Arrêt du 15 Mai 1698. Nouveau Journal du Palais de Touloufe, tom. 2, Arrêt 51. Catellan, liv. 5, ch. 58 ; *contrà* Vedel, liv. 5, ch. 58.

[*z*] Catellan, liv. 3, ch. 14.

traire ,

traire, il devoit payer les lods à concurrence de cette créance (a).
Autre Arrêt du 16 Décembre 1688, qui condamne l'adjudicataire au délaiffement par retrait feigneurial, à la charge, par le
retrayant, de lui payer le prix du décret, & les loyaux-coûts
feulement, fi mieux l'adjudicataire n'aime payer les lods des entieres fommes allouées à fon profit par la Sentence d'ordre, quoiqu'elles excédaffent le prix du décret (b) ; enforte que cet Arrêt
donne l'option des lods ou du retrait, non au Seigneur, mais à
l'adjudicataire ; & qu'en fixant le prix fur le pied de l'adjudication,
lorfqu'il s'agit de retraire, l'Arrêt ajoute à ce prix le montant des
créances de l'adjudicataire, lorfqu'il s'agit de laufer. Enfin, un dernier Arrêt du 13 Août 1733, dans le cas d'une adjudication à bon
marché, oblige le Seigneur à retraire fur le pied de l'eftimation
d'Experts, fi mieux il n'aime percevoir les lods fur la même eftimation (c).

C'eft ainfi que l'oubli des principes, dans la défenfe des Procès, a procuré une jurifprudence incertaine, vacillante, & bigar-
rée ; au lieu que l'attache à la fimplicité des regles auroit produit
un corps de doctrine toujours la même, & toujours conféquente,
parce qu'elle ne contiendroit que le développement des regles fur
cet objet. En effet :

1°. On fixe le montant des lods, non fur la valeur de la chofe,
mais fur le prix de la vente (d) : c'eft de même le prix avec les
loyaux-coûts, & non la valeur, qui doivent être remboursés par
le retrayant. Or, les fommes réfervées par l'adjudicataire lors de
fon enchere, ne font pas partie du prix, puifqu'il en demeure
créancier : c'eft donc une injuftice de les faire entrer dans la fixation des lods, ou dans le remboursement du retrait. 2°. La réfervation faite de fa part de ce qui lui refte dû, eft une précaution furabondante & exclufive de la confufion de fa créance avec
le prix du décret ; puifque cette créance feroit éteinte fi elle étoit
totalement imputée fur ce prix : il n'y a donc ni raifon ni prétexte

(a) Catellan, liv. 3, ch. 14.
(b) Recueil judiciaire de Touloufe, tome 2, p. 152.
(c) Nouveau Journal du Palais de Touloufe, tome 5, Arrêt 246, n°. 5.
(d) *Suprà* n°. 29.

pour affocier au prix, lors de la fixation des lods ou de l'exercice du retrait, la créance réfervée ; & cette réfervation, au contraire, devroit procurer, s'il étoit poffible, une exemption plus pleine des lods ; parce qu'ils doivent être fixés fur le prix de la vente, & non fur le montant des fommes dûes à l'acheteur.

3°. Il eft vrai que l'adjudicataire évincé par retrait perd les créances par lui réfervées, fi le débiteur eft infolvable ; mais il les perd de même fi les créanciers exercent fur lui le droit d'offrir, ou les enfans du difcuté, le rabattement dont nous parlerons ci-après.

Enfin, il les perd pareillement, quand même il n'auroit pas fait la réfervation de ces créances ; puifque cette réfervation va de droit. Or, dans ce dernier cas, elles ne font comptées pour rien, relativement au retrayant, comme nous l'avons prouvé au n°. précédent. 4°. Si le bien adjugé par décret, eft dans la directe d'un Seigneur d'Eglife, ce Seigneur ne peut pas retraire, & cependant on lui accorde les lods fur le montant des fommes réfervées ; ce qui greve évidemment l'adjudicataire. 5°. Si au contraire le bien vendu par décret eft allodial & exempt de lods, mais fujet au retrait lignager, c'eft une injuftice évidente envers les lignagers, de les obliger au rembourfement des fommes réfervées par l'adjudicataire, & conféquemment étrangeres au prix du décret. 6°. C'eft le Seigneur, & non l'adjudicataire, qui doit avoir l'option des lods ou du retrait.

Gardons-nous de cette " lueur de raifon qui *nous égare en nous* " éloignant des regles par les confidérations d'une fauffe équité (*e*). Un grand homme rapporte avec complaifance cette requête des peuples de Savoie, qui demanderent à François I, *de n'être pas jugés par équité* ; ce qui réfere à l'ancien proverbe : *Dieu nous garde de l'équité du Parlement (f).*

(e) Dumoulin, fur la Coutume de Paris, §. 41, *hodiè* 51, Gl. 2, n°. 86 & 87. L. 31, *ff. depofiti vel contra.*

(f) P. Bouhier, fur la Coutume de Bourgogne, ch. 2, n°. 41--52.

C C L I I.

Les lods sont dûs par le fait du contrat, & dès le jour du con- *De quel jour les* *lods ?*
trat, & non du jour de son exécution (*g*). Or, en matiere de dé-
cret, c'est l'adjudication qui tient lieu de contrat de vente : c'est
donc par l'adjudication, & du jour de sa date, qu'il y a ouverture
aux lods, & non simplement du jour de l'expédition. Henrys
rapporte un Arrêt conforme, du 9 Août 1647 ; & c'est l'avis
commun des Auteurs (*h*).

C C L I I I.

1°. Si les Romains sont le premier peuple du monde pour la *Quid ? à Tou-* *louse.*
science du Droit, c'est qu'ils en avoient analysé les principes jusqu'à la racine, & suivi la chaîne des conséquences résultant de
chacun, en associant les spéculations de la métaphysique, aux
combinaisons de la dialectique ; & ce n'est qu'en marchant sur leurs
traces, que tant de grands hommes se sont immortalisés dans cette
carriere parmi nous.

2°. Mais dès que nous quittons la route tracée par Dumoulin
& par les autres bons Feudistes, il ne nous reste que des principes informes, & créés à pieces de rapport sur le prononcé, bien
ou mal entendu des Arrêts, faute de bons traités domestiques,
qui, en remontant à la source des choses, en suivent pied à pied
le développement. 1°. M. Maynard décide que l'adjudication est
illusoire sans l'exécution du décret (*i*) : cette opinion s'est étouffée
dans les mains de Graverol, selon lequel « il a été jugé, par un
» Arrêt du 7 Mars 1660, que jusqu'à la mise de possession il n'y
» avoit pas ouverture aux lods ; au point que pour empêcher les
» fraudes que pourroit pratiquer l'adjudicataire, en cédant son
» droit à un tiers, avec l'exemption de nouveaux lods, on l'obli-

─────────────────────────────

(*g*) *Suprà* n°. 102.

(*h*) Henrys, liv. 3, quest. 30, n°. 4 & 5 ; & Bretonnier, *ibidem*, n°. 6. Chopin, sur la Coutume de Paris, liv. 1, tit. 2, n°. 29. Loisel, liv. 6, tit. 5,
reg. 15.

(*i*) Maynard, liv. 4, ch. 51. Guyot, des lods, ch. 4, n°. 9.

„ geoit de jurer qu'il ne s'étoit pas mis en poffeffion (*k*) : mais comme cette jurifprudence pouvoit rendre la perception des lods illufoire, & que l'adjudicataire auroit pu jouir impunément fans la formalité de la mife de poffeffion, ou en cachant le verbal qui la contient, un Arrêt du 12 Juin 1698 a jugé qu'il y avoit ouverture aux lods nonobftant le défaut de mife de poffeffion, fi le décret avoit été exécuté de fait (*l*) : & cependant, felon l'Arreftographe, les lods ne font dûs qu'autant que le décret a été exécuté par la mife de poffeffion (*m*) ; mais la Déclaration du Roi, du 16 Janvier 1736, ouvrage de M. le Chancelier Dagueffau, en laiffant fubfifter par l'art. 10, la formalité de la mife de poffeffion dans ce reffort, en borne l'effet, à l'article 13, *à faire courir les dix ans du rabattement* (*n*) ; & M. Serres, Profeffeur en Droit François à Montpellier, dans un Commentaire fur cette Loi, en prétendant avec Graverol, qu'avant la Déclaration du Roi de 1736, la mife de poffeffion étoit la confommation néceffaire du décret, ajoute qu'il n'ofe condamner la jurifprudence qui n'adjugeoit les lods que du jour de cette mife de poffeffion, malgré fa contrariété avec le principe qui les fait courir du jour du contrat.

Tel eft l'état des chofes envifagées du premier coup d'œil ; mais en y regardant de plus près, on trouve, 1°. que M. Maynard ne parle pas de la formalité de la mife de poffeffion, mais feulement de l'exécution du décret ; ce qui peut être entendu de la poffeffion de fait, conformément à l'Arrêt du 12 Juin 1698 : 2°. que la Déclaration de 1736 ayant réduit à fa jufte valeur la formalité de la mife de poffeffion, & prononcé qu'elle n'a d'autre effet que celui de faire courir le délai du rabattement, au lieu que Graverol la regardoit comme indifpenfable pour la perfection du décret : l'omiffion ou l'obfervation de cette formalité ne peut rien opérer à l'égard des lods. 3°. C'eft ainfi que la queftion avoit été jugée par l'Arrêt du 12 Juin 1698, long-tems avant la Déclaration de 1736.

(*k*) Graverol, fur Laroche, des droits feigneuriaux, ch. 38, Arrêt. 8.
(*l*) Nouveau Journal du Palais, tom. 1, Arrêt 146.
(*m*) Nouveau Journal du Palais, tome 1, Arrêt 262.
(*n*) Dans le recueil judiciaire de Touloufe, tome 1, p. 362.

Et comme les droits de la vérité font inaltérables & éternels, en ramenant la queftion à l'analogie des principes, il eft vifible, 1°. que l'adjudication faite par le Juge, repréfente le contrat de vente, & en tient lieu : or, les lods font dûs du jour du contrat, & non fimplement du jour de fon exécution (o) : conféquemment ils font pareillement dûs du jour de l'adjudication. 2°. Mais comme une vente fans exécution n'eft pas réellement une vente, puifque fon objet n'eft pas rempli, & que, par le fait, étant réduite à rien, elle ne peut donner ouverture aux droits, cette regle doit être appliquée aux décrets, felon qu'ils font ou ne font pas exécutés ; & l'on peut s'en départir impunément, c'eft-à-dire, avec exemption de lods, tant que les chofes font entieres, felon les principes que nous établirons dans la quatrieme partie de ce Traité. 3°. En admettant la néceffité de la mife de poffeffion légale, pour faire courir les droits, c'eft contrevenir à la Déclaration du Roi de 1736, qui borne l'effet de la mife de poffeffion, à faire courir le délai du rabattement : c'eft ouvrir la porte à toute forte de fraudes, & c'eft ce que l'Arrêt du 12 Juin 1698 avoit voulu prévenir. Enfin, c'eft contredire à propos de rien la maxime univerfellement & de tous les tems reconnue, que les lods font dûs par le fait de la vente, & du jour de fa date, & non du jour de fon exécution : c'eft donc à cette maxime qu'il faut s'en tenir.

CCLIV.

La confignation du prix de la part de l'adjudicataire, eft une condition dont le défaut annulle l'adjudication (p) ; & ce n'eft que de ce jour que les fruits appartiennent à l'acquéreur (q) : mais la confignation une fois faite, elle a un effet rétroactif au tems de l'adjudication (r) ; car quoique cette condition ne puiffe

Confignation & expédition.

(o) *Suprà* n°. 102.

(p) *L.* 15 , §. 5 , *ff. de re judic.* art. 8 de l'Edit des criées, de 1551. *Argumento,* §. 41 , *inftit. de rerum divifione,* infrà n°. 672.

(q) Laroche, liv. 2, tit. 1 des Décrets, Arrêt 23 & 66. Maynard, liv. 2, ch. 40.

(r) *L.* 18 , *ff. de reg. Jur. L.* 144 , *eodem. L.* 78 , *ff. de verb. obligat.* Mornac, *ad L.* 1 , *ff. qui potiores in pign.*

être remplie que par le fait de l'adjudicataire, ce fait n'eft pourtant pas libre de fa part, & l'on adjuge les biens à fa folle enchere, à défaut par lui de configner; enforte que cette condition n'eft pas de la claffe des conditions poteftatives, dont le fait met le fceau aux contrats, du jour de l'événement, & fans aucun effet rétroactif; c'eft, au contraire, une condition néceffaire & forcée : de là vient que fon exécution a un effet rétrograde au tems du décret. (*Infrà* n°. *bis* 355).

Au refte, l'adjudication eft la vente faite par le Juge; & l'expédition du décret, qui ne fe délivre qu'après la confignation du prix, eft le bail du titre de propriété, avec le mandement de Juftice, qui autorife l'acquéreur à jouir du bien adjugé.

C C L V.

Folle enchere.   1°. Il réfulte de ce que nous venons de dire, que fi l'adjudicataire ne configne pas, il n'y a pas ouverture aux lods, puifque la Juftice n'a pas fuivi la foi de l'acquéreur, & qu'il n'y a point de vente, faute par l'adjudicataire d'avoir rempli la condition de payer, fans laquelle elle ne peut avoir lieu. Deux Arrêts de 1633 & de 1653, l'ont jugé de même, & la queftion eft fans difficulté (*s*).

2°. Mais fi dans un décret fur une direction entre créanciers, l'adjudicataire étoit entré en poffeffion fur l'atermoyement avec les créanciers, il pourroit y avoir ouverture à de nouveaux droits (*t*), felon les regles que nous indiquerons aux numeros 677, 678, 679, 680, 681, & 684.

S E C T I O N V.

D u droit d'offrir.

CCLVI. Sa nature.
CCLVII. Exemption de lods.

(*s*) Brodeau, lettre M. fomm. 18, n°. 31 & 32. Henrys & Bretonnier, liv. 3, queft. 54, §. 41, *inftit. de rer. divif. infrà*, n°. 672.

(*t*) Livoniere, liv. 3, ch. 4, fect. 2, p. 159.

C C L V I.

1°. Le droit d'offrir eſt « une faculté accordée par le Parle- *Sa nature.*
» ment de Toulouſe au créancier hypothécaire, qui n'a pas été
» Partie au décret des biens de ſon débiteur diſcuté, de les re-
» vendiquer pendant dix ans, en rembourſant à l'adjudicataire
» tout ce qui lui eſt dû en capital, intérêts, & dépens (*v*); &
» conſéquemment les loyaux-coûts du décret : ce droit a pris
» ſon fondement dans la Loi Romaine (*x*) : il ne peut avoir lieu
» qu'au profit des créanciers hypothécaires, qui ont un droit
» acquis ſur le bien vendu par décret (*y*), lorſqu'ils n'y ont pas
» été Parties, & autant qu'il ne reſte plus au débiteur ſaiſi,
» d'autres biens ſur leſquels ils puiſſent exercer leur action (*z*).

2°. Nous obſervons, à l'égard du rembourſement des loyaux-
coûts, qu'il comprend même la remiſe faite à l'adjudicataire ſur
les lods, autre toutefois que la remiſe ordinaire & uſitée dans le
fief; cette derniere remiſe devant céder au profit de l'offrant,
véritable acquéreur. (*Infrà* n°. 262).

C C L V I I.

L'exercice du droit d'offrir n'eſt ni une ſeconde vente, ni une *Exemption de lods.*
réſolution de la premiere, mais une eſpece de retrait hypothé-
caire, une ſubrogation du créancier hypothécaire, & qui n'a pas
été partie au décret, aux droits de l'adjudicataire, en lui rembourſant tout ce qui lui eſt dû en capital, intérêts, & dépens :
cette ſubrogation ne peut donc donner ouverture à de nouveaux
droits (*a*). A l'égard du rembourſement fait à l'adjudicataire
évincé, il lui eſt dû à titre de dédommagement, comme il eſt dû
de même à l'acheteur évincé par retrait : & comme les loyaux-

---

(*v*) Catellan & Vedel, liv. 6, ch. 1. Duranti, queſt. 51.
(*x*) *L. 20, ff. de ſolut. L. 1, Cod. ſi antiq. creditor.*
(*y*) *L. 10, Cod. qui potior. in pig.*
(*z*) Duranti, queſt. 51, n°. 2. Vedel, liv. 6, ch. 1.
(*a*) Matieres féodales de Provence, tit. des lods, n°. 66. Duperier, liv. 4,
queſt. 19.

coûts que rembourfe le retrayant, n'entrent pas dans la fixation des lods (*b*), il en eft de même de ceux que rembourfe le créan-cier offrant.

SECTION VI.

Du rabattement de décret.

CCLVIII. Son origine & fa nature.
CCLIX. Lods du Décret.
CCLX. Exemption du rabattement.
CCLXI. Rabattement fur le Seigneur.
CCLXII. Rembourfement des lods.

CCLVIII.

Son origine & fa nature.　1°. Le rabattement de décret, inconnu par-tout ailleurs, l'étoit de même autrefois au Parlement de Touloufe, comme il confte par un Arrêt de ce Parlement, de 1566 (*c*) ; mais il y a été établi depuis, à titre de grace, en faveur du débiteur dé-pouillé par fes créanciers (*d*) : & la Déclaration du Roi, du 16 Janvier 1736, a revêtu cette grace du fceau de la Loi, en auto-rifant le rabattement dont elle fixe les caractères.

2°. Ce n'eft pas la réfolution du décret, comme le rachat eft la réfolution de la vente faite fous cette faculté, parce qu'il fe-roit revivre les hypotheques purgées par le décret, & que les enfans ne pourroient l'exercer que comme héritiers de leur pere : ils y font pourtant reçus, nonobftant leur répudiation de l'hé-rédité.

3°. Il ne reffemble pas non plus au retrait lors duquel le re-trayant, en prenant fon droit du vendeur, eft fubrogé à l'acqué-reur évincé ; au lieu que le difcuté ne peut tenir fon droit de lui-

---

[*b*] *Suprà* n°. 228.
[*c*] Laroche, liv. 2, tit. 1 des Décrets, Arrêt 1, §. 14.
[*d*] Sur le fondement de la Loi 3, §. 3, *Cod. de jure domin. impetr.* Catellan, liv. 6, ch. 12.

même,

même, & qu'on ne peut feindre que l'adjudication ait été faite à son profit.

4°. Enforte que « c'eft une rétroceffion forcée du droit de » l'adjudicataire, en vertu de la Loi qui accorde au difcuté ou à » fes defcendans la faculté du rabattement pendant dix ans, à » compter du jour de la mife de poffeffion, moyennant le rem- » bourfement préalable du prix & des loyaux-coûts, & amélio- rations (e) : » & quoique l'adjudicataire ait vendu fon droit à un tiers à un moindre prix, il faut, pour exercer le rabattement fur cet acquéreur, lui rembourfer l'entier prix du décret, avec les loyaux-coûts, comme à l'adjudicataire, s'il n'avoit pas cédé fon droit, fuivant un Arrêt du 13 Juin 1693 (f).

C C L I X.

Dès que le rabattement n'eft pas la réfolution, mais la rétro- ceffion forcée du décret, il eft vifible que les lods ne font pas moins dûs du fufdit décret, fuivant un Arrêt du Parlement d'Aix, du 17 Mars 1579 (g); & l'art. 17 de la Déclaration du Roi, de 1736, le fuppofe de même, puifqu'elle ordonne le rem- bourfement des droits feigneuriaux à l'acquéreur : or, ces droits feigneuriaux ne peuvent être autres que les lods, puifque les fruits appartiennent à l'adjudicataire, & que les cenfives font conféquemment à fa charge jufqu'au jour de la confignation du prix, fuivant l'art. 18 de cette Déclaration.

Lods du décret.

C C L X.

1°. Autrefois le rabattement étoit fujet à de nouveaux lods, fuivant les Arrêts rapportés par MM. Dolive & Cambolas (h); mais le rabattement étoit alors une grace que le Parlement de Paris refufa pour des biens décrétés d'autorité du même Parle-

Exemption du rabattement.

---

[e] C'eft ce qui réfulte des art. 11--19 de la Déclaration du Roi, du 16 Jan- vier 1736, dans le recueil judiciaire de Touloufe, tome 1, p. 362.
[f] Nouveau Journal du Palais, tome 1, Arrêt 144.
[g] Supplément d'Henrys, liv. 1, ch. 12, n°. 9.
[h] Dolive, liv. 2, ch. 18. Cambolas, liv. 5, ch. 34.

Tome I.   G g

ment, & situés dans le reſſort de celui de Touloufe (*i*) ; au lieu qu'aujourd'hui c'eſt un droit autoriſé par la Déclaration de 1736 : conféquemment il eſt exempt de nouveaux lods, puiſque c'eſt, non une feconde vente, mais une rétroceſſion forcée des droits de l'adjudicataire, par une cauſe ancienne, inhérente à l'adjudication, & autoriſée par la Loi. C'eſt ainſi que la queſtion avoit été anciennement jugée par un Arrêt du Parlement d'Aix, du 17 Mars 1570 (*k*) ; & tel eſt l'avis de Defpeiſſes, & même de Cambolas & de Catellan (*l*).

2°. Au reſte, le rabattement n'eſt pas non plus ſujet au relief ou rachat pour les terres & fiefs régis, ſuivant la Coutume de Paris, comme nous l'établirons en traitant de la faculté de rachat, au n°. 386.

C C L X I.

Rabattement ſur le Seigneur.

On peut, ſuivant les Arrêts rapportés par M. de Catellan, exercer le rabattement ſur le Seigneur, qui a pris par retrait le bien décrété (*m*). L'Auteur ajoute qu'en ce cas il n'y a ouverture aux lods, ni à raiſon du décret ſur lequel le Seigneur avoit opté le retrait, ni à raiſon du rabattement qui, par ſa nature, en eſt exempt ; mais M. de Catellan eſt moins profond Feudiſte, qu'excellent Arreſtographe. En effet, il eſt convenu que le décret donne ouverture aux lods, nonobſtant l'exercice du rabattement : le Seigneur ne peut donc en être privé par le fait d'un retrait que le rabattement a annullé, parce que le retrait diſparoît au moyen de l'exercice du rabattement, & qu'il ne reſte plus que le décret ſur lequel le rabattement eſt exercé ; en ſorte que le diſcuté étant ſubrogé par la Loi à l'adjudication de ſon bien, il doit les lods de cette adjudication : c'eſt ainſi que le Seigneur évincé par le retrayant lignager, perçoit des mains de celui-ci les lods dont étoit exempte l'acquiſition qu'avoit fait ce Seigneur de ſon Vaſſal (*n*) : en un mot, le Seigneur doit jouir des lods ou du re-

---

[*i*] Bouraric, Inſtit. liv. 2, tit. 5, §. 1, p. 222. *Vide* Dolive, liv. 2, ch. 18.
[*k*] Supplément d'Henrys, liv. 1, ch. 12, n°. 9.
[*l*] Defpeiſſes, des droits ſeigneuriaux, tit. 4, ſect. 5, part. 5, n°. 6.
[*m*] Catellan, liv. 6, ch. 13.
[*n*] *Supra* n°. 234.

trait, nonobftant le rabattement. Or, il eft privé du retrait par le fait du rabattement : cet exercice fait donc revivre à fon profit l'action en paiement des lods, & cette action peut être exercée directement contre le faifi ou contre fes enfans, qui ont exercé le rabattement, comme elle pourroit l'être contre le retrayant lignager (o) : autrement, un retrait illufoire & anéanti priveroit le Seigneur des lods, & produiroit un effet que le néant ne peut opérer dans le phyfique ni dans le moral.

C C L X I I.

1°. Si l'adjudicataire a payé les lods, le difcuté ou fes enfans, en exerçant le rabattement, doivent les lui rembourfer en entier, quoiqu'il ait eu une remife dont il doit feul profiter, parce que cette remife lui étant perfonnelle, elle ne doit pas céder au profit d'un tiers ; c'eft ce qui réfulte d'un texte prefque parallele de la Loi Romaine (p). Trois Arrêts de 1605, 1611 & 1635, l'ont jugé de même (q) : pareil Arrêt du 2 Août 1629 (r) ; & c'eft la décifion des meilleurs Auteurs (s).

Rembourfement des lods.

2°. Mais fi le Seigneur a fait à l'acquéreur la remife ordinaire & ufitée, elle doit céder au profit du retrayant, puifqu'elle n'a pas été faite en confidération de la perfonne de l'acquéreur, & que s'agiffant d'une remife accoutumée, tout le monde doit en profiter : telle eft la décifion d'un Arrêt de 1565, rapporté par Dargentré (t), & adopté par tous les Auteurs (v) ; & c'eft ainfi

---

[o] *Suprà* n°. 229.

[p] *Argumento*, *L.* 28, *ff. de legat.* 2°.

[q] Brodeau, lettre S. fomm. 22, n°. 4.

[r] Duperier, abrégé d'Arrêts, *verbo*, Lods.

[s] Maynard, liv. 4, ch. 32. Boiffieu, ch. 86, p. 420 & 421. Grimaudet, du retrait, liv. 8, ch. 5. Tiraqueau, du retrait lignager, §. 29, Gl. 4, n°. 5---7. Dumoulin, fur la Coutume de Paris, §. 15, *hodiè* 22, n°. 6. Albert, *verbo*, Lods, Arrêt 3. Coquille, fur celle de Nivernois, ch. 31, Arrêt 12.

[t] Dargentré, *de laudimiis*, *cap.* 3, & fur la Coutume de Bretagne, art. 71, n°. 7 & 8.

[v] Potier, du retrait, n°. 324. Boiffieu, ch. 86, p. 424 & 425. Coquille, queft. 184.

qu'on doit entendre les Arrêts de 1641, 1643, 1644, & 1645, cités par Salvaing (*x*).

3°. Si cependant le Seigneur n'a fait qu'une promesse de remise, elle est réduite à rien, & il rentre dans ses droits si le rabatement est exercé avant l'exécution de sa promesse (*y*); parce que la personne à qui la remise a été promise, se trouve sans intérêt.

4°. Si au contraire l'acquéreur n'a pas payé les lods avant la demande en rabattement, il ne peut plus les payer utilement pour profiter de la remise après cette demande (*z*).

5°. Si la remise a été faite à l'adjudicataire pour faire grossir le prix du décret, & en considération du débiteur saisi; en ce cas, l'adjudicataire ne peut répéter sur celui-ci, ni sur ses enfans, le montant d'une remise que le Seigneur n'avoit faite que pour les favoriser (*a*).

CHAPITRE VII.

Du Command, ou élection d'ami.

CCLXIII. Origine & définition.
CCLXIV. Exemption de droits.
CCLXV. Clauses du contrat.
CCLXVI. Partage & ventilation.
CCLXVII. Retrait lignager.
CCLXVIII. Déclaration en acquérant.
CCLXIX. Mandat spécial.

[*x*] Salvaing, ch. 86, p. 421--425.

[*y*] *Argum. L.* 37 *, ff. de servit. rust. præd.* Livoniere, liv. 3, ch. 7, p. 225. *Argum. L.* 32 *, ff. locati cond.*

[*z*] Coquille, sur la Coutume de Nivernois, ch. 31, Arrêt 12. Potier, du retrait, n°. 327.

[*a*] Boistieu, ch. 86, p. 425. Chopin, sur la Coutume d'Anjou, liv. 3, tit. du retrait lignager, n°. 24. Livoniere, liv. 3, ch. 7, p. 255.

CCLXX. És ventes judiciaires.
CCLXXI. Paiement du prix, & jouiſſance.
CCLXXII. Retenue par l'acheteur.
CCLXXIII. Paiement des lods, & inveſtiture.
CCLXXIV. Établiſſement, ou extinction de ſervitudes.
CCLXXV. Tems de nommer le command.
CCLXXVI. Capacité du command.
CCLXXVII. Connoiſſance du command.
CCLXXVIII. Command en licitation.

C C L X I I I.

1°. Comme on peut avoir des raiſons de ne pas paroître en faiſant un achat; ſi un tiers ſe préſente, qu'il traite au nom de ſon command ſans le nommer, & qu'enſuite il faſſe ſa déclaration à ſon profit, cette déclaration n'eſt pas une ſeconde vente; mais l'exécution d'un mandat antérieur, c'eſt-à-dire, l'exécution de l'achat fait au profit du command inconnu, pour lequel on avoit traité (*b*).

Origine & définition.

2°. Mais la faveur du command a fait étendre & améliorer cette juriſprudence, en appliquant cet uſage à tous les cas où il a été poſſible de feindre l'exiſtence d'un mandat, & non au-delà.

3°. Si au contraire le mandataire garde pour lui, il n'y a non plus qu'une vente, puiſque le command ne pouvoit être propriétaire qu'en vertu de la déclaration du command, acceptée de ſa part (*c*) : en un mot, il n'y a qu'une vente qui, par le fait, cede au profit du mandataire : il n'y a donc pas lieu d'adjuger doubles lods.

[*b*] Dumoulin, ſur la Coutume de Paris, §. 23, *hodiè* 33, Gl. 2, n°. 22, 23, & 24. Livoniere, liv. 3, ch. 4, ſect. 5, p. 171. Chopin, ſur la Coutume de Paris, liv. 1, tit. 3, n°. 13. Faber, liv. 4, tit. 34, défin. 1. *Argum. L.* 13, *ff. de acquir. rer. domin.*

[*c*] Chopin, ſur la Coutume de Paris, liv. 1, tit. 3, n°. 13.

CCLXIV.

Si l'on achete au nom du command qu'on nomme dans les suites, la remise qu'on lui fait du bien acheté à son nom, ne donne pas ouverture à de nouveaux droits, puisque ce n'est pas une seconde vente, mais l'exécution du mandat de son command (*d*) : de là vient qu'elle n'est pas même sujette au relief (*e*); & cette maxime de traiter est permise par-tout (*f*), si la Coutume ne la prohibe expressément (*g*).

CCLXV.

La nomination du command doit être faite aux mêmes clauses & conditions du contrat ; autrement, ce seroit une seconde vente qui donneroit ouverture à de nouveaux droits (*h*) : il y auroit lieu de même aux doubles droits, si le mandataire s'obligeoit à la garantie, ou à quelqu'autre chose envers son command ; en un mot, dans tous les cas où il est impossible d'allier la remise de l'achat avec l'idée d'un mandat antérieur.

CCLXVI.

Si l'acquéreur, après avoir déclaré qu'il achete pour lui & pour son command, fait sa déclaration au profit de plusieurs personnes : il peut ventiller le prix & le bien acheté, & faire, entre ces personnes, des arrangemens relatifs à leur maniere de partager & de jouir, & à la distribution du prix (*i*) ; pourvu que leur

---

(*d*) Dumoulin, sur la Coutume de Paris, §. 23 , *hodiè* 33 , Gl. 2 , n°. 21—24. Laroche & Graverol, des droits seigneuriaux, ch. 38 , Arrêt 8. Chopin, sur la Coutume de Paris, liv. 1 , tit. 3 , n°. 13. Nouveau Journal du Palais, tome 5 , Arrêt 270. Faber, en son Code, liv. 4 , tit. 34 , défin. 1.

(*e*) Dumoulin, *ibidem.*

(*f*) Dargentré, *de laudimiis , cap.* 1 , §. 21. Faber, liv. 4 , tit. 34 , défin. 1.

(*g*) Guyot, des lods, ch. 4 , sect. 3 , n°. 1.

(*h*) Guyot, des lods, ch. 4 , sect. 3 , n°. 3 , 12 & 13. Livoniere, liv. 3 , ch. 4 , sect. 5 , p. 172. Faber, liv. 4 , tit. 34 , défin. 1.

(*i*) Livoniere, liv. 3 , ch. 4 , sect. 5 , p. 172.

réunion revienne au montant du prix total, & qu'on puisse feindre l'exécution d'un mandat commun de la part de tous les intéressés.

C C L X V I I.

On peut de même, en exerçant le retrait lignager, déclarer *Retrait lignager.* que c'est pour soi ou pour un de ses parens; auquel cas ce retrait, ni l'élection de ce parent, ne donnent pas ouverture à de nouveaux lods, selon un Arrêt du 13 Août 1576 (*k*).

C C L X V I I I.

1°. Pour qu'on puisse impunément faire sa déclaration au pro- *Déclaration en acquérant.* fit d'un tiers, il faut avoir déclaré, en acquérant, que c'est pour soi ou pour son command qu'on acquiert (*l*); ou tout au moins, il faut, selon Dumoulin & Livoniere, l'avoir fait incontinent, & tandis que les choses sont entieres, c'est-à-dire, avant la délivrance (*m*) & avant le paiement total ou partiel du prix. Nous développerons davantage cette idée au n°. 270, à l'occasion des ventes par décret; comme nous fixerons dans la quatrieme partie de ce Traité, les cas dans lesquels les choses sont ou ne sont pas entieres.

2°. Livoniere, à l'endroit que nous venons de citer, donne un intervalle de huit jours, relativement à la doctrine de Dumoulin, pour déclarer qu'on achete pour soi ou pour son command (*n*); mais Sudre a fait voir l'inconvénient de cette extension; 1°. parce que c'est favoriser les fraudes, & introduire l'arbitraire dans la jurisprudence, à cause des difficultés qui s'éleveroient sur la fixation de ce délai : 2°. parce que l'acquisition pure & simple, à son nom, exclut toute présomption d'achat pour au-

---

(*k*) Chopin, sur la Coutume de Paris, liv. 1, tit. 3, n°. 13.

(*l*) Laroche & Graverol, des droits seigneuriaux, ch. 38, Arrêt 8. Dumoulin, sur la Coutume de Paris, §. 23, *hodiè* 33, Gl. 2, n°. 21. Dargentré, *de Laudimiis, cap.* 1, §. 21.

(*m*) Dumoulin, sur la Coutume de Paris, §. 23, *hodiè* 33, Gl. 2, n°. 21. Livoniere, liv. 3, ch. 4, sect. 5, p. 177.

(*n*) Dumoulin & Livoniere, *ibidem.*

trui (o). Nous adoptons d'autant plus volontiers cette reftriction, que Dumoulin lui-même, dans fa note fur l'art. 376 de la Coutume du Maine, exige que la déclaration foit faite incontinent ; & tel eft notre avis.

3°. Au refte, pour ne laiffer aucune obfcurité fur le fens de l'obligation de déclarer incontinent, nous obfervons que, felon la Loi Romaine, les pactes faits incontinent, & dans le tems de l'acte, font cenfé en faire partie, fans y être inférés ; & que, felon Dolive & Dumoulin, il faut que ces pactes dattent du même jour. (*Infrà* n°. 389 & 390).

C C L X I X.

Mandat fpécial.   1°. Si, après avoir acheté à fon nom propre, on rapporte un mandat fpécial & authentique antérieur du command, pour acquérir l'objet de la vente au nom du fufdit command, la remife que lui fait enfuite fon mandataire, n'eft pas une feconde vente fujette à de nouveaux droits, mais la fimple exécution d'un mandat antérieur : conféquemment, cette remife eft exempte de lods (p).

2°. Mais l'exiftence d'un mandat général pour acquérir des immeubles, n'exempteroit pas cette remife des doubles lods, parce qu'en achetant à fon nom propre, on a déterminé la fin de fon achat, & exclu toute idée de le faire au nom du command (q).

C C L X X.

Aux ventes judiciaires.   1°. Aux Cours Supérieures, & aux autres Jurifdictions, où l'on ne reçoit point d'encheres que par le miniftere d'un Procu-

---

(o) Sudre, fur Boutaric, des droits feigneuriaux, tit. des lods, §. 2, n°. 32, p. 115 & 116. *Idem* Guyot, des lods, ch. 4, fect. 2, n°. 11.

(p) Dumoulin, fur la Coutume de Paris, §. 23, *hodiè* 33, Gl. 2, n°. 21. Dargentré, *de laudimiis, cap.* 1, §. 21. Livoniere, liv. 3, ch. 4, fect. 5, p. 177.

(q) Guyot, des lods, ch. 4, fect. 3, n°. 19.

reur

reur en titre, il eſt évident que la déclaration que ce Procureur fait au profit de ſa patrie, n'opere pas de mutation (r).

2°. Mais ſi l'adjudication eſt faite au profit de tout autre qu'un Procureur, Guyot atteſte que, ſelon la juriſprudence du Parlement de Paris, il doit faire la déclaration qu'il achete pour ſoi ou pour ſon ami, au moins au moment de la conſignation qui met le ſceau à ſon achat (s) : il ajoute que l'admiſſion d'une juriſprudence contraire ouvre la porte à toute ſorte de fraudes ; & que la conſignation pure & ſimple ſur une adjudication faite à ſon nom, exclut toute idée d'acquiſition au nom d'autrui (t).

3°. Livoniere & Chopin donnent, pour faire la déclaration, un délai qu'ils fixent à deux mois (v) ; parce que c'eſt celui de l'action redhibitoire (x). Un Arrêt de 1682, rapporté par MM. Laroche & Maynard, permet de déclarer qu'on a acquis pour ſoi ou pour autrui avant la priſe de poſſeſſion (y) : pareil Arrêt du 7 Mai 1660 ; & Graverol, qui le rapporte, ajoute que pour empêcher les fraudes, on oblige l'adjudicataire de jurer qu'il n'a pas rempli la formalité de la miſe de poſſeſſion, ni latité le verbal qui la contient (z). Enfin, un Arrêt du 5 Août 1600, condamne aux doubles droits dans le cas de la déclaration faite après la miſe de poſſeſſion (a).

4°. Mais comme les principes du Parlement de Toulouſe ont été changés par la Déclaration du Roi de 1736 ; & qu'un Arrêt antérieur du 12 Juillet 1698, avoit prononcé que l'ouverture aux droits n'y étoit pas ſtrictement attachée à la formalité de la miſe

---

[r] Guyot, des lods, ch. 4, ſect. 2, no. 2 & 3. Livoniere, liv. 3, ch. 4, ſect. 2, p. 157. Faber, liv. 4, tit. 34, défin. 1.

[s] *Suprà* n°. 254.

[t] Guyot, des lods, ch. 4, ſect. 2, n°. 11 ; & ſect. 3, n°. 1. *Idem Sudre*, ſur Boutaric, des droits ſeigneuriaux, tit. des lods, §. 2, n°. 32, p. 115 & 116.

[v] Livoniere, liv. 3, ch. 4, ſect. 2, p. 157. Chopin, ſur la Coutume de Paris, liv. 1, tit. 3, no. 13.

[x] *L.* 31, §. 22, *ff. de aditio edicto.*

[y] Maynard, liv. 4, ch. 51. Guyot, des lods, ch. 4, ſect. 2, n°. 9. Laroche, des droits ſeigneuriaux, ch. 38, Arrêt 8.

[z] Graverol, ſur Laroche, des droits ſeigneuriaux, ch. 38, Arrêt 8.

[a] Fortin, ſur l'article 84 de la Coutume de Paris. Chopin, auſſi ſur celle de Paris, liv. 1, tit. 3, n°. 13.

Tome I. H h

de possession (*b*) ; nous croyons qu'on doit littéralement suivre la jurisprudence du Parlement de Paris, attestée par Guyot, dont les raisons adoptées par Sudre nous paroissent sans replique. 1°. Pourquoi jetter sans raison, de l'arbitraire dans la Jurisprudence sur la fixation du délai qu'on peut donner? 2°. La consignation a mis le sceau à l'achat de l'adjudicataire, parce que c'étoit une condition rigoureusement attachée à l'adjudication. 3°. La consignation faite à son nom propre contredit toute idée d'acquisition au nom d'autrui. 4°. L'abandon de ce principe ouvre la porte à toute sorte de fraudes, & il attache la perception des droits à la bonne foi des débiteurs. 5°. Puisque dans les ventes volontaires on est obligé de déclarer en les contractant, ou incontinent, qu'on acquiert pour soi ou pour autrui, pourquoi les adjudicataires par décret seroient-ils traités différemment?

5°. En un mot, il faut au plus tard, lors de la consignation, déclarer qu'on la fait pour soi ou pour son ami; autrement, la propre conduite de l'adjudicataire dépose contre toute prétention postérieure d'avoir acquis pour autrui.

6°. A moins qu'il ne rapporte un mandat spécial & authentique antérieur, comme nous l'avons dit au n°. précédent.

CCLXXI.

Paiement du prix, & jouissance.

1°. Si l'acquéreur, pour soi ou pour son ami, a payé le prix de son achat ou de son adjudication, ce paiement ne l'inhibe pas de nommer son commandé; parce que l'adjudication cede au profit du commettant, & non au profit du mandataire (*c*); & que celui-ci est censé avoir payé en la même qualité qu'il a traité (*d*).

2°. S'il jouit des fruits avant l'élection de son ami, il est censé avoir joui en la même qualité qu'il avoit acquis; parce que sa possession se réfere au titre antécédent (*e*) : ensorte que ni l'une

---

(*b*) *Suprà* no. 253.

(*c*) *Argum. L.* 13 , *ff. de acquir. rer. domin.* Dumoulin , sur la Coutume de Paris , *§.* 23 , *hodiè* 33 , Gl. 2 , n°. 21. Livoniere , liv. 3 , ch. 4 , sect. 5 , p. 176.

(*d*) Masuer , tit. 5 , n°. 27. Faber , liv. 5 , tit. 3 , défin. 1.

(*e*) *Ex L.* 77 , *in fine , ff. de rei vindicat. L.* 3 , *§.* 9 , *ff. de acquir. vel amitt. possess.*

ni l'autre de ces circonstances ne donne ouverture aux doubles droits (*f*).

C C L X X I I.

Si l'acquéreur, ou l'adjudicataire pour son ami, garde pour lui-même l'objet de son acquisition, cette retenue ne donne pas ouverture aux doubles droits ; parce qu'il n'y a eu qu'une vente, & que le command ne pouvoit être propriétaire qu'en vertu de la déclaration de son mandataire & de sa propre ratification : telle est la doctrine d'un Arrêt du 13 Février 1663 , & l'avis unanime des Auteurs (*g*). *Retenue par l'acheteur.*

C C L X X I I I.

1°. Si l'acquéreur a payé les lods à son nom propre, s'il a été reçu en foi enfaifiné, ou s'il a reconnu le Seigneur sans renouveller la déclaration que c'est pour son ami, il ne peut plus élire sans donner ouverture à de nouveaux droits, & son option est confommée par un acte passé avec le Seigneur, au préjudice duquel il ne peut plus s'en départir, conformément à un Arrêt du 19 Mars 1620 (*h*). *Paiement des lods, & investiture.*

2°. A moins que dans le cas du paiement des lods la quittance du Seigneur ne fût vague & indéterminée, & qu'elle ne pût se référer à l'ami à élire ; auquel cas l'acquéreur feroit censé avoir payé en la même qualité qu'il auroit acquis.

3°. Plus encore, s'il constoit d'un mandat spécial & authentique, antérieur à ce paiement, dont il acheveroit de déterminer le fens en faveur du commettant (*i*).

(*f*) Livoniere, liv. 3 , ch. 4 , fect. 5, p. 174. Dumoulin, *loco suprà*.

(*g*) Guyot, des lods, ch. 4, fect. 3 , n°. 20. Livoniere, liv. 3 , ch. 4, fect. 5, p. 176 & 177. Lemaître, fur la Coutume de Paris, tit. 2, p. 107. Chopin, fur la Coutume de Paris, liv. 1 , tit. 3 , n°. 13.

(*h*) Brodeau, lett. R , fomm. 2 , n°. 6. Dumoulin, fur la Coutume de Paris, §. 23, *hodiè* 33 , Gl. 2 , n°. 21. Livoniere, liv. 3 , ch. 4 , fect. 5 , p. 174. Guyot, des lods , ch. 4 , fect. 3 , n°. 18.

(*i*) Guyot, des lods, ch. 4, fect. 3 , n°. 19. Sudre, fur Boutaric, tit. des lods, §. 2 , n°. 30, p. 114.

CCLXXIV.

Impofition ou extinction de fervitude.

Me. Sudre prétend encore que l'acquéreur ne peut plus élire, s'il a fait des actes de propriétaire en impofant des fervitudes, ou en les éteignant à fon nom (*k*).

Mais, 1°. quoiqu'en dife cet Auteur, le fimple fait de ces changemens n'indique pas fi c'eft à fon nom, ou au nom de l'ami à élire, qu'il les a faits. 2°. Il n'en eft pas de ces actes qui font étrangers au Seigneur, comme du paiement des lods, ou autres actes paffés avec lui : ceux-ci font obligatoires à fon égard, au lieu que les autres ne le font pas (*l*), quoique le contrat d'achat foit obligatoire en faveur du Seigneur par des raifons particulieres que nous avons expliquées au n°. 115. En un mot, il en eft de cette efpece comme de celle dans laquelle l'acquéreur a payé le prix, ou perçu les fruits. Or, dans celle-ci il n'y a pas ouverture à de nouveaux droits. (*Suprà* n°. 271).

CCLXXV.

Tems de nommer le command.

1°. Hors les Coutumes qui donnent un délai plus long, Guyot croit que l'acquéreur doit nommer fon command dans les quarante jours, qui font le terme commun fixé par le Droit coutumier, pour venir à la foi : tel eft auffi l'avis du Préfident Faber (*m*).

2°. Comme les procurations font annales en France, le Parlement de Touloufe fixe au contraire ce délai à un an, à compter du jour de l'achat (*n*) : il en eft de même au Maine & en Anjou (*o*).

(*k*) Sudre, fur Boutaric, des droits feigneuriaux, tit. des lods, §. 2, n°. 24, p. 112.

(*l*) *Toto*, *tit. Cod. inter alios acta.*

(*m*) Guyot, des lods, ch. 4, fect. 3, n°. 6. Faber, liv. 4, tit. 34, défin. 1.

(*n*) Nouveau Journal du Palais, tom. 5, Arrêt 270. Graverol, fur Laroche, des droits feigneuriaux, ch. 38, Arrêt 8.

(*o*) Livoniere, liv. 3, ch. 4, fect. 5, p. 172.

3°. Mais l'élection faite après le délai, donne ouverture à de nouveaux droits (*p*).

CCLXXVI.

Comme la nomination du command n'est que l'exécution feinte ou présumée de l'achat fait à son nom, il faut qu'il ait été capable d'acquérir au tems du contrat d'achat. *Capacité du command.*

Ainsi, 1°. si à cet époque il n'étoit ni né ni conçu, la nomination de sa personne donneroit ouverture à de nouveaux droits (*q*).

2°. A l'égard de l'incapacité résultant de la condamnation ou du défaut d'état dans l'ordre civil, il faut examiner si cette incapacité a été levée par un acte qui ait un effet rétroactif, par exemple, par un jugement qui purge la contumace, ou par la déclaration de nullité des vœux, parce qu'alors l'élection de la personne ne donne pas ouverture à de nouveaux droits (*r*).

3°. Si l'incapacité n'est levée que pour l'avenir ; par exemple, par des lettres d'abolition, l'élection d'ami donne ouverture à de nouveaux droits, puisqu'il y a eu nécessairement deux ventes & deux changemens de main (*s*).

4°. Il est pourtant vrai que celui qui meurt après la condamnation, mais avant l'exécution figurative, meurt avec l'intégrité de son état, parce qu'il n'y a mort civile que du jour de l'exécution figurative (*t*) ; enforte que s'il obtient des lettres de grace avant l'exécution figurative, il n'a jamais perdu son état.

5°. Si le command est nommé après les trente ans de l'exécu-

[*p*] Nouveau Journal du Palais, tome 5, Arrêt 270.

[*q*] Dumoulin, sur la Coutume de Paris, §. 23, *hodiè* 33, Gl. 2, n°. 27. Guyot, des lods, ch. 4, sect. 3, n°. 14 & 15. Livoniere, liv. 3, ch. 4, sect. 5, p. 173.

[*r*] Dumoulin, sur la Coutume de Paris, §. 23, *hodiè* 33, Gl. 2, n°. 25 & 26. Livoniere, liv. 3, ch. 4, sect. 5, p. 172, 173, & 174. Catellan, liv. 2, ch. 69.

[*s*] Dumoulin, sur la Coutume de Paris, §. 23, *hodiè* 33, Gl. 2, n°. 25 & 26. Livoniere, liv. 3, ch. 4, sect. 5, p. 172---174. Guyot, des lods, ch. 4, sect. 3, n°. 15, 16, & 17.

[*t*] Ordonnance de 1670, tit. 17, art. 29. Lacombe, matieres criminelles, troisieme partie, ch. 16, n°. 20, 22, & 28.

tion figurative, il y a ouverture aux doubles droits, parce que la preſcription n'efface pas la mort civile précédemment encourue, quoiqu'elle l'anéantiſſe pour l'avenir (*v*).

CCLXXVII.

Connoiſſance du command.

Il n'eſt pas néceſſaire que l'acheteur ait connu le command au moment de l'achat, quoique Dumoulin l'eût penſé de même (*x*) ; ce ſeroit mettre les acquéreurs à une eſpece d'inquiſition : il ſuffit en effet qu'il n'eût pas acquis pour ſoi, mais pour un tiers (*y*) ; nous venons d'ailleurs de voir que même, ſelon Dumoulin, on peut nommer celui qui n'étoit pás né, pourvu qu'il fût conçu au tems de l'achat.

CCLXXVIII.

Command en licitation.

1°. Si entre deux, ou pluſieurs collicitans, un d'eux fait agir un tiers qui ſoit adjudicataire pour lui ou pour ſon ami, & qu'il éliſe enſuite le collicitant, ce n'eſt pas une licitation, puiſque les collicitans ont prétendu vendre à un tiers ; enſorte qu'en partant de l'intention des Parties, & de la forme du contrat, cette adjudication donne ouverture aux lods ; puiſqu'elle eſt faite à un étranger ; qu'une déclaration poſtérieure ne peut priver le Seigneur d'un droit acquis par l'adjudication, & que le collicitant & ſon mandataire doivent s'imputer d'avoir ainſi traité : enfin, les licitans ſont tenus, envers l'adjudicataire, des obligations d'une vente, & non de celles d'une licitation. (*Infrà* n°. 296).

2°. Toutefois il n'eſt pas dû de nouveaux droits pour l'élection d'ami, puiſqu'il n'en ſeroit pas dû ſi elle avoit été faite de la perſonne d'un étranger (*z*).

[*v*] Catellan, liv. 2, ch. 69. Matieres crim. de Lacombe, troiſieme partie, ch 25, no. 4.

[*x*] Dumoulin, ſur la Coutume de Paris, §. 23, *hodiè* 33, Gl. 2, no. 27.

[*y*] Guyot, des lods, ch. 4, ſect. 3, n°. 15. Livoniere, liv. 3, ch. 4, ſect. 5, p. 173. Sudre, ſur Boutaric, tit. des lods, §. 2, n°. 26, 27, p. 183.

[*z*] Dumoulin, ſur la Coutume de Paris, §. 23, *hodiè* 33, Gl. 2, n°. 28 & 29.

2°. A plus forte raifon s'il paroiffoit par un mandat fpécial &
authentique antérieur, que l'adjudicataire avoit agi pour le collicitant, parce que ce feroit alors une vraie licitation, conféquemment exempte, fans difficulté, de droits, parce qu'elles jouiffent
de cette exemption, quand même on fe feroit fervi des termes
de vente, comme nous l'expliquerons au n°. 310, & que l'exiftence du mandat fpécial & authentique antécédent, fixe le fens
& la nature de l'adjudication faite à l'étranger, en la réduifant
par le fait à une fimple licitation.

CHAPITRE VIII.

Des Ventes d'actions & d'hérédité.

CCLXXIX. Vente d'hérédité.
CCLXXX. Confiftant en droits & actions.
CCLXXXI. Ventes d'actions.
CCLXXXII. Efficace.
CCLXXXIII. Avant la poffeffion.
CCLXXXIV. Pluralité de ventes.
CCLXXXV. Ceffion au poffeffeur.

CCLXXIX.

1°. La vente de droits fucceffifs donne ouverture aux lods, *Vente d'hérédité.*
s'il y a des biens féodaux ou cenfuels qui en dépendent (*a*). Deux
Arrêts de Mai 1647 (*b*), & du 3 Juillet 1697 (*c*), ont jugé la
queftion en conformité de ce principe, qui eft évident.

(*a*) Dumoulin, fur la Coutume de Paris, §. 23, *hodiè* 33, Gl. 2, n₀. 34---
39. Dargentré, *de laudimiis, cap.* 1, §. 22. Livoniere, liv. 3, ch. 4, fect. 6,
p. 178 & 179.
(*b*) Duperier, abrégé d'Arrêts, *verbo*, Lods.
(*c*) Sudre, fur Boutaric, des droits feigneuriaux, tit. des lods, §. 4, n°. 16,
p. 136.

2°. Bien entendu pourtant qu'il n'y a ouverture aux lods qu'à concurrence des héritages échus à l'acquéreur (*d*) ; & qu'en ce cas, il y a une ventilation à faire (*e*) sur le prix total de la vente, & non sur la valeur des biens vendus (*f*).

C C L X X X.

Consistant en droits & actions.

Si l'hérédité ne consiste qu'en droits & actions, le Seigneur n'est pas fondé à demander les lods, parce que les ventes d'actions en sont exemptes (*g*) : mais si l'exercice de ces actions donne des biens sujets aux droits, cet événement détermine l'ouverture antécédente aux lods (*h*). Nous développerons cette idée dans toute son étendue, dans la suite de ce Chapitre.

C C L X X X I.

Vente d'actions.

1°. La vente d'actions ne donne pas par elle-même ouverture aux droits (*i*) qui sont attachés à l'aliénation ou à la mutation du fief, & non à celle de l'action, pour le revendiquer ; ainsi, c'est la vente du possesseur qui y donne ouverture, & non celle du maître dépouillé, dont l'action peut devenir illusoire par mille moyens, & sur le compte duquel on ne peut mettre les droits du fief dont il ne jouit pas. Il est inutile de nous répéter à ce sujet (*k*).

[*d*] Regles de Livoniere, tit. des Lods, n°. 14. Dargentré, sur la Coutume de Bretagne, art. 59, note 4, n°. 21.

[*e*] Guyot, des lods, ch. 11, n°. 9. Livoniere, liv. 3, ch. 4, sect. 6, p. 178 & 179.

[*f*] Sudre, sur Boutaric, tit. des lods, §. 4, n°. 16, p. 136.

[*g*] Loisel, liv. 4, tit. 2, regle 12. Dargentré, sur la Coutume de Bretagne, art. 59, note 3, n°. 7 & 8.

[*h*] Dumoulin, sur la Coutume de Paris, §. 23, *hodiè* 33, Gl. 2, n°. 39. Dargentré, *de laudimiis, cap.* 1, §. 22. Livoniere, liv. 3, ch. 4, sect. 6, p. 178 & 179.

[*i*] Dumoulin, sur la Coutume de Paris, §. 23, *hodiè* 33, Gl. 2, n°. 30 & 33. Dargentré, sur celle de Bretagne, art. 59, note 2, n°. 8 & 9. Livoniere, liv. 3, ch. 4, sect. 6, p. 178.]

[*k*] *Suprà* n°. 100.

2°.

2°. Mais lorfque les droits courent fur la tête du maître, & non fur celle du poffeffeur, felon la diftinction exprimée aux numeros 101, 610, & 649, alors la vente d'actions donne ouverture aux droits dont l'expectative doit courir fur la tête de quelqu'un, & le Seigneur a action contre le Maître, pour les lods & pour les reliefs qui ont couru fur fa tête, ou fur celle de fes auteurs, depuis trente ans (*l*), comme s'il avoit été poffeffeur.

C C L X X X I I.

Si la vente d'actions eft efficace, il y a lieu à la perception *Efficace.* des lods, non au moment du contrat, mais en puiffance ; c'eft-à-dire, que quoiqu'ils foient dûs du jour de la vente qui y donne ouverture, l'action pour les exiger ne pourra être exercée qu'après que l'acheteur aura évincé le poffeffeur, en la perfonne duquel on confidere les mutations (*m*) : c'eft ainfi que la queftion a été jugée par un Arrêt du 20 Juin 1689 (*n*).

C C L X X X I I I.

1°. Il eft de regle que la propriété ne peut être transférée par *Avant la poffef-* de fimples pactes, mais par la délivrance de la chofe, ou par la *fion.* prefcription (*o*) ; parce que les contrats ne peuvent former que des engagemens perfonnels (*p*), & que le domaine ne peut être tranfporté que par les voies naturellement établies pour l'acquérir ; c'eft-à-dire, dans l'état de pure nature, par l'occupation ; & dans l'état civil, par la délivrance ou par la prefcription : or, l'une & l'autre emportent pareillement l'occupation.

En partant de ces maximes, fi le donataire, avant la mife de

(*l*) Dumoulin, fur la Coutume de Paris, §. 22, *hodiè* 33, Gl. 1, n°. 151.

(*m*) Dumoulin, fur la Coutume de Paris, §. 23, *hodiè* 33, Gl. 2, n°. 39 & 40. Dargentré, fur celle de Bretagne, art. 59, note 2, n°. 8 & 9 ; & note 3, n°. 7 & 8. Livoniere, liv. 3, ch. 4, fect. 6, p. 178 & 179.

(*n*) Journal des Audiences, tome 4, liv. 4, ch. 17.

(*o*) *L.* 10, *Cod. de pactis.*

(*p*) Potier, de la vente, n°. 318.

Tome I.   I i

poffeffion réelle ou feinte (*q*), rétrocede à prix d'argent fon droit au donateur, cette vente ne donne pas ouverture aux lods ni au relief (*r*); parce que ce n'eft qu'une fimple vente d'actions, puif-que le donataire n'avoit pu acquérir la propriété par le feul fait du pacte, fans délivrance réelle ou fymbolique, & qu'il n'avoit acquis par la donation, que *jus ad rem*, & non *jus in re*, fur le bien donné (*s*).

2°. Mais s'il vend fon droit à un tiers, & que celui-ci entre en poffeffion du bien qui avoit été donné à fon vendeur, c'eft le cas du n°. précédent, & les lods font dûs de la vente faite par le donataire, non qu'on puiffe les demander au moment de la vente, mais en puiffance; enforte que la mife de poffeffion de l'acheteur rendant fon achat efficace, elle aura un effet rétroactif au tems dudit achat, à l'effet du paiement des lods (*t*).

C C L X X X I V.

Pluralité des ventes.

1°. Si l'action eft fucceffivement vendue à plufieurs avant d'être exercée, ce n'eft que la derniere ceffion qui donne ouverture aux lods, parce que c'eft la feule qui ait fon effet fur le bien vendu, & qui en opere le changement de main (*v*). Un Arrêt du 20 Juin 1689 (*x*) fe réunit, à cet égard, au fuffrage de Du-moulin.

2°. Mais fi la derniere ceffion, par exemple, a été faite en fraude des droits, & que le pénultieme ceffionnaire, après avoir

---

(*q*) Nous en fixerons les caractères, & en expliquerons les effets en traitant de la réfolution des contrats aux numeros 629 & 630.

(*r*) Dumoulin, fur la Coutume de Paris, §. 23, *hodiè* 33, Gl. 2, n°. 33--36.

(*s*) Potier, des obligations, n°. 151.

(*t*) Dumoulin, fur la Coutume de Paris, §. 55, Gl. 3, *hodiè* 78, n°. 4--10. Dargentré, fur celle de Bretagne, art. 59, note 3, n°. 8 & 9. Ces deux Auteurs ont varié fur cette queftion, & décidé ailleurs qu'il n'y avoit ouverture qu'au relief: favoir, Dumoulin, fur la Coutume de Paris, §. 23, *hodiè* 33, Gl. 2, n°. 33--36. Dargentré, *de laudimiis*, cap. 1, § 47.

(*v*) Dumoulin, fur la Coutume de Paris, §. 23, *hodiè* 33, Gl. 2, n°. 33--36; & §. 55, Gl. 3, *hodiè* 78, n°. 22 & 23.

(*x*) Journal des Audiences, tom. 4, liv. 4, ch. 17.

acheté cher fon droit, le cede gratuitement à un tiers à la veille de l'exercice du fufdit droit, pour priver le Seigneur des lods ou du retrait ; en un mot, s'il confte de la fraude par la brieveté du tems, & par les autres circonftances, le Seigneur fera le maître d'exercer fes différens droits fur la pénultieme mutation (*y*).

3°. Si les droits ont couru fur la tête du maître, & non fur celle du poffeffeur, dans les cas exprimés aux numeros 101, 610 & 649, le Seigneur peut exiger les lods de toutes les ventes faites par les propriétaires depuis trente ans. Nous avons dit la même chofe au n°. 281.

C C L X X V.

1°. Si l'acheteur d'une action cede fon droit au poffeffeur du fonds, il y a exemption de lods, tant à raifon de la première cef-fion faite à cet acheteur, puifqu'elle n'a pas forti à effet, que de la feconde, parce que le poffeffeur a pu fe racheter d'un procès fans donner ouverture aux droits (*ʒ*). *Ceffion au poffef-feur.*

2°. Mais fi le poffeffeur n'étoit pas maître, & que le Seigneur pût prouver qu'il ne l'eft devenu que par la ceffion, il faut revenir aux principes que nous poferons ci-après en traitant des tranfactions aux numeros 417, 418, 419.

Par exemple, fi le maître cede fon droit à l'engagifte, le prix de cette ceffion eft fujet aux lods, comme formant le complément de fon achat, ainfi que nous le dirons au n°. 442.

[*y*] Dumoulin, fur la Coutume de Paris, §. 23, *hodiè* 33, Gl. 2, n°. 36 ; & §. 55, Gl. 3, *hodiè* 78, n°. 23.

[*ʒ*] Dumoulin, fur la Coutume de Paris, §. 55, Gl. 3, *hodiè* 78, n°. 15, 16, & 17.

CHAPITRE IX.

DES partages & licitations.

SECTION PREMIERE.

DES partages.

CCLXXXVI. Droit Romain.
CCLXXXVII. Droit François.
CCLXXXVIII. Exemption de profits.
CCLXXXIX. Quand déclaratif.
CCXC. S'il y a retour.
CCXCI. Tiers acquéreur.
CCXCII. S'il est adjudicataire du surplus.
CCXCIII. Parens de deux lignes.
CCXCIV. Après le partage.

Vide la Section suivante.

CCLXXXVI.

Droit Romain. Les principes du Droit Romain à l'égard des partages, sont totalement différens des nôtres.

1°. Tantôt il donne à ce contrat le nom d'échange (*a*), & & quelquefois il le considere comme une vente (*b*).

2°. Selon ce droit, les créanciers d'un des co-partageans conservoient leur hypotheque en entier sur la part de tous les co-partageans (*c*).

[*a*] *L.* 77, §. 18, *ff. de legatis* 2°. *L.* 10, §. 3, *ff. famil. ercisc.*
[*b*] *L.* 1, *Cod. commun. utriusque jud.*
[*c*] *L.* 6, §. 8, *ff. de communi divid.*

3°. En cas d'éviction d'un des copartageans, fon indemnité étoit fixée fur la valeur au tems de l'éviction, & non au tems du partage (*d*), quand même le bien évincé auroit diminué de valeur (*e*) : enforte que ce contrat étoit mis de niveau avec la vente.

C C L X X X V I I.

Mais les droits feigneuriaux auxquels les copartageans peuvent Droit François. être fujets, nous ont fait envifager différemment ce contrat, & établir les regles les plus favorables à l'affranchiffement de ces droits.

1°. Le partage eft regardé parmi nous comme une diffolution de fociété qui détermine la portion de chaque copartageant dans le bien partagé (*f*).

2°. En conféquence, le partage a un effet rétroactif; enforte que chaque copartageant eft cenfé n'avoir jamais eu que la portion échue à fon lot (*g*), lors même qu'il a été fait avec retour (*h*).

3°. A l'égard de l'hypotheque des créanciers de chaque affocié, elle ne fuit pas le fonds échu au lot d'un affocié qui ne leur doit rien (*i*) ; & l'on trouve une foule d'Arrêts conformes de 1569, 1581, 1596, & 1633 (*k*). En effet, le créancier n'a hypotheque que fur les biens de fon débiteur : il ne peut donc la revendiquer fur la portion échue à un affocié qui ne lui doit rien, & dont les biens ne lui ont jamais été hypothéqués.

4°. En cas d'éviction foufferte par un des copartageans, les autres ne lui doivent pas des dommages, parce que, felon le

----

[*d*] L. 6 , §. 3 , *ff. de evict. & Gotophreduf. ibidem.*

[*e*] L. 70, *ff. de evict.*

[*f*] Potier, de la vente, n°. 630. Livoniere, liv. 3 , ch. 6, fect. 6, p. 225 & 229.

[*g*] Potier, de la vente, n°. 630, 638. Chopin, fur la Coutume d'Anjou , liv. 2 , tit. du relief, n°. 10. Guyot, des lods, ch. 11, n°. 4, 6, 7, 8. Dumoulin , note fur l'art. 36 de Lile.

[*h*] Potier de la vente, n°. 630 , 638.

[*i*] Potier, de la vente, n°. 630, 638, 640.

[*k*] Louet & Brodeau, lett. H, fomm. 11 , n°. 5, 6, 7.

langage de Dumoulin, *neuter magis afferit, neuter magis decipit quam alter ; imo dicitur res evinci facto vel culpâ communi, & nec ulla debet effe inter eos obligatio in id quod intereft* (*l*) ; mais on doit pourvoir à l'indemnité de l'affocié évincé (*m*), fur le pied de la valeur de la chofe, au tems du partage, pour rétablir l'égalité (*n*), quoique régulierement le partage ne foit pas réfolu (*o*).

5°. Lorfqu'il y a un gros retour, Potier fait évanouir l'hypotheque du créancier dont le débiteur s'eft dépouillé de fa propriété, en prenant fa portion de bien en meubles ou en argent (*p*).

Mais nous ne pouvons gouter cette extenfion contraire à la doctrine de Dumoulin, & à la Loi Romaine (*q*), & qui ouvriroit la porte à toute forte de fraudes. 1°. Par cet ordre, un créancier perdroit fon hypotheque par le feul fait de fon débiteur, contre la prohibition du Droit. 2°. Potier, au Traité de la vente, n°. 515, convient que fi un tiers eft adjudicataire, c'eft, à fon égard, une vente : mais, en partant de fon aveu, fi l'adjudicataire eft un cohéritier, le créancier feroit lézé, & fon hypotheque éteinte fans raifon. 3°. Il n'en eft pas de ce créancier qui cherche à fe garantir d'une perte, comme du Seigneur de fief qui prétendroit attacher au partage, un profit. 4°. Enfin, le poffeffeur d'un gros domaine en fociété, où il participe à une fucceffion confidérable, pourroit ruiner fes créanciers, & anéantir leurs hypotheques dans l'inftant. 5°. Notre Jurifprudence ne donne qu'un effet déclaratif au partage, en divers cas, comme nous l'expliquerons aux numeros 289, 292, *bis* 301 & 307 : à plus forte raifon doit-il être également reftraint lorfqu'il s'agit de conferver les droits d'un tiers : nous ne pouvons pourtant diffimuler que l'Arrêt du 3 Septembre 1633, un de ceux que rap-

---

(*l*) Dumoulin, *in tractatu de eo quod intereft*, n°. 144 & 145.
(*m*) L. 14, *Cod. famil. ercifc.* L. 33, *ff. eodem.*
(*n*) Potier, de la vente, n°. 632.
(*o*) Dumoulin, *in tract. de eo quod intereft*, n°. 146.
(*p*) Potier, de la vente, n°. 630, 638, 640.
(*q*) L. 6, §. 8, *ff. comm. divid.* Dumoulin, fur la Coutume de Paris, §. 1, Gl. 9, n°. 45. Louet & Brodeau, lettr. H, fomm. 11, n°. 1, 2, 8.

porte Brodeau, décharge les biens fonds de l'hypothèque du créancier d'un copartageant, dans le cas où les meubles de la succeffion avoient formé le lot de fon débiteur : tel eft auffi l'avis d'Henrys (r) ; mais Bretonnier convient qu'il en feroit autrement dans les pays de Droit Ecrit, conformément aux textes du Droit (s) : & les anciens de l'ordre nous ont attefté que la Jurifprudence du Parlement de Touloufe eft conforme à notre avis.

C C L X X X V I I I.

Exemption de profits.

Le partage ne porte, dans fon effence, ni les caraƈteres d'une vente, ni ceux d'un échange ; il eft donc exempt des droits attachés à ces contrats, & conféquemment des lods (t) : « c'eft la » diftribution faite à chaque affocié de fa portion de propriété » divifée, dont la fociété entiere jouiffoit par indivis ; » & nos ufages donnent au partage un effet rétroaƈtif au tems où la fociété a commencé ; de façon que chaque affocié eft cenfé avoir toujours joui & dû jouir de fa portion divifée, comme après le partage, dont l'effet rétrograde & remonte au commencement de la fociété : d'ailleurs, ce contrat n'emporte ni dans fon effence, ni dans l'intention des Parties, aucune forte de changement de main : il eft donc exempt des droits attachés à toute efpece de mutation (v).

C C L X X X I X.

Quand il eſt relatif.

Mais au lieu que l'effet du partage remonte au commencement de la fociété lorfqu'il s'agit de la décharge des droits ; dans le cas

---

(r) Henrys & Bretonnier, liv. 6, queft. 37, no. 1--8.

(s) Bretonnier fur Henrys, liv. 6, queft. 37, no. 9. *L.* 7, §. 4, *ff. quib. modis pign. L.* 7, §. 13, *ff. de comm. divid.*

(t) Chopin, fur la Coutume d'Anjou, liv. 1, art. 4, no. 7. Charondas, liv. 7, rép. 207. Maynard, liv. 4, ch. 50, no. 1. Dargentré, *de laudimiis, cap.* 1, §. 53. Loifel, liv. 4, tit. 3, reg. 13.

(v) Chopin, fur la Coutume d'Anjou, liv. 2, tit. du relief, no. 10. Potier, de la vente, no. 631. La Thaumaffiere, Coutume de Lorris, tit. des fiefs, art. 51.

inverfe, par exemple, s'il échoit à une fille pendant fon mariage, une fucceffion indivife avec fes freres, en Anjou, où il eft dû relief de tout mariage ; & que le mari étant décédé, le fief foit échu au lot de la veuve par un partage fait depuis le décès du mari ; en ce cas, fi le partage avoit un effet rétroactif, il y auroit eu ouverture au relief, parce que le fief feroit cenfé être échu à la femme pendant fon mariage, & qu'il eft dû relief de tout mariage en Anjou, comme on l'a dit. Si au contraire, le partage n'a qu'un effet déclaratif, à compter de fa date, alors il y a exemption de relief, puifque le fief eft échu au lot de la fille par le partage après le décès de fon mari. Or, un Arrêt du 6 Avril 1574, prononce l'exemption du relief (*x*) : conféquemment, il juge que le partage eft purement déclaratif du droit de la fille, à compter de la datte du fufdit partage, & fans aucun effet rétroactif au tems de l'ouverture de la fucceffion, parce qu'autrement il y auroit eu ouverture au relief. Nous verrons, au n°. 292, un autre cas où la Jurifprudence reftraint de même l'effet du partage au tems de fa datte.

C C X C.

Ce n'eft que par degrés, & à la longue, que la Jurifprudence établie par rapport aux partages & aux licitations, eft parvenue au point de fa maturité. Dumoulin affujettiffoit le partage aux lods dans le cas d'un retour confidérable, à concurrence de ce retour, fi l'immeuble pouvoit être facilement partagé (*y*) ; mais la faveur de la libération a été plus loin encore, comme nous le dirons en parlant des licitations : ainfi, dans ce cas-là même, la Jurifprudence conftante prononce l'exemption des droits, parce que ce retour repréfente, non le prix d'une vente, mais la portion échue au lot de celui qui le reçoit (*z*) : c'eft ainfi que la queftion a été jugée par un Arrêt de Mai 1569 (*a*) : pareils Arrêts

---

(*x*) Brodeau, lettre H, fomm. 11, n°. 9. Guyot, de la faifie féodale, fect. 2, n°. 17.

(*y*) Dumoulin, fur la Coutume de Paris, §. 22, *hodiè* 33, Gl. 1, n°. 74.

(*z*) Potier, de la vente, n°. 630 & 631.

(*a*) Chopin, fur la Coutume d'Anjou, liv. 1, art. 4, n°. 8, en marge.

des

des 15 Décembre 1648, & 24 Juillet 1670 (*h*); & tel est l'avis unanime des Auteurs (*c*).

CCXCI.

1°. Nous avons dit aux numeros 281 & 282, que la vente *Tiers-acquéreur.* d'une action donne l'expectative de l'ouverture aux lods, lorsque par l'événement, cette action sortira à effet; & qu'en ce cas, la créance des lods remonte à la datte du premier contrat. En partant de cette regle, si quelqu'un achete un bien à partager, consistant en fiefs & autres effets, il faut attendre le partage qui doit décider de l'assujettissement aux lods, avec un effet rétroactif au tems de l'achat; & tel est l'avis de Chopin & de Guyot (*d*) : enforte que s'il échoit une portion de fief au lot de l'acheteur, il en devra les lods, à compter du jour de son achat, & sur le prix porté par ce même achat.

2°. Au lieu que s'il avoit simplement acquis une portion indivise d'un fief, il devroit, sans attendre le partage, les lods de cette portion.

CCXCII.

1°. Si cependant le tiers-acquéreur de la portion indivise d'un *S'il est adjudicataire du surplus.* fief dont il a payé les lods, devient ensuite adjudicataire par un partage, non-seulement d'une portion du fief proportionnelle au lot qu'il avoit acquis, mais qu'il soit adjudicataire d'une plus grande portion, moyennant une somme qu'il compte à ses associés; en ce cas, il doit les lods du retour qu'il compte à sesdits associés; parce que ce retour est le complément du prix total de son achat (*e*) : c'est ainsi que la question a été jugée par des Arrêts de 1730, 1734, & 1736 (*f*) ; autres de 1637, 1639, &

(*h*) Livoniere, liv. 3, ch. 6, sect. 6, p. 226, 229, & 230.
(*c*) Dargentré, sur la Coutume de Bretagne, art. 73, note 1, n°. 10; & note 4, n°. 3.
(*d*) Chopin, sur la Coutume d'Anjou, liv. 2, tit. du relief, n°. 10. Guyot, des lods, ch. 11, n°. 4, 6, 7, & 8.
(*e*) Potier, de la vente, n°. 631; & sur l'art. 15 de la Coutume d'Orléans. Dargentré, sur celle de Bretagne, art. 73, note 4, n°. 3, p. 322.
(*f*) Guyot, des licitations, ch. 3, sect. 3, §. 5, n°. 7, 8, 9, & 10.

Tome I.   K k

1640 (*g*) ; parce qu'on a voulu faciliter le partage des chofes communes, & non priver les Seigneurs de leurs droits légitimes ; mais au lieu que les lods du prix de l'achat font dûs du jour de fa datte, comme nous l'avons dit au n°. précédent, il n'y a ouverture aux lods du retour, felon les Arrêts & les Auteurs que nous indiquons, que du jour du partage qui contiendra la ftipulation de ce retour ; puifque c'eft feulement de ce jour qu'il acquiert la portion de fes affociés, & que le retour eft le repréfentatif de cette portion. (*Idem infrà* n°. *bis* 301, & n°. 307, verf. 2).

Suppofons donc l'acquifition primitivement faite d'un bien à partager, & le partage fait enfuite avec ftipulation de retour de la part de cet acquéreur ; en ce cas, il devra les lods, 1°. à concurrence de la quotité de fief, ou de bien indivis, qu'il avoit primitivement achetée ; & la dette de cette portion de lods remontera au jour de fon achat, parce que l'événement du partage déterminera l'échéance du droit à concurrence de cette portion, avec effet rétroactif au tems dudit achat. 2°. Il devra pareillement les lods à concurrence du retour, à compter du partage feulement : car, comme le dit Potier, « par la premiere vente, il » n'avoit acheté qu'une portion indéterminée, indivife, dont il » avoit payé les droits ; & cette portion étant déterminée à » une plus grande portion par le retour, il doit payer les lods » de cette portion, à la déduction de ce qu'il avoit d'abord » payé (*h*) ». Or, les droits de ce complément ne fauroient être dûs avant le contrat, qui feul y donne ouverture, ni adjugés au Seigneur en poffeffion lors du premier contrat, au préjudice du poffeffeur de la Seigneurie à l'époque du fecond : enfin, les droits du fecond contrat feroient prefcrits avant leur ouverture, fi le premier contrat auquel on les feroit remonter étoit antérieur de plus de trente ans.

2°. Il eft donc faux que le partage ait toujours un effet rétroactif. 1°. La Jurifprudence en a borné l'effet au tems de fa datte,

---

(*g*) Ferriere, fur la Coutume de Paris, art. 80, n°. 31. Livoniere, liv. 2, ch. 6, fect. 5, p. 223.

(*h*) Potier, du retrait, n°. 113 ; & de la vente, n°. 631, *infrà* n°. 307 ; & n°. 808, verf. 1.

en le reconnoiſſant purement déclaratif en faveur du redevable,
& par la ſeule conſidération de l'exemption des droits (*i*). 2°.
Elle juge de même qu'il eſt ſimplement déclaratif dans le cas préſent, par le ſeul intérêt de la vérité, & indépendamment de toute
conſidération favorable ou non à la perception des droits, en les
adjugeant du jour du partage ſeulement : tant il eſt vrai que l'é-
tendue des fictions de droit doit être circonſcrite dans les bornes
que la raiſon & l'équité leur preſcrivent : & cette réflexion nous
confirme dans l'idée, que le partage n'a pas un effet rétroactif, au
préjudice des créanciers hypothécaires, dont le débiteur prend
ſa portion en meubles ou en argent, comme nous l'avons expliqué au n°. 287.

3°. Au reſte, cet acquéreur intermédiaire ne ſeroit pas ſujet
au retrait, ſelon Potier, à raiſon du ſecond traité, qui forme le
complément de ſon acquiſition ; parce que l'adjudication faite à
ſon profit n'eſt pas une vente, mais un partage (*k*). Nous déve-
loperons cette idée au n°. 306.

C C X C I I I.

1°. Si dans un partage entre les parens de deux lignes, on ad-   *Parens des deux*
juge à l'un d'eux tous les biens d'une ligne , & à l'autre ceux   *lignes.*
d'une autre ligne, ou à l'un les biens propres ou les biens pater-
nels, & à l'autre les acquets ou les biens maternels ; en ce cas il
faut diſtinguer.

2°. Car ſi les uns & les autres étoient capables de ſuccéder aux
biens des deux lignes, c'eſt un partage exempt des droits, comme
il le ſeroit par exemple ſi l'on adjugeoit à l'un des copartageans
un champ, & à l'autre une maiſon : mais ſi l'on donne aux héritiers de ces différentes lignes, des biens auxquels ils ne pouvoient
ſuccéder, & à l'égard deſquels ils étoient étrangers, il y a ouverture aux droits, comme pour un échange (*l*) ; puiſque chacun

---

(*i*) *Suprà* no. 289.
(*k*) *L.* 2 , *Cod. de comm. divid.*
(*l*) Art. 282 de la Coutume du Maine. Livoniere, liv. 3 , ch. 6 , ſect. 6,
p. 233.

donne des biens de fa ligne, auxquels chacun des copartageans eft étranger : c'eft ainfi qu'on doit reftraindre la doctrine de Dumoulin (*m*).

3°. Si cependant, dans le fecond cas, les biens des deux lignes étoient indivis dans leur effence ; c'eft-à-dire, s'il étoit attaché à chaque fucceffion ou à chaque ligne une portion indivife fur les différens biens à partager ; en ce cas, les copartageans jouiroient de la même exemption que tous les propriétaires par indivis qui peuvent liciter fans profits ; comme nous le dirons dans la Section fuivante.

C C X C I V.

Après le partage.　Le partage ayant diffous la fociété entre les parties copartageantes, il n'y a ni raifon ni prétexte pour exempter des droits quelconques les traités poftérieurement faits entre ces Parties ; conféquemment, la vente qu'un des copartageans peut faire de fa part, diftincte & féparée, à un de fes anciens affociés, eft fujette aux lods, comme toute autre vente qu'il pourroit en faire au profit de qui que ce foit (*n*).

S e c t i o n   I I.

D e s   licitations.

CCXCV. Définition & éthymologie.
CCXCVI. Leur nature.
CCXCVII. Progrès de la Jurifprudence.
CCXCVIII. Exemption de droits.
CCXCIX. Extenfion.
CCC. Entre tous copropriétaires.
CCCI. Entre leurs héritiers & ayant-caufe.

(*m*) Dumoulin, fur la Coutume de Paris, §. 55, Gl. 1, *hodiè* 78, n°. 160.

(*n*) Dumoulin, fur la Coutume de Paris, §. 22, *hodiè* 33, Gl. 1, n°. 70. Dargentré, fur celle de Bretagne, art. 73, note 4, n°. 3. Livoniere, liv. 3, ch. 6, fect. 6, p. 227 & 228.

Bis CCCI. Cas de l'ouverture du relief.
CCCII. A un cohéritier bénéficiaire.
CCCIII. Licitation avec un ou plusieurs.
CCCIV. Cession du droit d'aînesse.
CCCV. Admission d'un étranger.
CCCVI. Étranger adjudicataire.
CCCVII. Acquéreur intermédiaire.
CCCVIII. Acquéreurs en différens tems.
CCCIX. Retrayant.
CCCX. Expression de vente & échange.
CCCXI. Après partage.
CCCXII. Prétexte de léfion.
CCCXIII. Coutumes exhorbitantes.

Sur le command en licitation, *voyez*, le n°. 278, *fuprà*.

C C X C V.

1°. Me. Guyot, Avocat au Parlement de Paris, a fait un Traité fur cette matiere : les meilleurs principes y font approfondis, & revêtus de preuves les plus tranchantes ; mais, ainfi que tous fes autres ouvrages, celui-ci manque d'ordre, de précifion & de clarté. Livoniere eft plus ferré, plus méthodique, & plus exaɛt. Le public eft pourtant redevable au premier, d'avoir facilité l'étude de Dumoulin, en développant fes principes fur les matieres feigneuriales, & notamment fur le jeu & le démembrement de fief.   *Définition & éthymologie.*

2°. « La licitation eft l'adjudication à l'enchere, au plus offrant » d'un héritage commun entre cohéritiers ou affociés (*o*) » : cette expreffion dérive du mot latin *liceri* ; c'eft-à-dire, mettre une enchere à ce qui eft expofé en vente, & de fon verbe fréquentatif *licitari*, multiplier ces encheres (*p*).

[*o*] Potier, de la vente, n₀. 515.
[*p*] *Kalvinus*, verbo, *liceri*, *licitari*.

CCXCVI.

Leur nature.　1°. Pour prévenir les inconvéniens d'une société forcée, ou mal affortie, la Loi a fagement établi, que perfonne n'eft tenu d'y demeurer contre fon gré (*q*); ainfi, la licitation en eft la diffolution, & non une vente; & cette diffolution peut fe faire ou par la fection des Parties, ou par l'adjudication à l'un des affociés, felon qu'ils le trouvent bon (*r*): enforte que fi la portion du collicitant, qui devient adjudicataire, eft propre, le furplus eft propre auffi (*s*).

2°. En partage ou en licitation, fi l'affocié adjudicataire eft évincé, il n'y a lieu qu'à la reftitution du prix (*t*); parce que nul n'eft tenu à la garantie envers fon affocié, felon le lumineux principe ci-devant rapporté, de Dumoulin (*v*): autre chofe feroit de l'adjudication faite à un étranger, auquel la pleine & entiere garantie feroit dûe par les collicitans, parce qu'à fon égard, c'eft une vente de leur part.

CCXCVII.

Progrès de la　Ce n'eft que par degrés, & à la longue, que la Jurifprudence
Jurifprudence.　eft parvenue au point de perfection & de maturité fur cet objet. Livoniere, dans fon excellent Livre, en a développé les progrès (*x*).

Un Arrêt de Pâques 1587 avoit prononcé l'exemption des lods de la licitation entre cohéritiers d'un bien qui ne pouvoit commodément fe partager (*y*): enforte que la difficulté du partage paroît avoir déterminé l'exemption lors de cet Arrêt.

[*q*] *L.* 5 , *Cod. comm. divid.*

[*r*] Guyot, de la licitation, ch. 2, *per totum.* Dumoulin, fur la Coutume de Paris, §. 22, *hodiè* 33, Gl. 1, n°. 69, 74, 75, & 76. Dargentré, *de laudimiis , cap.* 1, §. 53. Ferriere, fur Guy-Pape, queft. 48.

[*s*] Regles de Livoniere , tit. des propres, n°. 8.

[*t*] *L.* 14 , *Cod. famil. ercifc.*

[*v*] *Suprà* n°. 287.

[*x*] Livoniere, liv. 3, ch. 6, fect. 5, p. 219, 220, & 221.

[*y*] Charondas, obfervations du Droit François, *verbo ,* Lods.

Pareille exemption d'un partage entre cohéritiers, & d'une licitation fubfidiaire, par Arrêt de Pâques 1538 (7).

» Si l'héritage ne peut fe partir entre cohéritiers, & fe licite
» fans fraude, ne font dûes aucunes ventes pour l'adjudication
» faite à l'un d'eux », felon l'art. 80 de la nouvelle Coutume de
Paris.

Enfin, Dumoulin prononce l'ouverture aux lods & au retrait,
fi des étrangers étoient admis à liciter, quand même l'adjudication auroit été faite à un affocié (*a*) ; & Dargentré n'eft pas bien
d'accord avec lui-même à ce fujet (*b*).

C C X C V I I I.

Mais la Jurifprudence eft, depuis long-tems, fixée à déclarer
exempte par fa nature, des lods & du retrait, l'adjudication faite
du bien commun à un affocié ; parce que ce n'eft pas une vente,
mais le partage qu'on a voulu faciliter d'une chofe commune (*c*) ;
& cette adjudication eft pareillement exempte du relief, parce
qu'elle n'emporte point de changement de main, & que l'adjudicataire avoit une portion indivife fur la totalité du bien adjugé (*d*).

Exemption des lods.

C C X C I X.

L'ancienne Jurifprudence n'accordoit l'exemption qu'autant que
la divifion réelle & effective ne pouvoit fe faire facilement, &

Extenfion.

---

[7] Charondas, liv. 7, rép. 207. Chopin, fur la Coutume d'Anjou, liv. 1,
art. 4, n°. 7.

[*a*] Dumoulin, fur la Coutume de Paris, §. 22, *hodiè* 33, Gl. 1, n°. 73.

[*b*] Dargentré, *de laudimiis*, cap. 1, §. 24.

[*c*] Guyot, des lods, ch. 3, n°. 1. Livoniere, liv. 3, ch. 6, fect. 5, p. 219 &
220. Dargentré, *de laudimiis*, cap. 1. §. 53. La Thaumaffiere, Coutume de
Lorris, tit. des fiefs, art. 51. Loifel, liv. 4, tit. 2, reg. 13. Papon, liv. 13,
tit. 2, Arrêt 23. Maynard, liv. 4, ch. 50, n°. 1. Mornac, fur la Loi 52, §. penult. *ff. familiæ ercifc.*

[*d*] Dumoulin, fur la Coutume de Paris, §. 22, *hodiè* 33, Gl. 1, no. 77.
Ferriere, fur la Coutume de Paris, art. 80, n°. 10. Guyot, du relief, tome 2,
ch. 4, fect. 2, n°. 21.

fans fraude (e) : mais cette modification a été depuis long-tems rejettée ; parce que nul ne peut connoître les inconvéniens moraux ou phyfiques de la fection par Parties, comme les poffef-feurs ; enforte qu'il fuffit qu'ils n'aient pas trouvé à propos de faire cette fection, pour qu'on doive affranchir la licitation des droits (f) : c'eft ainfi que la queftion a été jugée par un Arrêt du 17 Mai 1634 (g), & par deux autres Arrêts du 29 Mars 1615, & 30 Juillet 1669 (h).

C C C.

Entre tous co-propriétaires.

Cette exemption a pareillement lieu en faveur de toutes perfonnes conjointes par une communauté légale ou conventionnelle ; par exemple, entre copropriétaires qui ont acheté un bien ou un fief en commun (i) ; parce que ceux-ci ayant formé une fociété conventionnelle au moment de leur achat, la licitation faite de leur part eft la renonciation à leur fociété, & cette renonciation eft conféquemment exempte des droits (k). Nous invoquons, en faveur de cette doctrine, un Arrêt du mois d'Août 1582 (l), un autre du 11 Janvier 1607 (m), autre du 24 Mars 1733 (n) : & autres des 29 Mai 1615, & 5 Avril 1619 (o) : tous les fufdits Arrêts rendus au profit des co-acquéreurs ; pareil Arrêt du 27 Mai 1569, entre co-héritiers (p).

(e) Art. 80 de la Coutume de Paris ; Arrêt de Pâques 1587, dans Charondas, obfervat. du Droit François, *verbo*, Lods. Boiffieu, ch. 80, p. 402 & 403.

(f) *Vel non placet ut dividatur.* Dumoulin, fur la Coutume de Paris, §. 22, *hodiè* 33, Gl. 1, n°. 72. *Idem* Ferriere, fut la queftion 48 de Guy-Pape. Lapeyrere, lettre V. n₀. 5.

(g) M. Lecamus, dans Ferriere, fur l'art. 80 de la Cout. de Paris, n°. 8 & 9.

(h) Livoniere, liv. 3, ch. 6, fect. 5, p. 224.

(i) *Ut in L. 2, ff. de comm. divid.*

(k) Dumoulin, fur la Coutume de Paris, §. 22, *hodiè* 33, Gl. 1, n°. 69 & 70. Loifel, liv. 4, tit. 2, reg. 13. Livoniere, liv. 3, ch. 6, fect. 6, p. 230. Ferriere, fur la queft. 48 de Guy-Pape.

(l) Lapeyrere, let. V, n°. 5.

(m) Livoniere, liv. 3, ch. 6, fect. 5, p. 221.

(n) Guyot, des licitations, ch. 3, fect. 3, §. 3, n°. 4, p. 33, 34, 35.

(o) Livoniere, liv. 3, ch. 6, fect. 5, p. 222.

(p) Brodeau, lettre L. fomm. 9, n°. 3.

CCCI.

C C C I.

Il en est de même des héritiers ou ayant-cause de ces associés *Entre leurs héritiers ou ayant-cause.* par société légale ou conventionnelle, qui doivent jouir de la même faveur que leurs représentés. Un Arrêt du premier Septembre 1724 a jugé la question en faveur des légataires des co-acquéreurs (*q*) : pareil Arrêt du 30 Juillet 1640, entre cohéritiers : autre du 29 Mai 1699, au profit d'un associé & des héritiers de l'autre (*r*) : autres des 11 Janvier 1607, 29 Mai 1615, 19 Août 1643, & 25 Mai 1669, entre cohéritiers ou entre un des conjoints, & les héritiers du prédécédé (*s*) : autre du 24 Mars 1733, entre les enfans d'un acquéreur & les légataires d'un coacquéreur (*t*).

Bis C C C I.

1°. Si les légataires ou donataires, ou leurs auteurs, sont pos- *Cas de l'ouverture du relief.* sesseurs en vertu d'un titre qui ait donné ouverture au relief qu'ils ont payé ou dû payer, la licitation y sera pareillement sujette si l'adjudication cede à leur profit ; parce que la licitation ne sauroit être plus favorable à leur égard, que le titre qui les y a autorisés.

2°. Il n'y a dans cette espece, ouverture au relief, que de la portion excédant celle dont jouissoit primitivement l'adjudicataire, & à compter de la datte de la licitation ; puisque ce n'est que de ce jour qu'il y a changement de main de cette portion, (*idem suprà* n°. 292, & *infrà* n°. 307, vers. 3) ; & que d'ailleurs il peut y avoir plus de trente ans entre l'ouvertute du premier & du deuxieme relief : conséquemment il y auroit prescription pour ce dernier, si la dette en remontoit à l'époque du premier changement de main.

(*q*) Guyot, des licitations, ch. 3, sect. 3, §. 3, n°. 4, p. 33, 34, 35.

(*r*) Lapeyrere, lettre V, n°. 5.

(*s*) Louet & Brodeau, lettre L, somm. 9, n°. 2, 3, 5, 6. Livoniere, liv. 3, ch. 6, sect. 5, p. 221. Ferriere, sur la Coutume de Paris, art. 80, n°. 6, 7, 33. Mornac, sur la Loi 52, §. *penult. ff. famil. ercisc.*

(*t*) Guyot, *loco suprà.*

CCCII.

L'adjudication faite par licitation, ou à la barre, à un cohéritier bénéficiaire, doit jouir de la même exemption, selon un Arrêt du 30 Juillet 1699 (*v*) ; puisque l'héritier sous bénéfice d'inventaire, est véritablement héritier, & qu'il ne differe de l'héritier pur & simple, qu'en ce qu'il ne peut être condamné qu'à concurrence de la valeur de l'hérédité, & qu'il ne confond pas ses droits propres & personnels avec ceux de la susdite hérédité (*x*). Guyot a pourtant prétendu qu'il n'étoit exempt des droits qu'à concurrence de sa portion d'héridité (*y*) ; mais cet Auteur n'est pas toujours conséquent.

CCCIII.

En suivant le fil des conséquences qui dérivent de nos principes, il en résulte encore qu'il y a affranchissement des droits, soit que la licitation soit faite entre tous les associés, ou avec certains seulement (*z*) : tel est·le prononcé d'un Arrêt du 5 Août 1619, dans le cas où un associé avoit abandonné sa part aux six autres (*a*) : autre Arrêt du 20 Mars 1730, en faveur de deux associés, auxquels le troisieme avoit laissé sa part (*b*). En effet, l'action en partage est la même, quoiqu'elle ne soit exercée qu'entre certains associés (*c*).

CCCIV.

Même exemption des droits, à raison de la cession faite à prix d'argent du droit d'aînesse au profit des cadets, avec consente-

---

(*v*) Soefve, tom. 1, cent. 4, ch. 39. Livoniere, liv. 3, ch. 4, sect. 2, p. 160 & 161.

(*x*) *L.* 22, §. 9, *Cod. de jure deliber.*

(*y*) Guyot, des lods, ch. 4, sect. 2, n°. 18.

(*z*) Guyot, des licitations, ch. 3, sect. 3, §. 4, p. 37, 38, 39.

(*a*) Fortin, sur l'art. 80 de la Coutume de Paris.

(*b*) Guyot, des licitations, ch. 3, sect. 3, §. 4, n°. 5, p. 38 & 39.

(*c*) *L.* 1, §. 4, *ff. famil. ercisc. L.* 8, *ff. comm. divid.*

ment au partage égal, & sans préciput pour l'aîné : c'est un accommodement de famille, antérieur au partage ou à la licitation
entre enfans associés ; & Bouchel atteste que l'exemption a été
prononcée par Arrêt (*d*).

C C C V.

Dumoulin avoit d'abord décidé que si un étranger étoit admis *Etranger admis.*
à liciter, il y avoit ouverture aux lods & au retrait, quand même
l'adjudication auroit été faite à un associé (*e*), quoiqu'il décide
textuellement le contraire dans la suite du même Traité (*f*) ;
mais il est évident que l'admission des étrangers à surdire ne sauroit changer la nature de l'adjudication, lorsqu'elle est faite à un
associé : tel est en effet l'avis de Dargentré, & des meilleurs Auteurs (*g*), confirmé par un Arrêt du 3 Mars 1587 (*h*), & par un
autre Arrêt du 30 Juillet 1669 (*i*).

C C C V I.

Mais si l'étranger, admis à liciter, est adjudicataire, l'adjudi- *Etranger adjudi-*
cation faite à son profit a tous les caractères d'une vente ; puisque *cataire.*
les différens vendeurs ne sont qu'un à son égard, & qu'il est égal
d'être acquéreur d'un ou de plusieurs vendeurs : enforte que cette
adjudication est sujette à tous les droits d'une vente, comme s'il
n'y avoit qu'un vendeur (*k*), les Parties ayant, de part & d'autre, acquis les droits & pris les engagemens d'une vente & d'un

---

(*d*) Bouchel, *verbo*, Droits seigneuriaux.

(*e*) Dumoulin, sur la Coutume de Paris, §. 22, *hodiè* 33, Glos. 1,
n°. 73.

(*f*) Dumoulin, sur la Coutume de Paris, §. 55, *hodiè* 78, Gl. 1, n°. 157.

(*g*) Dargentré, sur la Coutume de Bretagne, art. 73, note 4, n°. 3, *& de
laudimiis*, cap. 1, §. 53. Livoniere, liv. 3, ch. 6, sect. 5, p. 220 & 221.

(*h*) Charondas, observations du Droit François, *verbo*, Droits.

(*i*) Soefve, tome 2, cent. 4, ch. 39. Brodeau, lett. L. somm. 9, n°. 3.

(*k*) Dumoulin, sur la Coutume de Paris, §. 55, *hodiè* 78, Gl. 1, n°. 158 &
159; & §. 22, *hodiè* 33, Gl. 1, n°. 73. Dargentré, *de laudimiis*, cap. 1, §. 53,
art. 80 de la Coutume de Paris, qui est ajouté. Maynard, liv. 4, ch. 50, n°. 1.
Papon, liv. 13, tit. 2, Arrêt 23. Livoniere, liv. 3, ch. 6, sect. 5, p. 221.

achat : de là vient que fi l'adjudicataire étranger eft évincé, les collicitans font tenus, à fon égard, aux dommages, comme fi l'un d'eux lui avoit fait la vente en feul.

C C C V I I.

Si l'acquéreur intermédiaire d'une portion eft adjudicataire du furplus, il doit inconteftablement les lods de cette adjudication, comme nous l'avons ci-devant exprimé au nº. 292 ; parce qu'on a voulu faciliter le partage des chofes communes, & non priver les Seigneurs de leurs droits légitimes (*l*) : car, comme dit très-fenfément Potier, « par fon premier achat, l'acquéreur in- » termédiaire n'avoit acquis qu'une portion indéterminée, indi- » vife, dont il avoit payé les droits ; & cette portion étant dé- » terminée au total par la licitation, il doit payer les lods de ce total à la déduction de ce qu'il avoit d'abord payé (*m*). Ferriere rapporte trois Arrêts conformes de 1637, 1639, & 1640 (*n*) : pareils Arrêts des 3 Mai 1730, 6 Mars 1735, & 24 Juillet 1736 (*o*).

2º. L'adjudication faite à cet acquéreur intermédiaire n'eft pas fujette au retrait, parce que fon acquifition n'eft pas un achat (*p*), mais un partage ou licitation entre affociés (*q*) : en effet, cet adjudicataire ne peut pas exercer la garantie pleine & entiere vis-à-vis de fes conforts, comme le pourroit un adjudicataire étranger, parce qu'il eft lui-même collicitant, & tenu de faire valoir l'adjudication : de là vient qu'il ne peut demander à fes conforts aucuns dommages pour raifon de cette éviction, mais feulement le rem-

Acquéreur inter- médiaire.

(*l*) Potier, fur l'art. 15 de la Coutume d'Orléans. Livoniere, liv. 3, ch. 6, fect. 5, p. 223. Dargentré, fur la Coutume de Bretagne, art. 73, note 4, nº. 3, p. 322.

(*m*) Potier du retrait, nº. 113 ; & de la vente, nº. 631.

(*n*) Ferriere, fur la Coutume de Paris, art. 80, nº. 31.

(*o*) Guyot, de la licitation, ch. 3, fect. 3, §. 5, nº. 8, 9 & 10.

(*p*) Potier, du retrait, nº. 113.

(*q*) *L. 2, Cod. comm. divid. Nihil autem intereft cum focietate an fine focietate res inter alios communis fit nam, utroque cafu locus eft communi dividundo judicio. L. 2, ff. comm. divid.*

bourſement de ce dont ils ont profité ſur lui pour rétablir l'égalité, ſuivant les principes ci-devant exprimés au nº. 287.

3º. Nous ajoutons que les lods de la ſeconde acquiſition ſont
dûs du jour de ſa date, parce qu'il acquiert à cette époque le
ſurplus de la propriété : cette aſſertion eſt confirmée par le contenu au nº. *bis* 301, & au nº. 392.

C C C V I I I.

Si le poſſeſſeur de la totalité d'un bien en vend une portion indiviſe à quelqu'un, & enſuite l'autre portion indiviſe à un autre,
en ce cas Guyot & Sudre regardent ces acquéreurs comme aſſociés dès le commencement, parce que leur titre eſt égal ; & conſéquemment la licitation entre ces poſſeſſeurs ne donne pas ouverture aux droits, ſelon ces Auteurs (r).

Ils reconnoiſſent pourtant, & il eſt évident, d'après le contenu
au nº. 306, que ſi le premier acquéreur avoit licité avec le vendeur, l'adjudication faite à cet acquéreur intermédiaire auroit été
ſujette aux lods (s) : de même ſi l'ancien maître avoit retenu une
troiſieme portion indiviſe du bien dont il auroit vendu deux différentes portions, il n'auroit pu liciter avec le ſecond acquéreur intermédiaire, avec exemption des droits pour celui-ci, ſi l'adjudication avoit cédé à ſon profit ; puiſque ce ſecond acquéreur intermédiaire auroit été dans la claſſe des tiers-acquéreurs.

Cela poſé, il eſt viſible qu'en vendant à un ſecond acquéreur,
l'ancien maître n'a pu lui donner le droit de liciter franchement
avec le premier ; puiſqu'en licitant avec le vendeur lui-même, ce
ſecond acquéreur auroit été ſujet aux lods : de même en vendant
à ce ſecond acquéreur, l'ancien maître n'a pu donner au premier
le droit de liciter franchement avec le ſecond ; puiſque ce premier
acquéreur n'auroit pu liciter avec le maître ancien, qu'à la charge
des droits, ſi l'adjudication avoit cédé au profit de ce premier
acquéreur ; ainſi la ſeconde vente n'a pu donner au premier ni au

Acquéreurs en différens tems.

<hr>

(r) Guyot des licitations, ch. 3, ſect. 3, §. 5, nº. 13--24. Sudre, ſur Boutaric, tit. des lods, §. 9, nº. 14 & 15.
(s) Guyot & Sudre, *ibidem*.

second acquéreur le droit de liciter entr'eux avec exemption, puisqu'ils n'auroient pu se rendre adjudicataires par licitation avec l'ancien maître, qu'à la charge des lods.

En un mot, chacun de ces acquéreurs intermédiaires n'auroit pu devenir adjudicataire par licitation avec l'ancien maître, qu'à la charge des lods : ils ne peuvent donc liciter entr'eux qu'avec la même charge.

D'ailleurs, l'achat de chacun d'eux étant partiel, & sujet aux droits, & la licitation en étant le complément, elle est pareillement sujette aux lods, selon le contenu au n°. précédent.

Regle générale : il est impossible de tirer des conséquences exactes d'après la perception confuse de vérités abstraites.

C C C I X.

Retrayant. Si le coacquéreur en société est évincé par retrait lignager, il est évident que le lignager retrayant peut liciter avec l'exemption des droits (*t*). En effet, il n'y a que l'acquéreur intermédiaire dont l'adjudication y donne ouverture ; au lieu que le retrayant est réputé acquéreur originaire, puisqu'il est pleinement subrogé aux droits du coacquéreur évincé par retrait (*v*), & qu'il tient la place de ce coacquéreur.

C C C X.

Expression de ven-te, &c. échange. 1°. Si les Parties collicitantes se sont servi des termes de vente, donation ou échange, leur traité, selon Dumoulin & Maynard, est sujet aux droits du contrat dont elles lui ont donné le nom ; parce qu'alors ce n'est plus un partage relativement à la matiere, ni relativement à la forme ; mais une vente, un échange, ou une donation (*x*) : mais l'avis contraire a prévalu, & la juris-

---

(*t*) Guyot, des licitations, ch. 5, sect. 3, §. 5, n°. 25, 26, & 27.

(*v*) Dumoulin, sur la Coutume de Paris, §. 20, Gl. 1, n°. 33, 78 ; & Gl. 5, n°. 22. Catellan, liv. 3, ch. 13. Potier, du retrait, no. 1. *Suprà* n°. 228.

(*x*) Dumoulin, sur la Coutume de Paris, §. 13, *hodiè* 20, Gl. 6, n°. 4--9 ; & §. 22, *hodiè* 33, Gl. 1, n°. 71. Maynard, liv. 4, ch. 50, n°. 1.

prudence conſtante affranchit ces Traités des droits, ſoit qu'on ſe ſoit ſervi des termes de vente, d'échange, ou de donation. Un Arrêt du 30 Juillet 1640 (*y*) a prononcé cet affranchiſſement: pareil Arrêt du 15 Décembre 1648 (*z*): autre du 30 Juillet 1669 (*a*): autre du 29 Février 1692, rapporté au Journal du Palais ſous ſa datte; & telle eſt la déciſion unanime des Auteurs (*b*), ſi l'on en excepte Dumoulin & Maynard.

En effet, on doit conſidérer la nature de l'acte, plutôt que le nom que l'erreur, l'affectation ou le préjugé lui ont donné (*c*). Or, quoique les Parties l'aient qualifié, par exemple, du nom de vente, il n'en a pourtant pas les caractères, & il ne peut aſſujettir à la même garantie en cas d'éviction; puiſque le prétendu acheteur eſt vendeur lui-même, & que ſes aſſociés ne peuvent lui devoir des dommages à raiſon d'une éviction dont il n'eſt pas moins tenu qu'eux (*d*).

Il en eſt de même dans le cas où l'on auroit donné au Traité le nom de donation ou d'échange; puiſque dans le premier cas ce ſeroit une licitation gratuite, & qui n'obligeroit à rien le collicitant bailleur à titre gratuit; & que dans le ſecond, le changement de forme & de nom n'opéreroit pas davantage que ſi l'on s'étoit ſervi du terme d'achat.

2°. Au reſte, le bien baillé en contr'échange, dans notre hypotheſe, ſeroit ſujet aux lods des échanges; le contrat étant mixte, & ayant d'un côté les caractères d'un échange; & de l'autre, ceux d'une licitation (*e*).

(*y*) Lapeyrere, lettre V, n°. 5.

(*z*) Soefve, tome 1, cent. 2, ch. 98. Journal des Audiences, tome 1, liv. 5; ch. 37.

(*a*) Soefve, tome 2, cent. 4, ch. 39.

(*b*) Livoniere, liv. 3, ch. 6, ſect. 6, p. 231, 232. Dargentré, *de laudimiis*, *cap.* 1, §. 53. Ferriere, ſur la queſt. 48 de Guy-Pape. Legrand, ſur la Coutume de Troyes, art. 57, Gl. 2, n°. 4.

(*c*) *L. 6, ff. de praſcriptis verbis.*

(*d*) Dumoulin, *in tractatu de eo quod intereſt*, n°. 144 & 145. Potier, de la vente, n°. 632, *ſuprà* n°. 287, verſ. 4.

(*e*) Voyez, *infrà* n°. 833, verſ. 2; & n°. 326.

C C C X I.

Après partage.　La faveur des licitations & des partages ne fauroit s'étendre aux arrangemens que les Parties peuvent prendre après la confommation de ces contrats ; enforte que tous les traités faits à prix d'argent après le partage confommé, font évidemment fujets aux droits, felon la nature & les caractères de ce traités (*f*). Si cependant il refte quelque chofe à partager, l'action en partage eft ouverte pour ce réfidu feulement (*g*) : conféquemment il peut être licité avec exemption des droits.

C C C X I I.

Prétexte de lé-zion.　Le partage une fois confommé, il n'y a plus lieu de s'en occuper, ni d'y revenir, qu'autant qu'avec connoiffance de caufe il a été déclaré nul (*h*) ; parce qu'il faut prendre les voies légales pour annuller un acte quelconque, & que la Loi préfume pour fa validité jufqu'à la déclaration de nullité (*i*) : enforte que fi après le partage un cohéritier fe prétend lézé, & que pendant Procès fur la lézion il licite avec fes cohéritiers, cette feconde licitation eft fujette aux lods & au retrait ; parce qu'on confidere la demande en refcifion comme une tournure imaginée, pour préparer ce fecond contrat (*k*). Cette queftion fera approfondie dans les trois & quatrieme parties de ce Traité, en difcutant la matiere des tranfactions & des jugemens : par exemple, fi la lézion étoit réelle & effective, & que le collicitant adjudicataire fût en état d'en juftifier, il eft évident que fon adjudication feroit exempte des droits.

(*f*) Dumoulin, fur la Coutume de Paris, §. 22, *hodiè* 33, Gl. 1, n°. 7. Dargentré, *de laudimiis, cap.* 1, §. 53. Ferriere, fur la queft. 48 de Guy-Pape. Livoniere, liv. 3, ch. 6, fect. 6, p. 227 & 228.
(*g*) L. 20, §. 4, *ff. famil. ercifc. L.* 9, *Cod. eodem.*
(*h*) L. 20, §. 4, *ff. famil. ercifc.*
(*i*) L. 3, *ff. de in integr. reftit.*
(*k*) Guyot, des licitations, ch. 3, fect. 3, §. 5, n°. 29, 30, & 31.

CCCXIII.

CCCXIII.

Les Coutumes exhorbitantes qui affujettiffent les partages avec Coutumes exhor-
bitantes. foute aux droits, à concurrence du retour, doivent être reftrein-
tes dans leurs bornes ; enforte que dans ces Coutumes les licita-
tions font exemptes de droits : tel eft l'avis de Guyot, qui fe
contredit (*l*): tel eft auffi celui de La Thaumaffiere, de Coquille,
& de Legrand (*m*) ; & cette décifion eft fondée fur deux puiffans
motifs : 1°. que ces difpofitions ftatuaires qui font contraires au
droit commun, font le fruit de la négligence ou de l'ineptie des
rédacteurs (*n*) ; quelquefois même elles ont été dictées par leur
intérêt perfonnel (*o*) : 2°. parce que les ufages contraires à la
raifon, qui ont été établis par erreur, ne doivent pas tirer à conféquence dans les cas pareils (*p*).

CHAPITRE X.

D E s Echanges.

SECTION PREMIERE.

D E S différens ufages relatifs aux lods des échanges.

CCCXIV. Variation des Coutumes.

(*l*) Guyot, des licitations, ch. 3, fect. 3, §. 5, n°. 10 , 11 , 13 & 14.

(*m*) La Thaumaffiere, fur Lorris, tit. des fiefs, art. 51. Coquille, fur la Coutume de Nivernois, tit. des fiefs, art. 24. Legrand, fur celle de Troyes, art.
57, Gl. 2, n°. 4.

(*n*) Préface d'Henrys, p. 23, 24, 25. Notes de Dumoulin fur les articles 71
& 373 de la Coutume du Maine; 62 de celle d'Anjou; & 209 de celle de Sens.
Dargentré, fur celle de Bretagne, art. 501 , Gl. 1, n°. 5. Celle d'Auvergne fut
rédigée & achevée dans douze jours; Bretonnier, liv. 3, queft. 23 , n°. 7.

(*o*) Chopin, des Coutumes, premiere partie, queft. 1 , n°. 4.

(*p*) *L.* 39 & 14, *ff. de legibus. L.* 141 , *ff. de reg. jur.*

Tome I.   M m

CCCXV. Dauphiné , Provence.
CCCXVI. Coutumes onéreuses.
CCCXVII. Droit commun.
CCCXVIII. Parlement de Toulouse.
CCCXIX. Lionnois , Forez, Beaujelois.
CCCXX. Limitation aux biens d'autre directe.
CCCXXI. Quid ? de même directe.

C C C X I V.

Variation des Coutumes.

Les Coutumes varient sur l'affujettiffement aux lods , ou sur l'exemption des échanges (*q*).

C C C X V.

Dauphiné, Provence.

En Dauphiné on adjuge moitié des lods des échanges (*r*) : & cette charge n'eft pas aggravée, felon un Arrêt du 23 Juin 1663, par la circonftance que le bien baillé en contr'échange foìt tenu de différente directe, ou allodial (*s*).

En Provence les échanges font exempts de lods, felon un Arrêt du 4 Avril 1638 (*t*).

C C C X V I.

Coutumes onéreuses.

Certaines Coutumes adjugent les entiers lods des échanges (*v*); toutefois avec la modification dont on parlera au n°. 320.

La Coutume de Touloufe les adjuge en entier (*x*) ; & ils étoient dûs de même, felon Bouteiller (*y*).

(*q*) Chopin , fur les Coutumes, part. 2, queft. 2 , n°. 1. Faber , liv. 4, tit. 43 , défin. 29. Guyot , des lods, ch. 3, n°. 1.

(*r*) Guy-Pape, queft. 91 ; & Baron , *ibidem.*

(*s*) Boiffieu , ch. 80 , p. 401.

(*t*) Duperier, abrégé d'Arrêts, *verbo* , Lods.

(*v*) Dumoulin, fur la Coutume de Paris , §. 55 , Gl. 2, *hodiè* 78 , n°. 12 & 13.

(*x*) Coutume de Touloufe , quatrieme partie, tit. 1 des fiefs, §. 17.

(*y*) Bouteiller , liv. 2 , tit. 40, p. 865.

CCCXVII.

Mais le droit commun du Royaume affranchit les échanges des *Droit commun.* lods (*z*) : telle est la Coutume de Bretagne, celle d'Orléans , & celle de Paris (*a*) ; parce que la fubrogation réciproque des chofes échangées fait qu'on ne les regarde pas comme aliénées (*b*) ; puifque le bien pris en échange repréfente en vertu de cette fubrogation , dans les mains de chaque partie, celui qu'elle a baillé en contr'échange. La caufe fondamentale & primitive de cette franchife fera mife en évidence au n°. 320.

CCCXVIII.

1°. La Jurifprudence du Parlement de Touloufe fur cet objet *A Touloufe.* a été long-tems incertaine & flottante. Selon Maynard, les échanges font exempts de lods, s'il n'y a coutume contraire ; & s'il y a retour, il n'y donne ouverture que lors que ce retour eft prépondérant : cet Auteur cite, à l'appui de fa doctrine, un Arrêt du 4 Septembre 1587 (*c*).

Jacques Ferriere affûre au contraire, que plufieurs Arrêts ont prononcé la condamnation aux lods des échanges (*d*).

Mais M. de Cambolas foutient que fi le retour équipolle la valeur de la chofe baillée avec ce retour, il y a ouverture aux lods comme d'une vente ; finon, on n'en adjuge que la moitié.

2°. Cet Auteur ajoute une diftinction conftamment fuivie dans l'ufage, & qui forme le droit commun actuel de ce reffort ; c'eft que fi les biens échangés *font tenus de différens Seigneurs*, on ad-

---

[*z*] Chopin , fur la Coutume d'Anjou, liv. 1 , art. 4 , n°. 7. Guyot, des lods, ch. 1 , n°. 14--18. Legrand, fur la Coutume de Troyes , art. 52, Gl. 2, n°. 2 & 3. Livoniere, liv. 3 , ch. 2 , p. 144. Dargentré , *de laudimiis , cap.* 1 , §. 49.

[*a*] Dargentré, fur la Cout. de Bret. , art. 73 , Gl. 1 , n°. 1 & 2. Celle d'Orléans , art. 13. Dumoulin, fur celle de Paris, §. 55 , Gl. 2 , *hodiè* 78 , no. 6.

[*b*] Chopin, fur la Coutume de Paris, liv. 1 , tit. 3 , n°. 21 , & n°. 8. Legrand, fur celle de Troyes, art. 55 , Gl. 1 , no. 2.

[*c*] Maynard , liv. 4 , ch. 37.

[*d*] Ferriere, fur la queftion 48 de Guy-Pape.

juge les entiers lods, & la moitié feulement s'ils font tenus du même Seigneur (*e*) ; & cette diftinction eft littéralement fuivie, foit qu'il y ait retour ou non. M. Laroche rapporte un Arrêt conforme du 20 Août 1577 (*f*) : pareil Arrêt du 7 Janvier 1673, dans M. de Catellan (*g*) : enfin, un Arrêt folemnel du 11 Mai 1750, au profit du Comte de Montpeyroux, a confirmé cette Jurifprudence (*h*) ; & il fut décidé, lors de celui-ci, que l'Edit de Décembre 1683, dont nous parlerons à l'occafion des Edits des échanges, étoit purement déclaratif, & non limitatif (*i*) : enforte qu'il n'eft plus queftion de s'occuper dans l'étendue de ce reffort, de la doctrine de M. Maynard, de celle de Ferriere, ni de celle de M. de Cambolas, qu'autant que celle-ci eft conforme à la diftinction qu'on vient de pofer.

3°. A l'égard du retour, la même Jurifprudence en adjuge les lods comme d'une vente. (*Infrà* n°. 336).

C C C X I X.

Lyonnois, Forez, & Beaujelois.

Même diftinction dans le Lyonnois, Forez, & Beaujelois (*k*).

C C C X X.

Limitation aux biens d'autre directe.

Prefque toutes les Coutumes qui adjugent les lods des échanges ajoutent cette exception remarquable ; que fi les biens font de même directe, ils en font exempts (*l*). Chopin rapporte un ancien Coutumier qui décharge des lods, ou qui les adjuge, felon que les biens font de même directe, ou qu'ils ne le font pas ; &

[*e*] Cambolas, liv. 2, ch. 30.

[*f*] Laroche, des droits feigneuriaux, ch. 38, Arrêt 5.

[*g*] Catellan, liv. 3, ch. 26.

[*h*] Nouveau Journal du Palais, tome 6, Arrêt 495.

[*i*] Nouveau Journal du Palais, *ibidem ; verbo*, le texte de cet Edit, *infrà* n°. 353.

[*k*] Bretonnier, liv. 3, queft. 52, n°. 11.

[*l*] Legrand, fur la Coutume de Troyes, art. 55, Gl. 1, n°. 2. Dumoulin, fur celle de Paris, §. 55, Gl. 2, *hodiè* 78, n°. 14. Dargentré, fur celle de Bretagne, art. 73, note 1, n°. 2.

l'on trouve la même chofe dans les établiffemens de Saint-Louis (*m*). La Coutume d'Orléans prononce l'exemption du relief, lorfque les biens font de même directe (*n*); & celle de Tours adjuge les lods & ventes à l'arbitrage de Prudhomme, fi les biens font en différens fiefs (*o*).

Voici le motif de cette exemption dans le premier cas : c'eft que la perception des lods dérive originairement, & en remontant au droit des Capitulaires, de la perfonnalité, des bénéfices, & des rotures, & de la défenfe faite au Vaffal & à l'homme tributaire, de quitter fon Seigneur fans fon aveu (*p*). Or, au moyen de la fubrogation réciproque des biens échangés (*q*), lorfqu'ils font de même directe, la dépendance feigneuriale eft la même, puifqu'on demeure vaffal ou cenfitaire à raifon de biens de même valeur : on n'avoit donc nul befoin du confentement du Seigneur pour ces échanges, puifque l'obligation perfonnelle & l'obligation réelle du redevable étoit toujours la même ; enforte qu'en remontant à la fource, on trouve dans le droit des Capitulaires, la raifon & le principe de cette exemption.

C'eft fans doute fur ce fondement qu'il eft porté par les Coutumes Angloifes de Littleton, " qu'en fait d'échanges de fief ou „ de biens dans un même Comté, il ne faut ni écrit, ni tradi- „ tion ; mais que la prife de poffeffion des biens échangés fuffit ; „ & fi les biens échangés font en différens Comtés, il faut un „ acte authentique d'échange (*r*).

Il eft vifible que cette diftinction dérive de la même fource ; & perfonne n'ignore que les Coutumes de Littleton font l'expreffion des anciens ufages des Normands.

(*m*) Chopin, fur la Coutume d'Anjou, liv. 1, art. 4, n°. 4. Etabliffemens de Saint-Louis, liv. 1, ch. 50.

(*n*) Coutume d'Orléans, art. 13 ; & Lalande, *ibidem*, n°. 17.

(*o*) Coutume de Tours, art. 143--147. Livoniere, liv. 3, ch. 2, p. 145.

(*v*) *Suprà* n°. 14--17.

(*q*) Chopin, fur la Coutume de Paris, liv. 1, tit. 3, n°. 21. Legrand, fur celle de Troyes, art. 55, Gl. 1, n°. 2.

(*r*) Coutumes de Littleton, fect. 62 & 63.

C C C X X I.

*Quid ? de même
directe.* 1°. Mais qu'entend-on par l'expreſſion de même directe ? Quand y a-t-il lieu de jouir de l'exemption attachée aux échanges des biens qui ſont dans ce cas?

La Coutume d'Orléans & les établiſſemens de Saint-Louis entendent qu'ils relevent de la même Seigneurie, & nom du même Seigneur (*s*) : enſorte que ſi les biens échangés ſont aſſis en différentes Seigneuries, quoiqu'elles appartiennent au même Seigneur, il y auroit ouverture aux droits, parce qu'on conſidere davantage la Seigneurie, que la perſonne du Seigneur.

Mais en n'enviſageant au contraire que la perſonne du Seigneur, & non la Seigneurie, Dumoulin & Dargentré ont décidé pour l'affranchiſſement, ſans conſidérer ſi les biens ſont dépendans de la même conceſſion, mais ſeulement s'ils dépendent du même Seigneur (*t*) : enſorte qu'il ſuffit que les biens ſoient tenus de la même perſonne, quoiqu'à raiſon de différentes Seigneuries, pour donner lieu à l'exemption ; & c'eſt à quoi ſe réfere le langage de tous les Auteurs (*v*). L'Arrêt du 11 Mai 1750, rendu pour le Seigneur de Montpeyroux, dit de même : « *ſi les biens dépendent de ſa directe ou de différens Seigneurs* (*x*).

Or, quoique la doctrine des établiſſemens de Saint-Louis, adoptée par la Coutume d'Orléans & par l'ancien Coutumier que rapporte Chopin (*y*), paroiſſe, & qu'elle ſoit en effet plus conforme à l'eſprit des Capitulaires & des Coutumes de Littleton, il ſemble que l'erreur de la Juriſprudence actuelle a acquis force

---

(*s*) Art. 13 de la Coutume d'Orléans ; & Potier, *ibidem* ; & Lalande, *ibidem*, n°. 17. Etabliſſemens de Saint-Louis, liv. 1, ch. 50.

(*t*) Dumoulin, ſur la Coutume de Paris, §. 55, *hodiè* 78, Gl. 2, n°. 14. Dargentré, ſur celle de Bretagne, art. 73, note 1, n°. 2.

(*v*) Laroche, des droits ſeigneuriaux, ch. 38. Arrêt 5 de Cambolas, liv. 2, ch. 30. Catellan, liv. 3, ch. 26. Deſpeiſſes, des droits ſeigneuriaux, tit. 4, ſect. 5, part. 5, n°. 24. Boutaric & Sudre, tit. des lods, §. 6, n°. 1. Legrand, ſur la Coutume de Troyes, art. 55, Gl. 1, n°. 2. Dumoulin & Dargentré, *ibidem*.

(*x*) Nouveau Journal du Palais, tome 6, Arrêt 495.

(*y*) Ancien Coutumier, dans Chopin, ſur la Coutume d'Anjou, liv. 1, art. 4, n°. 4.

de Loi ; d'autant mieux qu'elle favorife la libération : en effet , elle prononce l'exemption lorfque les biens échangés font tenus de différentes Seigneuries qui font dans les mains du même Seigneur. Or, dans le cas inverfe, il y a lieu de même à l'exemption, par la raifon que nous allons expliquer.

2°. Si une Seigneurie ou un fief avoient été divifés entre deux ou plufieurs, ces perfonnes, différens portionnaires poffeffeurs, avec ou fans indivis, ne feroient confidérés, relativement aux redevables, que comme un ; parce que la divifion qu'il leur a plu de faire de la Seigneurie ou du fief, ne peut nuire à leurs Cenfitaires ni à leurs Vaffaux (χ) : enforte qu'il y auroit lieu de même de maintenir l'exemption attachée aux biens tenus du même Seigneur, comme s'il n'y avoit pas eu de divifion.

3°. Ainfi l'exemption a lieu lorfque les biens font tenus du même Seigneur; c'eft-à-dire, de la même perfonne, en vertu de l'erreur de la Jurifprudence : elle a lieu de même dans le cas de la divifion réelle ou intellectuelle du fief dominant, par la raifon que nous venons d'indiquer.

Section II.

De la nature des différentes efpeces d'échange , & des contrats qui peuvent y reffembler.

CCCXXII. Nature de l'échange.
CCCXXIII. Eftimation.
CCCXXIV. Bail en paiement.
CCCXXV. Don mutuel.
CCCXXVI. Échange contre une jouiffance.
CCCXXVII. Contre un meuble.
CCCXXVIII. Contre un meuble précieux.

(χ) Dumoulin , fur la Coutume de Paris , §. 55 , Gl. 4, *hodiè* 78 , n°. 28--31. Dargentré , fur celle de Bretagne , art. 332 , n°. 1. *Idem*, Dumoulin & Dargentré, *totis fuprà laudatis , littera* B.

CCCXXIX. Contre un office.

CCCXXX. Contre une rente conſtituée meuble.

CCCXXXI. Pays de Coutume.

CCCXXXII. Contre des rentes conſtituées immeubles.

CCCXXXIII. Dues par le copermutant.

CCCXXXIV. Contre une rente fonciere qu'on ſert.

CCCXXXV. Due par un tiers, rachetable ou non.

Contre un bien ſujet au retrait ou au rachat : *vide infrà* n°. 823 & 824.

Vide etiam, *infrà* les n°. 822 & ſuivans ; & *ſuprà* n°. 310, verſ. 2.

C C C X X I I.

Nature de l'é-change.

1°. Dans l'état de pure nature on ne traite que par des échanges, ſelon ſes facultés & ſes beſoins ; au lieu que l'établiſſement des eſpeces qui ſont le prix commun de toutes choſes, eſt une invention de l'état ſocial (*a*). Or, l'échange eſt un traité ſur le bail de deux choſes, dont chacune eſt le prix de l'autre (*b*), & dont la fin directe & immédiate eſt celle de ne ſe dépouiller que pour acquérir : delà vient que les choſes échangées ſe repréſentent, & ſont ſubrogées les unes aux autres, & qu'il eſt de l'eſſence de ce contrat, que chacun tranſporte la propriété de la choſe échangée à ſon copermutant : il réſulte de ce caractère, que le défaut d'exécution de la part d'une partie, ou même une exécution imparfaite & mal affermie par le bail du bien d'autrui, annulle l'échange en le viciant dans ſon principe (*c*) ; parce que la clauſe d'acquérir eſt dans l'échange une condition inſéparable du bail de ſon bien. Nous ajoutons que dans notre uſage c'eſt un contrat purement conſenſuel, ſelon la judicieuſe réflexion de Potier (*d*).

2°. Au reſte, dans le contrat de vente, le vendeur n'eſt pas

[*a*] *L.* 1 , *ff. de contrah. empt.*
[*b*] *L.* 1 , *ff. de rer. permut. L.* 7 , *Cod. eodem.*
[*c*] *L.* 1 , §. 3 ; & *L.* 4 , *ff. de rer. permut.*
[*b*] Potier, *de la vente*, n°. 621.

obligé

obligé de tranſporter à l'acquéreur la propriété de l'objet de la vente, mais ſeulement de le garantir des évictions (*e*) ; au lieu que chaque copermutant doit tranſporter cette propriété.

C C C X X I I I.

L'eſtimation des choſes échangées ne change pas la nature de l'échange, qui conſiſte, comme on l'a dit, à ne ſe dépouiller que pour acquérir ; d'ailleurs, une déclaration burſale du 20 Mars 1708 (*f*), & différens reglemens du Conſeil obligent les Parties d'apprécier les objets de leurs traités dans tous les contrats ; enſorte que quelle que ſoit cette eſtimation, dès qu'elle n'a pas pour objet de changer la nature de l'acte, il conſerve ſes caractères & ſon eſſence : conſéquemment il les conſerve de même en ce qui regarde la perception des lods & l'exercice du retrait (*g*).

Eſtimation.

C C C X X I V.

Si au contraire je donne certaine choſe à un prix convenu, en paiement de laquelle on m'en donne une autre, ce Traité n'a ni les caractères ni la nature d'un échange où chaque choſe eſt repréſentée par l'objet contr'échangé ; mais c'eſt, de mon côté, une vente au prix dont nous ſommes convenus ; & de l'autre, un bail en paiement (*h*) : conſéquemment chacune de ces aliénations donne ouverture aux lods, puiſque la vente y eſt ſujette, & le bail en paiement auſſi (*i*). Nous ne devons pourtant pas diſſimu-

Bail en paiement.

(*e*) L. 25, §. 1 ; & L. 28 , *ff. de contrah. empt.* L. 30 , §. 1 , *ff. de act. empti.* Potier, de la vente, n°. 7--154.

(*f*) Recueil judiciaire de Touloufe, tom. 2, p. 334.

(*g*) Dumoulin, ſur la Coutume de Paris, §. 23, *hodiè* 33, Gl. 2, n°. 59 & 60 ; & §. 55, Gl. 1, *hodiè* 78, n°. 106. Dargentré, ſur celle de Bretágne, art. 73, note 1, n°. 5 ; & art. 300, no. 2 ; & art. 65, n°. 11. Lalande, ſur celle d'Orléans, art. 13, n₀. 16.

(*h*) L. 1 , *Cod. de rer. permut.* Potier, de la vente, n°. 617, *infrà* n°. 792.

(*i*) Dumoulin, ſur la Coutume de Paris, §. 23, *hodiè* 33, Gl. 2, n°. 59 & 60. Dargentré, *de laudimiis , cap.* 1, §. 2 & 49. Grimaudet, du retrait, liv. 5. ch. 8. Tiraqueau, du retrait lignager, §. 1, Gl. 14, n°. 19.

Tome I.   N n

muler que malgré l'évidence de ces principes, l'Auteur du Dictionnaire du Domaine indique deux Arrêts du Conseil des 2 Aout
1755, & 6 Janvier 1756, qui, suivant cet Auteur, adjugent les
lods en pareil cas au Fermier du Domaine, comme d'un
échange (*k*), en vertu des Edits dont nous parlerons dans une
des sections suivantes. Il peut se faire que l'Auteur, homme de
finance, n'a pas bien pris l'espece de ces Arrêts. En effet, en
prescindant de la perception des lods sous le double rapport de
vente & de bail en paiement, ce seroit le moyen de priver dans
cette espece les Seigneurs & les lignagers du retrait.

<h2 style="text-align:center">C C C X X V.</h2>

Don mutuel.   Si deux amis se font mutuellement un don, sans s'occuper de
la valeur réciproque des choses données, ce n'est pas un échange,
mais une donation mutuelle (*l*). Nous parlerons des donations
dans la suite de ce Traité.

<h2 style="text-align:center">C C C X X V I.</h2>

Echange contre   L'échange d'un immeuble contre la jouissance à tems d'un autre
une jouissance.   immeuble, n'est pas véritablement un échange ; l'un acquiert la
propriété, & prend la chose à ses risques ; au lieu que l'autre est
déchargé de son obligation par la perte de ce qu'on lui a baillé à
jouir : c'est un contrat mêlé de vente & de louage (*m*).

Ainsi si l'on baille à une douairiere un immeuble en propriété,
en représentation de son douaire, ce traité n'est pas un échange,
mais une vente sujette aux lods (*n*).

<h2 style="text-align:center">C C C X X V I I.</h2>

Contre un meuble   Dans la rigueur des termes, l'échange d'un immeuble contre un
meuble ne peut avoir les caractères d'une vente, puisque le prix

---

k Dictionnaire du Domaine, *verbo*, Echanges, §. 3, n°. 6.
(*l*) Potier, de la vente, n°. 618.
(*m*) Fusé Potier, du louage, n°. 493, & *bis* 493.
(*n*) Chopin, sur la Coutume de Paris, liv. 1, tit. 3, n°. 8. Maynard, liv. 4,
ch. 37.

en argent est de l'essence de la vente, selon le Droit Romain,
(*suprà* n°. 208) ; au lieu que dans cet échange, ainsi que dans
tout autre, chaque chose tient lieu de prix & d'objet (*o*) : mais
en ce qui concerne la perception des lods, ce contrat est considéré comme une vente, puisque le bientenant se dépouille de
même, & qu'il ne prend point de bien fonds qui représente dans
ses mains le bien aliéné. Le preneur du fonds est donc sujet aux
lods comme d'une vente (*p*) ; puisque la perception de ce droit
dérive de la nécessité de la permission du Seigneur pour le quitter
ou pour se dépouiller du bien tenu de lui (*q*) ; & que d'ailleurs,
selon nos principes, contraires à cet égard à ceux du Droit Romain, nous considérons comme vente celle dont le prix est ac-
quitté en choses mobiliaires ou réductibles en deniers (*r*).

C C C X X V I I I.

  » Les principales bagues & joyaux, reliques & livres des   *Contre un meuble*
» maisons des Princes & hauts Barons, sont réputé immeubles, *précieux.*
» selon Loisel (*s*). » Tels sont aussi les diamans de la Couronne
Ainsi l'échange d'un immeuble contre un de ces meubles précieux que la Loi met au rang des immeubles, jouit du privilege
des échanges par rapport aux lods (*t*) ; ensorte que la fiction du
Droit a procuré cette exemption, au détriment des profits de
fief.

  Il nous reste à remarquer, 1°. que les progrès des arts & les
rafinemens d'un luxe immense ayant déprécié toutes choses, &

(*o*) *L.* 7 *, Cod. de rerum permut. L.* 2 *,* §. 1 *, ff. de contrah. empt.*
(*p*) Dumoulin, sur la Coutume de Paris, §. 13 , *hodiè* 20, Gl. 5 , n°. 47 ,
49 ; & §. 55 , Gl. 1 , *hodiè* 78 , n°. 89. Dargentré, sur celle de Bretagne, art.
66 , note 2 , n°. 2. Lalande, sur celle d'Orléans, art. 386 , n°. 4. Coquille, sur
celle de Nivernois, tit. 31 , art. 19.
(*q*) *Suprà* n°. 14--17.
(*r*) *Suprà* n°. 208 & 201.
(*s*) Loisel, liv. 2 , tit. 1 , reg. 10.
(*t*) Lalande, sur la Coutume d'Orléans, art. 386 , n°. 4. Coquille, sur celle
de Nivernois, ch. 31 , art. 19. Dumoulin, sur celle de Paris, §. 13 , *hodiè* 20 ,
Gl. 5 , n°. 49. Dargentré, *de laudimiis, cap.* 1 , §. 1 & 49. Guyot, des lods ,
ch. 1 , n°. 15.

rendu les fortunes plus précaires, il eſt bien peu de meubles qui, dans le commerce, ſoient réputé immeubles, & qui puiſſent conſéquemment procurer le privilege d'exemption des lods : 2°. que conformément au langage de Loiſel, il n'y a que les Grands qui puiſſent jouir de ces immeubles par fiction; parce qu'un meuble précieux eſt un objet de commerce, & non d'un luxe d'état dans les mains d'un particulier.

C C C X X I X.

Contre un Office.

Les Offices Royaux ſont réputé immeubles (*v*), quoique cette aſſertion ne ſoit pas ſans difficulté (*x*) : conſéquemment l'échange d'un immeuble contre un pareil Office jouit du privilege de tout autre échange d'immeubles (*y*) : enſorte que la fiction de droit a fait violence à la Loi féodale en faveur de l'exemption des lods.

Mais ſi l'Office baillé en échange étoit ſeigneurial, (*ſuprà* n°. 117) & qu'il fût tenu du même Seigneur que les biens échangés, alors l'exemption des lods ſeroit rigoureuſement conforme aux principes ci-devant poſés, (*ſuprà* n°. 320 & 321.)

C C C X X X.

Contre une rente
conſtit..ee meuble.

Les rentes conſtituées ſont, par leur nature, dans la claſſe des meubles (*ƶ*), ſoit parce qu'elles ſont perpétuellement rachetables à la volonté du débiteur, ſoit parce qu'il n'y a d'immeubles que ce qui fait partie du ſol, ou ce qui y eſt phyſiquement adhérant, comme les bâtimens; enfin, ce qui y eſt inhérent par la fiction de droit, par exemple, les droits fonciers (*a*) ; au lieu que ces rentes ſont une dette perſonnelle au débiteur, & que l'hypotheque établie accidentellement ſur ſes biens ne change pas la na-

---

(*v*) Potier, du retrait, n°. 40.

(*x*) *Vide* Ferriere, ſur la Coutume de Paris, art. 95, Gl. 1, n°. 11--17; & Fortin, ſur ledit article.

(*y*) Lalande, ſur la Coutume d'Orléans, art. 13, n°. 19.

(*ƶ*) Dargentré, ſur la Coutume de Bretagne, art. 61, note 1, n°. 5.

(*a*) Bouteiller, liv. 1, tit. 74, p. 434.

ture de la dette, non plus que celle des autres dettes perfonnelles, avec l'affectation fubfidiaire & accidentelle de biens fonds : conféquemment l'échange d'un meuble contre une pareille rente eft regardé comme une vente dont le capital de la rente eft le prix (*b*). Un Arrêt du 22 Juillet 1612 juge la queftion (*c*). Il eft inutile de répéter ce que nous avons dit à ce fujet au n°. 183.

Au refte, nous nous conformons à la nature des chofes en confidérant ces rentes comme meubles dans les pays de Droit écrit.

C C C X X X I.

1°. En pays de Coutume les rentes conftituées font réputé *Pays de Coutume.* immeubles, quand même elles ne feroient affifes fur aucun héritage, à caufe qu'elles font perpétuelles, s'il n'y a point de rachat (*d*) : elles font de même immeubles dans les Coutumes muettes, fuivant des Arrêts des 23 Février & 24 Mai 1577 (*e*), même dans les pays gouvernés par le Droit Ecrit, qui reffortiffent au Parlement de Paris, fuivant des Arrêts des 4 Février 1572, & 16 Juillet 1668 (*f*) ; même celles qui font établies fur des billets privés (*g*). 2°. Comme leur affiette les rend meubles ou immeubles, comme on l'a dit ; dès qu'il s'agit de déterminer cette affiette, l'on confidere le domicile du créancier en qui réfide l'action, pour en fixer la nature relativement aux difpofitions de chaque Coutume, fuivant des Arrêts de 1571, 1598, & 1607 (*h*). 3°. Et fi le créancier a changé de domicile, on confidere celui de fon décès, parce que la rente étoit attachée à fa perfonne (*i*). 4°. Mais à l'égard des rentes établies fur le Roi,

---

(*b*) Boiffieu, ch. 80, p. 402. Chopin, fur la Coutume d'Anjou, liv. 1, art. 1, n°. 7. Boutaric, Inftitutes, liv. 3, tit. 23, §. 2, p. 475.

(*c*) Guyot, du retrait, ch. 4, n°. 2.

(*d*) Dumoulin, fur la Coutume de Paris, §. 57, *hodiè* 94, n°. 3, 10.& 21 ; & *voyez* fes notes dans Fortin, fur ledit article 94; Ferriere, fur ledit article 94, Gl. 1, no. 1.

(*e*) Ferriere, fur la Coutume de Paris, art. 94, Gl. 1, n°. 5.

(*f*) Ferriere, *ibidem*, n°. 6.

(*g*) Ferriere, *ibidem*, n°. 7 & 8.

(*h*) Ferriere, *ibidem*, n°. 9. Fortin, fur ledit article.

(*i*) Ferriere, *ibidem*, n°. 10.

elles ont une affiette certaine au bureau du paiement, fuivant les Arrêts des 21 Mars 1603, & 23 Août 1549 (*k*) ; & c'eft ce Bureau qui en fixe l'affiette, & non le domicile du créancier : 5°. enforte que ces dernieres font réputé meubles ou immeubles felon la Coutume territoriale du lieu où eft affis le Bureau du paiement ; au lieu qu'à l'égard des autres on confidere le domicile du créancier.

<h2 style="text-align:center">C C C X X X I I.</h2>

Contre des rentes conftituées immeubles.

A l'égard des pays où les rentes conftituées font réputé immeubles, les plus grands Jurifconfultes, tels que Dumoulin & Coquille avoient cru que l'échange de ces rentes contre d'autres immeubles devoit être regardé comme une vente, fujette par conféquent aux lods, à caufe de la faculté de rachat dont jouit le débiteur (*l*).

Mais l'opinion contraire a prévalu, nonobftant la demande de la Nobleffe aux Etats de Blois ; & l'échange d'un immeuble contre une vente conftituée jouit des privileges de ces fortes de contrats dans les pays où la Loi met ces rentes au rang des immeubles (*m*) ; parce que la faculté de les racheter dépend du débiteur qui peut ne pas l'exercer (*n*) ; auffi l'Edit de Mai 1645, & la Déclaration du 20 Mars 1673 les affujettiffent-ils aux lods en faveur du Roi ou des acquéreurs de Sa Majefté, du droit nouvellement établi fur les échanges. Ceci fera confirmé par le contenu au n°. 822.

<h2 style="text-align:center">C C C X X X I I I.</h2>

Due par le copermutant.

Si la rente conftituée eft dûe par le copermutant, qui s'en li-

---

(*k*) Ferriere, *ibidem*, n°. 12.

(*l*) Dumoulin, fur la Coutume de Paris, §. 55, Gl. 2, *hodiè* 78, n°. 6 ; & §. 58, *hodiè* 83, n°. 50. Coquille, queft. 31.

(*m*) Boiffieu, ch. 80, p. 401. Chopin, fur la Coutume d'Anjou, liv. 1, art. 1, n°. 7. Lalande, fur celle d'Orléans, art. 13, n°. 8. Henrys, liv. 3, queft. 52. Livoniere, liv. 3, ch. 2, p. 145.

(*n*) Dargentré, *de laudimiis*, cap. 1, §. 49, & fur la Coutume de Bretagne, art. 73, note 1, n°. 4.

(*o*) *Infrà* n°. 345.

bere au moyen de l'échange, c'est la vraie dation en paiement, qui tient lieu de la vente selon la Loi (*p*) : conséquemment cette espece d'échange est sujette aux lods comme d'une vente (*q*); puisque le copermutant n'acquiert pas une rente qui lui tienne lieu de l'héritage échangé, mais la libération de la rente dont il étoit débiteur.

C C C X X X I V.

Par la même raison, si l'on donne en échange d'un héritage la libération d'une rente fonciere servie par le copermutant, soit qu'elle soit rachetable ou non, ce contrat, analysé & réduit à sa juste valeur, est la vente de l'héritage dont le prix est la libération de la rente, & non l'échange de cet héritage contre l'acquisition du droit actif d'une rente qui n'existe plus : ce n'est pas l'échange de l'héritage contre la rente, puisqu'elle est éteinte par le contrat ; conséquemment celui-ci est mixte, & mélé de vente & d'échange, comme nous l'expliquerons au n°. 833.

Contre une rente fonciere qu'on sert.

C C C X X X V.

1°. Mais si la rente fonciere est dûe par un tiers, le transport de cette rente, en représentation d'un immeuble, a tous les caractères d'un échange, puisque ces sortes de rentes sont évidemment inhérentes au sol qui les doit, & conséquemment immeubles (*r*). 2°. Quand même elle seroit rachetable, puisque le rachat est un événement purement possible & fortuit de la part du débiteur, qu'en attendant la rente n'est pas moins attachée au sol :

Dûe par un tiers, rachetable ou non.

(*p*) *L. 4, Cod. de evictionibus.*

(*q*) Dumoulin, sur la Coutume de Paris, §. 57, *hodiè* 94, n°. 14. Dargentré, sur celle de Bretagne, art. 73, note 1, n°. 4. Boissieu, ch. 80, p. 401 & 402. Lalande, sur celle d'Orléans, art. 13, n°. 13. Brodeau, lettre L. somm. 18, n°. 13. Livoniere, liv. 3, ch. 5, sect. 1, p. 185. Henrys, liv. 3, quest. 75, n°. 1--4.

(*r*) Dumoulin, sur la Coutume de Paris, §. 23, *hodiè* 33, Gl. 2, n°. 86, 87; & §. 55, Gl. 2, *hodiè* 78, n°. 6 ; & §. 58, *hodiè* 83, n°. 50, 81--90. Dargentré, sur celle de Bretagne, art. 73, note 1, n°. 4. Lalande, sur celle d'Orléans, art. 13, n°. 5.

conféquemment l'échange d'un meuble contre une rente fonciere rachetable, jouit de tous les privileges des échanges (*s*), puifqu'il en jouit de même fi l'immeuble eft baillé contre une rente conftituée qui n'eft immeuble que par fiction (*t*), & qui, par fon effence, eft perpétuellement rachetable. 3°. Si toutefois la faculté de rachat n'avoit pas été déclarée dans l'échange, l'héritage baillé en contre, feroit fujet aux lods & aux retraits dans le cas où la rente feroit rachetée, comme nous le dirons au n°. 826.

S E C T I O N I I I.

DES différentes claufes qu'on peut ajouter à l'échange, & des fuites de ce Traité.

CCCXXXVI. Retour en échange.
CCCXXXVII. Claufe réfolutive.
CCCXXXVIII. Claufe de reprendre d'un côté.
CCCXXXIX. Faculté de fubftituer.
CCCXL. Fixation d'une fomme en cas d'éviction.

Vide infrà n°. 822, & fuivans.

C C C X X X V I.

Retour en échange.   S'il y a de l'argent donné à titre de retour en échange, ce contrat a tous les caracteres d'une vente à concurrence de cet argent, puifque c'eft le prix de l'excédent de valeur de la chofe baillée en contre, & qu'elle eft conféquemment vendue à concurrence de l'argent donné ; ainfi les lods font inconteftablement dûs du montant de ce retour au Seigneur de l'immeuble pour lequel

---

[*s*] Dumoulin & Dargentré, *locis fuprà* ; & Dargentré, art. 61, note 1, n°. 5. Lalande, fur la Coutume d'Orléans, art. 13, n°. 6.
 [*t*] *Suprà* n°. 332.

on

on l'a ſtipulé (*v*). Baron rapporte un Arrêt conforme à cette doctrine (*x*) : pareil Arrêt du Parlement de Touloufe, du 15 Février 1737, au rapport de M. Devic, entre Noble Raphaël de Seignan, Seigneur de Maupas & de Gayan, & Me. Laborde, Receveur-Général des domaines & bois à Auch : celui-ci prétendoit étendre le droit royal des échanges fur ce retour. Autre Arrêt fur pied de requête du premier Août 1769, au profit du fieur Antoine de Marfan : celui-ci caffe une Ordonnance de M. l'Intendant d'Auch, du 18 Décembre 1745, qui avoit adjugé au Fermier du Domaine les lods de ce retour dans la terre du fieur de Marfan.

C C C X X X V I I.

La clauſe réfolutoire appofée à l'échange, & que chaque Partie reprendra fon bien s'il plaît à l'une d'elles, eſt une réfolution de l'échange en vertu d'une clauſe inhérente au contrat : conféquemment elle n'opere nuls droits ; c'eſt comme dans les ventes, l'exercice de la faculté de rachat (*y*) dont nous parlerons dans un des Chapitres fuivans : mais comme cette vente eſt fujette aux lods, nonobſtant l'exercice de la faculté, comme nous le dirons au même endroit, l'échange fufdit eſt fujet à tous les droits des échanges par la même raifon.

Clauſe réfolutoire.

C C C X X X V I I I.

La clauſe qu'une Partie pourra reprendre fon héritage en baillant une fomme, opere la réfolution & la converfion de l'échange en un traité différent ; c'eſt la vente de l'héritage baillé pour de l'argent : enforte que les droits de l'échange font d'abord dûs des

Clauſe de reprendre d'un côté.

(*v*) Boiffieu, ch. 80, pag. 402. *Bene*, Dumoulin, fur la Coutume de Paris, §. 23, *hodiè* 33, Gl. 2, n°. 59, 60 ; & §. 55, Gl. 1, *hodiè* 78, n°. 11--106 ; & Gl. 2, n°. 10. Dargentré, *de laudimiis, cap.* 1, §. 34 & 49 ; & fur la Cout. de Bretagne, art. 59, note 2, n°. 22 ; & art. 73, Gl. 1, n°. 10. *Idem*, fur celle d'Orléans, art. 13. Lalande, *ibidem*, n°. 15. Legrand, fur celle de Troyes, art. 55, Gl. 2, n°. 6.
(*x*) Baron, fur Guy-Pape, queſt. 92.
(*y*) Dumoulin, fur la Coutume de Paris, §. 55, *hodiè* 78, Gl. 1, n°. 98.

deux côtés, comme nous l'expliquerons à la Section suivante : &
par la conversion du traité en vente, il sera dû au Seigneur du
bien vendu le complément des lods à concurrence de la somme
baillée, & rien au Seigneur du bien repris.

1°. Il n'est rien dû pour la reprise du bien repris, puisque
cette reprise est la résolution de l'échange en vertu d'une clause
inhérente au contrat : or, pareille résolution est exempte de toute
espece de droits, comme nous l'avons dit au n°. précédent. 2°.
Mais, selon les principes du n°. 829, du jour de la reprise, il est
dû le complément des lods du bien vendu au Seigneur, dont ce
bien est tenu ; puisque ce n'est pas simplement la résolution du
premier traité, mais un traité différent ; c'est-à-dire, une vente :
or, cette vente ne peut être affranchie par la clause qui l'avoit
préparée ; comme la promesse volontaire ou l'obligation de vendre imposée dans un testament, ne peut affranchir des lods la
vente faite en conséquence. 3°. Mais le Seigneur doit déduire sur
les lods de la vente, ce qu'il aura reçu sur l'échange de l'héritage
vendu de fait, puisqu'il ne peut être sujet aux entiers droits d'un
échange, & à ceux d'une vente, nul ne devant payer les droits
d'un double titre de propriété : & si le Seigneur jouit des nouveaux droits des échanges, & qu'il les ait perçus, ils seront con-
fondus avec ceux de la vente dont ils tiendront lieu. Dumoulin
n'assujettit aux droits ce second traité, que dans le cas de
fraude (ʒ) ; en quoi il contredit ses propres principes rapportés
au n°. suivant. 4°. A l'égard du concours des droits des échanges
avec ceux des ventes, lorsque le Seigneur du bien vendu de fait
n'aura pas les droits des échanges, nous en parlerons aux numeros 834 & 835.

C C C X X X I X.

1°. L'échange avec clause qu'on pourra substituer un autre héritage à la place du premier, n'opere pas, le cas arrivant, la résolution du premier contrat, mais un second échange différent de

---

[ʒ] Dumoulin, sur la Coutume de Paris, § 41, *hodiè* 51, Gl. 2, n°. 26,
in fine, & 27. Tiraqueau, du retrait lignager, §. 1, Gl. 4, n°. 39. Coutume
d'Anjou, art. 354.

celui-là, quoique fait en vertu d'une clause appofée au premier : conféquemment celui-ci eft fujet à tous les droits auxquels donne ouverture un fecond échange (a) ; comme la vente faite en vertu d'une promeffe antécédente, ou en vertu de la claufe d'un teftament, n'en eft pas moins fujette aux droits des ventes.

2°. Mais l'héritage dont l'échange fubfifte en vertu du premier contrat, ne fauroit être fujet à de nouveaux droits, nul n'étant tenu de payer deux fois les droits de mutation du même bien.

3°. Enforte que les deux héritages compris dans le premier traité font fujets aux droits des échanges ; & l'héritage fubftitué par le fecond acte, y eft pareillement fujet.

4°. Mais à l'égard de l'héritage baillé par le premier contrat, & repris en exécution du fecond, il pourroit être exempt de tous drcits fi la fubftitution étoit faite tandis que les chofes font encore entieres, felon les regles qui feront expliquées dans la quatrieme partie de ce Traité.

C C C X L.

1°. S'il a été convenu dans l'échange de la numération d'une fomme en cas d'éviction d'un des immeubles échangés, & que le cas arrive, l'acte fera réputé vente par rapport à l'immeuble non évincé, qui eft réellement vendu en vertu de la claufe appofée au contrat d'échange ; puifque, par la nature de l'échange, chacun des copermutans doit tranfporter la propriété de ce qu'il baille, comme nous l'avons dit au n°. 322.

Fixation d'une fomme en cas d'éviction.

C'eft le cas d'une vente conditionnelle d'une condition fufpenfive, dont l'événement a un effet rétroactif au tems du contrat : conféquemment les droits font dûs à compter de la date de l'échange, puifque c'eft alors qu'on a convenu de la vente à venir ; le tout conformément aux principes des numeros *bis* 355, 356, & 357.

2°. Mais le Seigneur tiendra en compte ce qu'il aura reçu fur les droits de l'immeuble vendu en vertu de l'échange qui de-

---

[a] Dumoulin, fur la Coutume de Paris, §. 55, Gl. 1, *hodiè* 78, n°. 97, 98, & 99.

meure nul & fans effet par cette éviction, fuivant le contenu au n°. 322.

3°. Il ne doit pourtant pas tenir en compte ce qui aura été payé au Roi ou à fon acquéreur, en vertu des Edits des échanges; fauf à l'acquéreur fon recours pour la reftitution s'il y a lieu; parce que nul n'eft obligé de prendre en paiement de fon dû l'exercice d'une action bonne ou mauvaife contre tout autre que fon débiteur.

4°. Mais fi le Seigneur eft lui-même acquéreur du droit des échanges, il n'aura rien à demander; puifque les entiers lods de l'héritage vendu lui auront été payés comme d'un échange, & qu'ils tiendront lieu de ceux de la vente, qui feule fortira à effet.

5°. A l'égard des lods de l'héritage évincé, ils feront ou ne feront pas dûs, felon les regles propres aux contrats réfolus par l'éviction de l'acquéreur. Nous les examinerons dans la quatrieme partie de ce Traité.

6°. Enfin, à l'égard du concours des droits des échanges avec ceux des ventes, nous en parlerons aux numeros 834 & 835.

SECTION IV.

DES droits impofés fur les échanges, par le Roi Louis XIV.

CCCXLV. Origine de cet établiſſement.
CCCXLVI. Extenſion de ces droits.
CCCXLVII. Préférence & retrait des Seigneurs.
CCCXLVIII. Coſeigneurie & droits des acquéreurs.
CCCXLIX. Fief à part foi.
CCCL. Eſt-il domanial ?
CCCLI. Éſt-il patrimonial aux Seigneurs ?
CCCLII. Engagiſtes privilégiés, appanages & échanges.
CCCLIII. Abonnemens du Languedoc & de la Champagne.

CCCLIV. Droit des Seigneurs conservé.
Bis CCCLIV. Quid? *en Guienne.*
Ter CCCLIV. Quid? *des fiefs exempts.*

Voyez le n°. 384 ci-après.

C C C X L V.

1°. La Noblesse demanda aux Etats de Blois, à l'art. 56 de *Origine de cet* son cahier, que l'échange des immeubles contre des rentes consti- *établissement.* tuées fût assujetti aux lods ; mais cette demande ne produisit rien, & l'exemption de cette espece d'échange subsista (*b*).

2°. Les fraudes qui avoient occasionné les plaintes de la Noblesse furent le fondement de l'Edit de Mai 1645, regiftré au Parlement de Paris le 7 Septembre même année : cet Edit porte » assujettissement à tous les droits pécuniaires des ventes à rai- » son des échanges d'immeubles contre des rentes rachetables, » ou non constituées à prix d'argent, de bail d'héritage, ou autres, » tant dans les domaines du Roi, que dans les directes des Sei- » gneurs particuliers, avec la faculté aux Seigneurs féodaux ou » censiers d'acquérir ces droits dans leurs directes, & avec clause » que les échanges d'immeubles contre d'autres immeubles n'é- » toient pas compris dans les dispositions de cet Edit ». La Déclaration du 20 Mars 1673, regiftrée dans un Lit de Justice le 23 Mars même année, contient la même limitation (*c*).

C C C X L V I.

1°. Mais l'Edit de Février 1674 « établit les mêmes droits *Extension de ces* » pour toute sorte d'échanges, même d'héritages contre d'autres *droits.* » héritages, ou contre des droits, rentes & redevances, soit qu'il » y ait soute ou non ; & il ordonne que les Seigneurs féodaux ou

---

[*b*] Boissieu, ch. 80. Chopin, sur la Coutume d'Anjou, liv. 1, art. 1, n°. 7.
[*c*] Rapportés dans le recueil du Domaine, tome 1, sous leur datte.

„ cenfiers jouiront des fufdits droits dans leurs directes, en payant
„ les taxes arrêtées au Confeil (*d*).

2°. La Déclaration du 20 Juillet 1674 ordonne la vente des
fufdits droits aux Seigneurs pendant l'année ; & paffé ce terme,
à tous autres prétendans.

3°. La Déclaration du premier Mai 1696, en ordonnant l'exécution des reglemens fufdits, ajoute « que dans les Coutumes où
„ les Seigneurs ont fur les échanges des droits moindres que
„ ceux des ventes, *le furplus* fera payé aux acquéreurs des nou-
„ veaux droits (*e*).

C C C X L V I I.

La Déclaration du 20 Juillet 1674 donne la préférence de l'acquifition defdits droits aux Seigneurs dans leurs fiefs & directes (*f*) La Déclaration du 4 Septembre 1696 leur donne la
même préférence pendant trois mois (*g*) : & celle du 20 Mars
1748 la leur donne pendant un an (*h*).

Même la Déclaration du 11 Mai 1705 leur permet de rembourfer pendant trois mois les particuliers qui auroient acquis lefdits
droits dans les directes defdits Seigneurs, à la charge par ceux-ci
de payer au Roi une double finance, outre le montant du rembourfement ; & cette grace ou faculté de retrait leur a été re-
nouvellée par la Déclaration du 16 Février 1715 (*i*).

C C C X L V I I I.

La Déclaration du 20 Mars 1748 porte « que les acquéreurs
„ des droits des échanges, autres que les Seigneurs de fief, pour-

---

[*d*] Rapporté fous fa datte dans le recueil du Domaine.
[*e*] *Vide* l'Edit de Décembre 1683, & la Déclaration du premier Mai 1696,
au recueil judiciaire de Touloufe, tome 2, p 133 & 234.
[*f*] Dans l'Edit de Décembre 1683, recueil judiciaire de Touloufe, tome 2,
p. 133.
[*g*] Recueil judiciaire, tome 2, p. 236.
[*h*] Recueil judiciaire, tome 2, p. 237.
[*i*] *Vide* celle du 20 Mars 1748, au recueil judiciaire, tome 2, p. 237.

„ ront fe dire Seigneurs en partie des terres où ils les ont ac-
„ quis (*k*) „. Il avoit même été prétendu qu'ils avoient droit de
chaffe, droit de litre, & autres femblables ; mais le Mémoire qui
contenoit cette prétention, fut fupprimé par un Arrêt du Confeil du 29 Juillet 1704 ; & en enregiftrant la Déclaration de
1748, le 23 Mars de la même année, le Parlement de Paris ordonna qu'ils ne joüiroient que des droits honorifiques dans l'E-
glife, tels qu'ils appartiennent aux Seigneurs de fief (*l*), relativement à l'Arrêt du Confeil du 29 Juillet 1704. Il eft évident
qu'il faut s'en tenir au contenu en ces Arrêts.

C C C X L I X.

Si les Seigneurs féodaux ou cenfiers ont acquis les droits des *Fief à part foi.*
échanges dans leurs fiefs ou directes, cette acquifition forme dans
leurs mains un fief diftinct & féparé de leur ancien fief, fuivant
les Déclarations des 13 Mars 1696, & 4 Septembre même année, & 20 Mars 1748 (*m*) ; & ce fief eft mouvant du Roi à caufe
de fon domaine le plus prochain, fuivant la fufdite Déclaration
de 1748 (*n*).

C'eft une appartenance de leur fonds comme fonds, & non de
leur fief comme fief (*o*) ; puifque celui-ci peut être mouvant du
Roi à caufe de fes hauts domaines, ou d'un Seigneur particulier ;
au lieu que le droit des échanges eft tenu de Sa Majefté, à caufe
de fon domaine le plus prochain.

C C C L.

Les droits des échanges ne font ni féodaux, ni vraiment do- *Eft-il domanial ?*
maniaux, mais des droits d'impofition que le Roi peut fuppri-

---

[*k*] Recueil judiciaire, tome 2, p. 237.
[*l*] Dictionnaire du Domaine, *verbo*, Echanges, §. 2, n°. 5.
[*m*] Dictionnaire du Domaine, *verbo*, Echanges, §. 2, n°. 3. Guyot, des
engagemens du Domaine, n°. 41.
[*n*] Dictionnaire du Domaine, *verbo*, Echanges, § 2, n°. 5.
[*o*] Guyot, des engagemens du Domaine, n°. 41. Dumoulin, fur la Coutume
de Paris, §. 1, Gl. 5, n°. 15.

mer, & que les befoins de l'état l'ont forcé d'établir (*p*) : il eft pourtant vrai que tant qu'ils fubfiftent ils font réputé domaniaux dans les fiefs & directes du Roi : de là vient que les privilégiés jouiffent de l'exemption de ces droits dans les fufdits fiefs & directes ; & que les engagiftes du Domaine ont droit d'en jouir, comme nous le dirons dans le moment. L'article fuivant confirmera cette affertion.

C C C L I.

Eft-il patrimonial aux Seigneurs ?

1°. La Déclaration du 13 Mars 1696 veut que les droits des échanges foient aliénés ; favoir, dans les directes des Seigneurs particuliers, à titre de propriété incommutable ; & dans celles du Roi, à faculté de rachat (*q*) : enforte que ce droit n'eft domanial que dans celles-ci, quoique Guyot ait prétendu que même les Seigneurs particuliers n'en jouiffent que comme engagiftes dans leurs fiefs & directes, & qu'ils peuvent en être dépoffédés dans tous les tems (*r*) ; prétention qui n'eft fondée fur rien, & d'ailleurs contredite par la Déclaration que nous venons de citer.

2°. A l'égard des acquéreurs autres que les Seigneurs féodaux ou cenfiers dans leurs directes, Guyot les met à plus forte raifon au rang des fimples engagiftes ; & les Déclarations des 11 Août 1705, & 16 Février 1715, ont permis auxdits Seigneurs féodaux ou cenfiers dans leurs directes, de rembourfer ces acquéreurs dans un brief délai (*s*) ; mais paffé ce terme, nous ne voyons ni motif ni prétexte pour leur contefter la propriété incommutable que leur affure la Déclaration du 13 Mars 1696, d'autant mieux qu'il n'y a de vrai domaine & inaliénable, que celui qui a été expreffément uni à l'ancien, ou adminiftré pendant dix ans par les Officiers du Roi (*t*).

[*p*] Guyot, des lods, ch. 3, n°. 4, 5, & 6, & des engagemens du Domaine, n°. 41.

[*q*] Recueil judiciaire, tome 2, p. 236.

[*r*] Guyot, des engagemens du Domaine, n°. 41.

[*s*] Recueil judiciaire, tome 2, p. 236.

[*t*] Edit de Février 1566, art. 1 & 2.

CCCLII.

CCCLII.

1°. Les engagistes dont l'engagement datte depuis 1674, sont présumé acquéreurs des droits des échanges dans les fiefs & directes engagés depuis cette époque, & non ceux dont l'engagement est antérieur, selon les Arrêts du Conseil des 7 Mai 1746, & 3 Janvier 1747, & la décision du Conseil du 2 Février 1757 (*v*). *Engagistes privilégiés, appanages, échanges.*

2°. Les privilégiés ne jouissoient pas du privilege d'exemption dans les directes des Seigneurs particuliers, mais seulement dans celles du Roi (*x*) : la question a été ainsi jugée par des Arrêts des 21 Mars 1682, 7 Avril 1699, & par un Arrêt solemnel du 23 Décembre 1738 (*y*); pareils Arrêts des 12 Juin 1744 & 21 Décembre 1745 (*z*) ; nouvelles preuves que ces droits sont domaniaux dans les directes du Roi, & patrimoniaux dans celles des Seigneurs particuliers.

3°. A l'égard des Princes appanagers & des échangistes, ils doivent en jouir à plus forte raison que les engagistes, lorsque l'appanage ou l'échange est postérieur à l'établissement de ces droits.

CCCLIII.

1°. La Province de Champagne se racheta de l'établissement des droits des échanges moyennant 80000 livres (*a*). *Abonnemens en Languedoc & en Champagne.*

2°. Le Languedoc s'en racheta de même moyennant une somme de 120000 livres, & il obtint un Edit de Décembre 1683, regitré au Parlement de Toulouse le 15 Avril 1684, portant " qu'il en seroit usé dans cette Province comme avant les » susdits Edits ; ce faisant, que tant le Roi que les Seigneurs particuliers ne pourront prétendre les droits des échanges, s'ils ne

---

(*v*) Dictionnaire du Domaine, *verbo*, Echanges, §. 2, n°. 2.

(*x*) Guyot, des lods, ch. 15, n°. 7 & 8.

(*y*) Dictionnaire du Domaine, *verbo*, Casuels, §. 5, n°. 10 ; & *verbo*, Ordre du Saint-Esprit. Guyot, des engagemens du Domaine, n°. 41.

(*z*) Dictionnaire du Domaine, *verbo*, Echanges, §. 5.

(*a*) Guyot, des lods, ch. 3, n°. 2.

Tome I.   P p

» font fondés en titre ou en ufage établi par actes, & fuivant le-
» dit ufage, ou fuivant les reconnoiffances (*b*) ». Nous remar-
quons à cette occafion que les expreffions de l'Edit de Décembre
font purement déclaratives, & non limitatives : on en convint
lors de l'Arrêt du 11 Mai 1750, rapporté au n°. 318.

C C C L I V.

*Droits des Sei-
gneurs confervés.*

　　1°. Les Seigneurs particuliers ont confervé les droits des
échanges dont ils jouiffoient avant les Edits (*c*). La Déclaration
du premier Mai 1696 ordonne que dans les Coutumes où ils
jouiffoient des droits des échanges moindres que ceux des ventes, le furplus fera payé aux acquéreurs defdits droits (*d*).

　　2°. A plus forte raifon confervent-ils ces droits en Languedoc,
où les rentes conftituées ont confervé le caractère qui leur eft
propre d'effets mobiliers, & où il n'y a pas conféquemment lieu
de craindre les fraudes qui ont donné lieu à ces Edits ; d'ailleurs
tel eft le fens de celui de 1683, cité au n°. précédent : enforte
qu'il faut s'en tenir à la diftinction du n°. 318 dans cette Province.

Bis C C C L I V.

*Quid ? en
Guienne.*

　　Nous avons dit qu'en Languedoc les Seigneurs jouiffent des
lods des échanges, felon la diftinction exprimée au n°. 318. Il en
eft de même en Guienne, où le droit des échanges eft perçu au
profit du Roi ou des acquéreurs de Sa Majefté, dans les directes
des Seigneurs particuliers. Nous ne pouvons pourtant diffimuler
qu'un Arrêt du 11 Février 1737, au rapport de M. Devic, entre
Me. Laborde, Receveur-Général du domaine à Auch ; & Noble
Raphaël de Seignan, Seigneur de Maupas & de Gayan, en réfor-
mant les jugemens des Tréforiers de France d'Auch, des 30 Mars
1734, & 4 Août 1735, n'adjuge les lods au Seigneur de Sei-

____

(*b*) Recueil judiciaire, tome 2, p. 133.
(*c*) Guyot, des lods, ch. 3, n°. 4. Livoniere, liv. 3, ch. 2, p. 145.
(*d*) Recueil judiciaire, tome 2, p. 234. Dictionnaire du Domaine, *verbo*,
Echanges, §. 3, n°. 1 & 2.

gnan qu'à concurrence du retour : pareil Arrêt de la Grand'Chambre, du premier Août 1769, à la requête du sieur de Marsan, qui casse une Ordonnance de M. l'Intendant d'Auch, du 8 Décembre 1745, & défend au Fermier du domaine de percevoir les lods du retour, & aux redevables de le payer qu'audit sieur de Marsan ; mais ces Arrêts ont été rendus sans doute dans des circonstances où il y a exemption des lods des échanges, soit par titre, soit par coutume : ce qui nous confirme dans cette idée, c'est que nous connoissons des pays en Guienne où les Seigneurs jouissent de ce droit, en conformité de la distinction ci-dessus.

Ter C C C L I V.

A l'égard des fiefs dans les pays où ils sont exempts de lods, & simplement d'honneur, il est évident que le nouveau droit des échanges ne peut y avoir lieu, puisque ce droit est le supplément de celui des ventes, comme nous l'avons établi aux numeros 345, 346, 347, 353, & 354, & non l'établissement d'un droit unique & isolé sur les biens exempts : c'est comme si l'on vouloit étendre les droits des échanges aux biens allodiaux.

Quid ? des fiefs exempts.

C H A P I T R E XI.

D E S conditions de toute espece apposées aux Ventes.

S E C T I O N P R E M I E R E.

D E S différentes especes de conditions.

CCCLV. Résolutives ou suspensives.
Bis CCCLV. Casuelles potestatives ou mixtes.
CCCLVI. Lods des suspensives casuelles.
CCCLVII. Quid ? avant l'événement.
CCCLVIII. En condition suspensive & potestative.

CCCLIX. Condition résolutive casuelle.
CCCLX. Potestative.
CCCLXI. Autre condition potestative.
CCCLXII. Dépendante d'un tiers.
CCCLXIII. Condition mixte.

Voyez le Chapitre III ci-devant.

C C C L V.

Résolutives ou suspensives.

1°. Considérées dans leur essence & dans leur fin, on distingue les conditions apposées aux ventes, en résolutives & suspensives : la premiere résout la vente légitimement contractée, & la rend de nul effet pour l'avenir seulement ; & l'événement de la seconde doit décider s'il y aura une vente, ou s'il n'y en aura pas, l'engagement des Parties demeurant suspendu jusqu'alors.

2°. Il résulte de cette différence, que dans le cas d'une vente résoluble sous condition, l'acquéreur a fait les fruits siens (e) ; au lieu que si la condition est suspensive, c'est précisément le contraire (f).

3°. Dans la vente sous une condition suspensive, si la chose est détériorée avant la délivrance, c'est pour l'acquéreur ; parce que le débiteur d'un corps certain ne doit le remettre que tel qu'il est, sans fraude : mais si elle a péri, c'est pour le compte du vendeur ; parce que l'événement de la condition ne peut confirmer la vente de ce qui n'est plus (g).

4°. Mais si la condition est résolutive, la chose périt pour l'acheteur, qui ne peut rendre ce qui n'existe plus (h).

(e) *L.* 2, §. 1, *ff. de in diem addict. L.* 2, §. 4, *ff. pro empt.*
(f) *L.* 4, *ff. de in diem addict.*
(g) *L.* 8, *verf. quod si, ff. de periculo & commodo rei vendita; L.* 5, *Cod. eodem.*
(h) Potier, de la vente, n°. 266.

Bis C C C L V.

1°. Confidérées dans leur principe & dans l'événement qui doit les remplir, il en eft de purement fortuites & cafuelles, c'eft-à-dire, celles qui font dépendantes du hafard, ou attachées au fait, & dépendantes de la volonté d'un tiers. Or, l'événement des unes & des autres a un effet rétroactif au tems du contrat (*i*); parce qu'étant indépendantes de la volonté des Parties, elles doivent néceffairement fe reférer au traité qui forme leur engagement, puifque l'événement de la condition n'ajoute rien à ce traité qui leur foit perfonnel : il faut donc faire rétrograder cet événement au tems où les Parties ont contracté.

Cafuelles, poteftatives, & mixtes.

2°. Il en eft d'autres qu'on appelle poteftatives, parce qu'elles dépendent de la volonté d'une des Parties ; ou mixtes, parce qu'elles font attachées au concours de cette volonté avec celle d'un tiers. Or, dans ces deux cas, c'eft ce fait libre & perfonnel à l'une des Parties qui met le fceau au traité ; & jufqu'alors ni l'une ni l'autre n'eft obligée, puifqu'il dépend de cette Partie d'empêcher l'événement qui doit confirmer le marché ; d'où il réfulte que fa date n'eft fixée que du jour de ce fait libre & volontaire qui le valide, puifque ce n'eft que dès ce jour qu'il eft clos & confommé par la volonté de la Partie dont le fait a rempli la condition (*k*).

3°. Conféquemment à ce principe, fi ces dernieres font fimplement réfolutives, le fait volontaire de la Partie qui remplit la condition ne peut effacer ni anéantir un traité parfait par un confentement mutuel, quoiqu'il puiffe le réfoudre pour l'avenir en vertu de la claufe qui impofe la condition (*l*).

C C C L V I.

1°. Si la condition fufpenfive appofée aux contrats eft for-

Lods des fufpenfives cafuelles.

(*i*) *L.* 8 *, verf. quod fi pendente, ff. de peric. & commodo. L.* 18 *& L.* 144 *, ff. de reg. jur. L.* 78 *, ff. de verb. oblig. infrà* n°. 356 & 362.

(*k*) *Infrà* no. 360, 361, & 363.

(*l*) *Infrà* n°. 360.

tuite & cafuelle, l'événement de la condition a un effet rétroactif au tems du contrat (*m*) : enforte que la vente, lorfqu'elle a acquis toute fa perfection, eft cenfé parfaite du jour de fa date, par l'événement fortuit de la condition ; parce que cet événement, étranger aux Parties, & indépendant de leur volonté, fe réfere au moment où elles ont librement contracté.

2°. Conféquemment les lods font dûs du jour du contrat, fuivant des Arrêts des 8 Mars 1632 (*n*), & 24 Juillet 1629 (*o*), & fuivant Dargentré (*p*), quoique Dumoulin n'y donne ouverture que du jour de l'événement de la condition (*q*) : c'eft ainfi qu'il eft échappé des inadvertances à ce grand homme, l'oracle du Droit François, & fur-tout du Droit féodal.

C C C L V I I.

Quid? avant l'événement.

1°. Avant l'événement de la condition fufpenfive & cafuelle, le Seigneur ne peut demander les lods ; parce que jufqu'alors le fait & la validité de la vente eft en fufpens, quand même la délivrance s'en feroit fuivie ; parce qu'elle eft cenfée conditionnelle comme la vente (*r*) : & lorfque la délivrance eft faite dans cette circonftance, la propriété ni la poffeffion civile ne paffent pas à l'acquéreur (*s*).

2°. Autre chofe eft, fi dans cette efpece, outre la délivrance, il y a paiement du prix ; parce qu'alors la condition fufpenfive eft convertie en réfolutive (*t*).

[*m*] *L.* 18 & *L.* 144, *ff. de reg. juris. L.* 78 , *ff. de verb. obligat.*

[*n*] Duperier, abrégé d'Arrêts, *verbo*, Lods.

[*o*] Brodeau, lettr. L. fomm. 18 , n°. 29.

[*p*] Dargentré, *de laudimiis*, cap. 1 , §. 3 , & cap. 3 , & fur la Coutume de Bretagne, art. 64, n°. 8, 12 & 13.

[*q*] Dumoulin, fur la Coutume de Paris, §. 55 , Gl. 1 , *hodiè* 78 , n°. 40.

[*r*] Dumoulin, fur la Coutume de Paris, §. 13 , *hodiè* 20, Gl. 5 , n°. 23 ; & §. 55, Gl. 1, *hodiè* 78 , no. 40. Dargentré, *de laudimiis* , *cap.* 1 , §. 3 ; & fur la Coutume de Bretagne, art. 64, n°. 12 & 13. Tiraqueau, du retrait lignager, §. 1 , Gl. 2, n°. 33. *L.* 213 , *ff. de verb. fignificat.*

[*s*] *L.* 38 , §. 1 , *ff. de acquir. vel amitt. poffeff.*

[*t*] Dumoulin, fur la Coutume de Paris, §. 13 , *hodiè* 20, Gl. 5 , n°. 23 & 24 ; & §. 55, Gl. 1 , *hodiè* 78 , n°. 40. Dargentré, fur celle de Bretagne, art. 64, n°. 13 ; & *de laudimiis, cap.* 1 , §. 3.

3°. Quand même, selon nous, ce paiement ne seroit que partiel ; puisque, dans ce dernier cas, les choses ont cessé d'être entieres à l'égard des deux Parties, comme nous le dirons dans la quatrieme partie de ce Traité ; & que les Parties font censé avoir mis le sceau à la vente, en l'exécutant, de part & d'autre, de leur plein gré.

CCCLVIII.

1°. La condition suspensive, purement potestative vicie la vente où elle est appofée ; parce que cette vente ne peut être valable que par le concours d'un consentement mutuel : *nulla promissio potest consistere quæ ex voluntate promittentis statum capit* (*v*). *Condition suspensive & potestative.*

2°. Ainsi la vente faite sous la condition *si la chose plaît* à l'acquéreur, est nulle de plein droit (*x*), à moins que la clause ne doive être entendue *arbitrio boni viri*, comme elle doit l'être en these, si le sens de l'acte n'y résiste pas (*y*) ; parce que, dans le doute, on doit donner aux actes le sens le plus favorable à leur validité (*z*), suivant le vœu des contractans.

3°. Indépendamment de cette considération, ces conditions ne vicient pas toujours la vente ; par exemple, la clause que l'acte vaudra *si l'acheteur va à Paris* (*a*) ; parce qu'il n'est pas totalement en son pouvoir d'empêcher l'effet de la clause, & qu'il ne peut aller à Paris sans confirmer le contrat (*b*).

4°. Enfin, ces clauses peuvent être purement résolutives, comme nous l'avons expliqué au n°. 214.

CCCLIX.

1°. La condition résolutive attachée à un événement fortuit, n'altere pas la substance d'un acte parfait ; mais elle le résout pour *Condition résolutive casuelle.*

(*v*) L. 108, §. 1, *ff. de verb. obligat.*, *supra* n°. 208.
(*x*) L. 13, *Cod. de contrah. empt.* ; & L. 7, & L. 35, §. 1, *ff. eodem.* L. 8, *ff. de obligat. & actionib.*
(*y*) L. 7, *ff. de contrah. empt.*
(*z*) L. 67, *ff. de reg. jur.* L. 80, *ff. de veri. obligat.*
(*a*) L. 3, *ff. de legatis* 1°.
(*a*) Potier, *des obligations*, n°. 48--105.

l'avenir, en le rendant fans effet, à compter de cet événement (*c*): enforte que les lods font dûs de la vente fans efpoir de répétition , puifqu'elle a été parfaite (*d*) : mais la réfolution étant fondée fur une caufe inhérente au contrat , cette réfolution eft exempte des droits , comme nous l'expliquerons au n°. fuivant.

2°. Si cependant la réfolution avoit lieu , les chofes étant encore entieres, c'eft-à-dire, avant l'exécution totale ou partielle du contrat, les lods ne feroient pas dûs même de la vente, conformément aux principes que nous établirons en traitant de la réfolution des contrats.

C C C L X.

Poteflative.   1°. Si la condition réfolutive eft purement poteftative , fon événement réfout de même pour l'avenir la vente , fans l'anéantir pour le paffé ; parce que le contrat ayant été parfait par un confentement mutuel, la volonté d'une Partie peut bien le réfoudre fi tel eft le marché ; mais cette réfolution volontaire ne peut effacer, anéantir, & réduire à rien un traité parfait.

Ainfi l'exercice de la faculté de rachat réfout la vente où elle eft appofée, fans l'anéantir ; enforte qu'elle dure jufqu'au moment du rachat.

Il en eft de même de la vente, avec la faculté à l'acquéreur de rendre *fi la chofe lui déplaît* ; enforte que l'exercice de cette faculté réfout la vente pour l'avenir, felon la Loi (*e*).

2°. A l'égard des lods , foit de la vente, foit de la réfolution, il en eft de cette hypothefe comme de la vente à faculté de rachat, & de l'exercice de cette faculté. Or, les lods font dûs de cette vente qui n'eft réfolue que pour l'avenir, fans être anéantie ni effacée par le rachat ; mais ils ne font pas dûs de l'exercice dudit rachat, parce qu'il fe fait en vertu d'un paête inhérent au contrat , comme nous le dirons en traitant de cette faculté : enforte

---

(*c*) L. 2 , *per totum , ff. de in diem addiĉt.*

(*d*) Dumoulin , fur la Coutume de Paris, §. 13 , *hodiè* 20, Gl. 5 , n°. 24. Dargentré, fur celle de Bretagne , art. 64 , n°. 12 & 13. Tiraqueau , du retrait conventionnel, §. 6 , Gl. 2 , n°. 19.

(*e*) L. 3 , *ff. de contrah. empt. L.* 6 , *ff. de refcind. vendit. L.* 31 , §. 22 , *ff. de addiĉt. ediĉto.*

qu'en

qu'en appliquant cette double regle au cas préfent, il en réfulte,
1°. que les lods font dûs de la vente qui a reçue toute fa perfection, & eft fortie à effet. 2°. Mais qu'il n'en eft pas dû de la réfolution qui eft une fuite de la faculté appofée au contrat (*f*). 3°.
Si cependant la reprife ne devoit pas être faite au même prix, ce
ne feroit pas la réfolution de la première vente, mais une revente à un prix différent ; conféquemment fujette à de nouveaux
lods (*g*).

C C C L X I.

Si la condition fufpenfive dépend d'un fait étranger au contrat, *Autre condition potefative.*
& qui foit pourtant au pouvoir d'une partie ; par exemple , la
condition *fi elle va à Paris*, l'obligation vaut ; car quoiqu'il foit
libre à cette partie de ne pas y aller, elle eft pourtant obligée
d'exécuter le marché fi elle y va (*h*).

Mais fi la condition arrive, la vente ne vaut qu'à compter de
ce jour ; puifque ce n'eft qu'alors que le fait dépendant de la volonté d'une des Parties, a confirmé leur engagement (*i*).

Ainfi les lods d'une pareille vente font dûs à compter de l'événement de la condition feulement.

C C C L X I I.

La vente eft valable quoiqu'elle fe réfere à l'arbitrage ou au *Dépendante d'un tiers.*
confentement d'un tiers , & qu'elle en dépende (*k*) : telle eft la
vente dont nous avons parlé au n°. 213 , & dont l'accompliffe-
ment eft attaché à l'eftimation d'Experts ou de la perfonne dont
on a fait choix ; mais la condition une fois remplie par l'eftimation
ou le confentement de cette perfonne, la vente vaut à compter
de fa datte ; parce que le fait de ce tiers étant indépendant de la

---

[*f*] Dumoulin , fur la Coutume de Paris , §. 55 , Gl. 1 , *hodiè* 78 , n°. 98.
Sudre, fur Boutaric, tit. des lods , §. 10 , n°. 23. *Vide* le n°. fuivant.
[*g*] Dumoulin , fur la Coutume de Paris , §. 55 , Gl. 1 , *hodiè* 78 , no. 99.
[*h*] *L.* 3 , *ff. de legatis* 2°. Potier, des obligations , n°. 205.
[*i*] *L.* 11 , *ff. qui potior. in pign. L.* 4 , *ff. quæ res pignori.* Mornac , *ad L.* 1 ,
ff. qui potior. in pign.
[*k*] *L.* 43 , §. 1 ; & *L.* 44 , *ff. de verb. obligat.*

Tome I.   Q q

volonté des Parties, il a un effet rétroactif au tems du contrat, selon les regles des numeros *bis* 355 & 356.

C C C L X I I I.

Condition mixte.   Si la condition eft mixte & dépendante en partie du fait d'une des Parties, & en partie du fait d'un tiers ; par exemple, *fi elle eft attachée au mariage d'une des Parties avec la perfonne défignée,* l'événement de la condition met le fceau à la vente, & lui donne fa perfection du jour de cet événement, & fans effet rétrograde ; parce que l'événement étant en partie dépendant de la volonté de la Partie, il n'y a d'engagement véritable qu'autant que cette volonté a confirmé le projet de vente : conféquemment il n'y a ouverture aux lods qu'à compter de ce jour (*l*).

S E C T I O N I I.

DE l'addiction à jour ou de la vente, avec réfervation de recevoir des offres.

<table>
<tr><td>CCCLXIV. Définition & effence.</td></tr>
<tr><td>CCCLXV. S'il n'y a point d'offre.</td></tr>
<tr><td>CCCLXVI. Quand eft-elle réfolue ?</td></tr>
<tr><td>CCCLXVII. Vente à un enchériffeur.</td></tr>
<tr><td>CCCLXVIII. Si la premiere vente a duré.</td></tr>
<tr><td>CCCLXIX. Adjudication au premier acquéreur.</td></tr>
</table>

C C C L X I V.

Définition & effentive.   1°. L'addiction à jour eft la vente d'un objet déterminé au prix convenu entre Parties, fauf fi dans un brief délai un autre prétendant fait la condition du vendeur meilleure (*m*).

[*l*] *Vide* le no. *bis* 355.
[*m*] *L.* 1 , *ff. de in diem addict.*

2°. Cette claufe emporte une condition réfolutive ou fufpenfive, felon ce qui réfulte de l'intention des Parties & de l'expreffion de l'acte, interprete naturel de cette intention (*n*).

3°. Lorfque la claufe eft fimplement réfolutive, les rifques font fur le compte de l'acheteur (*o*), qui profite des fruits & des augmentations, & qui peut prefcrire (*p*) : il peut de même hypothéquer le bien vendu (*q*) : en un mot, il a tous les avantages & les inconvéniens de la propriété (*r*).

4°. Au lieu que fi la condition eft fufpenfive, il ne prefcrit ni ne fait les fruits fiens (*s*) : en un mot, il n'a ni les profits, ni les charges de la propriété.

5°. Mais dans le doute elle eft cenfé réfolutive plutôt que fufpenfive, fi l'expreffion eft équivoque (*t*). Il en eft de même du pacte commiffoire (*u*), & de la vente, fauf fi la chofe déplaît à l'acquéreur (*v*) ; parce que, dans tous ces cas, le fait de la vente eft le premier acte des Parties ; & le *fauf* ou la condition ne tombe que fur la réfolution (*x*).

6°. Si l'addiction à jour eft fans terme, il doit être fixé à l'arbitrage du Juge, (*infrà* n°. 373) ; toutefois avec la modification exprimée au n°. 368.

7°. Enfin, fi l'acheteur eft évincé par un furdifant, il ne peut répéter les loyaux-coûts de l'achat ; parce qu'en acquiefçant à la claufe, il s'eft affujetti à cet inconvénient.

C C C L X V.

Si nul n'offre la condition meilleure dans le terme convenu, la

S'il n'y a point
d'offre.

(*n*) L. 2, *ff. de in diem addict.*
(*o*) L. 2, §. *fin.* & L. 3, *ff. eodem.*
(*p*) L. 2, §. *fin. ff. eodem.*
(*q*) L. 4, §. 3, *ff. eodem.*
(*r*) L. 4, §. 4, *ff. eodem.*
(*s*) L. 4, *ff. eodem.*
(*t*) L. 2, §. 4, *ff. pro empt.* L. 41, *ff. de rei vendicat.*
(*u*) L. 1, *ff. de lege commiff.*
(*v*) L. 3, *ff. de contrah. empt.*
(*x*) Bretonnier, fur Henrys, liv. 3, queft. 73, n°. 16.

vente fort fon plein & entier effet, & les droits en font dûs du jour de fa date (*y*), comme de toute autre vente, quand même il n'y auroit pas de terme fixe (*z*) ; la fixation de ce terme n'étant ni de l'effence du pacte commiffoire (*a*), ni de celle de l'addiction à jour ; & la condition, foit réfolutive, foit fufpenfive, devant fe reférer au tems du contrat, parce qu'elle eft cafuelle, & non poteftative.

C C C L X V I.

Quand eft-elle réfolue ?

Pour réfoudre cette vente, il faut qu'il foit fait une offre avantageufe au vendeur ; par exemple, celle d'un plus grand prix, ou d'un prix égal à de meilleures conditions, même d'un prix moindre fi d'autres avantages excedent cette diminution (*b*).

Il faut encore qu'il fe préfente un fecond acheteur non fuppofé (*c*) & folvable ; autrement on préfume la fraude au préjudice de l'acquéreur (*d*) ; mais le vendeur eft le maître de ne point recevoir d'offre (*e*) ; parce que la claufe eft cenfé appofée uniquement pour lui, & que l'acquéreur ne peut s'en réclamer (*f*), à moins qu'il n'y ait claufe expreffe en fa faveur (*g*) : toutefois, en ce cas, fi le prétendant eft infolvable, le vendeur peut le refufer (*h*). Enfin, il faut notifier les furdites à l'acquéreur, avec offre de préférence qu'il peut refufer (*i*). S'il y a plufieurs vendeurs, un d'eux peut furdire (*k*) : & s'il y a plufieurs acquéreurs,

---

[*y*] Dumoulin, fur la Coutume de Paris, §. 23, *hodiè* 33, Gl. 2, n°. 9, Guyot, des lods, ch. 4, fect. 4, n°. 5.

[*z*] *ut in* L. 41, *ff. de rei vendic.*

[*a*]. Dumoulin, fur la Coutume de Paris, §. 23, *hodiè* 33, Gl. 2, n°. 13.

[*b*] *Vide in Pandectis juftiniancis, tit. de in diem addict.* n°. 8, 9, 10, 11.

[*c*] *Vide* L. 4, §. 5 ; & L. 6, *ff. de in diem addict. Juncta* L. 55, *ff. de contrah. empt.* ; & L. 225, *ff. de verb. fignific.*

[*d*] L. 35, *ff. de contrah. empt.* L. 14, §. 1 & 2, *ff. de in diem addict.*

[*e*] L. 9, *ff. de in diem addict.*

[*f*] Potier, de la vente, n°. 449.

[*g*] L. 9, *ff. de in diem addict.*

[*h*] L. 10, *ff. de in diem addict. Argum.* L. 14, §. 1, *eodem.* L. 55, *ff. de contrah. empt.*

[*i*] L. 7 & 8, *ff. de in diem addict.*

[*k*] L. 13, §. 1, *ff. de in diem addict.*

& qu'un d'eux furdife en feul, en ce cas la vente eft réfolue de même (*l*).

CCCLXVII.

Si, s'étant préfenté un enchériffeur, il a été fait vente à fon fon profit, la premiere eft comme non avenue, quand même la condition n'auroit été que réfolutive (*m*) ; & la feconde feule donne ouverture aux lods (*n*) ; parce que l'ancien propriétaire n'ayant pu ni entendu faire qu'une vente, & ayant rempli fon objet au moyen de la feconde, on feint que la premiere a été réfolue par voie d'annihilation en vertu du pacte (*vide* le n°. fuivant) : & quoique régulierement le premier acquéreur ait toutes les charges & les avantages de la propriété, & qu'il faffe les fruits fiens, (*fuprà* n°. 364), cependant s'il eft évincé par un enchériffeur, on le condamne à la reftitution des fruits (*o*) ; parce que fon droit eft réfolu *retro* du jour de fon achat.

Vente à un enchériffeur.

CCCLXVIII.

1°. Mais fi la premiere vente a duré plus d'un an, & que la feconde foit faite à un tiers, on demande s'il y a ouverture aux doubles lods.

Durée de la premiere vente.

D'abord, la Loi Romaine fuppofe que dans le délai du pacte, l'acquéreur a pu cueillir les fruits (*p*) ; mais cette même Loi dit : *nifi intrà Kalendas Januarias proximas* (*q*) ; ce qui ne peut pas porter à une année entiere : auffi Dumoulin, qui a fait la même remarque, & Guyot, décident-ils que fi la premiere vente dure quelques années, les lods en font dûs comme de la feconde, &

(*l*) L. 18, *ff. de in diem addict.*

(*m*) L. 6, *ff. de in diem addict.*

(*n*) Dumoulin, fur la Coutume de Paris, §. 23, hodiè 33, Gl. 2, n°. 9 ; & §. 55, Gl. 1, hodiè 78, n°. 161. Dargentré, *de laudimiis, cap.* 1, §. 5 ; & fur celle de Bretagne, art. 64, n°. 15. Brodeau, lett. V, fomm. 12, n°. 5. Maynard, liv. 6, ch. 29.

(*o*) L. 6 & L. 16, *ff. de in diem addict.*

(*p*) L. 6, §. 1 ; L. 14, §. 4 ; & L. 16, *ff. de in diem addict.*

(*q*) L. 1, *ff. de in diem addict.*

que l'acheteur n'eſt pas tenu à la reſtitution des fruits (*r*) ; &
M. Maynard rapporte un Arrêt de 1574, qui les adjuge d'une
vente faite ſous le pa&te commiſſoire, qui avoit duré ſix ans (*s*).

Quant à nous, il nous paroît que l'acheteur étant véritablement
maître, & ayant tous les avantages & les inconvéniens de la propriété (*ſuprà* n°. 364), il doit irrévocablement les lods lorſque
la vente a duré plus d'un an ; qu'il y a par conſéquent ouverture
aux doubles droits. 1°. Le terme d'un an eſt plus que ſuffiſant
pour remplir l'objet du pa&te, & ſe procurer des enchériſſeurs.
2°. Ce n'eſt que par fi&tion que la premiere vente eſt réputé réſolue par voie d'annihilation, comme nous l'avons remarqué au
n°. précédent ; puiſqu'elle a été exécutée au moins par la délivrance, & qu'une vente ainſi exécutée ne ſauroit être réduite à
rien, quoiqu'elle puiſſe être réſolue pour l'avenir, (*infrà* n°. 620).
3°. Or, il eſt de regle que les ventes ainſi réſolues, & en vertu
d'une clauſe inhérente au contrat, ſont irrévocablement ſujettes
aux lods, quoique la réſolution qui en eſt exempte anéantiſſe les
hypotheques des créanciers de l'acquéreur : telle eſt la vente à faculté de rachat, (*infrà* n°. 379, 380, 385, 386, 670, 671).
4°. Enfin, il eſt de la nature des fi&tions de Droit de n'être pas
ſuſceptible d'extenſion (*t*).

2°. Le premier acheteur n'a contre ſon vendeur, nulle répétition à exercer de ces lods, non plus que des autres loyaux-coûts
de ſon achat ; parce que c'eſt un inconvénient auquel il s'eſt volontairement aſſujetti.

Enfin, ſi les lods de la premiere vente ſont encore dûs, le Seigneur a le privilege à raiſon d'iceux ſur le bien vendu, comme nous
l'établirons au n°. 682.

C C C L X I X.

*Adjudication au
premier acqué-
reur.*

1°. Si le premier acquéreur ſurdit, & qu'il l'emporte ſur les
prétendans, alors il demeure le maître en vertu de cette ſeconde

---

(*r*) Dumoulin, ſur la Coutume de Paris, §. 55, Gl. 1, *hodiè* 78, n°. 162.—
166. Guyot, des lods, ch. 4, ſe&t. 4, n°. 5.

(*s*) Maynard, liv. 6, ch. 29.

(*t*) L. 14, *ff. de legibus.* L. 141, *ff. de reg. Juris.*

adjudication, quoiqu'on doive confidérer l'état des chofes à ce fujet, felon la Loi (*v*). Nous expliquerons dans l'inftant le fondement de cette modification. Donc de droit commun les lods ne font dûs que du jour de cette feconde vente (*x*) ; & cette pofition eft fûre fi les chofes étoient entieres avant celle-ci ; " parce » que les changemens faits au prix de la vente, tandis que les » chofes font entieres, l'annullent, & en conftituent une nou-» velle (*y*) : mais fi les chofes ne font pas entieres, c'eft-à-dire, » fi le premiere vente a été exécutée en tout ou en partie par la » numération totale ou partielle du prix, ou par la délivrance de » la chofe vendue ; en ce cas, les changemens faits au prix de la » vente font cenfé en faire partie (*z*) ; » c'eft pour cela que la Loi dit, en parlant de l'addiction à jour, qu'on doit confidérer l'état des chofes (*a*) : donc dans ce dernier cas les lods font dûs tant fur le premier prix, que fur celui de l'enchere, à compter du premier contrat (*b*). Nous avons employé le même principe pour réfoudre la queftion propofée aux numeros 220, 637 & 638.

2°. Mais fur quoi peut être fondée cette diftinction du Droit Romain ? C'eft que tant que les chofes font encore entieres, la vente peut être réfolue & réduite à rien, par la volonté des Parties, (*infrà* n°. 616) ; au lieu qu'elle ne peut plus être effacée & annihilée dès que les chofes ont ceffé d'être entieres, (*infrà* n°. 620) : donc dans le premier cas, les changemens faits à la vente, tandis que les chofes font entieres, en conftituent une nouvelle ; au lieu que les changemens faits à la vente lorfque les chofes ne font plus entieres, doivent fe reférer à cette vente, puifqu'elles ne peuvent l'anéantir.

Il faut fuivre le fil des vérités morales en fait de Jurifprudence, & en envifager l'enfemble, pour en apprécier les réfultats.

(*v*) L. 6 , §. 1 , *ff. de in diem addict.*

(*x*) Dumoulin, fur la Coutume de Paris, §. 23, *hodiè* 33 , Gl. 2 , n°. 9. Dargentré , fur celle de Bretagne, art. 64, n°. 15 ; & *de laudimiis* , cap. 1 , §. 5.

(*y*) L. 72 , *verf. an* , *idem* , *ff. de contrah. empt.*

(*z*) L. 72 , *ff. de in diem addict.* ; & Potier , *tit. de pactis* , n°. 36 , *in notis.*

(*a*) L. 6 , §. 1 , *ff. de in diem addict.*

(*b*) Dargentré , fur la Coutume de Bretagne , art. 64, n°. 14.

SECTION III.

DU pacte commissoire.

CCCLXX. Définition & usage.
CCCLXXI. Nature & effet, variation.
CCCLXXII. Restitution des fruits & du prix.
CCCLXXIII. Terme du pacte.
CCCLXXIV. Délai de purger la demeure.
CCCLXXV. Quid? des lods & du retrait.
CCCLXXVI. Durée de la vente.
Bis CCCLXXVI. Pacte commissoire en engagement.

C C C L X X.

*Définition &
usage.*

Le pacte commissoire est une clause portant que la vente sera résolue si l'acheteur ne paye au tems convenu (*c*) : cette clause est valable selon nos usages (*d*) : elle vaut encore quand même elle seroit ajoutée, faute de remplir un engagement autre que le paiement du prix (*e*). Il a même été jugé par un Arrêt du 30 Mars 1703, qu'elle est valable si elle est apposée à une transaction (*f*). Il suffit en effet qu'il conste de l'intention des Parties (*g*), notamment dans une vente où chacun est le maître d'imposer telle Loi qu'il veut au bail de son bien (*h*).

(*c*) L. 4, *ff. de lege commissoriâ.*
(*d*) Catellan & Vedel, liv. 5, ch. 20. Boutaric, *Instit.* tit. *de empt. vendit.* §. 4.
(*e*) Dumoulin, sur la Coutume de Paris, §. 23, *hodiè* 33, Gl. 2, n°. 13.
(*f*) Nouveau Journal du Palais de Toulouse, tom. 2, art. 230.
(*g*) Dumoulin, sur la Coutume de Paris, §. 23, *hodiè* 33, Gl. 2, n°. 14. Dargentré, *de laudimiis, cap.* 1, §. 4.
(*h*) L. 48, *ff. de pactis.* L. 9, *Cod. de pactis inter emptorum.*

CCCLXXI.

CCCLXXI.

1°. Ce pacte n'impofe pas une condition fufpenfive, mais fim-plement réfolutive ; enforte qu'il fait réfoudre la vente par l'évé-nement de la condition (*i*).

2°. Il eft établi en faveur du vendeur, qui peut y renoncer & demander le paiement (*k*).

3°. Et s'il a opté pour la réfolution, il ne peut plus varier, fe-lon le Droit Romain (*l*) : il en eft de même dans notre ufage, felon Potier ; parce que la faculté de purger la demeure jufqu'à la contumace, n'eft pas établie en faveur du vendeur ; mais c'eft une grace au profit de l'acquéreur (*m*). Pour nous, il nous paroît que le vendeur peut corriger fa demande, & demander le paiement du prix ; parce que cette correction eft de droit dans tout état de caufe, & parce que le fait d'une partie n'eft obligatoire que par le concours de l'acceptation de la partie contraire (*n*).

4°. Au refte, le pacte commiffoire eft de rigueur ; enforte que fi le vendeur a demandé le paiement après le délai convenu, il ne peut plus demander la réfolution (*o*) : toutefois dans notre ufage il pourroit corriger fa demande dans le cas où l'acheteur auroit perfifté dans le retard de payer, puifque la correction des libelles eft de droit dans tous les tems, & que l'acheteur n'a pas déféré à la demande en paiement du prix.

CCCLXXII.

1°. L'effet du pacte commiffoire eft tel, qu'il emporte la nul-lité de l'acte avec reftitution des fruits, parce que l'acquéreur n'a pu jouir de la chofe & du prix (*p*).

(*i*) L. 1, *ff. de lege commifforiâ.*
(*k*) L. 3, *ff. eodem.*
(*l*) L. 4, §. 2, *ff. eodem.*
(*m*) Potier, de la vente, no. 461.
(*n*) L. 55, *ff. de obligat. & action.* L. 11. *Cod. de rebus creditis.* L. 1, *ff. de refcind. vendit.*
(*o*) L. 7, *ff. de lege commifforiâ.*
(*p*) L. 4, *ff. de lege commifforiâ.*

Tome I.　　　　　　　　　　R r

2°. Si cependant il avoit payé partie du prix ; par exemple, le quart, cet acquéreur ne devroit rendre que les trois quarts des fruits (*q*).

3°. De même dans le cas de la résolution susdite en vertu du pacte, le vendeur doit rendre la partie du prix qu'il a reçue s'il n'y a clause contraire (*r*).

4°. Mais s'il a été convenu que ce que le vendeur a reçu sur le prix lui demeureroit à titre de dommages, il est indemnisé par ce gain, & l'acquéreur est dispensé de la restitution des fruits (*s*), quoique cette clause ne soit valable qu'autant que la somme retenue n'excede pas ; ce à quoi l'indemnité a pu être raisonnablement fixée au plus cher ; autrement, ce seroit un dédommagement usuraire & défendu (*t*).

C C C L X X I I I.

Terme du pacte. Le pacte commissoire est valable sans terme, & alors on a action pour faire résoudre la vente, faute de paiement dans le tems qui sera fixé par le Juge (*v*) : il en est de même de l'addiction à jour (*x*) ; le tout sous les modifications rapportées aux numeros 368 & 376, par rapport aux droits des Seigneurs.

C C C L X X I V.

Délai de purger la demeure. Par le Droit Romain, le contrat étoit résolu de plein droit faute de paiement au terme (*y*) ; pourvu que le vendeur voulût

---

(*q*) L. 4 , §. 1 , *ff. eodem & Gotoph. ibidem.*
(*r*) Potier, de la vente, n°. 469.
(*s*) L. 4 , §. 1 , *ff. de leg. commiss.*
(*t*) Dumoulin, *in tract. de interesse* , n°. 495, & suivans. Potier, des obligations , n°. 345.
(*v*) Dumoulin , sur la Coutume de Paris , §. 23 , *hodiè* 33 , Gl. 2 , n°. 13.
(*x*) L. 41 , *ff. de rei vendic.*
(*y*) L. 4 , §. 4 , *ff. de lege commiss.* L. 51 , §. 1 , *ff. de action. empti.* L. 10 , *ff. de rescind. vendit.*

uſer de ſon droit (*z*), & qu'il n'eût pas mis obſtacle au paiement par ſon fait (*a*).

Par notre uſage il faut un jugement de déchéance, & l'acheteur peut purger la demeure dans un brief délai (*b*), même après la Sentence de déchéance, & pendant l'appel de cette Sentence, juſqu'à l'Arrêt définitif (*c*). M. de Catellan rapporte un Arrêt qui donne quinzaine après la date du ſuſdit Arrêt (*d*); & Louet & Brodeau en rapportent pluſieurs de 1607, 1614, 1627, & 1630, qui déclarent le paɕte purement comminatoire (*e*).

C C C L X X V.

1°. Il eſt évident que la vente à paɕte commiſſoire a donné d'abord ouverture aux lods, puiſqu'elle a été parfaite : de là vient que la Loi Romaine donne au vendeur l'action *ex vendito*, pour la faire réſoudre, & pour la reſtitution des fruits & le rembourſement des dégradations (*f*) : mais étant réſolue par une clauſe inhérente au traité, le droit du Seigneur, qui eſt attaché à cette vente, eſt réſolu de même, & il y a lieu à la reſtitution des lods s'ils ont été perçus (*g*) : c'eſt ainſi que la queſtion fut jugée par un Arrêt de Juin 1539, ſur les écritures de Dumoulin (*h*), quoique l'exemption des lods, fondée ſur la raiſon d'équité, ſoit con-

Quid ? des lods
& du retrait.

(*z*) L. 2 & 3 ; & L. 4 ; §. 2, *ff. de lege commiſſ.*

(*a*) L. 8, *ff. de lege commiſſ.* L. 10, *in princip.*; & §. 1, *ff. de reſcind. vendit.* L. 51, §. 1, *ff. de actione empti.*

(*b*) Boutaric, Inſtitutes, tit. *de empt. vendit.* §. 4.

(*c*) Potier, de la vente, n°. 459*–475. Arrêt du 11 Août 1770, dans une eſpece parallele. Rodier, queſtions ſur l'Ordonnance de 1667, à l'Inſtruction ſur les ſaiſies, §. 12, p. 672.

(*d*) Catellan, liv. 4, ch. 20; & Vedel, *ibidem.*

(*e*) Louet & Brodeau, lettre P, ſomm. 50.

(*f*) L. 4, *ff. de lege commiſſ.*

(*g*) Dumoulin, ſur la Coutume de Paris, §. 23, *hodiè* 33, Gl. 1, n°. 9; & §. 55, Gl. 1, *hodiè* 78, n°. 162. Dargentré, ſur celle de Bretagne, art. 64, n° 16, *de laudimiis, cap.* 1, §. 4. Maynard, liv. 6, ch. 29. Brodeau, lettre V, ſomm. 12, n°. 5 & 6.

(*h*) Dumoulin, ſur la Coutume de Paris, §. 23, *hodiè* 33, Gl. 2, n°. 9, 10, 11; & §. 55, Gl. 1, *hodiè* 78, n°. 162.

R r ij

traire à la rigidité des principes lorſque la vente a été exécutée au moins par la délivrance, comme nous l'expliquerons au n°. ſuivant.

2°. Quant au retrait, le Seigneur ou les lignagers peuvent inconteſtablement l'exercer ſur cette vente., ſelon les principes que nous avons poſés au n°. 683.

C C C L X X V I.

Durée de la vente. Un Arrêt de 1574 condamne au paiement des lods dans le cas où la vente, quoique réſolue par le paƈte, avoit duré ſix ans, (*i*). Pour nous, en appliquant à ce dont il s'agit, autant que la matiere le comporte, les principes de l'addiƈtion à jour (*ſuprà* n°. 368), il nous paroît que la vente, quoique réſolue en vertu du paƈte, eſt irrévocablement ſujette aux lods lorſqu'elle a duré plus d'un an ; 1°. parce qu'il n'y a pas lieu de faire durer le paƈte commiſſoire plus que l'addiƈtion a jour, avec exemption des droits : 2°. parce que la vente n'eſt régulierement cenſée nulle du jour de ſa date, qu'autant que le vendeur auroit eſpéré d'être payé incontinent, & que ce n'eſt qu'en ce cas que la délivrance a été conditionnelle d'une condition ſuſpenſive (*infrà* n°. 672) ; auquel cas il n'y a ouverture aux lods que par l'événement de la condition : 3°. que le paƈte eſt illuſoire lorſqu'elle a duré un certain tems, par la tolérence du vendeur (*verbo, infrà* n°. 673), puiſqu'il réſulte de cette tolérance que de fait il s'eſt contenté de l'obligation de l'acheteur, & que la condition ſuſpenſive, ſi elle avoit été appoſée à la vente, auroit été convertie en condition purement réſolutive par le conſentement du vendeur, à cette longue jouiſſance de l'acheteur : 4°. d'autant mieux que, ſelon la Juriſprudence la plus conforme à l'équité, tout vendeur a de même le droit de faire réſoudre la vente faute de paiement du prix, quoiqu'elle demeure ſujette aux lods nonobſtant cette réſolution. (*Infrà* n°. 676, 677). 5°. Une vente exécutée au moins par la délivrance, ne peut être réſolue que pour l'avenir ; parce que les choſes ne ſont plus entieres. (*Infrà* n°. 620). Or, en

----

(*i*) Maynard, liv. 6, ch. 29. Sudre, ſur Boutaric, tit. des lods, §. 4, n°. 27.

pareil cas, l'affujettiffement aux lods de la vente fubfifte, quoique la réfolution de cette vente éteigne les hypotheques des créanciers de l'acheteur. (*Infrà* n°. 670, 671). 6°. La vente fous pacte commiffoire, réfolue avant l'an, n'étant exempte des lods que par un motif d'équité contraire à la rigueur des principes, (*fuprà* n°. précédent), il n'y a pas lieu d'étendre cette exemption (*k*).

2°. L'acquéreur évincé en exécution du pacte commiffoire doit les lods fans aucune répétition contre le Seigneur ni contre le vendeur, puifque c'eft par fa faute qu'il a fouffert l'éviction.

3°. Toutefois le Seigneur conferve fon privilege fur les biens vendus à raifon des lods de la vente ainfi réfolue, comme nous le prouverons au n°. 682.

Bis C C C L X X V I.

L'engagement fait avec claufe que fi le bailleur en engagement ne paye dans un certain tems, la chofe fera vendue au prix qu'elle fera eftimée, n'eft qu'une vente conditionnelle d'une condition fufpenfive, quand même elle feroit faite au profit de celui qui a cautionné pour le vendeur (*l*), ou plutôt c'eft une fimple promeffe de vendre en vertu du pacte commiffoire : enforte que le bailleur peut purger la demeure jufqu'à la vente effective (*m*) : conféquemment ce n'eft que de ce moment qu'il y a ouverture aux lods (*n*).

Pacte commiffoire en engagement.

S e c t i o n   IV.

D e la vente à faculté de rachat.

CCCLXXVII. Effence de cette faculté.

(*k*) L. 14, *ff. de legibus.* L. 41, *ff. de reg. Juris.*

(*l*) L. 16, §. 9, *ff. de pignor. & hypoth.* L. 81, *ff. de contrah. empt.* Dumoulin, *in tractatu contract. ufur. queft.* 52. Henrys, queft. pofth. queft. 2.

(*m*) Dumoulin, *ibidem*, queft. 52, n°. 358.

(*n*) Mornac, *ad* L. 34, *ff. de pignor. actione.* Henrys, queft. pofth. queft. 2.

CCCLXXVIII. Réalité du pacte.
CCCLXXIX. Lods de la vente.
CCCLXXX. Même pour un tems court.
CCCLXXXI. Dauphiné, & Coutumes singulieres.
CCCLXXXII. Parlement de Paris.
CCCLXXXIII. Après neuf ans.
CCCLXXXV. Nature du rachat.
CCCLXXXVI. Exemption de droits.
CCCLXXXVII. Vendeurs solidaires.
CCCLXXXVIII. Sans solidité.

CCCLXXVII.

Essence de cette faculté.

La vente à faculté de rachat est connue dans le Droit Romain (*o*); c'est une vente pure, résoluble, sous une condition qui dépend de la volonté du vendeur ; & la preuve qu'elle est parfaite, c'est que le vendeur n'a pas l'action vendicatoire contre l'acheteur, mais seulement l'action *ex vendito vel in factum* (*p*).

CCCLXXVIII.

Réalité du pacte.

L'action résultant de ce pacte est réelle, & elle peut être exercée contre le possesseur quelconque, du bien sujet au rachat (*q*); assertion confirmée par deux Arrêts de 1707, & du 20 Février 1736 (*r*); & cette action ne peut être prescrite par le tiers possesseur, que dans trente ans, suivant un Arrêt du 10 Mars 1523 (*s*).

(*o*) L. 2 & 7, *Cod. de pactis inter emptor.* L. 1, *Cod. quando decreto*, L. 12, *ff. de prascriptis verbis.*

(*p*) L. 2, *Cod. de pactis inter empt.* L. 12, *ff. de prascrip. verbis.*

(*q*) Dumoulin, sur la Coutume de Paris, §. 22, *hodiè* 33, Gl. 1, n°. 16; & §. 41, *hodiè* 51, Gl. 2, n°. 23. Lapeyrere, lettre R, n°. 3.

(*r*) Nouveau Journal du Palais, tome 6, Arrêt 310.

(*s*) Papon, liv. 12, tit. 3, Arrêt 14.

C C C L X X I X.

Cette vente étant parfaite, quoiqu'elle soit résoluble par le ra- *Lods de la vente.*
chat, les lods en sont dûs du jour de sa date (*t*); parce que la
résolution n'a lieu que pour l'avenir, & que la dette des lods est
irrévocable à raison d'un contrat ainsi résolu (*v*). On cite dans
notre espece un Arrêt conforme de Noël 1584; autre du 12 Juillet 1603; autre du 5 Décembre 1595 (*x*); autre du 31 Mars
1555 (*y*): enfin, un Arrêt de 21 Juillet 1648, rapporté par
Boiffieu (*z*).

C C C L X X X.

La position ci-deffus a lieu quand même la vente seroit faite *Même pour un*
pour un tems court & moindre de dix ans; parce que c'est une *tems court.*
vente pure, résoluble sous une condition (*a*) dépendante de la volonté du vendeur, quand même il seroit dit qu'en cas de rachat le
contrat seroit comme non avenu, cette claufe ne pouvant changer
la nature des chofes (*b*), ni donner un effet rétroactif à une claufe
purement dépendante de la volonté du vendeur (*c*): d'ailleurs les
ventes à tems font sujettes aux lods, comme nous l'avons dit au
n°. *bis* 201.

C C C L X X X I.

Par l'ufage du Dauphiné, les lods ne font pas dûs si le rachat *Dauphiné, &*
Coutumes singu-
lieres.

(*t*) Loifel, liv. 3, tit. 4, reg. 19; & liv. 4, tit. 2, reg. 6. Faber, liv. 4, tit.
43, défin. 28. Maynard, liv. 4, ch. 38. Lapeyrere, lettre V, n°. 35 & 36. Dumoulin, fur la Coutume de Paris, §. 41, *hodiè* 51, Gl. 2, n°. 13--23. Dargentré, *de laudimiis, cap.* 1, §. 7.

(*v*) *Infrà* n°. 670.

(*x*) Louet & Brodeau, lettr. V, fomm. 12, n°. 1, 2, 3, 4.

(*y*) Laroche, des droits feigneuriaux, ch. 38, art. 4.

(*z*) Boiffieu, ch. 85, *bene.*

(*a*) Dumoulin, fur la Coutume de Paris, §. 23, *hodiè* 33, Gl. 2, n°. 7 &
30; & §. 55, *hodiè* 78, Gl. 1, n°. 47 & 48. Dargentré, fur celle de Bretagne,
art. 64, n°. 4.

(*b*) Defpeiffes, des droits feigneuriaux, tit. 4, fect. 5, part. 7, n°. 7.

(*c*) *Suprà* n°. *bis* 355.

fe fait dans le tems du ftatut, qui eft de quatre mois pour les ventes, au prix de 100 livres, & au-deffus; & de deux mois pour les ventes, au prix de 50 liv. jufqu'à 100 (*d*). Il eft inutile de s'occuper d'un ufage local que nulle raifon prife dans l'ordre des vérités morales ou philofophiques ne peut autorifer. Nous ne parlerons pas non plus des Coutumes qui contiennent des difpo-fitions fingulieres fur cet objet (*e*).

CCCLXXXII.

Parlement de Paris.

1°. L'ancienne Jurifprudence du Parlement de Paris adjugeoit indiftinctement les lods de ces ventes, fuivant des Arrêts de Noël 1584, du 12 Juillet 1603, & du 7 Décembre 1595 (*f*).

2°. Mais comme l'art. 41 de l'ancienne Coutume de Paris per-mettoit au Vaffal de fe joüer de fon fief fans démiffion de foi, & fans être fujet aux profits, Dumoulin, pour utilifer ce texte de la Coutume, décide que le Vaffal peut aliéner fon fief pour neuf ans, en retenant la foi fans être fujet aux droits (*g*): il décide la même chofe en cenfive, pourvu que le terme de la vente n'ex-cede pas neuf ans, qu'il n'y ait pas claufe d'inveftiture ni de di-veftiture, & que le vendeur demeure fujet aux charges du bien vendu (*h*).

3°. L'avis de ce grand homme a fixé la nouvelle Jurifprudence du Parlement de Paris fur cet objet, & l'on y prononce conf-tamment l'exemption des lods de toute vente à pacte de rachat, qui ne dure pas plus de neuf ans, même fans le concours des cir-conftances requifes par Dumoulin pour cette exemption (*i*). Le premier Arrêt connu qui la prononce eft du 7 Mars 1616 (*k*). Il

---

(*d*) Boiffieu, ch. 85.

(*e*) Dumoulin, fur la Coutume de Paris, §. 23, *hodiè* 33, Gl. 1, n°. 8; & §. 55, Gl. 1, *hodiè* 78, n°. 47--51. Guyot, des lods, ch. 4, fect. 4, n°. 1.

(*f*) Louet & Brodeau, lettre V, fomm. 12, n°. 1, 2, 3, 4. Bretonnier, fur Henrys, liv. 3, queft. 55, n°. 10--12.

(*g*) Dumoulin, fur la Coutume de Paris, §. 41, *hodiè* 51, Gl. 2, n°. 13--25.

(*h*) Dumoulin, fur la Coutume de Paris, §. 55, Gl. 1, *hodiè* 78, n°. 49--54.

(*i*) Bretonnier, fur Henrys, liv. 3, queft. 55, n°. 10--12. Dargentré, *de laudimiis*, cap. 1, §. 7, & fur la Coutume de Bretagne, art. 64, n°. 1.

(*k*) Brodeau, lettre V, fomm. 12, n°. 4.

eft

est évident que cette Jurisprudence est contraire à la pureté des principes rapportés au n°. 379.

CCCLXXXIII.

Mais si le rachat n'est pas exercé dans les neuf ans, la Juris- *Après neuf ans.* prudence du même Parlement adjuge les lods du jour du contrat, & non du jour de l'expiration du délai (*l*). Un Arrêt de Noël 1584, & plusieurs autres, prononcent en conformité (*m*); parce qu'en effet c'est du jour de sa date qu'une vente parfaite doit donner ouverture aux lods.

CCCLXXXV.

Le rachat conventionnel est la résolution de la vente en vertu *Nature du rachat.* d'une clause inhérente au contrat (*n*): de-là vient que les hypotheques établies par l'acquéreur s'évanouissent par le rachat (*o*), quand même le vendeur rembourseroit des améliorations faites par l'acheteur; parce que ce remboursement ne change pas la nature du rachat, non plus que celui des loyaux-coûts, que le vendeur doit pareillement rembourser (*p*), quand même l'héritier du vendeur racheteroit, parce qu'il représente le défunt (*q*).

CCCLXXXVI.

Conséquemment aux principes que nous venons de poser, *Exemption de* l'exercice du rachat n'est pas sujet à de nouveaux lods; parce que *droits.* ce n'est pas une seconde vente, mais la résolution de la première

---

(*l*) Dargentré, sur la Coutume de Bretagne, art. 64, n°. 7 & 8. Livoniere, liv. 3, ch. 4, sect. 3, p. 163 & 164. Bretonnier, sur Henrys, liv. 3, quest. 55, n°. 15.

(*m*) Montholon, Arrêt 30. Anne Robert, liv. 3, ch. 18. Charondas, liv. 7, rép. 80; & liv. 12, rép. 39. Supplément d'Henrys, liv. 1, ch. 12, n°. 4.

(*n*) L. 2 & 7, *Cod. de pactis inter empt. L.* 1, *Cod. quando decreto.*

(*o*) Dumoulin, sur la Coûtume de Paris, §. 41, *hodiè* 51, Gl. 2, n°. 21. Castellan, liv. 5, ch. 18.

(*p*) Faber, liv. 4, tit. 34, défin. 77.

(*q*) L. 2, *Cod. de pactis inter empt.*

Tome I.   S s

en vertu d'une claufe qui en fait partie (r) : tel eft le prononcé d'un Arrêt du 31 Mars 1555 (s). (*Idem infrà* n°. 671).

Quand même l'héritier du vendeur racheteroit, parce qu'il repréfente le défunt (t).

Et ce retrait n'eft pas même fujet au relief ou rachat, parce qu'il n'y a pas de revente proprement dite, mais une fimple réfolution réfervée par le premier contrat (v).

C C C L X X X X V I I.

Vendeurs foli-
daires.

Si la vente a été folidairement faite par deux ou plufieurs perfonnes, une d'entr'elles peut retraire le tout, fuivant un Arrêt du 15 Mars 1698 (x) ; parce que chaque créancier folidaire eft créancier du total (y), fauf aux autres l'action en partage contre lui (z) : il eft même obligé de retraire le tout, fi telle eft la volonté de l'acheteur, fuivant un Arrêt du 7 Février 1546 (a) ; parce que celui-ci n'eft pas obligé de cifailler fon achat (b).

Et le retirement du total, par un des vendeurs folidaires, ne donne ouverture ni aux lods ni au relief (c).

C C C L X X X V I I I.

Non folidaires.

Si les vendeurs d'un fonds joui par indivis ne font pas folidai-

---

(r) Dumoulin, fur la Coutume de Paris, §. 22, *hodiè* 33, Gl. 1, n°. 11--17; & §. 23, *hodiè* 33, Gl. 2, n°. 7; & §. 55, Gl. 1, *hodiè* 78, n°. 47--56 ; & §. 41, *hodiè* 51, Gl. 2, n°. 21. Catellan, liv. 3, ch. 32; & Vedel, *ibidem.* Boiffieu, ch. 85. Dargentré, *de laudimiis, cap.* 1, §. 8.

(s) Laroche, des droits feigneuriaux, ch. 38, Arrêt 4. Maynard, liv. 4, ch. 38.

(t) Dumoulin, fur la Coutume de Paris, §. 23, *hodiè* 33, Gl. 2, n°. 30.

(v) Dumoulin, fur la Coutume de Paris, §. 23, *hodie* 33, Gl. 2, n°. 33 ; & §. 22, *hodiè* 33, Gl. 1, n°. 18, *infrà* n°. 671.

(x) Catellan, liv. 5, ch. 58.

(y) L. 2 & 16, *ff. de duobus reis.*

(z) Catellan, *ibidem.* Regles de Livoniere, titre des retraits, n°. 8.

(a) Charondas, liv. 2, réponfe 68. Lapeyrere, lettre R, n°. 6--12.

(b) Dumoulin, *in tractatu dividui & individui,* part. 3, n°. 582, 583, 584; & fur la Coutume de Paris, §. 55, Gl. 1, *hodie* 78, no. 77.

(c) Dumoulin, fur la Coutume de Paris, §. 55, Gl. 1, *hodie* 78, n°. 68---77.

-res, ou fi ce font des cohéritiers, ils ne peuvent exercer ce rachat que pour leur part (*d*), quoique l'acheteur foit le maître de les obliger à retraire le tout pour ne pas divifer malgré lui fon achat (*e*) ; mais foit que quelqu'un d'eux retire le tout par la volonté de l'acheteur, ou en vertu de la ceffion de fes affociés, dans l'un ni dans l'autre cas, il n'eft fujet ni aux lods, ni au relief, par la raifon fufdite que ce n'eft pas une nouvelle vente, mais la réfolution de la premiere (*f*).

Section V.

Du rachat ftipulé après la vente, ou dans un billet privé.

CCCLXXXIX. Dans un acte féparé.
CCCXC. Du lendemain.
CCCXCI. Dans un acte privé.

CCCLXXXIX.

Les pactes faits incontinent, & dans le tems de l'acte, quoiqu'ils n'y foient pas inférés, font cenfés en faire partie, felon la Loi (*g*) : ainfi le pacte de rachat ftipulé au tems du contrat, ou dans un acte féparé, s'identifie, & ne fait qu'un avec la vente (*h*) : conféquemment le rachat exercé en vertu de ce pacte eft réputé inhérent au contrat ; & comme tel, il eft exempt de lods (*i*) :

Dans un acte féparé.

[*d*] Dumoulin, *in tract. dividui & individ.*, part. 3, n°. 582, 583, 584.
[*e*] Dumoulin, *in tract. dividui & individ.*, part. 3, n°. 583 ; & fur la Coutume de Paris, §. 55, *hodiè* 78, Gl. 1, n°. 7.
[*f*] Dumoulin, fur la Coutume de Paris, §. 55, Gl. 1, *hodiè* 78, n°. 68--77.
[*g*] L. 4, *ff. fi certum petatur.* L. 27, *Cod. de pactis.* L. 3, *Cod. de ac dilitie edicto.*
[*h*] Dumoulin, fur la Coutume de Paris, §. 55 ; Gl. 1, *hodiè* 78, n°. 57. Dargentré, fur celle de Bretagne, art. 64, n°. 9.
[*i*] Dumoulin, fur la Coutume de Paris, §. 22, *hodiè* 33, Gl. 1, n°. 11---17. Dolive, liv. 2, ch. 22, note 2. Dargentré, *de laudimiis*, cap. 1, §. 9. Vedel, liv. 3, ch. 32. Lapeyrere, lettre V. n°. 35.

cette exemption a été prononcée par un Arrêt du 16 Mars 1616 (*k*).

C C C X C.

Du lendemain.

1°. Mais en donnant à la fiction de droit une étendue contraire à son esprit & à la nature des choses, ce seroit en abuser ; parce que le terme incontinent employé par les Jurisconsultes Romains, suppose que le pacte ou la contre-lettre date du même jour ; & c'est ainsi que l'entendent Dolive & Dumoulin (*l*).

2°. Il est vrai que vis-à-vis des Parties contractantes, la faculté de rachat, stipulée quelques jours après la vente, est obligatoire (*m*) ; parce que nul ne peut se soustraire à l'exécution d'un engagement légitime qu'il a contracté volontairement (*n*).

3°. Mais les changemens faits par les Parties à leurs premieres conventions, ne peuvent nuire au droit acquis à de tierces personnes, par ces mêmes conventions : *actio quæsita non intercidit* (*o*).

4°. Si donc la faculté de rachat n'a pas été stipulée incontinent, mais réservée quelque tems après, ce prétendu rachat n'est pas la résolution de la premiere vente, en vertu d'une clause qui en fasse partie, mais une seconde vente qui dérive d'un nouveau marché ; conséquemment les lods sont dûs de cette revente (*p*) : cette position est confirmée par un Arrêt du 26 Octobre 1596 (*q*).

5°. Enfin, cette position a lieu quand même le pacte de rachat dateroit du lendemain de l'achat (*r*).

[*k*] Brodeau, lettre V, somm. 12, n°. 4.

[*l*] Dumoulin, sur la Coutume de Paris, §. 55, Gl. 1, *hodiè* 78, n°. 57. Dolive, liv. 2, ch. 22, n°. 2.

[*m*] Catellan, liv. 5, ch. 5 ; & liv. 7, ch. 3. Tiraqueau, du retrait conventionnel, §. 1, Gl. 7, n°. 49. Boutaric, Instit. *tit. de empt. vendit.* §. 4.

[*n*] *L.* 1, *ff. de pactis.*

[*o*] *L.* 63, *ff. de jure dotium & Gotophr. ibidem.*

[*p*] Ferron, sur la Coutume de Bordeaux, tit. des fiefs, art. 16, n°. 3. Despeisses, des droits seigneuriaux, tit. 4, sect. 5, part. 7, n°. 20.

[*q*] Expilii, Arrêt 117.

[*r*] Dargentré, *de laudimiis, cap.* 1, §. 9 ; & sur la Coutume de Bretagne, art. 64, n°. 9--17. Sudre, sur Boutaric, tit. des lods, §. 10, n°. 2 & 24.

CCCXCXI.

1°. Un écrit privé n'a point de date vis-à-vis d'un tiers, s'il *Dans un écrit* n'en confte par quelque monument authentique (*s*), par le con-*privé.* trôle, ou par le décès d'une des Parties qui l'ont figné, & du jour du contrôle ou du décès fufdit (*t*); parcè que tout homme eft réputé fufpeét dès qu'il peut, par fon fait, préjudicier à un tiers; & tel eft l'avis unanime des Auteurs (*v*), confirmé par un Arrêt du 17 Janvier 1582 (*x*). Si donc la faculté de rachat eft inférée dans un écrit privé dont la date ne foit pas authentique, elle eft réputée poftérieure au marché, conféquemment nulle vis-à-vis du Seigneur; & le rachat fait en conféquence eft une vraie revente, fujette à de feconds lods (*y*).

2°. On n'eft pas non plus reçu à la preuve vocale de la ftipulation de la faculté de rachat, parce que cette preuve n'eft pas admife outre ni contre le contenu aux aétes (*z*).

Section VI.

De la prorogation légale ou volontaire du rachat.

CCCXCII. Éloignement du rachat.
CCCXCIII. Prorogation légale à Paris.
CCCXCIV. Droit Romain, Dijon & Bordeaux.
CCCXCV. Parlement de Touloufe.
CCCXCVI. En dot.

[*s*] *L.* 11, *Cod. qui potior. in pign.*

[*t*] Potier, des obligations, n°. 715.

[*v*] Dargentré, fur la Coutume de Bretagne, art. 96, Gl. 7. Tiraqueau, du retrait conventionnel, §. 1, Gl. 7, n°. 57, 58, 59.

[*x*] Laroche, des droits feigneuriaux, ch. 13, Arrêt 7.

[*y*] Catellan, liv. 3, ch. 32. Tiraqueau, du retrait conventionnel, §. 1, Gl. 7, n°. 48. Bretonnier, fur Henrys, liv. 3, queft. 55. Nouvelles obfervat. p. 40.

[*z*] Ordonnance de 1667, tit. 20, art. 2. *Argum. L.* 10, *ff. de probat.*

CCCXCVII. *Cessionnaire.*
CCCXCVIII. *Prescription dans trente ans.*
CCCXCIX. *Mineurs & pupilles.*
CD. Quid ? *des lods en prorogation légale.*
CDI. *En prorogation volontaire.*

C C C X C I I.

Eloignement du rachat.

La clause portant que le vendeur ne pourra racheter que dans un certain tems, est nulle & réprouvée (*a*) ; ce qui dérive de la faveur attachée au rachat d'un bien dont on ne s'est dépouillé qu'à regret.

C C C X C I I I.

Prorogation légale à Paris.

1°. L'ancienne Jurisprudence du Parlement de Paris n'accordoit point de prorogation légale au pacte de rachat, selon les Arrêts de 1608 & 1645, rapportés par Brodeau (*b*) ; hors le cas d'une vexation visible, ou d'une lésion énorme, comme dans l'Arrêt de Décembre 1597, qui fut rendu pour certaines confidérations (*c*).

Mais des Arrêts de 1650 & 1651 ont prorogé à trente ans la faculté conventionnelle & limitée du rachat (*d*).

2°. Toutefois à l'échéance du terme convenu le vendeur peut faire prononcer un jugement de déchéance ; auquel cas la faculté n'est pas prorogée, suivant les susdits Arrêts de 1650 & de 1651 (*e*), quoiqu'une interpellation ne suffise pas pour empêcher la prorogation légale, quand même le Juge auroit accordé plusieurs délais, suivant le susdit Arrêt de 1650 (*f*).

(*a*) Catellan, liv. 5, ch. 5. Boutaric, Instit. *tit. de empt. vendit.* §. 5.

(*b*) Brodeau, lettre V, somm. 12, n°. 10.

(*c*) Peleus, liv. 4, action. 49.

(*d*) Brodeau, lettre V, somm. 12, n°. 11. Lalande, sur la Coutume d'Orléans, art. 269, n°. 4.

(*e*) Brodeau & Lalande, *ibidem.*

(*f*) Brodeau, lettre V, somm. 12, n°. 11.

CCCXCIV.

Les principes moraux qui conftituent les droits & les devoirs *Droit Romain; Dijon & Bordeaux.* refpectifs des Citoyens, forment, dans l'ordre des vérités éter- nelles, une chaîne de maximes & de conféquences dont l'efprit philofophique peut fuivre le fil : c'eft ce qu'avoient fait les Jurif- confultes Romains ; & de là vient la prééminence de leurs Loix civiles, fur celles de tous les peuples de l'univers.

Or, les Loix Romaines n'accordent point de prorogation lé- gale, mais elles s'en tiennent littéralement au marché (*g*) ; ce qui fournit un grand préjugé contre cette prorogation ; d'autant mieux qu'en accordant au vendeur une faveur déplacée, on pré- pare des armes contre lui, par la méfiance qu'on donne à l'ache- teur : de là vient qu'on voit fi peu de ventes à pacte de rachat parmi nous.

Auffi l'illuftre & profond Préfident Bouhier s'éleve-t-il avec force contre ces prorogations, & il rapporte des Arrêts du Par- lement de Dijon, conformes à fon avis (*h*).

Le Parlement de Bordeaux n'en admet pas non plus, fuivant un Arrêt du 10 Juillet 1655 (*i*) ; & Bretonnier & Guyot les con- damnent, comme contraires au marché (*k*) & à l'obligation que s'impofe chaque Partie, de l'exécuter de bonne foi : *quid enim tam congruum fidei humanæ quam ea quæ inter eos placuerunt fer- vare* (*l*) : l'intérêt public s'oppofe d'ailleurs à cette prorogation, pareils biens étant dans un état précaire, & pour ainfi dire fans maître durant trente ans.

CCCXCV.

L'ancienne & la nouvelle Jurifprudence du Parlement de Tou- *Parlement de Toulouse.*

(*g*) L. 2 & 7, *Cod. de pactis inter empt.*
(*h*) Préfident Bouhier, ch. 77, nᵒ. 9--104.
(*i*) Lapeyrere, lettre R , nᵒ. 13.
(*k*) Bretonnier, fur Henrys, liv. 3 , queft. 55. Nouvelles obfervations, p. 17 & 18. Guyot, des lods, ch. 4, fect. 5 , nᵒ. 11.
(*l*) L. 1 , *ff. de pactis.*

loufe proroge à trente ans le délai du rachat conventionnel (*m*), quand même la faculté auroit été ftipulée dans un acte féparé (*n*).

CCCXCVI.

En dot.   1°. Mais fi l'on a donné un bien à titre de dot, avec faculté de le retirer pour une certaine fomme dans un an, le pacte doit être rigoureufement obfervé : telle eft la décifion de Dumoulin (*o*), confirmée par un Arrêt du 13 Mai 1715 (*p*). En effet, le mari qui reçoit la dot eft plus favorable qu'un acheteur, & l'on ne doit pas tirer à conféquence une prorogation contraire aux principes du droit (*q*).

2°. A mon avis, un légitimaire affujetti à cette faculté par la dation en paiement de fa légitime, doit jouir de la même faveur.

CCCXCVII.

Ceffionnaire.   Le ceffionnaire du vendeur doit jouir de la même prérogative (*r*), puifqu'il eft fubrogé à fon droit.

CCCXCVIII.

Prefcription dans trente ans.   1°. Mais la faculté de rachat, même indéfinie, eft prefcriptible dans trente ans, nonobftant toute claufe d'imprefcriptibilité ; parce que c'eft le terme ordinaire des prefcriptions (*s*), & que nul ne peut, par des arrangemens privés, intervertir l'ordre établi pour le bien public (*t*) : telle eft la décifion unanime des

---

(*m*) Maynard, liv. 4, ch. 39, à la fin. Catellan, liv. 3, ch. 7 & 32 ; & liv. 7, ch. 3. Nouveau Journal du Palais, tome 6, Arrêt 310.

(*n*) Catellan, liv. 7, ch. 3. Boutaric, Inftit. *tit. de emptione venditione*, § 4.

(*o*) Dumoulin, *in tractatu contractuum ufurar. queft.* 52, n°. 372, *in fine.*

(*p*) Recueil de Jurifprudence de Lacombe, *verbo*, Faculté de rachat, n°. 4.

(*q*) L. 14 & 39, *ff. de legibus.* L. 141, *ff. de Regul. Juris.*

(*r*) Potier, de la vente, n°. 439.

(*s*) L. 3, *Cod. de prefcript. triginta vel quadraginta ann.*

(*t*) L. 38, *ff. de pactis.*

Auteurs

Auteurs (*v*), confirmée par des Arrêts des 15 Décembre 1582 (*x*), 28 Août 1599 (*y*), & 14 Août 1631 (*z*), bien entendu que ces trente ans courent du jour de la vente qui contient cette réfervation (*a*) : conféquemment la prorogation légale ne peut durer plus de trente ans, à compter du fufdit jour.

2°. Nous obfervons, d'après Dargentré, que les facultés qui dérivent du droit public, du droit naturel, ou de l'effence des contrats, font imprefcriptibles (*b*); au lieu que le pacte de rachat donne, non une faculté proprement dite, mais un droit réfultant d'un engagement privé ; c'eft pour cela que ce droit fe perd par la prefcription de trente ans (*c*) : ce font les facultés imprefcriptibles dont nos Auteurs difent *fas eft*, *jus non eft* ; au lieu que les actions réfultant d'un contrat font des droits, proprement dits, *jura* ; conféquemment prefcriptibles.

3°. M. de Catellan a prétendu, au refte, qu'il ne fuffifoit pas d'avoir intenté l'action dans les trente ans, fi l'on n'avoit configné dans le même délai ; & il cite un Arrêt du 27 Juin 1662, en faveur de fon avis (*d*) ; mais Vedel rapporte un Arrêt contraire de 1721 (*e*) ; & c'eft à celui-ci qu'il faut s'en tenir, puifqu'il eft trivial que la prefcription eft interrompue par une affignation.

CCCXCIX.

La prefcription de trente ans ne court pas contre les pupilles, *Mineurs & pupilles.*

(*v*) Loifel, liv. 5, tit. 3, reg. 8. Potier, de la vente, n°. 433. Maynard, liv. 4, ch. 53. Faber, liv. 7, tit. 13, définit. 11.

(*x*) Lalande, fur la Coutume d'Orléans, art. 269, n°. 5.

(*y*) Ferriere, fur la queft. 46 du Préfident Duranti.

(*z*) Cambolas, liv. 6, ch. 24.

(*a*) Potier, de la vente, n°. 437.

(*b*) Dargentré, confultation 2, n°. 3, 4, 5, 6. Potier, de la vente, n°. 391. Boiffieu, ch. 94, p. 355, 356. Regles de Livoniere, tit. de la prefcription, n°. 47. Dunod, des prefcriptions, part. 1, ch. 8, p. 50 & 51.

(*c*) Dargentré, Boiffieu, & Dunod, *ibidem*. Papon, liv. 12, tit. 3, Arrêt 11.

(*d*) Catellan, liv. 7, ch. 3.

(*e*) Vedel, liv. 7, ch. 3.

& les mineurs en font relevés dans les pays où la prorogation légale a été fubrogée à la conventionnelle (*f*).

Mais dans les pays où l'on n'admet pas de prorogation légale, la prefcription conventionnelle court contre les pupilles & contre les mineurs ; parce que la furvenance d'une minorité ne peut aggraver l'obligation de l'acheteur (*g*), conformément aux Arrêts des 5 Mars 1537, & premier Avril 1597 (*h*) : conféquemment, fi l'on a ftipulé la faculté de rachat pour trente ans, la prefcription trentenaire eft conventionnelle : elle court donc utilement contre les pupilles & contre les mineurs (*i*).

C D.

Quid ? des lods en prorogation légale.

1º. Si le rachat eft exercé dans le tems de la prorogation légale, il ne donne pas ouverture aux lods ; parce que là Jurifprudence fupplée cette prorogation par une fiction de droit, comme inhérente au contrat (*k*) ; autrement fon exercice feroit vifiblement injufte & contraire à la convention. M. de Catellan rapporte un Arrêt de 1694, qui prononce l'exemption (*l*).

2º. Il en eft de même dans le cas où la prorogation légale eft prolongée encore par la minorité, fuivant un Arrêt de Juin 1585 (*m*) ; parce que l'interruption qui dérive de la Loi dans le cas où elle peut avoir lieu, arrête le cours de la prefcription, & proroge le délai du rachat en faveur du pupille ou du mineur.

C D I.

En prorogation conventionnelle.

1º. La prorogation conventionelle ne peut avoir lieu dans les

---

(*f*) Potier, de la vente, nº. 438. Faber, liv. 7, tit. 13, définit. 3. Coutume d'Orléans, art. 269.

(*g*) *Argum. L. 2, Cod. fi adverfus vendit. pignor.* Coquille, fur la Coutume de Nivernois, ch. 14, art. 23. Faber, liv 7, tit. 13, définit. 3.

(*h*) Brodeau, lettre P. fomm. 36, nº. 3.

(*i*) Potier, de la vente, nº. 435.

(*k*) Livoniere, liv. 3, ch. 4, fect. 3, p. 163.

(*l*) Catellan, liv. 3, ch. 32.

(*m*) Chopin, fur la Coutume d'Anjou, liv. 2, tit. des lods & ventes, nº. 4.

pays où la Jurifprudence étend la faculté de rachat, & où elle la
proroge de plein droit; parce que la preſcription trentenaire étant
le terme ordinaire des actions, il n'eſt pas poſſible de proroger
celle-ci au-delà de ce terme, comme nous l'avons prouvé au
n°. 398.

2°. Mais dans les pays où l'on n'admet point de prorogation
légale, l'exercice du rachat, en vertu de la prorogation conventionnelle, donne eſſentiellement ouverture aux lods; & telle eſt
l'opinion de Dargentré (*); parce que les changemens faits par
les Parties à un premier traité, ne peuvent nuire au droit acquis
à de tierces perſonnes en vertu de ce même traité, ſelon la
Loi (n); ou, comme dit une autre Loi, la colluſion ni la négligence d'une Partie ne peuvent préjudicier au droit d'un tiers (o):
cette raiſon nous paroît déciſive; elle tranche les diſtinctions in-
diquées par Dumoulin, Tiraqueau, Bretonnier, & Guyot (p).
Et comment une prorogation conventionnelle poſtérieure pour-
roit-elle affranchir des droits le rachat fait en conſéquence, puiſqu'une faculté de rachat, accordée le lendemain de la vente, ne le
peut pas, ſuivant les principes du n°. 390?

3°. Il réſulte de ce deſſus, l'inconvénient que dans les pays où
l'on n'admet point de prorogation légale, & où l'on peut vendre
pour 9 ans, avec exemption des lods, la repriſe faite dans ce délai
en vertu d'une prorogation conventionnelle, ſera ſujette aux lods,
tandis que la vente ne l'aura pas été; mais l'exemption de la vente
eſt contraire à la pureté des principes, comme nous l'avons
prouvé aux n°. 369 & 382. Or, un droit ſingulier, & contraire
à l'analogie des regles, ne doit pas tirer à conſéquence dans d'autres cas (q) : de là vient que le relief court ſur la tête de cet ac-

____

(*) Dargentré, ſur la Coutume de Bretagne, art. 64, n°. 11.
(n) L. 63, ff. de jure dotium & Gotoph. ibid.
(o) L. 9, ff. de liberali cauſâ.
(p) Dumoulin, ſur la Coutume de Paris, §. 41, hodiè 51, Gl. 2, n°. 38, 39,
& §. 55, Gl. 1, hodiè 78, n°. 62 & 63. Tiraqueau, du retrait conventionnel,
§. 1, Gl. 7, n°. 24 & 25. Bretonnier, ſur Henrys, liv. 3, queſt. 55. Nouvelles
obſervations. Guyot, des lods, ch. 4, ſect. 5, n°. 10.
(q) L. 14, ff. de legib. L. 141, ff. de regul. Juris.

quéreur, comme il eſt prouvé au n°. 404 : enſorte qu'il eſt ſujet au relief, quoiqu'il ait joui de l'exemption des lods.

4°. D'ailleurs les bons Auteurs conviennent, & il eſt évident que quoique le terme primitif avec la prorogation n'excedent pas neuf ans, ſi elle eſt accordée après l'échéance du ſuſdit terme, les lods ſont dûs du rachat fait dans les neuf ans, en conſéquence de cette prorogation ; parce que l'on n'a pu proroger une faculté qui n'exiſtoit plus (r). Or, en ce cas les lods ſont dûs du rachat, quoique la vente en ait été exempte, puiſqu'elle n'a pas duré neuf ans (s) : ainſi l'inconvénient eſt le même, parce que l'exemption eſt fondée ſur un droit ſingulier.

5°. A plus forte raiſon l'exercice du rachat, en vertu de la prorogation, donne-t-il ouverture aux lods ſi cette prorogation a été accordée à prix d'argent (t). Il ſeroit fort ſingulier en effet que le vendeur pût affranchir des lods le rachat dont l'exercice feroit le fruit d'une prorogation qu'il auroit acquiſe argent comptant, tandis que ce rachat ne ſeroit plus la réſolution de la premiere vente, moyennant la reſtitution du prix & des loyaux-coûts, & que le vendeur auroit payé encore le prix de la prorogation.

SECTION VII.

DES ceſſion, donation, ou amortiſſement de la faculté de rachat, & des mutations du côté de l'acheteur.

CDII. Amortiſſement de la faculté.
CDIII. Donataire de la faculté.
CDIV. Mutations du côté de l'acheteur.
CDV. Revente de ſa part.
CDVI. Ceſſionnaire de la faculté.

(r) Dumoulin, ſur la Coutume de Paris, §. 41, *hodiè* 51, Gl. 2, n°. 38 ; & §. 55, *hodiè* 78, n°. 62 & 63. Tiraqueau, du retrait conventionnel, §. 1, Gl. 7, n°. 24 & 25. Dargentré, ſur celle de Bretagne, art. 64, n°. 11.

(s) *Suprà* n°. 382.

(t) Dumoulin, ſur la Coutume de Paris, §. 23, *hodiè* 33, Gl. 2, n°. 52. Dargentré, *de laudimiis, cap.* 1, §. 13.

C D I I.

1°. L'amortissement fait à prix d'argent de la faculté de ra- *Amortissement de la faculté.*
chat est le complément du prix de la vente, qui devient incom-
mutable du jour de ce traité ; conséquemment les lods sont dûs
à concurrence de ce complément, comme du surplus (*v*). Charondas cite un Arrêt conforme de la Noël 1554 (*x*) ; & M. de
Catellan en rapporte un autre du 11 Mai 1652 (*y*).

2°. L'Arrêt de 1554 fait courir les lods de ce complément du
jour du second contrat ; & M. Maynard cite trois Arrêts conformes des 5 Janvier 1563, 14 Juillet 1582, & 30 Octobre
1576 (*z*) : mais Guyot a très-justement fondé cet avis (*a*) ; parce
qu'en partant des principes du Droit Romain, que nous avons
développés aux nᵒˢ. 220 & 369, les changemens faits à la vente
lorsque les choses ne sont plus entieres, se referent à cette vente,
consommée par l'exécution totale ou partielle d'une des Parties,
& sont censé en faire partie : enforte que les lods du supplément
sont dûs du jour de cette vente.

Si cependant les choses étoient encore entieres lors de l'amortissement de la faculté, ce n'est que du jour de la date de cet
amortissement que les lods de la vente & du supplément auroient
été dûs ; & c'est d'après cette distinction, fondée sur les textes du
Droit, qu'on doit fixer l'époque des lods, du prix & du supplément. [*Suprà* nᵒ. 220 & 369].

3°. Ce n'est pas non plus le cas de dire qu'il y a autant de
ventes que de prix (*b*), & d'adjuger les lods de chaque traité du
jour de sa date ; parce que l'extinction de la faculté de rachat
n'est pas une seconde vente, mais la confirmation de la premiere,
& qu'elle est d'ailleurs par elle-même exempte de lods, comme

---

(*v*) Dargentré, *de laudimiis, cap.* 1, §. 16. Livoniere, liv. 3, ch. 4, sect. 3,
p. 165.
(*x*) Charondas, observations du Droit François, *verbo,* Droits.
(*y*) Catellan, liv. 3, ch. 18.
(*z*) Maynard, liv. 6, ch. 28.
(*a*) Guyot, des lods, ch. 4, sect. 5, nᵒ. 11, à la fin.
(*b*) L. 29, *ff. de verb. obligat.*

toute vente d'actions. Nous avons traité des questions paralleles aux nᵒˢ. 807, 809, 810, 811, & suivans.

CDIII.

Donataire de la faculté. 1°. Si la faculté de rachat est exercée par le donataire de cette faculté, ce rachat est un contrat mixte, qui tient de la nature du don à concurrence de la moins value du bien vendu sous cette faculté, & de la nature de la vente à concurrence de ce qu'il en coûte au donataire pour le racheter ; conséquemment il est sujet aux lods, puisque ce n'est pas, à son égard, la résolution de la premiere vente, mais une revente faite en conséquence de la faculté (*c*) : ce rachat est pareillement sujet au retrait (*d*).

Ainsi le donataire doit les lods de l'entier prix du rachat, c'est-à-dire, de tout ce qu'il a compté à l'acheteur pour l'indemniser tant du paiement du prix, que du montant des loyaux-coûts ; puisque c'est cette somme totale qui forme le prix de son achat.

2°. M. de Catellan rapporte un Arrêt de 1694, qui décharge des lods l'exercice fait par le donataire de la faculté de rachat ; parce, dit-il, que le cessionnaire représente le cédant (*e*) ; mais le rachat fait par le cessionnaire ne sauroit être, à son égard, la résolution de la premiere vente, qui lui est étrangere ; c'est donc une revente qui dérive de la cession : d'ailleurs, l'argument de M. de Catellan prouveroit que l'acheteur de la faculté de rachat seroit exempt de lods en exerçant cette faculté ; erreur qui sera réfutée au nᵒ. 406.

3°. Il n'y a qu'un cas où le donataire de la faculté seroit exempt de lods ; c'est celui de la donation faite de cette faculté au fils ou à l'héritier présomptif du vendeur (*f*) ; parce que chacun peut contracter pour soi ou pour son héritier (*g*), & que le pere & le

____

(*c*) Dumoulin, sur la Coutume de Paris, §. 55, Gl. 1, *hodiè* 78, nᵒ. 132 & 133. Guyot, des lods, ch. 4, sect. 5, nᵛ. 11.
(*d*) Potier, du retrait, nᵒ. 38.
(*e*) Catellan, liv. 3, ch. 32.
(*f*) Dargentré, *de laudimiis, cap.* 1, §. 11.
(*g*) L. 10, *ff. de pactis dotalib.* L. 38, §. 14, *ff. de verb. obligat.*

fils ne font qu'un (*h*); c'eſt à cette hypotheſe que doit être borné l'Arrêt de M. de Catellan : on entend par héritier préſomptif, celui que des prédilections marquées déſignent comme tel (*).

4°. Dumoulin a prétendu encore que ſi le donataire étoit un collatéral du vendeur, il feroit ſujet au relief à concurrence du don, à moins que le bien eût été vendu ſa juſte valeur (*i*); mais nous prouverons au n°. ſuivant qu'il ne peut, en aucun cas, être ſujet au relief.

C D I V.

1°. Dans les pays où le Vaſſal peut aliéner pour neuf ans avec exemption de lods, ſi avant les neuf ans de la faculté le fief eſt ouvert, par exemple, par la mort de l'acheteur, ou par toute autre mutation à titre gratuit du chef dudit acheteur, ou des ſiens, en ce cas le relief ou l'acapte ſont dûs, de leur chef, à raiſon de cette mutation, ſelon tous les Auteurs (*k*) : la raiſon en eſt évidente; c'eſt que le relief étant une portion des fruits, il ne peut être dû que par le poſſeſſeur du fief, qui perçoit ces fruits ; d'autant mieux qu'en admettant le contraire, l'action du Seigneur feroit vaine & ſans effet, puiſqu'il ne pourroit aſſeoir ſa main ſur ſon fief (*l*).

Ainſi, quoique ce poſſeſſeur ſoit exempt de lods dans certains pays, par un privilege ſingulier & contraire aux principes du droit (*m*), il n'eſt pas moins ſujet au relief ou à l'acapte, à raiſon des mutations ſurvenues de ſon chef, quand même ſa poſſeſſion ne dureroit que neuf ans ; parce qu'il n'y eſt pas ſimplement ſujet comme poſſeſſeur, mais comme propriétaire, en vertu d'une

Mutations du côté de l'acheteur.

[*h*] L. *finali, Cod. de impubl. & aliis ſubſtit.*

[*] Rodier, ſur l'Ordonnance de 1667, tit. 24, art. 10, queſt. 7. L'Ordonnance de Blois, art. 122, dit *préſomptifs ou apparans héritiers.*

[*i*] Dumoulin, ſur la Coutume de Paris, §. 55, Gl. 1, *hodiè* 78, n°. 132 & 133.

[*k*] Dumoulin, ſur la Coutume de Paris, §. 22, *hodiè* 33, Gl. 1, n°. 115, 116, 117. Dargentré, ſur celle de Bretagne, art. 64, n°. 7. Bretonnier, liv. 3, queſt. 55; nouvelles obſervations.

[*l*] *Suprà* n°. 100 & 101.

[*m*] *Suprà* n°. 379, 382.

vente parfaite, quoique réfoluble ; vérité qui fera confirmée par le contenu au n°. fuivant : enforte qu'il eft vaffal & fujet au relief fans avoir payé les lods de fon acquifition.

2°. Il réfulte de ce deffus que fi le vendeur donne la faculté de rachat, ce don ne peut être fujet au relief, dont la charge & l'expectative court fur la tête de l'acheteur propriétaire, & non fur celle du vendeur, qui n'a qu'une action fur le fief ; parce que le Seigneur ne peut jouir de l'expectative de fes droits cumulativement fur le vendeur & fur l'acheteur (n).

C D V.

Revente de fa part.

1°. Mais fi cet acheteur, dans le cas & dans les pays où il jouit de l'exemption des lods, revend dans les neuf ans l'héritage fujet à la faculté de rachat, on demande fi cette vente eft ou n'eft pas fujette aux lods ?

Il paroît qu'elle doit l'être, en partant des principes du n°. précédent & de l'analogie des lods au relief : il eft vrai que la Jurifprudence de ces pays exempte des lods une vente à pacte de rachat pour neuf ans ; mais elle n'en affranchit pas une revente ; & l'exemption de la premiere étant contraire à la raifon du droit, elle ne doit pas tirer à conféquence, felon la Loi (o).

2°. A plus forte raifon cette revente eft-elle fujette aux lods, fi la vente à pacte de rachat a donné ouverture auxdits lods, ou parce qu'elle excede neuf ans, ou parce que la Jurifprudence y affujettit toute vente à faculté de rachat.

3°. On peut oppofer que cette revente eft fouvent temporaire ; mais la vente même à tems eft fujette aux lods lorfqu'elle porte fur la propriété ; témoin la vente à pacte de rachat, qui, de droit commun, eft fujette à cette charge ; parce que l'affujettiffement aux lods court fur la tête du propriétaire, & non fur celui qui a

---

[n] Dumoulin, fur la Coutume de Paris, §. 22, *hodiè* 33, Gl. 1, n°. 149, 150, 151 ; & §. 55, Gl. 3, *hodiè* 78, n°. 14, *fusè infrà* n°. 406.
[o] L. 14, *ff. de legib.* L. 141, *ff. de regul. juris.*

action

action pour le devenir (*p*) : de là vient que la vente d'actions en eſt exempte de droit.

4°. Au reſte, ſi le rachat eſt exercé ſur le ſecond acquéreur, il lui eſt dû le même rembourſement qu'à ſon auteur, dont il exerce les droits, quand même le prix de ſon achat ſeroit moindre, ſuivant un Arrêt rendu le 13 Juin 1693, en matiere de rabattement (*q*) ; mais il ne lui eſt rien dû au-delà, puiſque le rachat s'exerce ſur la vente de ſon auteur, & non ſur la ſienne.

C D V I.

1°. La ſimple vente de la faculté de rachat eſt une vente d'actions, conſéquemment exempte des lods (*r*) ; & ſi elle eſt faite à deux, le premier occupant l'emporte, quoique dernier ceſſionnaire, conformément au Droit Romain (*s*), & à un Arrêt de la Pentecôte de 1594 (*t*). *Ceſſionnaire de la faculté.*

2°. Mais ſi l'acquéreur de la faculté rachete, il eſt bien certain qu'il doit les lods du rachat ſur le pied de ce qu'il compte à l'acquéreur à pacte de rachat, puiſque c'eſt cette ſomme qui eſt le prix de l'acquiſition faite par ce ceſſionnaire de la faculté.

3°. Nous diſons qu'il doit les lods du rachat, puiſque ce n'eſt pas, à ſon égard, la réſolution de la premiere vente, qui lui eſt étrangere, mais une revente forcée en vertu de ſa ceſſion (*v*). Un Arrêt du 6 Mai 1608 a prononcé en conformité (*x*).

[*p*] Dumoulin, ſur la Coutume de Paris, §. 22, *hodiè* 33, Gl. 1, n°. 117. Guyot, des lods, ch. 7, n°. 5. *Junge ſuprà* n°. *bis* 201.

[*q*] Nouveau Journal du Palais, tome 1, Arrêt 144.

[*r*] Dumoulin, ſur la Coutume de Paris, §. 55, Gl. 1, *hodiè* 78, n°. 128---131. Dargentré, ſur celle de Bretagne, art. 59, note 3, n°. 5, & art. 64, n°. 6 & 10.

[*s*] L. 15, *Cod. de rei vendicat.*

[*t*] Charondas, liv. 3, rép. 6.

[*v*] Faber, liv. 4, tit. 43, définit. 60. Chopin, ſur la Coutume d'Anjou, liv. 2, tit. des lods & ventes, n°. 4. Dumoulin, ſur la Coutume de Paris, §. 55, Gl. 1, *hodiè* 78, n°. 60 ; & note ſur l'art. 178 de la Coutume du Maine. Dargentré, ſur celle de Bretagne, art. 64, n°. 10 ; & *de laudimiis*, cap. 1, §. 15. Livoniere, liv. 3, ch. 4, ſect. 3, p. 164 & 165.

[*x*] Brodeau, ſur Louet, lettre V, ſomm. 12, n°. 7.

4°. Mais doit-il encorè les lods de l'achat de la faculté ? Dumoulin & Dargentré décident pour l'affirmative, non pas comme de deux ventes, mais comme d'une feule dont ces deux forment le prix total, & dès le jour du rachat (*y*), qui donne ouverture aux lods ; parce que c'eft fon titre de propriété.

Au contraire, Maynard, Papon & Charondas n'adjugent les lods au Seigneur que du prix de la ceffion feulement, & non de celui du rachat, & ils rapportent un Arrêt conforme du 14 Août 1546 (*z*).

Quant à nous il nous paroît que le ceffionnaire ne doit les lods qu'à concurrence de ce qu'il rembourfe à l'acheteur, tant à raifon du prix, que des loyaux-coûts, comme nous l'avons dit, *fuprà* n°. 403 ; mais qu'il ne doit rien du prix de la ceffion de la faculté.

Il doit les lods du prix du rachat, parce que ce prix eft celui de fon acquifition.

Mais il n'en doit point à raifon de l'achat de la faculté, parce que l'expectative des lods court fur la tête de l'acheteur, qui eft maître & vaffal, & non fur celle du vendeur, qui n'a qu'une action pour le devenir.

En un mot, le Seigneur ne peut avoir cette expectative que fur la tête du vendeur ou fur celle de l'acquéreur ; & ce feroit le comble de l'injuftice qu'il pût percevoir les lods des deux côtés (*a*).

Or, nous venons de prouver qu'il a l'expectative des lods & du relief en la perfonne de l'acheteur, fon vaffal : il ne peut donc revendiquer la même expectative du côté du vendeur, & prendre double droits fur l'acheteur, propriétaire & vaffal, & fur le vendeur, qui n'eft ni l'un ni l'autre.

5°. Il eft vrai que fi l'on exerce le retrait fur cet acquéreur, il faudra lui rembourfer même le prix & les loyaux-coûts de l'achat

---

(*y*) Dumoulin, fur la Coutume de Paris, §. 55, *hodiè* 78, Gl. 1, n°. 60. Dargentré, fur celle de Bretagne, art. 64, n°. 10.

(*z*) Maynard, liv. 4, ch. 38. Papon, liv. 13, tit. 2, Arrêt 23. Charondas, fur la Coutume de Paris, art. 76.

(*o*) *Suprà* n°. 100.

de la faculté ; mais cette obligation ne tire pas à conséquence
pour la fixation des lods ; parce qu'en fait de retrait il faut que
l'acquéreur fur lequel on l'exerce reçoive une pleine & entiere
indemnité ; au lieu que la fixation des lods fe fait par d'autres regles, comme on vient de le voir.

Section VIII.

De la faculté appofée pour un tiers, & de la claufe de préférence, ou retrait conventionnel.

CDVII. Appofée pour un tiers.
CDVIII. Claufe de préférence.
CDIX. Revente au vendeur.

CDVII.

Si la faculté de rachat eft appofée pour un tiers, & qu'il rachete, ce n'eft pas la réfolution de la premiere vente, mais la revente faite au tiers en vertu du pacte appofé au premier contrat ; conféquemment elle eft fujette aux lods (*b*) ; c'eft-à-dire, qu'ils feront fixés fur l'entier prix de l'exercice du rachat, en y comprenant les loyaux-coûts qu'il rembourfe, puifque ce prix total eft celui de la vente à fon égard.

Si toutefois la faculté de rachat eft appofée pour un enfant, ou pour l'héritier préfomptif du vendeur, ils font exempts de lods (*c*) : favoir, l'héritier préfomptif, parce que chacun peut traiter pour foi & pour fon héritier (*d*) ; & l'enfant, parce que le pere & le fils ne font qu'un (*e*). Nous avons expliqué au n°. 403 ce qui caractérife l'héritier préfomptif.

Appofée pour un tiers.

(*b*) Dumoulin, fur la Coutume de Paris, §. 55, Gl. 1, *hodiè* 78, n°. 59, 60, 61. Dargentré, fur celle de Bretagne, art. 64, n°. 10 ; & *de laudimiis*, *cap.* 1, §. 11.
(*c*) Dargentré, *de laudimiis, cap.* 1, §. 11.
(*d*) L. 10, *ff. de pactis dotalib.* L. 38, §. 14, *ff. de verb. obligat.*
[*e*] L. *ult. Cod. de impub. & aliis fubftit.*

CDVIII.

Clauſe de préfé- rence.

.La vente faite avec clauſe qu'en cas de revente le premier vendeur ſera préféré, étant une vente pure, avec la faculté d'un retrait conventionnel ; ce retrait, s'il a lieu, n'emporte pas la réſolution de la premiere vente, mais l'exercice d'un droit réſervé par le vendeur ; & cet exercice donne ouverture à de nouveaux droits, puiſque c'eſt une ſeconde vente qui peut être faite à un prix différent (f), & qu'il n'éteint pas les hypotheques des créanciers de l'acheteur.

Au reſte, cette clauſe n'eſt pas ſuſceptible de prorogation légale, mais elle donne au vendeur la préférence ſur le Seigneur qui voudroit retraire, & ſur les lignagers (g) ; puiſqu'en recevant les lods de cette vente, le Seigneur a approuvé la réſervation du retrait conventionnel ; & qu'à l'égard des lignagers, le vendeur lui-même, ou ſes héritiers, doivent leur être viſiblement préférés : en un mot, l'ancien poſſeſſeur inveſti eſt préférable au Seigneur comme à ſes lignagers, puiſqu'il n'a conſenti à la vente qu'à cette condition, & qu'il rentre en vertu d'une clauſe inhérente au bail de ſon bien.

CDIX.

Revente au ven- deur.

La revente volontairement faite au vendeur eſt ſujette aux lods & au retrait ſeigneurial, comme ſi elle étoit faite à un tiers ; & rien ne peut l'exempter de cette ſeconde obligation, conformément à des Arrêts des 28 Avril 1584, & 23 Décembre 1585 (h).

---

[f] Dumoulin, ſur la Coutume de Paris, §. 22, *hodiè* 33, Gl. 1, n°. 18.

[g] Loiſel, liv. 3, tit. 5, regl. 4. Potier, du retrait, n°. 542, 544, 576. Dumoulin, ſur la Coutume de Paris, §. 23, *hodiè* 33, Gl. 2, n°. 53. Livoniere, liv. 5, ch. 1, ſect. 4, p. 417. *Paſtor, de feudis, lib.* 6, *tit.* 6.

[h] Supplément d'Henrys, liv. 1, ch. 12, n°. 25.

CHAPITRE XII.

Des Tranfaćtions.

CDX. Définition & faveur.
CDXI. Parallele avec les jugemens.
CDXII. Prix du repos.
CDXIII. Pieces recouvrées ou fauſſes.
CDXIV. Garantie, quand dûe.
CDXV. Sans changement de main.
CDXVI Ampliation.
CDXVII. Colluſion & fraude.
CDXVIII. Exemples.
CDXIX. Autre exemple:
CDXX. Changement de main.
CDXXI. Limitations.
CDXXII. Avec un prétendant droit.

Vide plurà n°. 707, & ſuivans.

C D X.

1°. La tranfaćtion eſt un traité dont l'objet eſt celui de ter- *Définition & fa-*
miner un Procès commencé, ou de prévenir un Procès à venir (*i*). *veur.*

2°. Conféquemment l'intérêt & le repos des familles ſe réuniſſent pour les favoriſer, & l'on ne doit pas facilement permettre
aux Seigneurs de remettre en queſtion des conteſtations terminées
par une tranſaćtion (*k*).

[*i*] *L. ult. Cod. de tranſaćt.*
[*k*] Guyot, des lods, ch. 10, n°. 10, ſur la faveur des tranſaćtions. *Vide*
LL. 19, 28, 29, 33, & 43, *Cod. de tranſaćt.*

CDXI.

1°. Elles font plus favorables que les jugemens, felon Papon ; parce qu'elles font libres & volontaires ; au lieu que l'obéiffance aux jugemens eft forcée. (*l*).

Au lieu que, felon Dumoulin, les jugemens contradictoires ont plus d'autorité, parce qu'ils font l'ouvrage des Tribunaux, dépofitaires de la puiffance publique, & du pouvoir fouverain (*m*).

Mais cette préférence dépend du point de vue fous lequel on voit ces deux objets.

Confidérées du côté de l'intérêt des Parties contractantes, les tranfactions font plus favorables, puifqu'elles font le fruit d'un confentement libre & volontaire ; au lieu que la prévention & l'erreur peuvent avoir dicté les jugemens ; mais en les envifageant du côté de l'intérêt d'un tiers, l'autorité des jugemens eft, à tous égards, fupérieure ; parce qu'il eft auffi facile aux Parties de traiter en fraude des droits d'autrui, qu'il leur eft difficile d'engager les Tribunaux à s'y prêter. 2°. Il s'agit ici des jugemens contradictoires ; car à l'égard des jugemens volontaires, ou de ceux qui font rendus par défaut, nous en parlerons aux numeros 709 & 710 de ce Traité.

CDXII.

L'acquifition du repos des familles, & l'avantage de terminer des Procès font un motif légitime & fuffifant pour valider les facrifices qu'on fait uniquement dans cette intention : *& quidem quod tranfactionis nomine datur licet res nulla media fuerit non repetitur nam fi lis fuit hoc ipfum quod à lite difceditur caufa videtur effe (n).*

[*l*] Papon, liv. 19, tit. 9, Arrêt 2.

[*m*] Dumoulin, fur la Coutume de Paris, §. 22, *hodiè* 33, Gl. 1, n°. 68. Bretonnier, fur Henrys, liv. 3, queft. 73, nouvelles obfervations, page 132.

[*n*] L. 65, §. 1, *ff. de condict. indebiti.* Dumoulin, fur la Coutume de Paris, §. 22, *hodiè* 33, Gl. n°. 67.

CDXIII.

C'eſt la préſomption de ces ſacrifiees qui valide une tranſac- *Pieces recouvrĕɛ*
tion nonobſtant le recouvrement de nouvelles pieces (*o*) ; parce *ou fauſſes.*
que les Parties ſont cenſé avoir reſpectivement renoncé aux droits
qu'une recherche plus exacte auroit pu leur procurer.

Toutefois cette regle reçoit des exceptions ; 1°. s'il étoit
prouvé que ces pieces étoient détenues par le fait de la Partie
contraire, auquel cas on a contre elle l'action de dol dans le tems
de droit (*p*).

2°. S'il conſte que la tranſaction n'a été fondée que ſur l'erreur ;
par exemple, ſi l'on a traité ſur pieces fauſſes, & dont la fauſſeté
ait donné lieu au traité (*q*) ; ou ſi l'on a tranſigé ſur une hérédité,
& qu'on trouve enſuite un teſtamment ou un codicille ; parce que
les Parties ne ſont pas cenſé avoir renoncé au droit réſultant
d'une diſpoſition teſtamentaire qu'elles ne connoiſſent pas (*r*).

CDXIV.

Si la poſſeſſion d'une Partie eſt confirmée par une tranſaction *Garantie, quand*
ſur Procès, elle n'a aucune garantie à exercer en cas d'évic- *dûe.*
tion (*s*).

Mais elle eſt en droit de demander la garantie à raiſon des
fonds qu'on lui remet par cette voie ; parce que autre choſe eſt
d'abandonner à quelqu'un un fonds dont il jouit ; & autre choſe,
de lui remettre (*t*).

Cette diſtinction eſt lumineuſe relativement à la queſtion des
lods. Dans le ſecond cas la Loi regarde le traité comme une vente
ou un tranſport dont le bailleur eſt garant : dans le premier c'eſt
une renonciation pure & ſimple dont il ne garantit pas la validité.

[*o*] L. 19 , *Cod. de tranſactionibus.*
[*p*] L. 19 , *vers ſane , Cod. de tranſact.*
[*q*] L. 42 , *Cod. de tranſact.*
[*r*] L. 3 , § 1 ; & L. 12 , *ff. de tranſact.*
[*s*] L. 33 , *in fine , Cod. de tranſact.* ; & Mornac, ſur cette Loi.
[*t*] Mornac, *ad* L. 33 , *Cod. de tranſact.*

CDXV.

Sans changement de main.   La tranſaction eſt par elle-même exempte de lods, puiſque ſon objet n'eſt pas une aliénation, mais la terminaiſon d'un Procès [v] ; s'entend lorſqu'il n'y a point de changement de main ; parce qu'il n'y a point de tranſport de propriété ; & telle eſt la déciſion d'un Arrêt de Mars 1574 [x] ; d'autre Arrêt du 15 Mai 1607 [y] ; & de deux autres Arrêts des 30 Septembre 1589, & 17 Janvier 1623 [z] : cette vérité ſera confirmée encore par le contenu au n°. ſuivant.

CDXVI.

Ampliation.   Quand même elle contiendroit la clauſe de ceſſion, qui eſt du ſtyle des Notaires [a] ; quand même il y auroit de l'argent donné pour ſe redîmer d'un Procès, puiſque cette conſidération ſeule eſt un motif ſuffiſant pour valider ce ſacrifice [b] : & tel eſt l'avis unanime des Auteurs [c].

En effet, ſi la Partie qui donne de l'argent eſt évincée du bien dont le traité lui confirme la poſſeſſion, elle n'a aucune garantie à exercer contre la Partie contraire [d] : ce traité n'eſt donc pas réputé vente, puiſque la vente oblige de plein droit à la garantie le vendeur [e].

(v) Dumoulin, ſur la Coutume de Paris, §. 22, *hodiè* 33, Gl. 1, n°. 64, 67, 68. Dargentré, *de laudimiis, cap.* 1, §. 55. Ferriere, ſur Guy-Pape, queſt. 48. Livoniere, liv. 3, ch. 4, ſect. 7, p. 179.

(x) Laroche, des droits ſeigneuriaux, ch. 38, Arrêt. 3.

(y) Expilly, Arrêt 139.

(z) Brodeau, lettr. T. ſomm. 5, n°. 1, 2.

(a) Dumoulin, ſur la Coutume de Paris, §. 22, *hodiè* 33, Gl. 1, n°. 67 ; & §. 55, *hodiè* 78, Gl. 3, n°. 15, 16. Ferriere, ſur Guy-Pape, queſt. 48.

(b) L. 65, §. 1, *ff. de condict. indebiti.*

(c) Dumoulin, ſur la Coutume de Paris, §. 22, *hodiè* 33, Gl. 1, n°. 67 ; & §. 55, Gl. 3, *hodiè* 78, n°. 15 & 16. Louet & Brodeau, lettre T, ſomm. 5 ; Arrêt dans Expilly ; Arrêt 139. Graverol, droits ſeigneuriaux, ch. 38, Arrêt 3. Livoniere, liv. 3, ch. 4, ſect. 7, p. 179.

(d) L. 33, *in fine, Cod. de tranſact.* ; & Mornac, ſur cette Loi.

(e) L. 66, *ff. de contrah. emptione.* L. 11, §. 1, *ff. de action. empti.*

CDXVII.

C D X V I I.

La tranfaction étant un acte purement volontaire , qui peut
être paffé par collufion , & en fraude des droits du Seigneur , il
eft reçu à prouver cette collufion (*f*) ; parce que la perte ou la
confervation de fes droits ne doit pas dépendre de la bonne foi
des débiteurs, & de la tournure artificieufe d'un traité. déguifé
fous la forme d'une tranfaction (*g*).

Collufion &
fraude.

C D X V I I I.

1°. Par exemple elle eft fujette aux lods s'il eft prouvé que le
contendant qui renonce au profit du poffeffeur, à la demande en délaiffement de l'objet du litige, en étoit vraiment le maître (*h*) ; & la
queftion a été ainfi jugée par un Arrêt du 9 Septembre 1601 (*i*) ;
non pas que le Seigneur puiffe renouveller le Procès affoupi ;
mais il peut exiper des claufes de l'acte, qui prouvent la propriété
du contendant fufdit (*k*) : de même fi le poffeffeur confirmé par
la tranfaction n'avoit qu'une poffeffion violente ou précaire, il fera
fujet aux lods (*l*). En un mot, le Seigneur peut prouver fommai-
rement que celui qui renonce pour de l'argent étoit le maître ; &
cette preuve emporte l'affujettiffement aux lods de la part de l'acquéreur (*m*) : cette queftion a quelque rapport au contenu au n°.
577.

Exemples.

(*f*) L. 29 , §. 2 , *ff. de inoff. teftam. L.* 3 *,ff. de tranfact. L.* 1 , *Cod. eodem.*
L. 2 , *Cod. inter alios acta.*

(*g*) Dumoulin, fur la Coutume de Paris , §. 22, *hodiè* 33 , Gl. 1 , n°. 68 ;
& §. 55, *hodiè* 78 , Gl. 1 , n°. 28 , 29 , 30. Bretonnier, fur Henrys , liv. 3 ,
queft. 73 , nouvelles obfervations , p. 136.

(*h*) Dumoulin, fur la Coutume de Paris , §. 22, *hodiè* 33 , Gl. 1 , n°. 67. Laroche , des droits feigneuriaux , ch. 38 , Arrêt 3. Guyot , des lods , ch. 10 ,
n°. 4.

(*i*) Ferriere , fur Guy-Pape , queft. 48.

(*k*) Guyot , des lods , ch. 10 , n°. 4.

(*l*) Livoniere , liv. 3 , ch. 4 , fect. 7 , p. 179 , 180.

(*m*) Dumoulin , note fur l'art. 360 de la Coutume d'Anjou. Graverol , des
droits feigneuriaux , ch. 38 , Arrêt 3. Bretonnier , liv. 3 , queft. 73 , nouvelles
obfervations , p. 135. Defpeiffes , des droits feigneuriaux , tit. 4 , fect. 5 , part.
7 , n°. 38.

Tome I.   X x

CDXIX.

Autre exemple. Une autre preuve de la fraude, c'eſt la numération faite par le poſſeſſeur confirmé, d'une ſomme à peu près égale à la valeur de la choſe abandonnée ; parce qu'alors c'eſt une vraie vente dont les caractères ſont mis en évidence par cette égalité (*n*).

CDXX.

Changement de main. Si la tranſaction opere changement de main, & qu'il ſoit fait à prix d'argent, lods à concurrence (*o*).

En effet, en pareil cas celui qui remet le bien pour de l'argent eſt tenu à la garantie ſelon la Loi (*p*) ; parce qu'autre choſe eſt d'abandonner à quelqu'un un fonds dont il jouit ; & autre choſe, de le lui remettre : dans le premier cas il n'a aucune garantie à exercer, & dans le ſecond elle lui eſt dûe à concurrence de ce qu'il compte : il eſt donc, dans ce dernier cas, réputé acheteur en vertu de la regle qui veut que tout ceſſionnaire ſoit garanti (*q*).

Dumoulin & Ferriere rejettent cette poſition, quoique, ſelon eux, le Seigneur ſoit reçu à prouver la propriété de celui qui la tranſporte à prix d'argent (*r*) ; mais il eſt plus ſûr ſans doute de s'en tenir à ce qui réſulte des principes du Droit Romain, indépendamment de cette conſidération que le poſſeſſeur de mauvaiſe foi eſt tenu indéfiniment à la reſtitution des fruits, même le poſſeſſeur de bonne foi, du jour du trouble (*s*) ; d'où il réſulte que le

---

(*n*) Lapeyrere, lettre T, n°. 137. Mornac, *ad L.* 3, *Cod. de tranſact.* Livpniere, liv. 3, ch. 4, ſect. 7, p. 180. Porier, du retrait, n°. 111. Guyot, des lods, ch. 10, n°. 3, *in fine*, & n°. 4.

(*o*) Lapeyrere, lettre T, n°. 137. Expilly, Arrêt 139. Laroche & Graverol, des droits ſeigneuriaux, ch. 38, Arrêt 3. Guyot, des lods, ch. 10, n°. 5.

(*p*) Mornac, *ad L.* 33, *Cod. de tranſact. junctâ dictâ lege.*

(*q*) *Suprà* n°. 414, 415.

(*r*) Dumoulin, ſur la Coutume de Paris, §. 22, *hodie* 33, Gl. 1, n°. 67, 68. Ferriere, ſur Guy-Pape, queſt. 48. Bretonnier, ſur Henrys, liv. 3, queſt. 73, nouvelles obſervations, p. 135.

(*s*) *L.* 25, *in principio*, & §. 1, *ff. de uſuris.*

maître auroit dû recevoir cette reſtitution, bien loin de donner de l'argent pour rentrer dans ſon bien.

D'autant mieux qu'en comptant cet argent pour ſe faire remettre le bien en litige, on rend hommage au droit du poſſeſſeur qui nous en fait la remiſe, & l'on dépoſe contre ſa propre prétention : on s'eſt donc reconnu acquéreur & ſujet aux lods à concurrence (t) ; d'ailleurs on a la garantie à exercer en cas d'éviction, comme on vient de le voir : on eſt donc réputé acheteur.

La doctrine de Dumoulin & de Ferriere ne peut avoir lieu que dans un cas ; c'eſt celui où, à la vue des titres du nouveau poſſeſſeur, il paroîtroit évidemment qu'il étoit maître, & qu'il n'a compté de l'argent que pour ſe redîmer d'un Procès, auquel cas ce ſeroit aggraver l'injuſtice qu'il a ſoufferte de ie ſurcharger encore des lods. C'eſt ici le cas inverſe des deux numeros précédens.

C D X X I.

1°. Mais ſi quelqu'un a été dépoſſédé par violence, ou de voie *Limitations.* de fait, & qu'il ait intenté l'action dans l'an & jour, il eſt réputé poſſeſſeur ; conſéquemment il eſt exempt de lods, quoiqu'il ait donné quelqu'argent pour rentrer dans ſon bien, & ſe redîmer d'un Procès, parce qu'il n'y a nulle mutation de propriété ni de poſſeſſion (v).

2°. De même ſi, imputation faite de la reſtitution des fruits qui pouvoit lui être dûe, il a payé le montant d'améliorations, dont il a profité, & ſans fraude ; ce n'eſt pas un achat, & il ne doit pas les lods du montant des réparations faites ſur ſon propre bien.

C D X X I I.

1°. La tranſaction paſſée avec le prétendant droits ſur un bien, *Avec un preten-* & la numération d'argent qu'on lui fait pour acquérir ſon droit, *dant droits.*

(t) Livoniere, liv. 3, ch. 4, ſect. 7, p. 180. Guyot, des lods, ch. 10, n°. 5, *infrà* n°. 576.

(v) Livoniere, liv. 3, ch. 4, ſect. 7, p. 181. Sudre, ſur Boutaric, tit. des lods, §. 9, n°. 18.

& se rédimer d'un Procès, est exempte de lods, suivant un Arrêt du 17 Février 1605 (*x*); pareil Arrêt du 15 Mai 1607 (*y*); autre du 15 Mai 1565 (*z*); autre du 17 Juin 1569 (*a*); autre du dernier Février 1586, qui prononce l'exemption en faveur de l'acquéreur d'un droit de chasse & de lignerage sur un bien fonds dont il avoit payé les lods (*b*). La raison de ce dernier Arrêt est celle-ci : que l'extinction d'une servitude est exempte de lods (*c*). Il en est de même de l'extinction d'un usufruit sans fraude, comme nous l'avons dit au nᵒ. 176.

En un mot, tous les traités qui n'ont pas la propriété pour objet en sont exempts (*d*): telle est l'extinction d'une hypotheque sur les biens vendus, comme nous l'avons expliqué au nᵒ. 184.

2ᵒ. A l'égard de la ratification du maître, elle est exempte de lods, ou elle ne l'est pas, selon la distinction établie au nᵒ. 185.

CHAPITRE XIII.

DES différentes especes de ratification & du supplément du prix.

CDXXIII. En vente attaquée.
CDXXIV. En vente non attaquée.
CDXXV. De quel jour les lods ?
CDXXVI. En vente non exécutée.
CDXXVII. Vente par un étranger.
CDXXVIII. Par le Procureur fondé.

(*x*) Livoniere, liv. 3, ch. 4, sect. 7, p. 180, 181.
(*y*) Expilly, Arrêt 139.
(*z*) Charondas, liv. 7, rép. 111.
(*a*) Papon, liv. 13, tit. 2, Arrêt 35.
(*b*) Chopin, sur la Coutume d'Anjou, liv. 2, tit. des lods, nᵒ. 12.
(*c*) Dumoulin, sur la Coutume de Paris, §. 23, *hodiè* 33, Gl. 2, nᵒ. 41.
Livoniere, liv. 3, ch. 6, sect. 7, §. 6, p. 239. Guyot, des lods, ch. 2, nᵒ. 14.
(*d*) Dargentré, sur la Coutume de Bretagne, Arrêt 71, nᵒ. 5.

CDXXIX. En vente faite par un mineur.
*CDXXX. Du bien d'un pupille , ou dont l'aliénation
    eſt défendue.*
CDXXXI. Après la reſciſion par léſion.
CDXXXII. Après la caſſation prononcée.
CDXXXIII. Après l'éviction.

Autres ratifications, *voyez* les numeros 185 & 422.

C D X X I I I.

Si la vente eſt attaquée par léſion, ou autrement, & qu'on *En vente atta-*
compte une ſomme pour la faire ratifier, les lods ſont dûs tant à *quée.*
raiſon du prix, que du ſupplément qui en fait partie, & qui aſſure
la propriété de l'acheteur (*e*). Il en eſt de même d'une vente judiciaire attaquée par nullité, ſelon un Arrêt du 15 Mai 1563 (*f*).

Pareil Arrêt du 30 Octobre 1576 (*g*) ; autre du 14 Janvier
1564 (*h*), en ventes attaquées par d'autres moyens ; autre du 15
Mai 1565 (*i*) ; & autre du 17 Juin 1569 (*k*).

C D X X I V.

Si le ſupplément eſt compté volontairement par un pur motif *En vente non*
de délicateſſe & de bonne foi, quoique la vente ne ſoit ni ne *attaquée.*
puiſſe être attaquée, les lods du ſupplément ſont pareillement
dûs, puiſque ce ſupplément fait partie du prix dont l'augmentation a ſon principe dans la probité de l'acquéreur (*l*) ; à plus forte

---

(*e*) Loiſel, liv. 4, tit. 2, reg. 11. Dargentré, *de laudimiis, cap.* 1, §. 19 ;
& *cap.* 2 ; & ſur la Coutume de Bretagne, art. 71, n°. 5. Livoniere, liv. 3,
ch. 6, ſect. 1, p. 205.
(*f*) Charondas, liv. 7, rép. 111.
(*g*) Charondas, obſervations du Droit François, *verbo*, Lods.
(*h*) Supplément d'Henrys, liv. 1, ch. 12, n°. 11.
(*i*) Charondas, liv. 7, rép. 111.
(*k*) Papon, liv. 13, tit. 2, Arrêt 35.
(*l*) Dumoulin, ſur la Coutume de Paris, §. 55, Gl. 5, *hodiè* 78, n°. 2. Livoniere, liv. 3, ch. 1, p. 141, 142.

raïson ſi l'objet direct ou indirect du ſupplément eſt la confirmation & l'acquiſition de la validité de l'achat.

C D X X V.

De quel jour les
lods ?

1°. Mais on demande de quel jour ſont dûs les lods tant de la
vente que du ſupplément. Un Arrêt du 5 Janvier 1565, & un
autre du 30 Octobre 1576 adjugent les lods de chaque contrat
du jour de ſa date [m] : pareil Arrêt du 4 Juin 1564 [n] ; autre
du 5 Janvier 1595 [o]. L'on trouve pluſieurs Arrêts conformes
dans Livoniere & dans Henrys [p] ; & cette Juriſprudence eſt
fondée ſur cette regle du Droit Romain, que la ſtipulation de
deux ſommes à deux repriſes n'emporte pas novation de dette,
mais une double ſtipulation [q] : enſorte qu'on a pris pour regle
en cette matiere les principes des ſtipulations qui y ſont étrangeres, au lieu de recourir à ceux qui ſont propres à la vente,
puiſque la vente & le ſupplément ne peuvent être conſidérés
comme deux ventes. C'eſt à peu près dans le même eſprit que
Dargentré décide que ſi le ſupplément eſt néceſſaire, les entiers
lods ſont dûs du jour du premier contrat ; & s'il eſt volontaire,
les lods du ſupplément ſont dûs du jour de la ratification ; parce que
les contrats qui, relativement aux Parties, n'en ſont qu'un, ſont
pourtant cenſés en faire deux, relativement à des tiers [r] : or, le
ſupplément eſt néceſſaire lorſqu'il a été réſervé lors du premier
contrat ; autrement, il eſt volontaire [s].

2°. Mais en partant des principes propres au contrat de vente,
qui n'a rien de commun avec la ſtipulation, toute convention faite

---

[m] Chopin, ſur la Coutume de Paris, liv. 1, tit. 2, n°. 32. Charondas, liv.
7, réponſe 113. Maynard, liv. 6, ch. 28.

[n] Chopin, du Domaine, liv. 2, tit. 5, n°. 6. Charondas, liv. 7, réponſe
113.

[o] Charondas, liv. 6, rép. 67.

[p] Livoniere, liv. 3, ch. 1, p. 142. Henrys, liv. 3, queſt. 29, n°. 3. Lapeyrere, lettre S, n°. 17.

[q] L. 29, ff. de verb. obligat.

[r] Dargentré, de laudimiis, cap. 1, §. 19, & cap. 2.

[s] Charondas, liv. 7, rép. 113.

à suite de la vente, les chofes n'étant plus entieres, & qui change quelque chofe à fa fubftance, eft cenfé en faire partie, felon la Loi [t], dont nous avons expliqué les motifs au n°. 369 ; conféquemment à cette regle, fi la vente a été exécutée en tout ou en partie, & que le fupplément la confirme, les lods, tant du prix que du fupplément, font dûs du jour du premier contrat dont ce fupplément fait partie ; parce qu'en effet il n'y a qu'une vente unique, un feul titre de propriété auquel la confirmation fe réfere : & tel eft l'avis de Bretonnier, de Guyot, & de Boutaric [v]. Nous avons développé ce principe aux numeros 220, 369, 637, & 638.

C D X X V I.

Mais fi les chofes font entieres lors de la ratification, & que la vente n'ait été exécutée ni par la délivrance de la chofe, ni par le paiement total ou partiel du prix, en ce cas la réformation du prix fait une nouvelle vente, felon la Loi [x] ; car puifqu'on a pu la réfoudre ou l'anéantir en entier, on a pu de même la réformer [y] ; conféquemment les lods, tant de la vente que de la ratification, font dûs du jour du fecond contrat, qui feul fort à effet [z].

En vente non exécutée.

C D X X V I I.

1°. Si quelqu'un vend & livre le bien d'autrui fans mandat, & que la vente foit ratifiée par le maître ; par exemple, en vente faite par le mari du bien de fa femme, qui ratifie, il n'y a ouverture aux lods & aux retraits que du jour de la ratification [a].

Vente par un étranger.

---

[t] *Argumento*, L. 72, *ff. de contrah. emptione.* Potier, *ad tit. de pactis*, n°. 36.

[v] Bretonnier, fur Henrys, liv. 3, queft. 29, n°. 7. Guyot, des lods, ch. 12, n°. 24, 35--37. Boutaric & Sudre, tit. des lods, §. 10, n°. 4, p. 168.

[x] L. 72, *ff. de contrah. emptione.* L. 7, §. 6, *per totum, ff. de pactis.*

[y] L. 7, §. 6, *ff. de pactis.*

[z] Guyot, des lods, ch. 12, n°. 36.

[a] Ferriere, fur Guy-Pape, queft. 257, nouv. addition. Dumoulin, fur la Coutume de Paris, §. 23, *hodiè* 33, Gl. 2, n°. 42. Dargentré, *de laudimiis*, cap. 1, § 21. Livoniere, liv. 3, ch. 4, fect. 7, p. 183 ; & ch. 1, p. 142. Guyot, des lods, ch. 10, n°. 9 ; & ch. 12, n°. 33, 34, 35, 36. Paftor, *de feudis*, liv. 6, tit. 3, n°. 2. Tiraqueau, du retrait lignager, § 1, Gl. 10, n°. 64--69.

C'eſt conformément à cette regle qu'un Arrêt de Pâques 1560 ne fait courir le retrait que du jour de la ratification [b] : pareils Arrêts des 4 Décembre 1568, & 22 Janvier 1607 [c] : pareil Arrêt du 20 Mars 1633 [d].

Quoiqu'on trouve dans Maynard & dans Catellan des Arrêts du 27 Juin 1603, & de Septembre 1680, qui font courir le retrait du jour de la vente [e].

2°. Mais il eſt aiſé de concilier cette contradiction au moyen des diſtinctions ci-après. 1°. Si quelqu'un contracte ſans mandat pour un abſent qui ratifie enſuite, la ratification n'a pas un effet rétroactif au préjudice des créanciers intermédiaires, à qui elle n'a pu nuire [f] ; & c'eſt une modification à la maxime ordinaire, que la ratification équipolle le mandat [g]. En un mot, dans cette eſpece les lods du prix & de la ratification ne ſont dûs que du jour du ſecond contrat ; parce qu'il n'y a point de vente avant la ratification [h], ni de tranſport de propriété que du jour de ſa date [i]. 2°. Si cependant dans cette derniere eſpece la vente a été exécutée par la délivrance du bien vendu, en ce cas, nonobſtant le défaut de mandat de la part du maître, les lods ſont dûs du jour de la vente, conformément à la doctrine de Catellan & de Maynard ; parce qu'alors la délivrance du bien vendu fournit la preuve du conſentement effectif du maître à la vente avant toute ratification écrite de ſa part ; & que d'ailleurs l'acheteur ne peut conteſter les droits d'une vente en vertu de laquelle il jouit. (*Infrà* n°. 666 & 667). Si au contraire il n'y a point de déli-

---

[b] Pithou, ſur la Coutume de Troyes, art. 114, *verbo*, de la réception. Guyot, des lods, ch. 12, n°. 34.

[c] Guyot, des lods, ch. 12, n°. 34. Lommeau, liv. 3, maxime 201. Charondas, liv. 7, rép. 36 ; & liv. 2, rép. 76.

[d] Albert, *verbo*, Retrait, Arrêt 5.

[e] Maynard, liv. 7, ch. 33. Catellan, liv. 3, ch. 12.

[f] Barthole & Baſnage, des hypotheques, ch. 3, n°. 3. Maynard, liv. 7, ch. 33, n°. 2. Lommeau, liv. 3, maxime 211. Tiraqueau, du retrait lignager, §. 1, Gl. 10, n°. 69.

[g] *Voyez* le n°. ſuivant.

[h] *Textus inſimili in L.* 58, *ff. de ſolutionibus. L.* 34, §. 4 & 6, *ff. eodem. L.* 14, *ff. de condictione cauſa data. L.* 8, *Cod. de condict. indebiti.*

[i] *L.* 44, §. 1, *ff. de uſurpat. & uſucap.*

vrance dans le cas de la vente faite par un tiers au nom du maître, fans mandat de celui-ci, dans cette derniere efpece les lods
ne font dûs que du jour de la ratification, qui n'a point d'effet rétroactif, puifque le maître n'a pu être obligé par le fait d'un tiers :
cette feconde diftinction eft étayée du fuffrage de Dumoulin [k],
& elle concilie la contradiction des Arrêts ci-devant cités à l'é-
gard de la vente faite par le mari, du bien de fa femme.

3°. Nous avons fuppofé jufqu'à préfent que le vendeur traite
au nom d'autrui ; car s'il vendoit à fon nom propre le bien d'autrui, cette vente feroit valable, felon la Loi [l], quoiqu'elle ne
pût tranfporter la propriété à l'acquéreur [m] ; conféquemment
elle eft fujette aux lods du jour de fa date ; s'entend fi elle eft exécutée, comme nous l'expliquerons au n°. 660.

C D X X V I I I.

En vente faite

Si quelqu'un vend le bien d'autrui en vertu d'une procuration *Par le Procureur*
du vendeur, l'an & jour du retrait lignager court du jour de la *fondé.*
vente, foit qu'elle foit ratifiée ou non [n] ; parce que c'eft le vrai
cas de la regle que la ratification équipolle le mandat [o].

Des Arrêts des premier Juin 1585, & 11 Mars 1600, font
courir le retrait du jour du premier contrat [p] ; & tel eft l'avis
unanime des Auteurs [q] : conféquemment les lods font évidemment dûs du même jour.

C D X X I X.

En vente faite par un mineur fans autorité de Juftice, les lods *En vente faite*
par un mineur,

---

[k] Dumoulin, fur la Coutume de Paris, §. 55, Gl. 1, *hodiè* 78, n°. 22,
23.

[l] *L. 18, ff. de contrah. emptione.*

[m] *L. 28, ff. de contrah. emptione. L.* 54 *, ff. de regulis juris.*

[n] Lommeau, liv. 3, maxime 202.

[o] *Cap.* 10, *de regulis juris, en* 6°. *L.* 6, §. 9 ; *L.* 9 & *L.* 14, *ff. de negotiis geftis.*

[p] Charondas, liv. 2, rép. 76.

[q] Potier, du retrait, n°. 123. Defpeiffes, de l'achat, fect. 6, n°. 10, verf.
2, *infrà* n°. 666.

Tome I.   Y y

font dûs du jour de ladite vente, & non du jour de la ratification, foit parce que la vente fubfifte du côté de l'acquéreur, foit parce que le mineur eft le maître de ne pas l'attaquer (*r*) : plufieurs Arrêts ont jugé de même la queftion en matiere de retrait (*s*) ; & Lommeau en rapporte un du premier Juin 1585 (*t*). Un autre Arrêt du 23 Juillet 1667, rapporté fous fa date au Journal du Palais, jugea que la vente a fon effet du jour de fa date, & non du jour de la ratification ; & tel eft l'avis d'Henrys (*v*).

C'eft conféquemment au même principe qu'il a été jugé par un autre Arrêt du 23 Août 1689, que fi l'obligation faite par un mineur n'eft pas attaquée, elle vaut du jour de fa date (*x*).

Enfin, tant qu'il jouit fans trouble, l'acquéreur ne peut fe fouftraire à l'acquittement des droits, fuivant le n°. 666.

C D X X X.

En vente du bien du pupille, ou dont l'aliénation eft défendue.

Il réfulte de ce que nous venons de dire, que la vente faite fans formalité de Juftice des biens d'un pupille, tient du jour de fa date tant qu'elle n'eft pas attaquée, parce qu'elle eft obligatoire pour l'acheteur, fans que le pupille foit réciproquement obligé (*y*).

Or, en fait de ventes, l'acquéreur ne peut fe plaindre du vice de fon titre tant qu'il n'eft pas troublé : il eft d'ailleurs poffeffeur, & les droits courent fur fa tête ; au lieu que le pupille peut ne pas exercer fon action : enfin, l'acquéreur commence à prefcrire l'action hypothécaire du jour de fa poffeffion.

2°. Il en eft de même de la vente du bien d'Eglife, ou autre, dont l'aliénation eft défendue.

(*r*) L. 13, §. 18, ff. action. empti.
(*s*) Charondas, liv. 7, rép. 172.
(*t*) Lommeau, liv. 3, maxime 203.
(*v*) Henrys, liv. 3, queft. 30, n°. 3.
(*x*) Bafnage, des hypotheques, ch. 3, n°. 3.
(*y*) L. 13, §. 29, ff. de action. empti.

C D X X X I.

Si, après la Sentence qui prononce la refcifion par léfion, & *Après la refcifion par léfion.* avant l'exécution de cette Sentence, le vendeur ratifie moyennant finance, les lods du prix & du fupplément font dûs du jour du premier contrat (*z*), relativement à la regle énoncée au n°. 425.

Parce qu'en vertu de la Sentence de refcifion, le bien ne rentre dans le patrimoine du vendeur, que lorfqu'il en a reftitué le prix à l'acquéreur (*a*), & que d'ailleurs celui-ci eft le maître de fuppléer ce qui manque pour parfaire le jufte prix (*b*); enforte que la vente étant confirmée au lieu d'être pleinement annullée, la ratification fe réfere au tems du premier contrat (*c*).

C D X X X I I.

Mais fi la vente a été caffée par nullité; par exemple, en vente *Après la caffation.* des biens d'un mineur, fans permiffion de Juftice, ou en vente du bien d'Eglife ; & qu'après la Sentence qui prononce la caffation, la vente foit ratifiée, c'eft une nouvelle vente, & non la ratification de l'ancienne, qui demeure annullée par un jugement, & les lods en font dûs du jour du deuxieme contrat (*d*), qui feul a fon effet.

C'eft conféquemment à cette regle que dans le cas où un mineur avoit obtenu Sentence de caffation d'un contrat à conftitution de rente qu'il avoit établie fur fes biens, & ratifié enfuite cette conftitution, un Arrêt de Juillet 1666 n'accorde l'hypotheque au créancier de la rente conftituée, que du jour de la ratification (*e*).

(*z*) Guyot, des lods, ch. 12, n°. 46, 37.
(*a*) L. 9 , *ff. de refcind. vendit.*
(*b*) L. 2, *Cod. de refcind. vendit.*
(*c*) *Suprà* n°. 425, verf. 2.
(*d*) Guyot, des lods, ch. 12, n°. 36.
(*e*) Bafnage, des hypotheques, ch. 3, n°. 3.

CDXXXIII.

De même après l'éviction exécutée, soit que la vente ait été annullée par léfion ou autrement, fi l'acquéreur reprend l'héritage à prix d'argent, même dans un très-brief délai, c'eft un nouveau prix, & l'acte une nouvelle vente (*f*), fujette aux lods du jour de fa date, parce qu'il n'eft pas poffible de ratifier l'ancienne, qui n'exifte plus depuis l'éviction.

CHAPITRE XIV.

DES engagemens ou contrats pignoratifs.

SECTION PREMIERE.

DE l'engagement proprement dit.

CDXXXIV. Sa nature, &c.
CDXXXV. Exemption de lods, & droit ancien.
CDXXXVI. Lods paffé dix ans.
CDXXXVII. De quel jour.
CDXXXVIII. Jouiffance du bailleur.
CDXXXIX. Vente par l'engagifte.
CDXL. Engagement prorogé.
CDXLI. Eviction après dix ans.
Bis CDXLI. Retirement par le maître.
CDXLII. Achat de la propriété.

Verbo, fuprà bis n°. 376.

***

(*f*) Guyot, des lods, ch. 12, n°. 36, à la fin.

CDXXXIV.

L'engagement eſt un contrat par lequel le débiteur baille un *Sa nature.*
fonds à jouir à ſon créancier, pour en compenſer les fruits avec
les intérêts légitimes de la créance de celui-ci (*g*) ; conséquemment ce contrat n'eſt pas tranſlatif de la propriété, qui demeure
dans les mains du bailleur (*h*) : la poſſeſſion civile lui demeure de
même (*i*), & le preneur n'a que la poſſeſſion naturelle (*k*) : de là
vient que l'engagiſte ne peut preſcrire la propriété contre le
maître.

CDXXXV.

1°. Dès que l'engagement n'eſt pas tranſlatif de la propriété, *Exemption des*
il eſt de droit exempt de lods (*l*), qui ne ſont dûs que du contrat *lods, & droit an-*
de vente, ou équipollent à vente. *cien.*

2°. Cependant s'il dure plus de trois ans, Bouteiller le déclare
ſujet aux lods (*m*) : 3°. & la Coutume de Toulouſe, rédigée dans
le treizieme ſiecle, en adjuge le demi-lods dans tous les cas (*n*).

CDXXXVI.

1°. Par le droit actuel, ſi l'engagement dure dix ans, la Juriſ- *Lods paſſé dix*
prudence de tous les Tribunaux l'aſſujettit aux lods (*o*) ; & M. *ans.*
Dolive rapporte un Arrêt conforme du 30 Août 1633 (*p*).

(*g*) *L.* 1, §. 3, *ff. de pignoribus.* Dargentré, art. 61, note 1, n°. 2.

(*h*) *L.* 35, §. 1, *ff. de pignor. actione. L.* 9, *Cod. eodem. L.* 12, *ff. de diſtract.
pignorum.*

(*i*) *L.* 16, *ff. de uſurpat. & uſucap. L.* 36, *ff. de acquir. vel amitt. poſſeſſ.*

(*k*) *L.* 35, §. 1, *ff. de pignor. actione. L.* 16, *ff. de uſurpat. & uſucap.*

(*l*) Dumoulin, ſur la Coutume de Paris, §. 23, *hodiè* 33, Gl. 2, n°. 8.
Dargentré, ſur celle de Bretagne, art. 62, note 2, n°. 1. Faber, liv. 4, tit.
45, défin. 60. Maynard, liv. 4, ch. 40. Dolive, liv. 2, ch. 18. Bretonnier, ſur
Henrys, liv. 3, queſt. 75, n°. 10.

(*m*) Bouteiller, liv 2, tit. 40, p. 865.

(*n*) Coutume de Touloufe, *part.* 4, *tit. pénult. de feudis.*

(*o*) Dargentré, ſur la Coutume de Bretagne, art. 62, note 1, n°. 1. Catellan, liv. 3, ch. 10; & Vedel, *ibidem.* Albert, *verbo*, Lods, Arrêt 1.

(*p*) Dolive, liv. 2, ch. 18.

2°. Les Auteurs du Parlement de Toulouse, faute de combinaisons & de digestion des regles propres à la matiere, fondent cet assujettissement sur la crainte des fraudes, comme si ce pouvoit être un titre pour établir un droit qui ne seroit pas dû, ou qu'il y eût de la fraude à bailler son bien en gage pour se procurer de l'argent, & à faire un traité légitime sous prétexte qu'une vente auroit été plus avantageuse au Seigneur.

3°. Mais quoi qu'il en soit, lorsque l'engagiste a fait les fruits siens, ou lorsqu'il a payé les lods (*q*), ils sont dûs après dix ans de la durée de l'engagement, parce que le terme de dix ans est un long terme, selon la Loi (*r*), & que l'expectative des droits court alors, non sur la tête du maître, mais sur celle du possesseur (*s*), puisqu'ils sont attachés à la permission de vendre, que la nécessité de cette permission doit suivre la possession du fief, & que la glebe répond des droits, & non une propriété vaine, qui n'est pas le fief, ni ne peut répondre au Seigneur des droits du fief.

4°. Le bailleur peut d'ailleurs ne pas libérer le gage ; & quoique, dans le concours entre les créanciers du bailleur, l'hypotheque de l'engagiste ne date que du jour de l'obligation (*t*), il n'est pourtant pas réputé simple créancier : de là vient que l'engagement se partage noblement avec la prérogative du droit d'aînesse, suivant un Arrêt du 10 Mai 1608 (*v*) ; parce que l'engagement est réputé immeuble dans la succession de l'engagiste, selon un Arrêt du 23 Août 1585 (*x*) ; autre Arrêt sans date, & autre du 21 Juillet 1601 (*y*), quoique Lapeyrere rapporte deux Arrêts contraires (*z*).

(*q*) *Infrà* n°. 649.

(*r*) L. 16, §. 3, *ff. qui & aquibus noto, tit. Cod. de longi temp. prescript.*

(*s*) *Suprà* n°. 101, *fusè* Bretonnier, liv. 3, quest. 75, n°. 12, 13. *Voyez* Sudre & Boutaric, tit. des lods, §. 12, n°. 8.

(*t*) L. 11, *ff. qui potiores in pignore.*

(*v*) Brodeau, lettre D, somm. 30, n°. 2. Bacquet, des droits, ch. 12, n°. 19. Lebrun, des successions, liv. 2, ch. 2, sect. 1, n°. 56.

(*x*) Anne Robert, liv. 2, ch. 8, à la fin.

(*y*) Arrêts prononcés en robes rouges, lettre D, somm. 8.

(*z*) Lapeyrere, lettre M. n°. 24.

Enfin, les actions à raison du bien baillé en gage résident sur la tête de l'engagiste (*a*), & il n'est pas possible de faire courir les lods ni le relief sur la tête du maître, à raison d'un bien dont il ne jouit pas : il faut donc en attacher la charge à l'engagiste, qui tient le fief à titre d'immeuble dans ses mains ; d'autant mieux qu'autrement si l'engagement duroit cent ans, ou davantage, toute expectative des droits casuels seroit perdue pour le Seigneur, & que l'engagiste est si fort réputé vassal ou censitaire, qu'après dix ans de jouissance de sa part, la dette des lods rétrograde au tems de son contrat (*b*).

C D X X X V I I.

1°. On demande de quel jour sont dûs les lods d'un engage- *De quel jour.* ment qui dure dix ans : Dargentré décide que si l'engagement est indéfini, ou qu'il soit fait pour plus de neuf ans, les lods sont dûs, & peuvent être demandés au moment du contrat (*c*); & un Arrêt du 9 Août 1701 a prononcé en conformité dans le cas d'un engagement déguisé, & accompagné de bien des marques de fraude (*d*).

Le vrai est qu'ils sont dûs du jour du contrat, suivant un Arrêt de Noël 1584 (*e*); & M. de Catellan en rapporte autres deux (*f*), parce que l'engagiste étant détenteur & possesseur, il est réputé censitaire ou vassal, du jour de sa possession ; & que c'est conséquemment de ce jour qu'il est sujet aux droits.

2°. Toutefois, avec ce tempéramment établi par la Jurisprudence du Parlement de Toulouse, que dans aucun cas les lods ne pourront être demandés qu'après dix ans (*g*); parce que, jusqu'a-

---

(*a*) L. 2, *Cod. communi dividundo.*

(*b*) *Voyez* le n°. suivant.

(*c*) Dargentré, sur la Coutume de Bretagne, art. 62, note 3, n°. 1.

(*d*) Nouveau Journal du Palais, tom. 2, Arrêt 164.

(*e*) Montholon, Arrêt 30.

(*f*) Catellan, liv. 3, ch. 20 ; & Vedel, *ibidem.* Albert, *verbo*, Lods, Arrêt 1.

(*g*) Sudre, sur Boutaric, tit. des lods, §. 12, n°. 3, 4, 5. Catellan, liv. 3, ch. 20 ; & Vedel, *ibidem.* Albert, *verbo*, Lods, Arrêt 1. Dolive, liv. 2, ch. 18.

lors, le bailleur eft toujours le maître de fe libérer, quelles que foient les claufes de l'engagement, felon un Arrêt du 28 Mai 1721 (*h*).

CDXXXVIII.

Jouiffance du bailleur.

Un Arrêt du 22 Juin 1731 relaxe de la demande des lods l'engagifte, qui n'avoit pas encore joui dix ans, le bailleur s'étant réfervé la jouiffance, & l'ayant effectivement eue pendant quatre années des dix (*i*). Cet Arrêt eft plein de juftice : il n'y avoit, dans cette efpece, ni tranfport de propriété, ni poffeffion de l'engagifte pendant dix ans.

CDXXXIX.

Vente par l'engagifte.

L'acheteur à titre de propriété de l'engagifte prefcrit cette propriété contre le bailleur dans trente ans, parce qu'il jouit comme maître, & qu'il y a, à fon égard, interverfion de poffeffion.

Maintenant on fuppofe que l'engagifte ait cédé à titre de vente le bien engagé, dans les dix ans de l'engagement ; & l'on demande, 1°. fi cette circonftance doit anticiper la perception des lods de l'engagement : 2°. fi ceux de la vente font pareillement dûs. Le Préfident Faber réfout les deux queftions pour la négative (*k*). M. de Catellan rapporte au contraire un Arrêt du 18 Août 1667, qui condamne l'engagifte aux lods avant les dix ans ; parce, dit-il, qu'on préfume qu'il a acquis la propriété (*l*).

Pour nous, en adoptant cette décifion nous croyons que dès le moment de cette vente les doubles lods font exigibles, foit à raifon d'icelle, foit à raifon de l'engagement, non pas précifément par le motif qu'allegue M. de Catellan, mais parce que l'engagifte a fait acte de propriété en vendant, & tranfmis la faculté de prefcrire à fon acquéreur : c'eft donc le cas d'appliquer la doctrine de Dargentré, qui affujettit d'abord aux lods un engage-

---

(*h*) Nouveau Journal du Palais, tome 4, Arrêt 134.
(*i*) Nouveau Journal du Palais, tome 5, Arrêt 119.
(*k*) Faber, liv. 4, tit. 43, défin. 67 & 74.
(*l*) Catellan, liv. 3, ch. 20.

ment

ment pour plus de neuf ans, ou indéfini (*m*) ; d'autant mieux que l'engagiste ni son acquéreur ne peuvent opposer le vice de leur titre tant qu'il n'est pas attaqué, comme nous l'expliquerons au n°. 666.

2°. Si cependant l'un & l'autre étoient évincés avant dix ans de jouissance totale (*n*), il faudroit, conformément aux principes que nous développerons au n°. *bis* 611, leur restituer les lods qu'ils auroient payés.

3°. Si l'engagiste cede simplement son droit, les lods sont dûs de cette cession, parce que tous les droits casuels courent sur la tête du possesseur après les dix ans (*o*) ; autrement, si l'engagement duroit un siecle, ou davantage, le Seigneur seroit privé de toute expectative des droits casuels.

4°. Mais comme le second engagiste n'acquiert ni n'entend acquérir que les droits de son auteur, c'est-à-dire une jouissance à titre de gage, & non la propriété, il n'est sujet aux droits que comme tout autre engagiste ; ensorte que les lods ne sont exigibles à son égard qu'après dix ans de jouissance de sa part, parce qu'il est indifférent qu'il ait acquis les droits du premier engagiste, ou qu'il ait pris le bien des mains du maître à titre d'engagement.

C D X L.

1°. M. de Catellan rapporte un Arrêt du 5 Mai 1665, qui adjuge les lods d'un engagement à brief délai, & prorogé, lors qu'avec la prorogation il dure dix ans (*p*).

2°. Si toutefois après le premier terme le débiteur paye une partie de la dette, & proroge pour plus de dix ans, en y joignant le tems du premier engagement, le même Arrêt affranchit ce traité des lods ; parce, dit l'Auteur, que c'est une ferme ou bail de fruits ; & un autre Arrêt du 16 Juillet 1705 l'affranchit de même des droits (*q*).

Engagement prorogé.

(*m*) Dargentré, sur la Coutume de Bretagne, art. 62, note 3, n°. 1.
(*n*) *Suprà* n°. 101.
(*o*) *Suprà* n°. 100, 101, 405, 406, 281, 283, 284, 285.
(*p*) Catellan, liv. 3, ch. 20.
(*q*) Nouveau Journal du Palais, tom. 5, Arrêt 165.

Mais Guyot fronde cette derniere propofition (*r*), comme contraire aux principes, même en partant du motif de M. de Catellan, puifque le bail des fruits à un prix unique pour plus de dix ans, eſt fujet aux lods, comme nous l'avons dit aux numeros 157 & 530. Dumoulin, dans un cas parallele, adjuge les lods, conformément à la doctrine & à l'eſprit de la Novelle feptieme (*s*) ; & tel eſt auſſi l'avis de Dargentré (*t*) : enforte qu'il doit paſſer pour conſtant que ſi le premier terme avec la prorogation font un eſpace de dix ans, la multiplication artifée des contrats ne ſauroit affranchir des lods un engagement qui, par le fait, dure dix ans ; & c'eſt ainſi que la queſtion a été jugée par Arrêt du 12 Mai 1703, au rapport de M. Dagueſſeau, depuis Chancelier (*v*).

C D X L I.

Eviction de l'en-
gagiſte.

Si l'engagiſte eſt évincé par les créanciers du bailleur, il eſt en droit de répéter les lods, même à concurrence de la remiſe faite en ſa faveur, autre que la remiſe ordinaire (*fuprà* n°. 262) ; & ces lods lui font alloués par privilege ſuivant un Arrêt du 6 Mars 1733 (*x*) : cet Arrêt ſuppoſe qu'il a été évincé avec reſtitution des fruits, ou que ſon engagement a duré moins de dix ans ; autrement, les lods ayant été attachés à ſa poſſeſſion, il ne peut répéter une charge de ſa détention.

Bis C D X L I.

Retirement par
le maître.

Mais ſi le bailleur en engagement rentre dans ſon bien, quand même le contrat auroit la forme d'une revente, cette rentrée n'en feroit pas une, mais la ſimple réſolution de l'engagement (*y*), en

---

(*r*) Guyot, des lods, ch. 4, fect. 7, diſtinct. 3, n°. 7, p. 373, 374.

(*s*) Dumoulin, ſur la Coutume de Paris, §. 41, *hodiè* 51, Gl. 2, n°. 36, 37, 38. La Novelle 7, cap. 3, §. fin, décide la même choſe.

(*t*) Dargentré, ſur la Coutume de Bretagne, art. 62, note 3, n°. 1, 3. Sudre, ſur Boutaric, tit. des lods, §. 12, n°. 1.

(*v*) Bretonnier, ſur Henrys, liv. 3, queſt. 75, n°. 16.

(*x*) Nouveau Journal du Palais, tome 5, Arrêt 209.

(*y*) L. 40, *ff. de pignor. actione.* L. 39, *ff. de contrah. emptione.*

vertu d'une caufe ancienne & inhérente au contrat ; conféquemment elle feroit exempte de lods & de relief (ʒ), quelle qu'ait
été la durée de l'engagement, cette circonftance n'en ayant pas
changé la nature, ni altéré les droits du maître, qui rentre dans la
poffeffion de fon bien par la fimple levée de l'obftacle qui l'em-
pêchoit de jouir.

C D X L I I.

Si l'engagifte, avant ou après dix ans de jouiffance, achete la *Achat de la pro-*
propriété, il doit les lods de cet achat, dont le prix fait le com-*priété.*
plément de la valeur totale de la chofe.

À l'égard de l'époque de la dette à raifon de l'un & de l'autre
contrat, elle fera fixée aux numeros 807 & 808, où cette queftion fera traitée plus au long.

S e c t i o n I I.

D e s engagemens déguifés.

Bis CDXLII. Leurs caractères.
CDXLIII. Quid ? *des lods.*
CDXLIV. Tant que le contrat tient.

Bis C D X L I I.

Plufieurs chofes concourent pour faire déclarer fimple con-*Leurs caractères.*
trat pignoratif, un contrat mafqué fous la forme d'une vente apparente : 1°. la vilité du prix : 2°. la faculté de rachat : 3°. la
reconduction au vendeur : 4°. l'obligation qu'il contracte de payer
les charges : 5°. l'ufage de l'acheteur, de prêter à ufure.

Mais trois de ces circonftances fuffifent pour le faire déclarer
contrat pignoratif, felon deux Arrêts des 10 Février 1602 (a),

---

(ʒ) *Verbo, infrà* n°. 575.
(a) Peleus, liv. 5, action 18.

& 10 Février 1694 (*b*). 1°. La vilité du prix : 2°. la faculté de rachat : 3°. la reconduction au vendeur ; & telle est aussi la doctrine de M. de Catellan (*c*) : cet Auteur ajoute au même endroit, que la reconduction à un proche parent du vendeur, ou diverses prorogations de la faculté de rachat, ou l'usage de l'acheteur de prêter à usure, produisent le même effet (*d*).

Ou l'obligation du vendeur, de payer les charges, quoique l'acheteur soit en possession (*e*), sur-tout avec la faculté de rachat, selon Maynard & Chopin (*f*).

Mais la vilité du prix avec la faculté de rachat ne feroient pas seules déclarer le contrat pignoratif (*g*).

Au reste, la Loi Romaine avoit proscrit ces ventes simulées, dont on doit considérer l'essence plus que les apparences trompeuses (*h*) ; & la Jurisprudence des Arrêts annulle ces contrats comme usuraires & frauduleux (*i*).

C D X L I I I.

Quid ? des lods.   On demande si ces contrats sont sujets aux lods ? mais tous les Auteurs se réunissent à décider pour la négative, dans le cas où le vendeur a retenu la possession en exécution du contrat (*k*) ; & tel est le prononcé d'un Arrêt du 11 Juillet 1610 (*l*) ; parce qu'en effet le traité n'a pas même l'apparence d'une vente, puisqu'elle n'a pas dépouillé le vendeur apparent.

(*b*) Anne Robert, liv. 2, ch. 8.

(*c*) Catellan, liv. 5, ch. 5.

(*d*) Catellan, liv. 7, ch. 24.

(*e*) L. 80, §. 3, *ff. de contrah. emptione. L.* 8, §. 7, *ff. quibus modis pignus.*

(*f*) Maynard, liv. 4, ch. 39, n°. 1. Chopin, des privileges des rustiques, liv. 2, ch. 6, n°. 4.

(*g*) Catellan, liv. 5, ch. 5.

(*h*) L. 3, *Cod. plus valere quod agitur.*

(*i*) Chopin, des privileges des rustiques, liv. 2, ch. 6, n°. 4.

(*k*) Maynard, liv. 4, ch. 39. Dargentré, sur la Coutume de Bretagne, art. 64, n°. 4, *& de laudimiis, cap.* 1, §. 18. Sudre, sur Boutaric, tit. des lods, §. 10, n°. 10.

(*l*) Despeisses, des droits seigneuriaux, tit. 4, sect. 5, part. 7, n°. 26.

CDXLIV.

Mais ſi le prétendu acquéreur jouit ſans trouble, & que l'acte *Tant que le con-trat tient.* ne ſoit pas attaqué, dans ce cas, un Arrêt du 2 Mars 1723 juge qu'il peut preſcrire ; mais un ſecond Arrêt du 20 Mars 1725 juge le contraire, parce que nul ne peut preſcrire contre ſon titre ; & l'Auteur eſt de l'avis du dernier Arrêt, comme ſeul fondé en principe (*m*), quoique M. de Catellan rapporte un Arrêt conforme à celui de 1723 (*n*).

Quoi qu'il en ſoit de cette contrariété, il eſt conſtant que les lods ſont exigibles (*o*) ; parce que nul ne peut alléguer ſa turpitude (*p*), & le vice de ſon titre, tant qu'il jouit en vertu de ce titre, quoique vicieux. Cette vérité ſera développée encore au n°. 666.

Au reſte, nous ne devons pas diſſimuler que la plûpart des Auteurs ſe réuniſſent à dire qu'il peut preſcrire la propriété dont il a un titre apparent (*q*) ; ce qui ſe réfere à l'Arrêt de 1723, & à celui de M. de Catellan.

(*m*) Serres, Inſtitutes, liv. 3, tit. 15, §. 4.
(*n*) Catellan, liv. 7, ch. 24.
(*o*) Dargentré, *de laudimiis*, *cap.* 1, §. 18. Charondas, ſur la Coutume de Paris, art. 76.
(*p*) L. 30, *Cod. de tranſact.*
(*q*) Maynard, liv. 4, ch. 39. Charondas, ſur la Coutume de Paris, art. 76. Lapeyrere, lettre R, n°. 7.

Fin du Tome premier.

ERRATA du Tome I.

Pag.	lig.	
7	2	enforte que ; *lifez* toutefois.
Idem	21	*Après les mots* au-deffus de 1000 liv. *ajoutez* jufqu'.
9	18	fous la premiere & deuxieme race , *lif.* fous la premiere & la deuxieme race.
10	4	*Même correction.*
11	14	*Même correction.*
11	8	la troifieme efpece , *ajoutez* de biens.
12	8	donner ou changer , *lif.* donner ou échanger.
Idem	3	*Aux Notes ,* tit. 7. art. 6. *lif.* tit. 7. art. 16.
16	4	& des articles , *lif.* & les articles.
18	6	ni depuis , puifqu'en , *lif.* & depuis ; & qu'en.
31	7	*Aux Notes ,* leg. 31 , 20 , *lif.* leg. 31 , §. 20.
35	2	*Aux Notes ,* & *vide* la Conférence , *ajoutez* dans Ferriere.
48	17	puifqu'il n'auroit , *lif.* puifque le dernier poffeffeur n'auroit.
51	18	de ventes foncieres , *lif.* de rentes foncieres.
55	2	*Aux Notes ,* pr. 108 , *lif.* page 108.
59	2	*Aux Notes ,* Potier , *lif.* dans Potier.
66	3	*Aux Notes ,* Coutume de Paris , ch. 2 , Arrêt 32 , *lif.* Coutume de Lorris ; ch. 2 , article 32.
67	3	*Aux Notes , ibidem* Feriere , *lif. idem* Ferriere.
68	22	*&* 23 , difcontinuée , *lif.* difcontinue.
73	1	*Aux Notes , au lieu de* p. 252 , 255 , *lif.* p. 252 , 253.
88	22	*Après les mots* qu'on lui en feroit , *ajoutez* (ff.).
Idem		*Après la derniere lig. des Notes , lif.* (ff.) Dumoulin fur la Coutume de Paris , §. 45. hodie 63. n°. 1. argumento , L. 122. ff. de verbor. obligat.
95	2	La Salle & de Lile , *lif.* La Salle de Lile.
Idem	10	les fiefs heterogenes , *lif.* ces fiefs heterogenes.
99	23	tant dans les pays , *lif.* tant des pays.
101	8	*Aux Notes ,* la Theumaffiere , *lif.* la Thaumaffiere.
113	4	n'y peut être , *lif.* ne peut être.
114	17	*&* 18 , dans le Comté de Carcaffonne , fuivant l'ufage , *lif.* fuivant l'ufage , dans le Comté de Carcaffonne.
115	25	poffeffeurs des fiefs , *lif.* poffeffeurs de fiefs.
123	3	du Prince appanage , *lif.* du Prince appanager.
127	10	1302 , *lif.* 1352.
129	21	Valois , *lif.* Valon.
130	7	*Aux Notes ,* Vidam , *lif.* Vidame.
133	20	Senegat , *lif.* Senegas.
135	7	Provence , *lif.* Province.
145	3	*Aux Notes , au lieu de* p. 437 , *lif.* p. 434.
147	12	des foudres , *lif.* les foudres.
150	9	*Aux Notes ,* non funt ædium ornatus , enim , *lif.* non funt ædium ; ornatus enim.
153	2	*Aux Notes ,* quæ & quibus , *lif.* qui & à quibus.
155	8	des fruits , *lif.* des lods.
160	20	Segneur , *lif.* Seigneur.
171	10	*en marge ,* Bacs , *ajoutez* principes de l'Enclave.
172	7	*Aux Notes ,* 1699 , *lif.* 1669.
190	13	fur le principe , *lif.* fur ce principe.
Idem	15	ainfi Philippe , *lif.* auffi Philippe
201	13	de l'eftimation , *lif.* de l'eftimateur.

Pag.	lig.	
205	2	de l'acheteur ; *lisez* du vendeur.
211	11	forcément , qui dépend , *effacez* forcément , & *lis.* ce qui dépend.
227	21	s'est étouffée , *lis.* s'est étoffée.
233	16	1579 , *lis.* 1570.
236	4	*Aux Notes* , Arrêt 12 , *lis.* article 12.
245	6	à cet époque , *lis.* à cette époque.
252	3	*Aux Notes* , de communi dividundo , *lis.* communi dividundo.
255	3	*Aux Notes , même correction.*
173	7	statuaires , *lis.* statutaires.
279	3	*Aux Notes* , totis supra laudatis , *lis.* locis supra laudatis.
287	2	de la vente , *lis.* de vente.
289	4	*Aux Notes* , *Idem* sur celle , *supprimez* sur celle.
310	21	susceptible , *lis.* susceptibles
315	13	de laudimiis , *lis.* & de laudimiis.
317	5	*Aux Notes* , de pignor. actione , *lis.* de pigner. actione.
357	2 & 5	*Aux Notes , même correction.*
321	11	par le rachat , *lis.* par ce rachat.
323	5	*Aux Notes* , ac dilitio , *lis.* ædilitio.
333	10	fondé , *lis.* frondé.
343	21	de lui remettre , *lis.* de le lui remettre.
345	12	exiper , *lis.* exciper.
352	25	n°. 666 & 667 , *lis.* n°. 666 & 661.
355	1	*Aux Notes* , n°. 46 , 37 , *lis.* n°. 36 , 37.
356	21	verbo supra , *lis.* vide supra.
358	6	*Aux Notes* , des droits , *ajoutez* de justice.